国家出版基金项目
NATIONAL PUBLICATION FOUNDATION

中世纪西欧工商业研究

徐 浩 著

生活·讀書·新知 三联书店 生活書店出版有限公司

图书在版编目（CIP）数据

中世纪西欧工商业研究 / 徐浩著 .— 北京 : 生活书店出版有限公司 , 2018.6
ISBN 978-7-80768-232-5
Ⅰ . ①中… Ⅱ . ①徐… Ⅲ . ①商业史—研究—西欧—中世纪 Ⅳ . ① F735.609

中国版本图书馆 CIP 数据核字 (2017) 第 306261 号

特约编辑 胡群英 张 杰
责任编辑 苏 毅
封面设计 罗 洪
责任印制 常宁强
出版发行 生活书店出版有限公司
（北京市东城区美术馆东街 22 号）
邮 编 100010
经 销 新华书店
印 刷 北京隆昌伟业印刷有限公司
版 次 2018 年 6 月北京第 1 版
2018 年 6 月北京第 1 次印刷
开 本 635 毫米 ×965 毫米 1/16 印张 30
字 数 440 千字
印 数 0,001- 3,000 册
定 价 69.00 元
（印装查询：010-64052612；邮购查询：010-84010542）

目　录

前言

中世纪西欧工商业是我对以前农业问题研究的扩展。我在《18世纪的中国与世界·农民卷》和《农民经济的历史变迁——中英乡村社会区域发展比较》中[1]，都不同程度地涉及农村工业和市集贸易。不过，由于论题所限，上述著作没有对中世纪西欧工商业进行较为系统和综合的研究。实际上，尽管农村也存在工商业，但中世纪西欧城市是工商业中心，其居民职业构成已经不同于古代城市。正如亚当·斯密在《国民财富的性质和原因的研究》(简称《国富论》)第三篇第三章《论罗马帝国崩溃后都市的勃兴与进步》中所说，"罗马帝国崩溃后，都市居民的境况，并不比农村居民好。不过，那时候都市中的居民，和古代希腊共和国、意大利共和国内的居民大不相同。在这等古代共和国内，地主占居民中的多数，他们分占公地，都觉得房屋毗连，环以围墙，便于共同防御。但在罗马帝国崩溃后，地主大都散居于各自领地的城寨内，住在各自的佃农及属民中间。市镇上的居民，

[1] 前者为戴逸主编，辽海出版社1999年出版；后者由社会科学文献出版社2002年出版。

大都是商人和技工”[1]。

与以往其他地区主要作为行政、军事和宗教中心的城市相比，中世纪西欧工商业中心的城市建立在城市与农村劳动分工的基础上，即所谓农业与手工业的分离导致了中世纪西欧城市的产生，因而这些城市与农村的关系更为密切。农村成为城市腹地，向城市源源不断地提供食品和工业原材料。城市则回报以专业工匠生产的工业品或劳务，以及城市特许状等权利证书所赋予的自由和权利等制度文明。在工商业城市的影响下，农村出现了前所未有的变化。亚当·斯密在《国富论》第三篇第四章《都市商业对农村改良的贡献》中指出，中世纪西欧“工商业都市的增加与富裕，对所属农村的改良与开发，有所贡献。其贡献的途径有三”：一为农村生产的各种产品提供了一个巨大而便宜的市场，从而鼓励了农村的开发与进一步的改进。二是都市居民所获得的财富，常用以购买土地。与乡绅相比，商人往往最能改良土地。他们节俭，富有企业家精神，如果他们觉得改良土地的投资可以得到回报，就毫不迟疑地马上去做。三是农村居民一向处在与其邻人的战争和对其上司的依附状态中，但工商业的发达，却逐渐使他们有秩序，有好政府，有个人的安全和自由。这一种效果是最重要的，却不为世人所注意。[2]换言之，工商业不独塑造了中世纪的西欧城市，也深刻地影响了作为其腹地的乡村。有鉴于此，工商业城市不能简单视为R. H. 希尔顿或M. M. 波斯坦等人所认为的

[1] [英]亚当·斯密：《国民财富的性质和原因的研究》，上卷，郭大力、王亚南译，商务印书馆1997年版，第361页。

[2] [英]亚当·斯密：《国民财富的性质和原因的研究》，上卷，第370—371页。

封建社会的组成部分或“封建海洋中的非封建孤岛”[1]，而是一种中世纪中期开始的社会转型的助推力量。它孕育了许多资本主义的因素，将劳动分工、专业化、货币经济、财产权和权利等新型的经济法律制度深深植入包括农村在内的中世纪西欧社会，促进了交换经济的发展与繁荣，由此开启了中世纪中期以来的社会转型。[2]

本书开头两章分别从城市化和货币化的角度论述了中世纪西欧工商业存在和发展的特定历史环境。中世纪西欧工商业的发展与中世纪西欧城市的发展密切相关。中世纪早期，西欧城市已经不同程度地存在工商业职能，中世纪中期以来城市几乎毫无例外地成为工商业中心。这意味着，中世纪西欧城乡之间经历了农业和手工业的分离。城市虽然没有完全放弃农牧业，但以工商业为主要经济活动。农村虽然也保留少量工匠，但农民主要从事农牧业。农业和手工业的劳动分工导致城市和乡村、工匠和农民之间交换的经常化和普遍化。这种建立在劳动分工基础上的城乡或工农之间的交换与以往农民本身之间的交

[1] Hilton, R. H., “Towns in English Feudal Society”, Hilton, R. H., *Class Conflict and the Crisis of Feudalism: Essays in Medieval Social History*, London: Hambledon Press, 1985, pp.185–186; Postan, M. M., *The Medieval Economy and Society: An Economic History of Britain in the Middle Ages*, London: Weidenfeld and Nicolson, 1972, p.239; [英] M. M. 波斯坦、爱德华·米勒主编：《剑桥欧洲经济史·第二卷·中世纪的贸易和工业》，钟和等译，王春法、赵海波校订，经济科学出版社2004年版，第185页。

[2] 有关中世纪中期以来英国社会转型的论述见克里斯托弗·戴尔的《转型的时代：中世纪晚期英国的经济与社会》，该书认为中世纪转型发生在13世纪，甚至可以上溯到11世纪，所以说西欧转型始于中世纪中期。中世纪中期西欧社会转型的观点认为，中世纪中期西欧社会发生了许多结构性变化，与早期现代是一脉相承的，该观点影响较大的代表人物包括戴尔、伯尔曼、麦克法兰甚至诺斯等。中世纪中期西欧社会转型论与传统的15世纪晚期至16世纪转型论相比提前了几个世纪，后一观点的主要代表人物如马克思、韦伯、托尼、布罗戴尔等，认为中世纪和15世纪晚期至16世纪以来的早期现代社会是二元对立的，前者的灭亡导致后者的产生，这种观点自文艺复兴以来长期占据主导地位。20世纪六七十年代以来，随着经济社会史对中世纪西欧研究的不断深入，资本主义兴起所需的许多核心要素不断被发掘出来，中世纪和早期现代的二元对立观逐渐式微，由此导致中世纪中期西欧社会转型观念蓬勃发展。

换具有很大的不同。它们扩大了工业品和农产品（工业原材料和食品）的消费市场，促进了工农业生产的商业化。除了城市化之外，中世纪西欧工商业发展的另一个重要条件是7世纪以来银币制度的产生。中世纪西欧的银本位制适应了北海普通消费品贸易和国内贸易的需要，银币在很长时间充当了中世纪西欧工资与税收、对外贸易和国内贸易的主要支付手段，为货币化发展创造了有利条件。

在城市化和货币化的基础上，本书讨论了中世纪早中期以来西欧商业和工业方面的许多问题。第3—8章研究了商业诸问题，涉及中世纪商人阶级的起源时间以及商人法和商事法庭为行商提供的便捷和保护，进行各种商品交易的市场市集制度，劳动力、土地和借贷等生产要素市场的演变，以及市场的治理。第9—16章考察了中世纪西欧工业诸问题，包括小土地持有者，工业生产组织的各种形态，工匠，工业生产，工业管理，妇女与工业，部分工业行业或工序的机械化，以及西欧工业化的中世纪起源等。上述研究表明，中世纪西欧作为工商业中心的城市促进了城乡的劳动分工和频繁交流，城乡的劳动分工和农户耕织分离促进了西欧工业化的起源和农业的专业化、规模化，银本位的货币制度有利于国内外贸易的发展和工资、地租的货币化，商人法和商事法庭为外来商人的债务和契约提供了较好保护，生产要素市场与普通商品市场的发展并驾齐驱，市场在配置资源方面的作用日益上升，工匠、工业组织和工业生产都经历了前所未有的变化，工商业管理更多地依靠法治而非人治，等等。

值得思考的是：中世纪西欧能有如此发展，原因是什么？应该说，市场是经济发展与否的重要制约因素，或者说市场在多大程度上承担起配置资源的作用不能不说是问题的关键所在。约翰·希克斯认为，人类历史最早受到习俗和指令的主导，相应形成习俗经济和指令经济。前者如村社制、部落制和封建制，后者如古代埃及、古代中国和印加人的秘鲁等专制官僚制度。尽管习俗经济和指令经济中不乏市场的存在，但其作用微乎其微，习俗（传统）和指令（专制君主）成为上述非市场经济体制中的主导力量。变化来自从农民、工匠和管事等中产生的专业化的商人阶级，此阶级成为走向市场经济的社会和组织基础。“一旦有了一个商人阶级，他们便会开始把自己或紧或松地组成一个社会，一个新型的社会。这就是我们在习俗型和指令型之外增加的第三种组织形式，我们只能把它称作重商主义或商业性的组织。”[1] 这种新型社会为市场经济的建立提供了制度保障，因为，“商业经济要想达到繁荣，就必须确立，至少在某种程度上确立对财产的保护和对合同的保护。对这两方面的保护都不是传统社会所提供的，主要是由商人自己提供的”[2]。商人阶级的产生是传统社会向市场经济转变迈出的第一步，这意味着商人可以组织起来挑战直至改变习俗和指令等非市场经济的法律和政治等上层建筑。

当然，走向市场经济的过程是漫长曲折的，正如约翰·希克斯所说：“首先，转变显然是一种渐进的转变，其后期的一些阶段显得更加分明。其次，这种转变不是就出现一次，有些社会在成为交换经济时倒退回去，而在倒退以后又将这同一的故事从头经历一次。第三，有一些‘欠发展的’国家只是在最近期间才经历了转变，有一些至今也没有完成这一转变。”[3] 发达国家的市场经济也经历了漫长而艰辛的过程。泰格和利维的研究表明，商人阶级形成后即开始影响和改造封建法律制度。该过程始于11世纪，直到约18世纪才宣告结束，历经

[1] [英]约翰·希克斯:《经济史理论》，厉以平译，商务印书馆1999年版，第32页。
[2] [英]约翰·希克斯:《经济史理论》，第35页。
[3] [英]约翰·希克斯:《经济史理论》，第10页。

了8个世纪之久。资产阶级在这一变革中取得了最后的胜利。然而，胜利并不都是通过赎买和妥协等和平方式取得的，从11世纪城市居民的起义开始，到英法资产阶级革命为止，资产阶级常常依靠暴力和反抗，其胜利果实最终都以法律形式固定下来。同样是讲法律与革命的关系，这两位学者力主是商人反抗领主和封建法律揭开了近现代西方法律体系形成的序幕，而不是伯尔曼所推崇的教皇革命。因此，他们的结论是："只有通过'造反法理学'才能够解释和分析社会斗争在法律规范中的反映。"[1] 至少从中世纪中期起，城市通过赎买或武装斗争获得了城市特许状。"这些宪章，准许都市人民：第一，可以自由嫁女，不必领主许可；第二，在他死后，他的财务，可由儿孙承继，不由领主领取；第三，自身遗产，可由遗嘱处分。"[2] 市民的权利像磁石一样吸引着农民，他们通过逃亡、赎买和武装斗争也逐渐摆脱农奴地位。所不同的是，市民是通过城市特许状集体获得解放和权利，农民则多是逐个完成的。

晚近中世纪英国商业化理论与上述理论可谓异曲同工。商业化理论是在马克思主义和新人口论这两种最重要的中世纪经济发展模式的基础上发展起来的。对商业化理论而言，尽管此两者分别从人口学分析和阶级分析的角度解释历史发展，然而，"它们都无可置疑地认为，推动中世纪经济变化的决定力量存在于占据绝对主导地位的农业领域，以及土地持有者和农业劳动者的关系当中。不过，上述假设长期以来都公开受到激烈的挑战"。与前两种中世纪经济理论不同，商业化理论将市场作为中世纪经济发展的重要推动力量，从而描绘出一

[1] ［美］泰格、利维：《法律与资本主义的兴起》，纪琨译，刘锋校，学林出版社1996年版，第4页。
[2] ［英］亚当·斯密：《国民财富的性质和原因的研究》，上卷，第361页。

幅不同于以往的中世纪中期以来经济发展的全新图画。具体说，商业的扩张、城市和工业的发展不仅增加了新的就业机会，有助于吸收农村剩余劳动力，而且通过激发劳动者的积极性，促进生产的专业化和更广泛的劳动分工，因而减少生产成本和交易成本等途径有助于提高劳动生产率。劳动生产率的提高也来自知识和技术的进步，它们出现在所有的经济活动领域，从农场主选择播种的种子、选择何时和在哪里播种，到商人保管购买与销售的账簿。而且，上述知识不断地积累，很少失传或被弃。尽管很少有划时代的跃进，但长期的渐进式的进步逐渐改变了经济和社会活动的诸多领域。商业化理论将市场视为中世纪经济发展的动力，而中世纪中期数量不断上升的人口是商业发展强有力的刺激因素。稠密的定居改善了交通，人们往返市场更为便捷，这减少了运输成本，增加了规模经营的机会，鼓励了专业化。[1]实际上，商业化所导致的变迁不仅局限于经济层面，还影响到法律和权力等上层建筑领域。布里特奈尔在《1000—1500年英国社会的商业化》一书中分1000—1180年、1180—1330年、1330—1500年三个时期考察了市场与规则、贸易与专业化、领主权的变迁，认为市场是中世纪西欧历史变迁的源泉和主导力量，西欧国家通过市场规则建设促进了工农业生产的专业化和领主权的衰落。[2]

作为市场经济的发源地，西欧为何和如何走上了市场经济的道路，值得深入细致地研究。本书通过研究中世纪西欧工商业，旨在对

[1] Hatcher, J. and Bailey, M., *Modelling the Middle Ages: The History & Theory of England's Economic Development*, Oxford: Oxford University Press, 2001, pp. 121, 124.

[2] Britnell, R. H., *The Commercialisation of English Society 1000–1500,* Cambridge: Cambridge University Press, 1993.

此进行探讨。按照约翰·希克斯的说法，市场经济是由非市场经济，即习俗和指令经济演变而来的，市场的兴起为这种演变提供了可能性。但如何将这种可能性转变为现实性却是一场严峻挑战，事实表明只有以英国或西欧为首的少数国家或地区进行了成功的应战。尽管从非市场经济向市场经济转变完成于19世纪前后，但泰格和布里特奈尔等人的研究表明，中世纪中期的西欧处在走向市场经济的起步阶段，中世纪史有责任为弄清楚西欧市场经济的起源问题贡献一份力量。

应该说，由于罗马帝国晚期的衰落，日耳曼人、阿拉伯人和北欧人的相继入侵所造成的破坏等，在中世纪早期，西欧落后于欧亚大陆的许多文明。但中世纪的西欧不是黑暗的，在日耳曼人入侵和阿拉伯人、北欧人入侵之间出现了加洛林文艺复兴，北欧人入侵晚期出现了商业复兴。诚然，中世纪早期加洛林的文艺复兴和商业复兴还是初步的，真正走上市场经济的道路是在中世纪中晚期。尽管走上市场经济道路与建成成熟完善的市场经济还相距甚远，但它已构成中世纪中期以来西欧快速兴起的重要促进因素。

走向市场经济看似是单纯的市场的发展，实际上却是经济、政治、法律和社会等一系列错综复杂的因素交互作用的结果。例如有无受到有效保护的市场，生产要素市场是否与普通商品市场同步或协调发展，市场和贸易是否有效地推动了劳动分工和专业化从而提高了劳动生产率，城乡是否出现了一个从市场生产和交换中富裕起来的人数众多的中产阶级，有利于市场经济发展的保护财产、债务和契约的法律和司法救助是否建立起来，传统的习俗和指令经济的重要性是否逐步让位于市场力量等，最重要的是，是否形成了有利于市场经济存在的法律和制度等体制保障。研究表明，在中世纪，西欧之所以能够后来居上，主要原因就是市场经济的各种制约要素基本做到了同步和协调发展，法律和制度等相关的体制保障逐步建立起来，因而至迟在中世纪中期走上了市场经济的道路。

国外对中世纪西欧工商业的学术研究大约起步于19世纪下半叶，其学术史至今已有约一个半世纪。在此期间，相关的学术范式发生过多次变化。宪政史或法律史是最早的研究范式，19世纪下半叶以来斯塔布斯、梅特兰等法律史学家主要从权利的角度研究城市和保有权问题。19世纪晚期和20世纪上半叶，经济史逐渐成为显学。研究者眼光朝上，研究对象主要包括大中城市、行会工业、庄园工业、商人和对外贸易等，奠定了中世纪西欧工商业研究的基础，罗杰斯、坎宁安、阿什利、多普施、皮朗、韦伯、萨尔兹曼、利普森等成果卓著。20世纪下半叶特别是六七十年代以来，经济社会史异军突起。研究者眼光向下，聚焦于小城市、国内贸易、乡村工匠、货币、工资劳动者、土地市场和借贷等，此研究至今方兴未艾，杜哈德、杜比、庞兹、波斯坦、米勒、哈彻、希尔顿、戴尔和布里特奈尔等成为杰出代表。中世纪工商业史研究需要辨析不同研究范式的旨趣和观点的变化，在学术史的贯通中寻找和解决问题。与此同时，中世纪西欧工商业研究还离不开中国视角和问题意识，这可能是中国中世纪史学家与国外同行研究问题时的主要区别所在。比如，较早出现的古代中国文明何以在公元第二个一千年被较晚建立的日耳曼诸国超越了，尽管其中的原因是复杂的，但是前者长期恪守指令型经济模式起了什么作用值得深入反思。现实是历史的继续，今天的我们应从历史中总结和汲取怎样的经验教训才能避免重蹈覆辙，实现中华民族的长治久安？总之，只有在比较（哪怕是暗含的比较）中才能更加体现出研究工作的学术价值和现实意义。本书即笔者在这方面所做的初步探索。

除第三章以外，本书其他章节内容均为我在2005—2017年期间发表的有关中世纪西欧工商业的论文。之所以写了这么多篇相关文章，是因为“中世纪西欧工商业研究”（O1JA770039）于2002年获批教育部人文社会科学研究基金“十五”规划项目。为此，我于2005年和2006年分别发表了《浅析中世纪西欧工业组织的变化》和《中世纪英国城市化水平研究》两篇学术论文。[1]但接下来由于其他工作的牵累，本课题的研究中断数年。我于2011年左右重新拾起此课题，从2013年至2017年又陆续发表了一系列相关文章[2]，大体上完成了有关问题的研究工作。在成书过程中，笔者对上述发表的文章又进行了不同程度的修改，但有些文章内容之间有所重复，未予调整。俗话说，十年磨一剑，花在这个课题上的时间大抵也差不多如此。不敢说这是一把好剑，唯尽心竭力而已。尽管如此，缺点和错误仍在所难免，望读者诸君批评指正。

在此需要感谢的人很多。

本书写作期间，我在为中国人民大学历史系世界史专业的硕士研究生开设的“世界中古史研究”课程上，连续多年讲授“中世纪西欧

[1] 分别载《世界历史》，2005年第4期；《史学理论研究》，2006年第4期。

[2] 《成就与局限：中世纪英格兰工业机械化探微》，载《史学集刊》，2013年第2期。《中世纪西欧工业生产中的妇女群体——纺纱女、酿酒女及其他》，载《史学月刊》，2013年第3期。《技术、资本和利润——中世纪西欧工业生产新探》，载《世界历史》，2013年第1期。《法律身份、人口比例和收入水平——论中世纪西欧工匠的几个问题》，载《史学理论研究》，2013年第1期。《小持有者与中世纪英格兰农村的雇工和工匠》，见北京大学历史学系世界古代史教研室编：《多元视角下的封建主义》，社会科学文献出版社2013年版。《论中世纪西欧的货币与货币化》，载《史学月刊》，2014年第6期。《中世纪西欧工业管理研究——以消费者、雇主和雇工权益为中心》，载《史学理论研究》，2015年第1期。《中世纪西欧市场和市集制度新探》，载《经济社会史评论》，2015年第4期。《中世纪西欧土地市场研究》，载《史学集刊》，2016年第4期。载《中世纪西欧工资劳动市场再探——以产生时间和原因为中心》，载《世界历史》，2016年第4期。《论中世纪西欧市场治理的法治化进程》，载《经济社会史评论》，2016年第4期。《西欧工业化的中世纪起源》，载《历史研究》，2017年第1期。《从高利贷禁令到例外原则——论中世纪西欧消费借贷的差别化管理》，载《中国人民大学学报》，2017年第2期。

工商业研究”专题。我在讲授后一般留出一二十分钟时间请同学们提问，学生的一些问题是我以前注意不够的，在解答问题的同时也引起我更多的思考。

在写作过程中，我到伯明翰大学和香港大学等图书馆查阅过文献，与戴尔、斯旺森夫妇等就书中某些问题交换过意见。国内学者也对本书的写作给予过帮助，侯建新教授等通过各种方式为论文的修改提出过许多很好的建议。

此外，收入本书的绝大多数论文曾发表于《世界历史》《史学理论研究》《史学月刊》《史学集刊》《经济社会史评论》《历史研究》《中国人民大学学报》等杂志，得到了诸多编辑及外审专家的支持和帮助。尤其是《历史研究》的焦兵先生，对稿件的修改付出了大量心血，从论文题目到论文内容都提出许多建设性意见。他对稿件精益求精、一丝不苟的敬业精神值得我们学习。

我的学生也给予了我许多的帮助，姜启舟、王超华、孙剑、杨东东等在国内外不厌其烦地帮我寻找文献，姜启舟和杨东东等编排了本书的参考文献。

以上所列并不全面，在此也对未提及的其他对我提供过这样或那样帮助的人士，包括我的家人一并表示衷心感谢。同时，还要感谢教育部人文社会科学研究基金“十五”规划项目给予的资助，以及2017年度国家出版基金资助项目的支持。最后还要特别感谢三联书店副总编辑常绍民先生和各级领导对于本书出版的大力支持，以及责任编辑胡群英女士对于本书的超常耐心和辛勤付出。

第一章
城市化水平

笔者曾撰文指出，中世纪晚期英国的城市市场数量超过了村庄市场，并由此形成了城市市场结构，从而为自给自足的商业化向以市场为导向的商业化转变提供了制度条件。[1]城市市场结构的建立需要以一定的城市化水平为基础，中世纪英国乃至西欧其他国家这方面的情况如何，需要在以往探讨的基础上，结合最新的研究成果，再予检讨。

一、工商业城市的起源

西方学术界通常认为，中世纪西欧城市是自治共同体和工商业中心，这种性质的城市兴起于中世纪中期。然而，中世纪中期的城市运动或城市兴起不是指城市从无到有，而是指新的作为工商业中心的城市取代旧的作为行政、军事和宗教中心的城市。例如亨利·皮朗（Henry Pirenne）以国际贸易的延续、中断和复兴为主线，将5—11世

[1] 徐浩：《前工业社会中的城市市场结构与市场导向的商业化》，载《史学月刊》，2005年第2期。

纪的西欧城市划分为三个阶段：5—8世纪为古代城市延续，9世纪为古代城市衰落，11世纪为中世纪城市兴起。他认为，国际贸易不仅决定了城市的起伏，也制约着城市的性质与功能。例如，“日耳曼人入侵以后商业得以保持，同时作为商业中心的城市以及作为商业工具的商人得以保持，这一切是由于地中海贸易还在继续”[1]。然而，7世纪以来随着穆斯林的扩张，地中海贸易中断，作为商业中心的城市不复存在，古代城市转变为宗教、行政和军事中心。所以，到11世纪中期之前，对于是否存在城市这一问题，对城市的定义不同，答案不同。具体来说，“9世纪时在西部欧洲那种基本上以农业为基础的文明中，是否有城市存在？对这个问题的回答以所给予城市一词的含义而定。如果所指的是一个地方，其居民不是以耕种土地为生，而是从事商业和工业，那么回答应该是‘否’；如果我们把城市理解为一个社会，具有法人的资格，并拥有自己特有的法律和制度，那么回答也是否定的。反之，如果我们认为城市是一个行政中心或者一个堡垒，则我们不难相信加洛林王朝时期几乎与其后的数世纪有着同样多的城市。这就是说存在于当时的城市没有中世纪和近代城市的两个基本属性——市民阶级的居民和城市组织”[2]。可见，在亨利·皮朗看来，9世纪以来城市不再像古代城市那样承担工商业中心的功能，也没有中世纪中期以来的市民阶级和市政制度，因而不属于真正的中世纪城市，后者的兴起离不开11世纪左右地中海和北海贸易复兴这一外在推动力。

---

[1] [比利时] 亨利·皮雷纳：《中世纪的城市》，陈国樑译，商务印书馆1985年版，第9页。自20世纪40年代始，亨利·皮朗的著作便被陆续译介到中国，并且多次再版，但译者对其名字的翻译不尽相同，如亨利·皮雷纳、亨利·比伦纳、亨利·庇伦、亨利·佩朗、昂利·皮雷纳等。

[2] [比利时] 亨利·皮雷纳：《中世纪的城市》，第35页。

亨利·皮朗认为加洛林王朝时期以来的城市蜕变为了行政、军事和宗教中心，因而作为集工商业中心和自治组织为一体的中世纪西欧城市兴起于中世纪中期。这种观点受到很多学者的批评，较早的系统性反驳来自英国。1936年，英国历史学家詹姆斯·泰特出版了《中世纪英国的自治市：城市起源和宪政史研究》，驳斥美国历史学家卡尔·斯蒂芬森（1933年出版《自治市和城镇：英国城市起源的研究》）有关英国城市生活起源于诺曼征服以后的论点，主张英格兰的城市生活起源于7世纪盎格鲁－撒克逊人对荒废了几个世纪的罗马围墙城市的重新占领与设防。这些前维京时代的城市是重要的王室和基督教中心，拥有超出本地范围的活跃的市场和商业。他认为，“port”这个词经常指这些城市及其商业特征，“wic”指其他贸易地点，两者早在维京人入侵前很久就出现了。阿尔弗雷德时期的“burgh”不仅是城堡，而且是贸易地点或商人们在城墙保护下的聚集地。10世纪自治市（borough）的商业特征更加明显：“每个盎格鲁－撒克逊的自治市都有一个市场，每个自治市都是一个市场、一个贸易地点。”[1]它们的周围聚集着城市商人阶级。不仅如此，尽管形式较为原始，但后来中世纪城市生活的主要法律和制度特征，例如市民保有权、城市法和城市法庭均出现于1066年之前。因此，泰特主张英国工商业城市和自治市出现在中世纪早期，而不是皮朗等人所说的11世纪左右，认为不必像皮朗及其支持者那样仅仅到11世纪市郊的商业定居中寻找英国中世纪城市生活的起源。

泰特将中世纪英国工商业城市的起源追溯到中世纪早期，20世纪

[1] 有关争论可参阅Russo, D. G., *Town Origins and Development in Early England, c. 400–950 A. D.*, London: Greenwood Press, 1998, p.15。

下半叶许多西方学者沿着这条道路继续探索，致使西欧工商业城市起源于中世纪早期成为许多史学研究者的共识。20世纪六七十年代学者们发现，罗马城市在中世纪早期的延续远非皮朗所说的那样整齐划一，各地情况相差悬殊，不能一概而论。此外，中世纪西欧工商业城市也并非从中世纪中期才开始兴起的。实际上，出于各种原因，中世纪中期以来具备此种性质和职能的西欧城市在中世纪早期已经涌现出来。如伊迪丝·恩尼指出，中世纪早期城市可以划分为三个区域，第一个为地中海地区，城市生活尽管萎缩，但没有中断。第二个区域包括大部分西班牙、绝大部分高卢，以及整个不列颠、莱茵兰、多瑙河流域和巴尔干半岛各省，那里的部分城市被完全放弃；尽管也有许多城市存在连续定居，但来自罗马帝国的政府形式不复存在，教会制度使城市保持了连续性。新的需求导致商人城市或商业中心的产生，兰斯、科隆、凡尔登、波恩和雷根斯堡的商业郊区都是早期的例证。不过贸易并不都集中于这些古代城市，有些商业中心是新建立的，如法国皮卡第海岸的昆托维克（Quentovic）与不列颠进行贸易。第三个区域位于罗马帝国边境以外，尽管那里存在大量堡垒，但它们都不是罗马人所说的城市。不过，该地区也出现了原始的商人聚落或商业中心，包括莱茵河口的杜赫斯特德（Duurstede），法兰克人与斯拉夫人在此进行贸易。此外，马格德堡（Magdeburg）、爱尔福特（Erfurt）和班贝克（Bamberg）也发展了起来。[1]

诺尔曼·庞兹的研究也证明了恩尼研究的正确性。他认为，中世纪早期的欧洲存在四种类型的城市：一是幸存下来的古罗马时期的城

[1] Ennen, E., "The Different Types of Formation of European Towns", in Thrupp, S. L., ed. *Early Medieval Society*, New York: Appleton–Centum, 1967, pp.174–182.

市，它们除了作为居住地外还承担了某些城市功能。尽管数量不多，包括罗马、伦敦、巴黎、科隆，但它们后来都成长为中世纪晚期最大的城市。二是在西罗马帝国灭亡几个世纪后回应西欧和北欧商业发展而诞生的城市，包括斯堪的纳维亚的某些地区，维京人在那里用战利品交换东罗马帝国和中东的精美产品。所有这些城市都位于波罗的海沿岸，伊普斯威奇（Ipswich）和诺威奇（Norwich）则在英格兰。三是出于防卫需要建立的城市，如9世纪和10世纪盎格鲁-撒克逊诸王在英格兰建立的“堡垒”（burgh）。这些堡垒是为了抵御入侵的斯堪的纳维亚人建立的，某些在结束使用后便完全荒废了，但也有些堡垒由于可以向居住者提供安全保护而成功地吸引了工匠和商人，发展为重要城市。在中欧，日耳曼人向东定居过程中也建立了集商业和防卫功能于一体的城市。四是修道院的建立，尤其大部分本笃会修道院的建立，为商人和工匠的定居提供了据点。修道院和来访的香客创造了对商品和服务的需求，满足这些需求的小城市由此产生。[1] 庞兹还认为中世纪早期城市与中世纪中期城市是一脉相承的。中世纪欧洲工商业城市来自罗马城市的复兴和新城市的兴起，后者对中世纪中期城市更为重要。“这一新的城市模式在公元7世纪至9世纪开始成型。尽管关于这类城市化的起点有很多争论，但其过程的大规模化开始应是在11世纪和12世纪，13世纪达到高潮。”[2]

20世纪后期以来的英国城市史研究进一步支持了泰特对皮朗等人观点的批评。英国史学家雷诺兹指出：无数教科书都理所当然地主张，几乎像英国史上的其他任何事情一样，城市的成长也始于诺曼征

[1] ［英］诺尔曼·庞兹：《中世纪城市》，刘景华、孙继静译，商务印书馆2015年版，第14—15页。
[2] ［英］诺尔曼·庞兹：《中世纪城市》，第3页。

服。然而，20世纪30年代，曼彻斯特大学的历史学家詹姆斯·泰特决定性地驳倒了美国历史学家卡尔·斯蒂芬森提出的相关学术观点。泰特展示的确凿证据表明，尽管是小规模的，但城市生活出现更早，甚至比阿尔弗雷德及其后继者的城堡或自治市等防御工事还要早——某些历史学家认为这些建筑对城市起源来说特别重要。[1]

具体而言，英国在6世纪的城市衰落和12世纪的城市运动或城市兴起之间存在一个城市成长的过程。这期间的城市主要表现为以下三种形式。第一，沿海贸易中心。至少从7世纪起，英国出现一群地名带“wic”的早期城市，它们分布在东部和南部沿海，后来发展成为城市（地名带“port”），北海等地区也存在类似现象。许多商业中心转变为城市的事实支持了近年来某些欧陆学者的观点，即早期的商业中心在性质上是城市或原始城市（proto-urban），而不是非城市（non-urban）。第二，内陆城镇（inland towns）。远程贸易可以促进城市成长，地方贸易也可起到类似的作用。某些城市在几个世纪中一直承担贸易职能，甚至在罗马人征服不列颠之前就是如此。王室或大教堂的出现经常可以刺激地方市场（local market）达到城市水平或接近城市的水平。尽管王室驻地经常移动，但主教座堂或大主教座堂通常是永久性的聚落，它们的存在对城市成长做出了贡献。第三，阿尔弗雷德时期和10世纪的自治市。9世纪编纂的《城堡土地税》（*Burghal Hidage*）和《盎格鲁－撒克逊编年史》中都提到位于英国各地的城堡，专门用来指设防地区（fortified area）。梅特兰的卫戍理论（garrison theory）持有相同观点，“商人起源说”也将这些用作防御工事的“旧

[1] Reynolds, S., *An Introduction to the History of English Medieval Towns*, New York: Oxford University Press, 1977, p.16.

堡”视为“前城市”（pre-urban）或非城市。实际上，上述档案中所载的许多城堡是老的定居点，某些是著名的，或者可能已经是市场中心。防御工事的目的之一是保护市场、贸易者和王室从市场获得的税收。盎格鲁-撒克逊时期的王室法律将城堡称为城市（port），甚至规定贸易必须要在城市进行，由城市管事（port-reeves）或其他证人在场见证交易过程。应该说，某些这类城市在9世纪晚期前存在于英国，许多或大部分继续卫戍和使用的城堡变为城镇，其中有些已经是城镇或原始城镇。综上所述，中世纪早期英国像欧洲大陆一样经历了城市成长过程，做出这种判断的主要依据不是对外贸易等外部动力，而是内因，即内部需求。在内部需求上，王室、教会和修道院等的需求对城市工商业的成长至关重要。如雷诺兹所说，国际贸易看起来好像很早开始促进某些英国城市的成长，但地方交换的需要也是并且更经常是影响因素。在地方市场受到王室或大教堂的需求刺激的地方，就会成长出真正的城市，尤其是当军事和行政职能都集中在一个地方的时候更是如此。[1]

20世纪80年代以来，国外学者由关注中世纪早期欧洲城市的连续性，以及城市形成和发展的多样性等问题，转向探讨中世纪早期城市的复兴（rebirth）或恢复（renewal）。换言之，中世纪早期欧洲城市复兴成为城市起源研究的新取向。例如《700—1050年西方城镇的复兴》论文集的编者在《前言》中指出，复兴或至少是恢复而不是连续，成为1986年3月21—23日在伦敦博物馆举行的会议的主要议题。之所以如此，是因为“商人起源说”等认为欧洲城市自晚期罗马帝国至中世纪早期出现渐进衰落；而晚近以来则认为，中世纪早期与古代

[1] Reynolds, S., *An Introduction to the History of English Medieval Towns*, pp.24–45.

的城市之间没有连续性（discontinuity），经历了衰落和复兴，即先抑后扬。具体来说，以往观点认为中世纪早期是罗马城市不断衰落的过程，而晚近则主张西罗马帝国灭亡后西欧城市普遍衰落，自7世纪以来城市逐渐成长。由此中世纪早期城市复兴论代替了罗马城市长期衰落论。借助于考古证据的帮助，对西欧各地城市的研究也证实了上述论点。以意大利为例，与之前强调6—7世纪时罗马城市连续性发展的观点相反，新的研究表明该时期城市大量衰落。首先，像其他地方一样，意大利大量的罗马时期城市完全消失。据估计，中世纪早期意大利的罗马城市大约消失了1/3（372个城市减少了116个）。其次，幸存城市甚至最重要的城市人口锐减，与罗马时期和中世纪晚期城市相比人口更稀少。第三，无论大小，城市的财富和生活质量在300—650年间明显下降。但与此同时，意大利城市的衰落没有西北欧地区严重。以往认为中世纪意大利城市的领先地位出现在11世纪，而新研究将这一时间提前到750年或650年。换言之，至少在8世纪或7世纪，意大利城市开始了恢复。[1]此外，该论文集还涉及高卢、斯堪的纳维亚、不列颠等地的城镇。尽管情况不完全一样，但西欧各地中世纪早期城市大都经历了衰落和复兴，且复兴约始于8世纪。

克拉克的研究也支持了上述观点。他主张，中世纪早期是欧洲城市化的重要阶段，工商业是城市化的动力和城市主要职能之一。4世纪开始的蛮族入侵加剧了古代城市的衰落，直到7世纪，西欧城市经历了各种灾难。8世纪城市开始了复兴，人口增长、农业和贸易扩大以及政治的稳定成为这种进步的动力。意大利的罗马、威尼斯、米兰

[1] Hodges, R. and Hobley, B., eds., *The Rebirth of Towns in the West, A. D. 700–1050*, Introduction, viii, Oxford: Alden Press Ltd., 1988, pp.16–23.

和维罗纳成为世俗和宗教管理中心或商业中心，阿尔卑斯山以北的城市更可圈可点，那里的商品集散地（commercial entrepot）或商业中心（emporia）几乎都是新城市。从7世纪或8世纪起，英格兰和法兰克王国的哈姆威奇（Hamwic，后称南安普敦）、昆托维克和多尔斯塔特（Dorestad）在北海周围进行内河和海上贸易。它们大多数没有防御工事，仅有的1000—2000人广泛从事工商业活动。其他城市则主要是宗教、王室和贵族的居住地，例如坎特伯雷、伦敦、约克和北安普顿。这些地方的市场进行地方和区域贸易，同时存在少量的工业生产。9世纪维京人的入侵造成上述几个未设防的商业中心的毁灭，而行政和宗教中心借助防御工事幸存下来。定居在东英格兰和诺曼底的维京人建立了许多城市。11世纪前后，英格兰可能拥有200多个城市，包括大量中等城市和小城市。[1]

综上所述，中世纪欧洲工商业城市不是中世纪中期兴起的，而起源于中世纪早期。

二、城市化的传统观点

中世纪欧洲是否开始了城市化？意见似乎并不一样。根据《枫丹娜现代思潮辞典》，城市化是指“将人口集中于城市和城镇的过程和效果。这一概念包括城市地区和人口的扩大以及由此产生的土地利用、生活方式、自然风景、人口的地理和职业分布及经济活动等方面的变化”[2]。但是，城市化的概念在中世纪史研究中却使用较少，否则

[1] Clark, P., *European Cities and Towns 400–2000*, Oxford: Oxford University Press, 2009, pp.26–28.

[2] [法] A. 布洛克等主编：《枫丹娜现代思潮辞典》，李瑞华、肖俊明译，社会科学文献出版社1988年版，第605页。

就似乎太现代、太超前了。

那么，城市化应该始自何时？对此，国内代表性的观点是工业革命开端论，认为城市化是近现代特有的现象。尽管在世界范围内人口向城市集中的过程持续了几千年，“但通常所说的城市化却是指随工业革命的发展而在近现代出现的一种社会现象”[1]。《中国大百科全书·社会学卷》在谈到城市化的成因时同样认为：“都市化（即城市化）是生产力发展到一定阶段的必然结果，是近代工业化的直接产物。”[2]实际上，“在任何一种文明中，城市生活的发展都必须依靠工商业”[3]，而“15世纪以前以及15世纪期间，（西欧）城市是工商业唯一的中心”[4]。但工业革命开端论却不顾这些事实，只强调大工业对城市化的唯一推动作用，主张工业化启动了城市化，将城市化等同于工业化。而此前城市和工商业虽有发展，城市化进程却没有开始。另一种观点则主张，城市化（或称城市革命）贯穿于城市出现以来的整个人类文明，工业革命以来的城市化只是城市化进程中的一个非常重要却十分短暂的阶段。1942年，埃尔德里奇指出：“城市化是一个人口集中的过程，它通过两种方式进行：人口中心点的增加与单个中心点人口规模的增长。”[5]按照这个定义，没有城市化的推动，城市便不能产生。因此，城市化先于城市而出现，城市是城市化的结果而非原因。从历史上看，城市化进程的启动依赖于一定的物质技术条件，起

---

[1] 张光博主编：《社会学词典》，人民出版社1989年版，第419—420页。

[2] 中国大百科全书总编辑委员会：《中国大百科全书·社会学卷》，中国大百科全书出版社1999年版，第37页。

[3] [比利时]亨利·皮朗：《中世纪欧洲经济社会史》，乐文译，上海人民出版社1987年版，第81页。

[4] [比利时]亨利·皮朗：《中世纪欧洲经济社会史》，第151页。

[5] Schmal, H., ed., *Patterns of European Urbanisation Since 1500*, London: Routledge and Kegan Paul, 1981, p.34.

初是农业剩余资源的增加和运输技术的进步。物质技术条件外，对专业性服务的诉求则是前工业社会启动城市化进程的直接原因。“中心地理论”提出城市是行政、宗教、工商业和社会服务的中心，“网络体系理论”提出沿海与河口城市是与外界进行贸易的桥梁等，这些将特定的服务集中于特定地点的要求，推动了前工业时期的城市化进程。[1]城市化在促进服务集中在某些空间的同时，也引发了农村人口向那里的集中，推动了城市的兴起与扩大。

由于前工业社会已经开始了城市化，城市化的研究便不应再囿于工业革命以后。1979年在荷兰的阿姆斯特丹召开了“城市化及其功能差异国际研讨会”，会议的中心议题集中在“过去几个世纪各国城市化进程的比较，各国城市化研究的方法，以及什么是决定城市化率和城市化模式的最重要因素”，会后出版了论文集《1500年后欧洲城市化的模式》[2]，将城市化的历史提前了几百年。简·德·弗里斯主编的《1500—1800年欧洲的城市化》，是现代早期城市化研究的重要成果。[3]几乎从此开始，城市化的历史就不断在被向前拓展。《1000—1950年城市化欧洲的产生》一书的编著者们认为，欧洲城市化经历了11—14世纪的“前工业时期”、14—18世纪的“原工业时期”，以及18—20世纪的“工业时期”三个阶段。[4]2005年庞兹进一步将欧洲城市化分为史前时期、古典时期、中世纪、18世纪或19世纪四个时期，中世纪的城市化被称为城市革命。[5]既然中世纪存在城市化，那么就

---

[1] Hohenberg, P. M. and Lees, L. H., *The Making of Urban Europe 1000–1950,* Cambridge MA: Harvard University Press, 1985, pp.4–5.

[2] Schmaled, H., ed., *Patterns of European Urbanisation Since 1500,* Preface.

[3] Vries, J. D., *European Urbanization 1500–1800*, Cambridge MA: Harvard University Press, 1984.

[4] Hohenberg, P. M. and Lees, L. H., *The Making of Urban Europe 1000–1950.*

[5] [英]诺尔曼·庞兹:《中世纪城市》, 第8—22页。

有必要对其发展程度进行估量。

直到19世纪末，英国城市史还是采取法律和地方志的研究框架。如桑巴特所说："据我所知，还没有与我们的研究直接相关的城市史著作。大量涉及单个城市的著述充其量只是关于市政法规或历史遗迹的史著。经济和文化的视角几乎从未被用来考察城市史。"[1]城市史的研究中不仅没有经济和文化的视角，社会视角也是缺位的。梅特兰被誉为"中世纪英国城市史的真正奠基人"之一，他坦言我们不能分析自治市的人口，也不能衡量商业中心（port）所体现的商业因素或城堡（burh）所代表的军事因素，尽管自治市在《末日审判书》编纂前的那个世纪迅速后来居上。[2]但这方面的探讨主要是在经济史和社会史的领域中进行的。

从20世纪早期起，经济与社会因素的交叉渗透成为历史研究的发展趋势，代表人物有皮朗、韦伯、汤普逊和克拉潘等，但只有皮朗比较早地使用了城市人口占总人口比例的概念，对中世纪欧洲城市化水平做过估计。他认为中世纪西欧城市人口占总人口的比例甚低：西欧"城市的人口很少，往往只占总人口中很小的一部分。当然，由于15世纪以前缺乏统计材料，无法做出精确的估计，不过这样估计可以不致有大的出入：在12—15世纪，整个欧洲的城市人口从未超过其全部人口的1/10。只是在尼德兰、伦巴第、托斯卡那等少数地方，城市人口才在很大程度上，超过了这个比例"[3]。据笔者所知，英国著名经济史学家

[1] [德]维尔纳·桑巴特：《奢侈与资本主义》，王燕平、侯小河译，刘北成校，上海人民出版社2000年版，第28页。

[2] Clark, general ed., *The Cambridge Urban History of Britain*, Vol. I 600–1540, Cambridge: Cambridge University Press, 2000, p.8；Maitland, F. M., *Domesday Book and Beyond*, Cambridge: Cambridge University Press, 1987, p.196.

[3] [比利时]亨利·皮朗：《中世纪欧洲经济社会史》，第53页。

克拉潘对中世纪英国城市人口占总人口的比例最早进行了估计：15世纪下半叶英国“城市人口是否达到7%，很可怀疑。但可以肯定地说绝不到10%，并且这里所说的城市也绝非十分‘城市化’的城市”。克拉潘甚至断言：“假使我们能掌握所有有关数字的话，在1500年左右这个比率也许会小到10%。”[1]此后，经济史、社会史和城市史纷纷重复类似的说法，于是中世纪英国城市化水平较低便成为流行观点。1976年普拉特认为，中世纪英国的城市化水平较低，1500年仍有95%的人口从事农业，这一比例在后两个世纪也没有发生多大变化。造成这种状况的原因在于，尽管中世纪时英国城市数量较多，但规模小、人口少。[2]社会史学家阿萨·勃里格斯也认为：“关于地产调查时期的社会格局，最重要的一点结论是，9/10的居民仍然居住在纯粹的乡村社区之中。其余的居民也不一定就是‘城市’居民。”[3]

可见，20世纪的主流观点是中世纪英国的城市化水平基本保持在10%以下，与皮朗对欧洲城市化的估计比率持平。那么，皮朗和克拉潘的估计数字现在看来是否还准确可用呢？主编帕利泽在2000年出版的、由将近90位欧美学者完成的《剑桥英国城市史》第一卷的《序言》中直言不讳地说，至少在英国，城市人口的数量远高于过去的估计。[4]20世纪90年代以来的研究表明，1086年英国城市化水平已经达到10%，1300年为15%或更多，1377年为20%，15世纪时城市

[1]［英］约翰·克拉潘：《简明不列颠经济史：从最早时期到1750年》，范定九、王祖廉译，上海译文出版社1980年版，第262页。

[2] Platt, C., *The English Medieval Town*, London: Granada Publishing Limited, 1979, p.19.

[3]［英］阿萨·勃里格斯：《英国社会史》，陈叔平、刘城等译，陈叔平校，中国人民大学出版社1991年版，第70页。

[4] D. M. Palliser, general ed., *The Cambridge Urban History of Britain*, Vol. I 600–1540, pp.3–4.

化水平略有下降，但到1524年又恢复到20%。[1]克拉潘等低估了中世纪英国的城市化水平，差距之大难以用误差来解释，应另有原因。

三、城市化水平研究的新思路

不可否认，城市化水平的估算始终受到城市定义的制约。20世纪90年代以来，商业化研究更关注分工的发展、专业化的进步和交换经济的扩展，城市定义因而有了新的变化。霍尔特和罗瑟认为，一个地方被授予城市特权与否不是取得城市地位所必需的。相反，该地区社会的和经济的特征，最要紧的是手工业和商业等非农业职业的多样性，是衡量城市的最重要指标。[2]雷诺兹认为，从功能上说，"城市是一个永久的和集中的人类聚落，大多数人从事非农业职业……因此城市通常至少是部分地依靠居住在城墙外面的人们生产的食物生活"[3]。戴尔认为，城市或城市聚落的通常特征是：它的人口应该长期集中居住，至少大约几百人通过多种非农业职业生活。这些人可以是官员和教士，但对大多数人而言，为了工作和谋生，必须要从事工商业。一个城市拥有各种机构、复杂的社会结构，并与一个农业腹地的经济和文化生活密不可分。但是职业的多样性是城市的最本质的属性。[4]在近来出

[1] Britnell, R. H., *The Commercialisation of English Society 1000-1500*, Cambridge: Cambridge University Press, 1993, pp.49, 115, 170; Dyer, C.,"How Urbanized was Medieval England? ", in Duvosquel, R. M. and Thoen, E., eds., *Peasants and Townsmen in Medieval Europe*, Bent, 1995, pp.169-183.

[2] Holt, R. and Rosser, G., *The Medieval Town in England 1200—1540*, Harlow: Longman, 1990, pp.3-4.

[3] Reynolds, S., "The Writing of Medieval Urban History in England", in *Theoretische Geschiedenis*, 19 (1992), pp.49-50, quote from D. M. Palliser, general ed., *The Cambridge Urban History of Britain*, Vol. I 600—1540, p.5.

[4] Dyer, C., *Making a Living in the Middle Ages:The People of Britain 850-1520*, New Haven: Yale University Press, 2002, p.58.

版的著作中戴尔还指出，城市是居民从事多种非农业职业的地方，哪怕是只有几百个居民的小市场城镇。该定义不考虑制度的特点，只关注经济与功能的差异，从而使我们能够更肯定地划分城市和村庄的界限。[1]这些城市的定义淡化了制度因素，突出了以工商业为核心的非农业经济的重要性，并允许城市存在一定比例的农业人口。一般情况下，只要人口在几百人以上、农民占一半以下的居民点就可以归入城市范畴。因此，非农业职业的发展状况是划分城乡的根本所在，法律制度的特点、农业因素的消失，以及人口规模等并不是城市的本质属性。

以新的定义作为标准，我们更容易考究中世纪城市化低水平论和不变论所根据的定义。20世纪以前主要从法律方面（市民财产保有条件）给城市下定义，但皮朗正确地指出城市起源于经济发展，市政制度是工商业城市的结果。不过，皮朗重视国际贸易而忽视国内市场的研究取向，使其对城市的判断产生了偏差，小城市没有引起他的注意。皮朗判断中世纪欧洲的城市规模较小无疑是正确的，但他又概括道："总的说来，14世纪初……在大多数城市里，居民人数介于5000至1万之间。"[2]这种判断是完全错误的，因为据庞兹估计，中世纪欧洲的绝大多数城市属于2000个居民以下的小城市。1330年不足2000人的城市在法国占75%，在德国占90%，在瑞士占95%。总的说来，2000人以上的城市只有267个，而不足2000人的城市却有3000个之多。[3]而克拉潘则对小城市的性质存在误判，仅以5000人以上的城市作为估算城市化水平的统计对象。以5000人作为城市化水平的一种测量标准本

[1] Dyer, C., *An Age of Transition? Economy and Society in England in the Later Middle Ages*, Oxford: Clarendon Press, 2005, p.24.

[2] [比利时]亨利·皮朗:《中世纪欧洲经济社会史》，第154页。

[3] Pounds, N. J. G., *An Historical Geography of Europe, 450B. C.–A. D.1330*, Cambridge: Cambridge University Press, 1973, p.358.

来无可厚非，但如果仅依此就得出现代早期乃至中世纪时期英国城市化水平的计量结果，显然就不妥当了。大城市偏少是中世纪英国的特点，这可能是贵族主要居住在乡下的庄园，因而城市缺少消费性质的结果。[1] 1300年英国5000人以上的城市之人口只占总人口的4.4%，而在大多数欧洲国家该比例为10.8%，在城市化水平高的低地国家和意大利北部达到20%以上。[2] 14世纪早期意大利北部拥有4个8万人以上的城市，35个人口1万—8万的城市，而英国却分别只有1个和4个。[3] 故在英国，以5000人作为城市化水平的起估点无异于"扬短避长"，据此相关数据得出的中世纪英国城市化水平的结论，也肯定不符合历史实际。那么克拉潘为什么偏偏要选至少达到5000人作为估算中世纪和现代早期英国城市化水平的最低标准呢？他的解释是："这些小型市镇保持着它们中世纪的农村特征，如公地、放牧场、大牧场（如在牛津）、敞田（如在剑桥）。甚至在1500年以前，那种高度发展的城市生活……主要出现在拥有5000人以上的城市里。"[4] 克拉潘主要依靠经济标准来分析城市是有见地的。但他认为，小城市的农业特征削弱了其城市性，这种判断的出发点还是工商业与农业的对立。

中世纪英国城市的农业特征是学术界的老生常谈，那么这是否意

[1] 桑巴特认为，资本主义早期的大城市基本上都是消费型城市，主要消费者是王公、高级教士、贵族和金融家等。一些城市正是由于它是主要消费者聚集最多的居住地，才成为最大的城市，而商业和工业这些生产性行业不能使其所在的城市超过中等规模，这"与我们从中世纪市场城镇发展中找到的动因是同类的"（[德]维尔纳·桑巴特：《奢侈与资本主义》，第31—32页）。

[2] Bairoch, P., Batou, J. and Chever, P., *The Population of European Cities from 800 to 1850,* Geneva: Droz, 1988, pp.183–206.

[3] Britnell, R. H., "The Towns of England and Northern Italy in the Fourteenth Century", in *The Economic History Review*, XLIV, 1(1991), pp.21–22.

[4] [英]约翰·克拉潘：《简明不列颠经济史：从最早时期到1750年》，范定九、王祖廉译，第262页。

味着它们不是工商业的中心呢？

任何城市比农村都有着更广泛而复杂的非农业职业的分工，梅特兰曾据此否认了《末日审判书》时期以前的城市属于农业共同体的观点："尽管许多市民耕种土地，但自治市共同体不是一个农业共同体。我们不能将它们视为成功和慢慢改变习惯的村庄共同体。城市引入了一个新的原则，即异质性（heterogeneity）。那些在法庭和市场彼此碰面的人，以及后来承担法庭和市场的包税的人不是农民。"[1]诚然，农业特征在所有中世纪甚至现代早期的城市都不同程度地存在，而小城市更加突出，因此争论的焦点是小城市的城市资格问题，许多史学家对此给予了肯定回答。戴尔认为，尽管小城市与村庄有着如此密切的关系，但它们的经济活动和职业结构又区别于农村。城市比农村拥有更多的非农业职业的分工。城市规模越大，社会结构和消费水平越复杂，非农业职业的分工相应越多。14世纪伦敦有175种职业，郡城超过100种，而市镇约有20种。[2]布里特奈尔指出，尽管城市工匠及其家庭并不总是依赖一种技艺，但城市的职业专业化比村庄发展更快。布里斯托尔1312年的人头税表和1327年的赞助金表记录了这些纳税人中存在92种不同的职业姓氏。在温切斯特，我们获悉1300—1339年存在72种不同手工业。在达拉姆，从13世纪的契约中可以看出大约有53种商人和工匠。在伍斯特郡的小自治市黑尔索温有35种非农业职业，其中一半是手工业，一半是食品加工业。即使是最小的市镇，拥有土地、商店和摊位的市民通常也是专门的工匠或贸易者。[3]小城市通常有20—40种非农业职业。1348年以前，职业姓氏显

[1] Maitland, F. M., *Domesday Book and Beyond*, Cambridge: Cambridge University Press, 1987, p.198.
[2] Dyer, C., *Making a Living in the Middle Ages:The People of Britain 850–1520*, pp.190, 202.
[3] Britnell, R. H., *The Commercialisation of English Society 1000–1500*, pp.79–80.

示戈德曼彻斯特城有38种非农业职业。城市法庭档案或人头税记录表明，赫顿等市镇有28—35种商业和手工业。[1]相应而言，农村一般没有二三十种以上的工商业，或者像小城市和市镇那样至少有几十户家庭从事非农业职业。[2]1522年萨福克郡的巴伯百户区对所属村庄和市镇的职业调查显示，27个村庄拥有2—14种男性职业，而当时的小城市有18—27种，其中最重要的市镇萨德伯里有49种职业。[3]尽管有些村庄具有城市的特点，如建立了周市场，拥有屠夫、铁匠和木匠等工匠，工业村庄主要从事纺织和采矿，但其非农业职业的分工相对简单，因此它们也非真正意义上的市镇或小城市。[4]

小城市中工商业者还没有完全与农业分离，继续保留着少量的土地、牧场和自留地，但他们的农业收入一般只占总收入一半以下，工商业是他们收入的主要来源。[5]而专事农业的家庭在小城市中则占极少数，格洛斯特郡的斯托城约有居民250—300人。1380—1381年的人头税报告表明，该城共有28种工商业方面的职业，仅靠农业为生的家庭只有4户，该郡其他小城镇也多与之类似。[6]对于小城市，无论是非农业职业的多样性，居民从事工商业职业的较高比例，还是仅残

[1] Dyer, C., “Small Towns 1270–1540”, in D. M. Palliser, general ed., *The Cambridge Urban History of Britain,* Vol. I 600–1540, p.513.

[2] Britnell, R. H. ,“The Towns of England and Northern Italy in the Fourteenth Century”, in *The Economic History Review,* XLIV, 1(1991), p.23.

[3] Wrightson, K., *Earthly Necessities: Economic Lives in Early Modern Britain*, New Haven and London: Yale University Press, 2000, p.94.

[4] Dyer, C., *Making a Living in the Middle Ages: The People of Britain 850–1520*, p.190; Dyer, C., “Small Towns 1270–1540”, in D. M. Palliser, general ed., *The Cambridge Urban History of Britain,* Vol. I 600–1540, p.511.

[5] Hilton, R. H., “Towns in English Feudal Society”, in Hilton, R. H., ed., *Class Conflict and the Crisis of Feudalism: Essays in Medieval Social History*, p.175.

[6] Hilton, R. H., “The Small Town as Part of Peasant Society”, in Hilton, R. H., *The English Peasantry in the Later Middle Ages*, Oxford: Clarendon Press, 1975, p.79.

存的少量农业家庭，都清楚地表明了其城市品质。

四、城市化水平的新估计

小城市得到“正名”后，其数量及居民人数众多的事实，令中世纪英国城市化水平亟须重新评估。城市数量、城市人口数量和全国人口数量三个因素决定重估的结果，而它们在11—16世纪期间又多有变化。因此，以下将根据上述因素分别考察1086年、1300年和1377—1520年三个时期的英国城市化水平。

（一）1086年英国的城市化水平

1086年是英国拥有全国性资料的起点。根据《末日审判书》，当时全国约有112个自治市和44处供农村人口进行交易的市场，后者像较小的自治市一样也是拥有非农业居民的共同体。[1]上述数据并没有统计全部城市，伦敦、温切斯特和布里斯托尔不在其中。盎格鲁-撒克逊后期（特别是从9世纪晚期开始）是中世纪英国城市化的第一个重要阶段。据《末日审判书》记载，至少有17个2000人以上的规模较大的自治市，集中在英格兰的南部和东部。有市民居住的城市超过70个，市民在城市的房产来自国王和周围的领主。但盎格鲁-撒克逊后期开始的城市化进程才刚刚起步，城市数量较少，有些城市还被指责为“毫无城市的特征”[2]。城市体系也发育不全。伦敦是城市金字塔的顶端，约克、温切斯特、诺威奇和林肯作为第二层次紧随其后，居民1000人以

[1] Hilton, R. H., *English and French Towns in Feudal Society: A Comparative Study*, Cambridge: Cambridge University Press, 1992, p.31; Britnell, R. H., *The Commercialisation of English Society 1000–1500*, pp.8, 9; Bolton, J. L., *The Medieval English Economy 1150–1500*, p.12. 布里特奈尔认为1086年英国有39个市场，博尔顿认为1086年记载的自治市为111个。

[2] Hilton, R. H., *English and French Towns in Feudal Society: A Comparative Study*, p.31.

上的29个城市属于第三层次，而位于金字塔底部的小城市层级还没有建立起来。萨默塞特郡和威尔特郡的小城市相当稀疏，中部某些郡的小城市则完全付之阙如，致使德比和莱斯特等郡城形单影只。

少数学者尝试对11世纪末的城市人口总数做出估计，已有的数据也出入较大。布里特奈尔认为，《末日审判书》中记载的100余个城市中，至少17个城市的人口在2000人以上，伦敦、约克和温切斯特都超过1万人，当时城市人口总计有10万人。[1]戴尔认为，根据《末日审判书》，城市住户超过2万户，农村住户为26.9万户，城市化水平约为7%。但是该调查对城市的统计并不完整，即使统计在册的城市也没有像庄园一样进行系统的调查，因此遗漏和错误经常发生。如1100年的一次调查表明，格洛斯特市有超过600处房产，但《末日审判书》中只提到150所房屋。鉴于以上原因，"全国实际的城市居民数量可能接近调查数据的两倍"[2]，即城市人口可能达到20万人，城市化水平约为10%。

至于11世纪末的全国人口总数，拉塞尔以3.5作为家庭人口系数，得出1086年人口为110万人，这受到普遍的质疑。波斯坦等剑桥学派的学者在20世纪60—70年代对此进行了重新估算，经过调整，家庭人口系数改为4.5—5，这样1086年英国总人口上升为140万—155万人。如果再考虑分佃户和无地者等缺少统计的因素，1086年的人口应达到175万—225万。此外，对奴隶、交纳货币地租者、教士、官员、工匠、羊倌、看林人和猎人等的统计也存在遗漏和低估，补全后全国

---

[1] Britnell, R. H., *The Commercialisation of English Society 1000–1500*, p.13.

[2] Dyer, C., *Making a Living in the Middle Ages: The People of Britain 850–1520*, pp.62, 94; C. Dyer, "How Urbanized was Medieval England?", in Duvosquel, R. M. and Thoen, E., eds., *Peasants and Townsmen in Medieval Europe*, pp.172–173.

人口保守估计为200万人，很可能在225万—250万人。[1]拉塞尔的估计已经不足为据，波斯坦等人修正后的最高数据为225万人，戴尔认为保守点估计最低应为200万人。据此，若将1086年的全国人口数据确定为200万—225万人，可能与事实相差不大。那么当时的城市人口为20万人，城市化水平为8.89%—10%，这在欧洲绝非末流。

（二）1300年英国的城市化水平估计

12世纪后期至14世纪前期，英国城市化进入了第二个阶段。城市数量迅速增加，但各家的说法存在一定差别。伯尔顿认为，1296年和1336年期间的征税报告将226个地方认定为城市，这些地方的纳税率因而高于周围的农村。但仍有三个地区的城市没有统计在内，全部相加后约有240个城市。此外，1334年收税员把另外66个新建聚落同时作为自治市和商业聚落，因此至14世纪初英格兰拥有城市特点的地方约有300处。[2]多数学者则认为，中世纪中期英国应存在更多的城市。贝尔斯福德和芬伯格利用档案对中世纪英国城市数量进行过深入研究，他们估计，1200年英国城市为214.5个，1250年为349.5个，1300年为480个。[3]目前学术界较为普遍的意见是，1300年，英国的城市数量超过500个。[4]

戴尔估计的数量还要高。他主张1300年英国大约有700个城市，这还不包括威尔士的80个和苏格兰的50个在内。伦敦稳居英国城市金字塔的塔尖，有8万人口，在西北欧也是最大的城市之一。其下是布里斯托尔、诺威奇与约克等万人以上的第二层级城市，第三个层级

[1] Dyer, C., *Making a Living in the Middle Ages: The People of Britain 850–1520*, p.94.
[2] Bolton, J. L., *The Medieval English Economy 1150–1500*, London: JM Dent & Sons Ltd., 1980, p.121.
[3] Beresford, M. and Finberg , H. P. R., *English Medieval Boroughs: A Handlist*, Newton Abbot: David and Charles, 1973, p.39.
[4] Swanson, H., *Medieval British Towns*, London: Macmillan Press Ltd., 1999.

是2000人以上万人以下的城市，包括郡城和东部、南部沿海的港口城市。以上各级城市大约共为50个。2000人以下的市场城镇或小城市有600多个，聚集了工匠和商人，距离周围农村居民只有10—20英里，它们构成了金字塔的坚固基础。[1]至此，由四个层级组成的城市网络体系建立了起来。小城市的人口不超过2000人，但人口没有下限，大多数在300人以上。1270—1540年期间，小城市最多时为667个，平均而言保持在约600个。

关于14世纪早期城市人口的数量，米勒和哈彻认为，14世纪早期英国有550个居民平均为750人的小市场城镇，人口合计为40万人。2000人及其以上城市的人口合计为30万人，这样城市人口总计为70万人。当时全国的总人口有600万人左右，城市人口约占10%。[2]此估计偏低，一般认为，小城市人口占城市人口的一半以上，若按一半计算，大城市人口当为40万人，城市总人口为80万人。布里特奈尔认为，14世纪早期城市人口难以准确估计。伦敦人口在8万—10万人，诺威奇、布里斯托尔、约克和温切斯特四个城市至少有5万人，3000人以上的50—100个城市的人口有25万人或更多，350—400个自治市，1000人以上的其他市场城镇，以及人口少于3000人的市场村庄大概有50万人或更多，总计88万—90万人，占总人口的15%。[3]根据上述估计，笔者认为14世纪早期英国城市人口约为80万—90万人。

1300年没有全国性的人口统计数据，其人口数量是根据1377年第一次人头税报告推算出来的，但后者时间在黑死病爆发近30年之

[1] Dyer, C., *Making a Living in the Middle Ages:The People of Britain 850–1520*, p.190; Dyer, C., *An Age of Transition? Economy and Society in England in the Later Middle Ages*, p.120.

[2] Miller, E. and Hatcher, J., *Medieval England: Towns, Commerce and Crafts, 1086–1348*, London: Longman, 1995, p.278.

[3] Britnell, R. H., *The Commercialisation of English Society 1000–1500*, p.115.

后，不能反映中古盛期的人口规模，因而需要重新估算。据拉塞尔的计算，当时英国人口仅为223.5万人，黑死病爆发前也不过370万人，现在没有人采信此说。修正后的数据是，1377年的全国人口为250万—300万人，14世纪早期为500万—600万人。[1]一般认为，600万是中世纪英国人口的最高值。但波斯坦提出，中世纪英国人口下降不是在黑死病爆发前夕。因此，中世纪英国人口最多时"可能比拉塞尔所估计的数字的两倍还要多，为接近700万人，而不是他所估计的370万人"[2]。哈勒姆也认为，1292—1294年英国的人口曾经达到720万人。[3]这些都是迄今所见到的较高估计。不过，近来农业史的研究表明，虽然波斯坦夸大了中古农业生产的落后状况，但即使客观分析，14世纪早期英国的农业生产能力仍不可能养活475万以上的人口。所以，1086—1330年的人口总数在250万—475万人比较符合当时农业生产的实际。[4]

据此，笔者认为14世纪早期总人口为500万—600万人，城市人口为80万—90万人，城市化水平上升为15%—16%。布里特奈尔认为，14世纪早期城市人口占15%，与农村从事工商业的人口合计占总人口的1/5，即20%。[5]戴尔也曾认为，13世纪后期英国7个人中

[1] Miller, E. and Hatcher, J., *Medieval England—Rural Society and Economic Change 1086–1348*, pp.28–29; J. L. Bolton, *The Medieval English Economy 1150–1500*, pp.49–51.

[2] [英] M. M. 波斯坦、H. J. 哈巴库克主编：《剑桥欧洲经济史·第一卷·中世纪的农业生活》，郎立华、黄云涛、常茂华等译，郎立华校订，经济科学出版社2002年版，第482页。

[3] Hallam, H. E., ed., *The Agrarian History of England and Wales,* Volume II, 1042–1350, Cambridge: Cambridge University Press, 1988, pp.508–593.

[4] Britnell, R. H. and Campbell, B. M. S., eds.,*Commercialising Economy: England 1086 to c. 1300*, Manchester and New York: Manchester University Press, 1995, pp.11, 12.

[5] Britnell, R. H., *The Commercialisation of English Society 1000–1500*, p.115.

有1个城市居民，城市化水平为14%，但他后来又有所调整。[1]根据1327年的世俗赞助金，埃塞克斯、萨福克、伍斯特和沃里克四个郡的城市人口比例分别是12.6%、13.9%、14.3%和15.3%。但鉴于城市人口的免税比例比农村的60%—65%还要高，所以上述城市人口比例只能作为最低值。可能的情况是，13世纪晚期英国城市化水平已经达到20%，其中居住于2000人以下的小城市人口占到一半。[2]席瑟·斯旺森认为，1300年，城市人口在总人口中上升到15%—20%。[3]

（三）1377—1520年的英国城市化水平估计

黑死病爆发后的一个多世纪是中世纪英国城市化的第三个发展阶段。中世纪晚期，英国的城市数量是稳定的，没有明显下降。戴尔主张，城市数量在中世纪晚期和中期相同，1270—1540年大中城市为52个，此外还有600个左右的小城市。[4]有的学者认为城市数量不但没有下降，反而还有所上升。贝尔斯福德和芬伯格估计，1400年自治市为575个，1500年达到592个。[5]中世纪晚期城市数量保持了稳定或略有增加，没有出现逆城市化现象，这一点似乎没有疑问。

但中世纪晚期的城市人口数量没有保持稳定与增长，而是显著减少了。黑死病的死亡率在1/3以上。实际上，1348年爆发的黑死病不是中世纪晚期城市人口减少的唯一原因，值得注意的是，不少城市的人口谷底出现在15世纪中期至16世纪早期。伦敦稍有例外，1377年

[1] Dyer, C., "The Consumer and the Market in the Later Middle Ages", in *Economic Historical Review*, 2nd ser., XLII, 3 (1989) , p.305.

[2] Dyer, C., *Making a Living in the Middle Ages:The People of Britain 850–1520*, p.303; Dyer, C., *An Age of Transition? Economy and Society in England in the Later Middle Ages*, pp.24–25,130.

[3] Swanson, H., *Medieval British Towns*, pp.14, 15.

[4] Dyer, C., "Small Towns 1270–1540", in D. M. Palliser, general ed., *The Cambridge Urban History of Britain*, Vol. I 600–1540, p.506.

[5] Beresford, M. and Finberg, H. P. R., *English Medieval Boroughs: A Handlist*, p.39.

人口从14世纪初的8万人降至5万人（一说4万人），到16世纪20年代也不过6万人（一说1500年也许有7万人）。但更多城市的人口在1348年之后持续下降，温切斯特1300年有1万—1.2万人，1417年却剩下不足8000人，1524—1525年仅有4000人。波士顿、林肯和约克在1377年和1524—1525年之间人口都折损了一半。其中约克在15世纪初人口有1.3万人，1500年左右减少至7000人。1377年布里斯托尔有1.2万人，16世纪20年代下降到8000人。越重要的郡城在黑死病以后人口遭受损失的比例就越大，1377年的前10名城市中有9个，前20名城市中有16个在1522年人口减少了。

但也应看到，尽管中世纪晚期城市总人口在16世纪前期之前不停地减少，但还是有部分城市的人口在1377年至1524—1525年期间保持了稳定，甚至出现增长。对1377年和1524—1525年期间排名前57位的城市进一步统计后显示，22个城市增加了人口，11个变化不大，24个人口下降，还有相当高比例的小城市增加了人口。[1]对该段时间中18个郡的127个小城市人口的抽样调查表明，人口下降的小城市在全部抽样中仅占1/3强。由此可以说，中世纪晚期只有部分城市出现了人口下降。

需要特别指出，中世纪晚期城市人口减少不是孤立现象，全国人口与之同步变化。拉塞尔估计，1377年英国人口数量有220万人，1400年略有减少，约为210万人。直到1430年，英国人口一直保持在这个水平上没有变化，此后人口开始缓慢增长。[2]哈彻认为，1377年

---

[1] Dyer, A., *Decline and Growth in English Towns 1400–1640*, Cambridge: Cambridge University Press, 1995, pp.31, 32, appendix 5, 19–25.

[2] Russell, J. C., *British Medieval Population*, Albuquerque: University of New Mexico Press,1948, pp.260–281.

之后的一个半世纪，英国人口一直在不同程度地下降。1377年为250万—300万人，15世纪中期降为200万—250万人，1522—1525年才回升到225万—275万人。[1]

根据1377年的人头税报告，当时伦敦与50个最大城市的纳税人有122944人，占全国1355201纳税人的9.07%。按照保守的估计，如果再增加450个小城市，其纳税人平均以250人计，则整个城市纳税人增长为235444人（小城市纳税人为112500人），占全国纳税人总数的17.4%。可以肯定，如果1377年英格兰人口为250万人，至少有42.5万人，很可能是50万人在城市居住，城市化水平为17%—20%。1524—1525年白金汉郡、多塞特郡、格洛斯特郡、萨福克郡、埃塞克斯郡和萨塞克斯郡的城市化水平最高为27.4%，最低为12.6%，平均为20.6%。全国57个人口最多的城市有168000人，占全国人口将近7%。不过这里尚未包括伦敦和几百个小市场城镇。伦敦当时有7万人，如果小城市人口按至少是较大城市的一半计，城市人口总数为476000人，占全国人口250万的19.04%，城市化水平接近20%。[2]以此为基础，现代早期的城市人口不断增长。据帕滕研究，16世纪20年代至17世纪70年代，城市人口在全部人口中的比例也从不足25%上升为将近1/3。[3]

准确估算城市化水平具有十分重要的价值。国际上一般认为，城市人口占全国人口的比例达到20%以上为一般城市化水平，在20%以

[1] Hatcher, J., *Plague, Population and the English Economy, 1348–1530*, London: The Macmillan Press Ltd., 1977, pp.68–69.

[2] Dyer, C., "How Urbanized was Medieval England?", in Duvosquel, R. M. and Thoen, E., eds., *Peasants and Townsmen in Medieval Europe*, pp.174–177; Dyer, C., *An Age of Transition? Economy and Society in England in the Later Middle Ages*, p.24.

[3] Patten, J., *English Towns 1500–1700*, Shoe String Pr Inc., 1978, p.121.

下则为低水平状态。可见20%的城市人口比例对于城市发展问题来说是一个重要的衡量指标，衡量着农业剩余和非农业职业的进步程度。1377年英国城市人口比例为20%，很可能在13世纪末和14世纪初就是这样，并在面临瘟疫等十分不利的形势下保持到16世纪早期。英国迈上城市化水平的第二个台阶是在中世纪中期，而不是工业革命前夕，证明中世纪英国农业的生产能力和工商业的发展程度可以支持较高的城市化水平，这也是城市市场结构形成的前提条件。中世纪中后期英国在工农商业方面所取得的成就，足以为迈上第三个城市化水平的台阶，即40%以上这个中等发展状态的城市化率，奠定非常重要的历史基础，而后者实现于工业革命结束以后。[1]

[1] 徐浩:《18世纪的中国与世界 · 农民卷》，辽海出版社1999年版，第6—7页。

第二章
货币与货币化

中世纪西欧从未停止过铸造和使用货币，且建立起了自己的货币体系，货币化程度逐渐提高，货币经济渗透到广大农村之中。鉴于中世纪货币如此重要，货币问题长期以来都是国外钱币学、货币史、经济史和经济社会史等学科的重要课题，相关成果也十分丰富。不过，国内学者在此方面的探讨却相对较少，特别是对中世纪西欧货币进行长时段和大范围的研究至今似乎尚未出现。有鉴于此，笔者拟从下面几个方面做一些讨论，希望对了解中世纪西欧的货币问题有所帮助。

一、中世纪货币的产生

中世纪初，罗马帝国的许多文明成果得到延续，金属货币体系也不例外。马克·布洛克认为，中世纪欧洲继承了罗马帝国的货币制度，确切地说继承了“3世纪危机”后君士坦丁实行的货币制度。当时的金币包括索里达（solidus），也称为“苏”（sou），重约4.5克，纯金，除此之外还有1/2索里达和1/3索里达。金币下面是银币和铜币，各种货币的兑换率均由国家规定。[1]至日耳曼人入侵前，1/2索里达消失了，金币只剩下索里达和面值为1/3索里达的特里斯（triens），它们极少流通，主要用于储蓄。银币斯立克（siliqua）质量极佳，等于1/24索里达，但发行量比索里达还少。4世纪时价值较低的铜币是主要的流通货币，它们的价值随金币、银币兑换率的波动而波动。随着社会生产力降低，特别是农业生产力下降，日常贸易明显萎缩，铜币最终也失去了用途。[2]

日耳曼人入侵后，西罗马帝国的货币经历了两种不同的命运。5世纪初罗马军团被迫全部撤离不列颠，随后的战乱破坏了岛上的罗马文明成果，最后一批罗马货币发行于406年，在流通了20年后全部消失。直到7世纪从欧洲大陆重新引进为止，不列颠一直没有发行罗马货币。高卢、意大利和西班牙则延续了罗马文化，包括货币、造币厂与从造币中获取收入。起初它们完全仿造罗马货币，476年前继续以西罗马帝国皇帝的名义发行货币，此后有的货币发行人变成了拜占庭帝国的皇帝。[3]皮朗就此评论道，法兰克王国的货币制度“严格地说是罗马—拜占庭的”[4]，所言不虚。拉图什也持类似观点，他说：“当蛮族国家在西部站稳脚跟后，它们没有创新，愿意沿用拜占庭的索里达。”[5]日耳曼各王国的国王以皇帝名义仿造罗马帝国货币主要出于政

[1] Bloch, M., “The Problem of Gold in the Middle Ages”, in Bloch, M., *Land and Work in Mediaeval Europe, Selected Papers*, London: Routledge and Kegan Paul, 1967, pp.186–187.

[2] Doehaerd, R., *The Early Middle Ages in the West: Economy and Society*, translated by Deakin, W. G., Amsterdam, New York, Oxford: North–Holland Publishing Company, 1978, p.218.

[3] Porteous, J., *Coins in History: A Survey of Coinage from the Reform of Diocletian to the Latin Monetary Union*, London: Weidenfeld & Nicolson, 1969, p.40.

[4] ［比利时］亨利·皮雷纳：《中世纪的城市》，第9页。

[5] Latouche, R., *The Birth of Western Economy: Economic Aspects of the Dark Ages*, translated by Wilkinson, E. M., London: Methuen & Co. Ltd., 1961, p.126.

治和习惯上的考虑。他们在入侵前后的一段时期继续承认罗马帝国皇帝的宗主权，既然罗马皇帝垄断了造币权，日耳曼国王当然要予以尊重。此外，尽管日耳曼人自己不铸造货币，但生活在帝国边境附近的日耳曼人早已熟悉了罗马货币，人们甚至认为不是以皇帝名义发行的货币根本不是货币，这也迫使日耳曼国王在入侵后不能贸然改变罗马货币的发行人。[1]

使用罗马皇帝名义发行货币只是权宜之计，发行人的改变是从银币开始的。5世纪末和6世纪上半叶，东哥特国王便以自己的名义在罗马、拉文那和帕维亚发行斯立克银币。在伦巴第人统治早期，他们仍旧发行这种斯立克银币。6世纪前期与中期，墨洛温王朝国王也以自己的名义发行银币。莱茵兰和其他地方同样如此。[2]从银币开始改变发行人基于以下考虑：银币属于本国货币，国王享有造币权；而金币是国际货币，造币权应该归于皇帝，由国王发行实属越权。6世纪30年代后日耳曼人开始以国王名义发行金币，就遭到拜占庭的非议。据拜占庭史学家普罗柯比（Procopius）记载，537年，法兰克人接管了普罗旺斯后又占领马赛，使用高卢的金矿石发行了一种金币。该金币使用了国王肖像，而不是像过去一样继续采用罗马皇帝肖像。值得注意的是，普罗柯比并不介意日耳曼国王以自己的名义发行银币，但认为他们中的任何人在金币上使用自己的肖像都是不正确的。不过，从6世纪第三个25年开始，拥有真正发行人名字的金币在法兰克王国和

[1] Porteous, J., *Coins in History: A Survey of Coinage from the Reform of Diocletian to the Latin Monetary Union*, p.42.

[2] ［英］彼特·施普福特：《造币和通货》，见［英］M. M. 波斯坦、爱德华·米勒主编：《剑桥欧洲经济史·第二卷·中世纪的贸易和工业》，第十二章，第655—656页。

西哥特王国已司空见惯。[1]

发行人的改变标志着日耳曼国王垄断了造币权，西哥特王国、东哥特王国和伦巴第王国均是如此，但在王权最早衰落的法兰克王国，墨洛温王朝时期国王的造币权急剧衰落。除马赛外，7世纪时其他地区的造币权已经落入他人之手。主教和修道院院长均以自己的名义发行货币，而到7世纪末货币上除了有造币人（moneyer）的名字外不再有发行者的名字。墨洛温王朝的货币保留了1400多个造币人的名字，造币厂不少于1000个。[2]杜哈德指出，法兰克王国造币秩序十分混乱，生产1/3索里达（特里斯）的地方超过800个，造币者在5000人以上。而在罗马帝国后期，西部只有5个或6个造币厂。造币权的分散破坏了高卢货币的统一性，一个地方生产的索里达或特里斯与另一个地方不同，因此货币称重和检验成为交易活动中必不可少的环节，高卢货币成为劣质货币的同义词。[3]由于政府疏于管理和造币者贪得无厌，墨洛温王朝的金币严重贬值。大约窖藏于675年的波尔多宝藏（Bordeaux treasure）中的特里斯仅是镀金的，重量为1.12克；而在丰特奈勒孔特（Fontenay-le-Comte）发现的一枚特里斯是675年之前生产的，不仅成色好，而且质量达1.42克。[4]

罗马货币体系在中世纪早期存在的时间并不很长，6世纪第三个25年以后，东罗马帝国和日耳曼各王国都停止发行银币。铜币也曾以各日耳曼王国国王的名义发行，但它们比银币终止得还要早，大

[1] Spufford, P., *Money and Its Use in Medieval Europe*, Cambridge: Cambridge University Press, 1988, pp.14–15.

[2] Porteous, J., *Coins in History: A Survey of Coinage from the Reform of Diocletian to the Latin Monetary Union*, p.46.

[3] Doehaerd, R., *The Early Middle Ages in the West: Economy and Society*, pp.220–221.

[4] Latouche, R., *The Birth of Western Economy: Economic Aspects of the Dark Ages*, p.129.

约在6世纪中期停止发行。索里达和特里斯金币也没有维持很久。西罗马帝国灭亡后，拜占庭帝国仍大量发行索里达，重量和质量没有变化。与此相应，从6世纪初起，西部流通的特里斯的数量超过索里达，550年后除马赛外西部统治者不再发行索里达，它们从现金货币（real money）变为记账货币（money of account）。[1] 7世纪后期，随着最后的金币——特里斯币的没落，罗马货币体系最终解体，因为“除了特里斯币，弗里斯兰人和墨洛温人也开始在7世纪铸造一种新的德纳利斯（denarius，复数形式为denarii）币，重量与特里斯币相同，是银币而不是金币。未来大有前途的是德纳利斯银币，而不是逐渐衰落的特里斯金币，这种德纳利斯币是加洛林王朝时期德涅尔币和整个中世纪便士币的前身”[2]。

金币的停止发行极具象征意义，这标志着中世纪西欧与延续了两个多世纪的西罗马帝国货币制度的最后“决裂”。这是一种渐进但彻底的变革，施普福特对此评述道：“当金币在意大利以外最终消失时，西欧留下了以银便士为基础的新的铸币制度。新的货币既完全不像在拜占庭帝国幸存的货币，也不像罗马帝国晚期的货币。并不是野蛮人给罗马世界带来了新事物，因为他们以前没有自己的货币。但这种改变在野蛮人进入罗马世界之后发生了。与古代的决裂不是一蹴而就的革命性变革，像日耳曼民族于403年穿越莱茵河疆域时那样，而是历经两个世纪才完成的渐进性变革。古代货币制度的消

[1] Porteous, J., *Coins in History: A Survey of Coinage from the Reform of Diocletian to the Latin Monetary Union*, p.42. 中世纪存在现金货币和记账货币之分。现金货币是看得见摸得着的货币，可以承担货币的储藏手段和交换媒介的职能；而记账货币看不见也摸不着，只承担价值尺度的功能。

[2] ［英］彼特·施普福特：《造币和通货》，见［英］M. M. 波斯坦、爱德华·米勒主编：《剑桥欧洲经济史·第二卷·中世纪的贸易和工业》，第十二章，第658页。

失，就像罗马元老院贵族的消失一样，历经了很多代。但它依然是一场彻底的变革。”[1]

变革原因在于中世纪初的商业衰落和7世纪西北欧的商业复兴。5—6世纪，货币作为交换媒介的作用逐渐减弱，“在6世纪中期被放弃之前，他们（指日耳曼人。——引者注）的铜币和银币比罗马帝国原型币的质量差，而且并没有很好地发挥商业用途”[2]。古代城市的衰落直接导致铜币的消失，“在真正的城市环境中才需要大量的小额零钱。只有西西里还使用必要的铜币这个事实，可能说明了城市社会的崩溃。在西方的其他地方，古代大城市已经日渐衰落”[3]。金币的减少和消失发生在墨洛温王朝时期（不是皮朗所说的加洛林王朝时期），很大程度上是由于“黄金被大量储藏，从而导致金价上升”，因此“墨洛温王朝时期黄金和金币的较高价值不是经济增长而是经济停滞的标志”[4]。相反，银币取代金币却是贸易复兴所致（这也不同于皮朗的解释）。拉图什认为，650—700年间经历了从金币向银币的转变，学者们更倾向于用银币需求增加而非金币供给短缺来解释这种转变的原因。在墨洛温王朝统治下，银币的生产比以往认为的更早并且规模更大，银币的胜利不是金币短缺所致，而是北欧人的偏爱和内部贸易的需要。[5]杜比也认为，放弃金币不是经济衰落的迹象，而是商业交

[1] Spufford, P., *Money and Its Use in Medieval Europe*, p.26.

[2] [英]彼特·施普福特：《造币和通货》，见[英]M. M.波斯坦、爱德华·米勒主编：《剑桥欧洲经济史·第二卷·中世纪的贸易和工业》，第十二章，第655—656页。

[3] [英]彼特·施普福特：《造币和通货》，见[英]M. M.波斯坦、爱德华·米勒主编：《剑桥欧洲经济史·第二卷·中世纪的贸易和工业》，第十二章，第656页。

[4] Doehaerd, R., *The Early Middle Ages in the West: Economy and Society*, p.226.

[5] Latouche, R., *The Birth of Western Economy: Economic Aspects of the Dark Ages*, p.131.

换日益增加的表现。[1]具体来说，7世纪北海沿岸贸易复兴，这种普通消费品的贸易促进了银本位制的中世纪货币体系的诞生。由于金币和以其他形式存在的黄金被大量储藏，“西部流通的黄金不能满足北海沿岸日益增加的贸易需要，因此出现了数量较大但价值较低的货币。这场转变以金币贬值和银币增加的形式开始于大约680年，完成于8世纪早期金币彻底退出流通时。”[2]

7世纪晚期的德纳利斯银币使用旧的特里斯金币模具生产，除了材质不同，两者外形完全一样。两者都是小硬币，甚至比现代的半便士或美分还要小。它们的直径仅有1厘米或稍微大一点，但相对较厚。为此，这种重新发行的银币有意采用奥古斯都统治时期罗马帝国银币的名称，以区别于与其类似的特里斯金币。[3]墨洛温王朝后期发行的银便士改称德涅尔（denier）。由于造币权很分散，大多数银币仅署发行地的名字。只有一种德涅尔使用国王的名义发行，它673—675年期间制作于图尔（Tour），发行者是奥斯特拉西亚的希尔德里克二世（Childeric Ⅱ，约662—675），其他德涅尔则使用教会、俗人或地方政府的名义发行。弗里西亚和英格兰的银币称为便士。第一批常见的银便士是691—725年在位的肯特国王威特雷德（Wihtred，690—725）制造的。8世纪时东盎格利亚连续制造银便士，伦敦、威塞克斯和诺

[1] Duby, G., *The Early Growth of the European Economy: Warriors and Peasants from the Seventh to the Twelfth Century*, translated by Clarke, H. B., Ithaca, New York: Cornell University Press, 1974, p.69.

[2] Porteous, J., *Coins in History: A Survey of Coinage from the Reform of Diocletian to the Latin Monetary Union*, pp.47–48.

[3] Spufford, P., *Money and Its Use in Medieval Europe*, p.27.奥古斯都皇帝发行金币、银币和铜币。银币德纳利斯的用途最广泛，用来购买商品，以及向士兵和官员发放工资。金币奥里斯（aureus）实际上是金锭，价值没有以货币形式确定。铜币的价值与银币挂钩，由政府依据相应的金属价格确定（Porteous, J., *Coins in History: A Survey of Coinage from the Reform of Diocletian to the Latin Monetary Union*, p.8）。

森伯利亚时断时续生产，麦西亚则没有造币。不过，7世纪晚期银便士仅出现在墨洛温王朝时期的法兰克和盎格鲁-弗里西亚沿岸，阿拉伯人入侵前的西班牙和查理曼征服前的意大利很少使用银币。[1]

新银币制度至加洛林王朝时最终确立。王室造币权在矮子丕平（Pepin the Short，751—768年在位）时期得以恢复。他进行货币改革，以立法形式规定了德涅尔的外观、重量和造币利润。在754—765年，他将德涅尔的规格限制为1磅纯银生产264个德涅尔。这些德涅尔拥有国王和制造地的名字，法律也同时规定造币者的名字不再出现在货币上。查理曼大帝也以立法解决货币问题，他发布一系列法令修改德涅尔的外观。794年，加洛林王朝德涅尔的外观最终被固定下来，查理曼命令该货币通用于全国，重量大约1.75—2克，1磅纯银生产240个德涅尔，12个德涅尔等于1索里达（相当于先令）。[2]至此，镑、先令和便士的关系固定下来，适用于西欧各地。它们在不同国家拥有不同的名称，但换算率保持一致：索里达（solidus）/索尔多（soldo）/苏埃尔多（sueldo）/苏（sou）/先令（shilling）/希林（schilling）换算成12个德纳利斯（denarii）/德纳罗（dinheros）/德涅尔（deniers）/便士（pennies）/芬尼（pfennigs）/镑（libra）/里拉（lira）/里弗（livre）/英镑（pound）/芬德（pfund）则分别换算成20个或240个上述货币单位。[3]在以上三种面值的货币中，只有便士是现金货币，先令和英镑均为记账货币。奇波拉将记账货币又称为“虚钱”（ghost money），表

[1] Spufford, P., *Money and Its Use in Medieval Europe*, pp.27, 28–29, 35–36.

[2] Doehaerd, R., *The Early Middle Ages in the West: Economy and Society*, pp.227–228. 由此形成l-s-d三种面值的货币制度，其中镑（拉丁语写作libra）简称为l（其美化形式为￡）；索里达简称s；便士简称d（来自罗马银币denarius）。pound同时表示货币的重量和单位，但中文却是分开的，以“磅”表示重量，以“贴金”后的“镑”表示货币单位。

[3] Spufford, P., *Money and Its Use in Medieval Europe*, p.34.

示是现实中并不存在的货币。记账货币的产生主要是由于便士只适合日常的小额交易，大额交易则需要成千上万的便士，即使物物交易或使用外国货币也难以计算（reckon）和记账（account）。为此，人们便以1英镑表示240便士，以1索里达（先令）表示12便士，使用60英镑1先令表示14412便士。[1]

加洛林王朝时期新银币制度普及西欧各地。新便士的样式受到阿拉伯帝国货币的影响。8世纪20年代倭马亚王朝在西班牙铸造银币迪拉姆（dirhams）时采用了宽而薄的样式。754—755年矮子丕平在法兰克王国造德涅尔时也采用了这种宽而薄的坯子，以取代墨洛温王朝所使用的厚而窄的坯子。这种宽而薄的“手工锤制”的坯子在16世纪和17世纪使用造币机（coinage mill）之前是西欧货币的典型样式。宽而薄的德涅尔还传播到其他地区，西班牙边区的巴塞罗那和安普里亚斯（Ampurias），意大利的卢卡（Lucca）、米兰尤和帕维亚（Pavia），罗马的教皇国，德意志的雷根斯堡（Regensburg）等都生产这种宽而薄的银币。[2] 8世纪时，除了南部和东部海岸的部分地区外，英国的大部分地区尚未使用货币。在东南部，775—780年肯特王国的赫伯特和伊格贝特在坎特伯雷建立了一个造币厂，新的宽而薄的便士开始代替笨重的盎格鲁-弗里西亚便士。约783—784年，麦西亚国王奥发在征服肯特王国后接管了这个造币厂。792年奥发改革了货币体系，使其与查理曼大帝的货币体系基本一致。正是这种宽而薄的新德涅尔币成为后来所有盎格鲁-撒克逊王国便士的模型。[3]

---

[1] Cipolla, C. M., *Money, Prices, and Civilization in the Mediterranean World: Fifth to Seventeenth Century,* Princeton: Princeton University Press, 1956, pp.39–41.

[2] Spufford, P., *Money and Its Use in Medieval Europe*, pp.39–43.

[3] [英] 彼特·施普福特:《造币和通货》，见 [英] M. M. 波斯坦、爱德华·米勒主编:《剑桥欧洲经济史·第二卷·中世纪的贸易和工业》，第十二章，第662页。

二、货币政策

金属货币价值的稳定与否在很大程度上取决于原材料的重量和纯度。查理曼的货币改革将德涅尔的重量提高到1.7克以上，整个9世纪其继任者都试图维持这样的重量。德国西部、意大利北部以及基督教西班牙和法国都以此为普通标准，不管这种便士称为芬尼、德纳利斯、德纳罗还是德涅尔。[1]学者们对加洛林王朝银币标准的看法是一致的，如奇波拉指出：加洛林王朝的德涅尔（便士）重达1.7克，纯度约为95%；英格兰追随法兰克王国改革实行的新便士略轻于大陆的便士，第一批奥发便士的重量约为1.3克，后来增加到1.5克。[2]庞兹也认为，查理曼给其帝国定下了银币德涅尔或便士重约1.7克、纯度约为95%的标准。英格兰仿造了这种货币，德涅尔便成为整个加洛林帝国普遍接受和广受赞誉的交换媒介。[3]为了保持货币的稳定，查理曼之子虔诚者路易即位后不久就命令将他父亲在位期间制造的货币收回重造，“硬币窖藏提供的证据说明他的命令得到了严格的遵守。这个命令被成功贯彻说明了皇室对查理曼大帝建立起来的硬币体系的控制程度”[4]。

然而，加洛林王朝国王或皇帝对造币权的垄断不久后便分崩离析。地方上的伯爵是国王货币的管理者，9世纪后期，当王室权威减

[1] ［英］彼特·施普福特：《造币和通货》，见［英］M. M. 波斯坦、爱德华·米勒主编：《剑桥欧洲经济史·第二卷·中世纪的贸易和工业》，第十二章，第663页。

[2] Cipolla, C., “Currency Depreciation in Medieval Europe”, in Thrupp, S. L., ed., *Change in Medieval Society: Europe North of the Apls,1050–1500*, New York: Appleton–Century–Crofts, 1964, p.229.

[3] Pounds, N. J. G., *An Economic History of Medieval Europe*, Second Edition, London: Langman, 1994, pp.115–116.

[4] ［英］彼特·施普福特：《造币和通货》，见［英］M. M. 波斯坦、爱德华·米勒主编：《剑桥欧洲经济史·第二卷·中世纪的贸易和工业》，第十二章，第663页。

弱时，伯爵从王室官员逐渐变成自行其是的诸侯。9世纪末，各地货币的差异表明，某些伯爵已独立发行货币。与此同时，国王还将造币权授予了并非王室成员的其他臣民，特别是修道院院长和主教。[1] 10世纪大附庸都获得了造币权。这些获得造币权的人可以从造币厂获得造币利润，继续以加洛林王朝国王的名义制造德涅尔。10世纪下半叶，以前获得造币权的伯爵和主教在他们发行的货币上用自己的名字取代了国王的名字。862年洛泰尔二世（Lothar Ⅱ，835—869）授予普吕姆修道院（abbey of Prüm）建立市场和造币厂的权力。920年天真者查理（Charles the Simple，879—929）确认和扩大了这一特权，普吕姆修道院院长可以使用自己的名义造币。[2] 10世纪末，法国的封建原则确认，造币厂属于伯爵而非国王，在王室领地以外仍以国王名义造币纯属例外情况了。在休·加佩（Hugh Capet，987—996）统治时期，只有两个领主在自己造的硬币上使用了国王的名字。[3] 直到12世纪，西欧大陆的造币权一般都为世俗贵族和教会贵族所把持，有所不同的是，“意大利的新铸币厂并非像帝国其他地方那样掌握在世俗领主或教士手中，而是掌握在城镇手中”[4]，这意味着意大利的所有重要城市都拥有造币权。

尽管封建时代欧洲大陆的造币权分散在教俗贵族或城市手中，但英国国王却成功地垄断了造币权。“与加洛林王朝晚期不同，英国国

[1] Porteous, J., *Coins in History: A Survey of Coinage from the Reform of Diocletian to the Latin Monetary Union*, p.57.

[2] Doehaerd, R., *The Early Middle Ages in the West: Economy and Society*, p.229.

[3] Porteous, J., *Coins in History: A Survey of Coinage from the Reform of Diocletian to the Latin Monetary Union*, p.61.

[4] ［英］彼特·施普福特:《造币和通货》，见［英］M. M. 波斯坦、爱德华·米勒主编:《剑桥欧洲经济史·第二卷·中世纪的贸易和工业》，第十二章，第676页。

王完整地保留了他们的造币权，他们甚至还设法扩大这种权力。”9世纪时，坎特伯雷大主教和约克大主教在自己的造币上已经使用自己的名字。10世纪造币权分散的势头得到遏制，尽管基督教的造币厂可以继续存在，但王室拥有造币权的原则已经建立起来。根据该原则，货币是国王的，必须以国王的名义发行，遵守国王的法令。[1]在此过程中，威塞克斯王国发挥了重要作用。9世纪斯堪的纳维亚人入侵英国北部，其他盎格鲁-撒克逊王国全部停止了造币，只有威塞克斯王国的货币保留了下来。由于威塞克斯的迅速崛起，英格兰出现了统一的货币。[2]例如阿瑟尔斯坦（Athelstan，924—939）的法律宣称：“按照我们的意愿，整个王国拥有一种货币。”[3]起初，拥有造币厂的城市数量较少，大多数货币在坎特伯雷和伦敦生产。930年，阿瑟尔斯坦下令每个自治市应该拥有一个造币厂。两代人之后，造币厂数量大大增加。[4]英国国王通过货币模具控制造币厂，只有他可以向地方造币者发放造币模具，并收取大量费用，造币者再向需要造币的人收取加工费，国王最终获得造币税。975年，埃德加发现了无须经过货币贬值可以增加税收的办法，即定期重造货币，将所有流通货币全部废止，代之以发行新造便士。这种以增加税收为目的的手段非常成功，以至于后来每隔三年就重新造币。[5]王室造币者以3枚新货币兑换4枚旧货

[1] Porteous, J., *Coins in History: A Survey of Coinage from the Reform of Diocletian to the Latin Monetary Union*, p.67.

[2] Spufford, P., *Money and Its Use in Medieval Europe*, p.92.

[3] Porteous, J., *Coins in History: A Survey of Coinage from the Reform of Diocletian to the Latin Monetary Union*, p.68.

[4] Spufford, P., *Money and Its Use in Medieval Europe*, p.92.

[5] Porteous, J., *Coins in History: A Survey of Coinage from the Reform of Diocletian to the Latin Monetary Union*, p.68.

币，相当于征收了25%的造币税。[1]

长远来看，贬值几乎是所有货币都无法逃脱的宿命，“而各个政治区域贬值率大不一样。除了金属短缺外，一个主要原因是政府没有对其所授权的造币者进行有效控制”[2]。中世纪的货币贬值与造币权分散成正比。奇波拉认为，意大利北部和中部城市货币贬值最为严重；英国货币比较稳定，与大陆形成鲜明对照；法国货币贬值幅度通常低于意大利，但贬值率更接近于意大利而非不列颠。他对英国、法国和意大利之城市用于生产1镑货币（240便士）的纯银重量做了比较，详见表2—1。

表2—1　1镑货币（240便士）中纯银的重量　（单位：克）

年份	英国	法国	热那亚	米兰	威尼斯	佛罗伦萨	金银市场比率
约880	约330	约390		约390	约390		约1∶10—1∶12
约1250	约324	约80	约70	约70	约20	约35	约1∶10
约1500	约172	约22	约13	约9	约6	约6	约1∶11

资料来源：Cipolla, C., “Currency Depreciation in Medieval Europe”, in Thrupp, S.L., ed., *Change in Medieval Society: Europe North of the Apls,1050–1500*, New York: Appleton–Century–Crofts, 1964, pp.230, 235.

从表2—1可知，1250年英格兰的货币价值相当于880年的98%，基本没有贬值。相反，其他国家（城市）的货币贬值较大，例如法国下降到20.5%，米兰和威尼斯仅为17.9%和5.1%。13世纪下半叶以后，英格兰货币也出现较大贬值，但贬值率仍然大大低于法国和意大利的

[1] Spufford, P., *Money and Its Use in Medieval Europe*, p.92.
[2] Pounds, N. J. G., *An Economic History of Medieval Europe*, p.119.

城市。1500年英国货币的价值相当于880年的52%，而法国却只相当于5.6%，米兰和威尼斯更是低至2.3%和1.5%。[1]经济史学家和货币史学家大都主张中世纪中期英国货币保持了稳定，克拉潘认为："从诺曼征服时代起至1300年以后，银便士的含银量很少有变动。"[2]波蒂厄斯也认为，直到13世纪英格兰货币仍然保持稳定。征服者威廉将便士的重量固定在22.5格令（grain），此后这一标准在两个世纪保持不变。由此，"便士的稳定性使其在海外赢得了甚至比过去更好的声誉，以及一个新的名字——斯特林（sterling），该词在古英语中意味着固定和坚挺之物，类似于拉丁文中索里达的含义。在这个名称下，英国便士被更多地使用，后来在国外被仿造。斯特林至今在世界市场仍是国际贸易中英国货币的名字"[3]。

其他研究也证明造币权的分散加剧了货币贬值。施普福特认为，造币权分散后，不同货币发行者为满足自己的利益而降低货币的重量和纯度标准，因而逐渐破坏了货币的统一性，使相同面值的货币有时甚至出现惊人的差别。就欧洲而言，在12世纪晚期才开始的快速发展之前，重量最大的货币是英格兰的斯特林便士以及德国科隆的芬尼，它们均为1.4克，白银纯度为92%。最差的货币是巴塞罗那的德纳罗，重量仅为0.66克，纯度只有20%。许多意大利北部城市的德纳利斯重

[1] 庞兹对13世纪英国和法国货币贬值的估计较为严重。他认为，截至1250年，英国的便士币贬值最少，但其价值下降到1/2。同一时期，法国便士的银含量只略多于查理曼时期货币的1/20。意大利的货币贬值更为严重（Pounds, N. J. G., *An Economic History of Medieval Europe*, p.116）。尽管庞兹对英、法的估计数据与其他学者差别较大，很可能与事实不符，但即使如此也不会动摇我们的结论。

[2] [英]约翰·克拉潘：《简明不列颠经济史：从最早时期到1750年》，第150页。

[3] Porteous, J., *Coins in History: A Survey of Coinage from the Reform of Diocletian to the Latin Monetary Union*, pp.70–71. 格令是中世纪重量的最小单位，大约相当于一粒谷物的重量，包括大麦格令（后来被称为特罗伊格令）和小麦格令（后来被称为巴黎格令）。前者重0.065克，后者重0.053克。加洛林王朝的德涅尔分别为20大麦格令和24小麦格令。

量更轻，但纯度为50%。详见表2—2。

表2—2　10—12世纪德涅尔的重量和纯度（794年以后查理曼的德涅尔重量为1.7克，纯度为96%）

	10世纪20年代	10世纪80年代	11世纪上半叶	1050—1075	1125—1130	约1160	约1200
英国造币厂	1.33克	1.26克				1.46克（纯度92.5%）	1.46克（纯度92.5%）〔纯银重1.35克〕
里摩日		1.4克（纯度80%以上）	1.44—1.25克				
圣丹尼	1.64克	1.23克					
科隆		1.18克	1.3克	1.4—1.2克	1.46克	1.4克（纯度92.5%）	〔纯银重1.3克〕
蒂尔			1.3克	0.92克			
特里尔					0.97克（纯度83%）		
图卢兹							1.14克（纯度50%—58%）〔纯银重0.57—0.66克〕
米兰					〔纯银重0.6克〕	（神圣罗马）帝国德涅尔1克（纯度50%）	1克（纯度50%）〔纯银重0.5克〕

续表

	10世纪20年代	10世纪80年代	11世纪上半叶	1050—1075	1125—1130	约1160	约1200
鲁昂		1.13—1.21克（纯度50%以上）	0.7—0.96克				
巴黎		0.99克（纯度50%以上）				0.85—1.28克	1.04克（纯度37.5%）〔纯银重0.39克〕
莫吉奥					1.1克（纯度42%）		1.12克（纯度33%）〔纯银重0.37克〕
杰卡（阿拉贡省）						1.08克（纯度33%）	
佛兰德尔			大于1克				0.42克（纯度83%）〔纯银重0.35克〕
富尔达（薄片币）						0.83克	
图尔（王室造币厂）							0.95克（纯度35%）〔纯银重0.33克〕
图尔（修道院造币厂）							0.95克（纯度33%）〔纯银重0.31克〕

续表

	10世纪20年代	10世纪80年代	11世纪上半叶	1050—1075	1125—1130	约1160	约1200
巴塞罗那				1.14克（纯度33%）		0.66克（纯度20%）	0.92克（纯度33%）〔纯银重0.3克〕
普罗旺斯							0.92克（纯度30.3%）〔纯银重0.28克〕
帕维亚	1.47克	1.27—1.4克			〔纯银重0.68克〕	〔纯银重0.22克〕	〔纯银重0.22克〕
卢卡					〔纯银重0.65克〕	0.6克（纯度60%）	0.25克（纯度70%）〔纯银重0.18克〕
维罗那					〔纯银重0.35克〕	〔纯银重0.1克〕	〔纯银重0.1克〕
威尼斯					〔纯银重0.35克〕	〔纯银重0.05克〕	〔纯银重0.05克〕
勒庞					1克以上（纯度19%）		

资料来源：Spufford, P., *Money and Its Use in Medieval Europe*, table2, pp.102–103.

既然中世纪西欧大陆国家分散的造币权导致了货币贬值，当时包括英国在内的国家都无法根本地杜绝货币贬值，那么解决问题的唯一出路就是发行价值更高的大额银币和金币。这两种新货币最早出现在货币贬值最严重和商业最发达的意大利，然后传播到欧洲各地。1201年，威尼斯新公爵恩里科·丹多洛（Enrico Dandalo,

1107—1205）为了将法国十字军战士为来年船费所支付的8.5万马克的巨额白银铸成银币，下令生产格罗西（grossi），每枚价值不少于24个旧德纳里。新银币不仅每个重量约2.18克，而且纯度高达96.5%，不像劣质的德纳里采用1/4的白银和3/4的合金。罗马除2克重的格罗西外，还生产4克重的格罗西，后来这一做法多为其他大额银币仿效。[1]半个世纪后，格罗索（grosso）或图尔的格罗斯（gros tournois）先是在法国而后不久在低地国家生产。[2]截至13世纪，英国的银便士基本保持了稳定，“也只有银便士具有几乎足额的22.5格令的重量，这些便士偶尔也细分出半份或1/4份，从而得到半便士和1/4便士（法寻）”[3]。由于货币坚挺，物价和工资较低，13世纪英格兰并不迫切需要发行大额银币，1279年发行格罗特（groat，等于4便士银币）遭到失败，70年后的1351年再次发行却取得成功。施普福特认为，此次大额银币的成功发行不是对外贸易扩大的结果，而是支付工资和大额交易的需要。以向城市的帮工、流动的建筑工人和士兵发放工资为例，13世纪80年代英国南部建筑工人每天工资为1.5便士，如果每周支付一次，6天共计9便士。当时格罗特值4便士，不方便发放。而14世纪50年代，日薪上涨一倍，建筑工人每周工资为18便士，工资中发放至少一个格罗特完全可以接受。1279年爱德华一世时普通步兵每天工资为2便士，只使用便士足以应付。而爱德华三世时期士兵工资大幅度上升，从此全部改用格罗特支付。在城市化水平较高的意大利北部、尼德兰南部等地，大额银币也主要用于支付城市工资、缴纳房租和城市向农村购买牲畜、谷物、葡萄酒

---

[1] Spufford, P., *Money and Its Use in Medieval Europe*, pp.226, 228–229.

[2] Pounds, N. J. G., *An Economic History of Medieval Europe*, pp.117, 119.

[3] ［英］约翰·F.乔恩：《货币史：从公元800年起》，李广乾译，商务印书馆2002年版，第56页。

和食用油等大宗食品，以及支付地租和赋税，而德涅尔则通常用于购买日常需要的食品。[1]

发行大额银币未能阻止货币贬值的趋势，格罗特的重量和纯度逐渐降低，与此同时，在某种程度上已被取代的银便士沦为主要使用贱金属制造的小额硬币。在此情况下，社会对更高价值的稳定货币的需要与日俱增。[2] 1252年意大利城市共和国开始铸造并使用大约3.5克的纯金货币，从那时起到中世纪结束，地中海世界的通用货币是意大利城市共和国的金币。[3] 在13世纪结束前，法国国王引进了一种金币，后来此金币发展成埃居（écu）或克朗（crown）。在14世纪英国生产了金币诺布尔（noble，即贵族币），后被低地国家仿造。[4] 不过，绝大多数金币也不断贬值，只有极少数例外。例如英王爱德华三世1344年下令生产的金币也称“贵族币”，价值相对稳定，“一个多世纪以

[1] Spufford, P., *Money and Its Use in Medieval Europe*, pp.234–237.

[2] Pounds, N. J. G., *An Economic History of Medieval Europe*, p.119.

[3] Cipolla, C. M., *Money, Prices, and Civilization in the Mediterranean World: Fifth to Seventeenth Century*, pp.20–21. 意大利哪个城市第一个发行金币存在争议。热那亚和佛罗伦萨都在1252年发行了金币，但学者们对究竟是哪个城市抢占了先机却观点不一，归纳起来主要有三种意见。第一种是热那亚和佛罗伦萨同时发行，例如布洛克认为，1252年，热那亚和佛罗伦萨同时生产金币（Bloch, M., “The Problem of Gold in the Middle Ages”, in Bloch, M., *Land and Work in Medieval Europe, Selected Papers*, p.189）。第二种是佛罗伦萨第一个发行了金币，例如约翰·波蒂厄斯主张，1252年佛罗伦萨在意大利北部城市中第一个引进了金币，热那亚紧随其后（Porteous, J., *Coins in History: A Survey of Coinage from the Reform of Diocletian to the Latin Monetary Union*, p.85）。乔恩也认为，“欧洲的金铸币实际上始于1252年，就在这一年，城市国家佛罗伦萨开始铸造金币弗罗林，并获得了巨大的成功。这种新的金币很快就被热那亚所仿效，没过多久即传遍整个欧洲”（[英] 约翰·F. 乔恩：《货币史：从公元800年起》，第49页）。第三种是热那亚第一个发行了金币，例如庞兹主张，1252年，早已习惯使用地中海世界的诺米斯玛和第纳尔（dinars，阿拉伯帝国金币）的热那亚开始发行自己的金币热那维诺（genovino）。佛罗伦萨的弗罗林（florin）、威尼斯的杜卡（ducat）或泽克齐诺（zecchino）的生产紧随其后（Pounds, N. J. G., *An Economic History of Mediaeval Europe*, p.119）。洛佩斯也有同样主张，“热那亚实际上在1252年初就已经铸造了吉罗韦若（即热那维诺）金币了，时间比佛罗伦萨要早”（转引自 [英] 约翰·F. 乔恩：《货币史：从公元800年起》，第53页）。

[4] Pounds, N. J. G., *An Economic History of Medieval Europe*, p.119.

来，这种金币的价值一直保持在6先令8便士斯特林（半马克斯特林，或1/3镑斯特林），并在1344—1619年一直保持着相同的含金量，但其重量在这期间下降了1/5”。各地金币被广泛用于国家贸易、大额支付、政府交易和土地买卖，但存在国家硬币和国际硬币的区别：如英国的贵族币或法国的埃居币主要在一个国家内部使用，除了低地国家外很少发现在外国；而弗罗林币和杜卡币等国际硬币是专门为远距离贸易设计的，被广泛用于佛罗伦萨和威尼斯城内外。[1]然而，中世纪金币没有像银币一样成为各地的法币，其被接受需以双方同意或契约约定为前提。1344年英国明确规定，不能强迫他人接受金币，唯有商人例外——对商人而言，金币是绝对的法币，任何一方都不能拒绝。[2]

三、地租和工资的货币化

货币化（monetisation）简单说就是货币发行和使用范围不断扩大的过程。货币具有价值尺度、储藏手段和交换媒介三种功能，但中世纪时三者往往不是齐头并进发展的，而是根据商业化的程度各有侧重。大体说来，中世纪早期货币较多地承担了价值尺度和储藏手段的功能，货币发行量较小，流通速度较慢；中世纪中后期货币更多地承担了交换媒介的功能，货币发行量较大，流通速度较快。

日耳曼人在入主西罗马帝国前已经长时间地使用西罗马帝国货币。征服西罗马帝国后，他们曾一度扩大了货币的使用范围。法兰克

[1]［英］彼特·施普福特：《造币和通货》，见［英］M. M. 波斯坦、爱德华·米勒主编：《剑桥欧洲经济史·第二卷·中世纪的贸易和工业》，第十二章，第695—696页。

[2] Bloch, M., “The Problem of Gold in the Middle Ages”, in Bloch, M., *Land and Work in Mediaeval Europe, Selected Papers,* pp.215–216.

人征服高卢后原封不动地继承了罗马帝国的税收制度，土地税（land tax）、贸易税（trade tax）、关税（custom）、通行税（toll）、过桥税（bridge toll）以及人头税（head-tax）都继续征收。这些税收均以货币形式缴纳，造币厂将收缴的这些货币回炉提纯，以金块形式送到王室金库，直到7世纪都是如此规定。[1]罚金也使用货币支付，日耳曼人在入主西欧后颁布的法律已经如此规定。483—532年颁布的《勃艮第法》要求加害者既要支付货币补偿受害者，也要向国王缴纳罚金。具体来说，袭击自由人者每击打一下补偿受害者金币1索里达，并向国库缴纳6索里达。此外，杀死不同社会等级的人缴纳的偿命金数额不等，上层、中层和下层自由人的偿命金分别为300索里达、200索里达和150索里达。[2]6世纪编纂的《萨利克法典》中规定有关盗窃、人身伤害和杀人等行为的罚金使用银币或金币来表示，两者的比例为1∶40。例如第二节"关于偷猪"，其中第一款规定："凡盗窃一头仔猪而被揭发者，应罚款一百二十银币，折合三金币。"第十七节"关于伤害罪"，其中第一款规定："凡蓄意杀人未得逞而被揭发者，应罚款二千五百银币，折合六十三金币。"第四十一节"关于杀害自由人"，其中第一款规定："凡杀死一个自由法兰克人或受《萨利克法典》保护的'蛮人'而被揭发者，应罚款八千银币，折合二百金币。"[3]

至少从7世纪开始，不列颠的肯特王国的法律规定偿命金也使用货币表示。肯特国王埃塞尔伯特的法律对杀害不同身份者规定了不同

---

［1］［奥］阿方斯·多普施：《欧洲文明的经济与社会基础》，肖超译，大象出版社2014年版，第377页。

［2］Drew, K. F., "The Barbarian Kings as Lawgivers and Judges", in Hoyt, R. S., ed., *Life and Thought in the Early Middle Ages*, Minneapolis: University of Minnesota Press, 1967, pp.17–18.

［3］《萨利克法典》，见北京师范大学历史系世界古代史教研室编：《世界古代及中古史资料选集》，北京师范大学出版社1991年版，第295—312页。

的偿命金，例如第五款："杀害一个国王地产上的任何人，必须支付五十先令作为补偿。"第十三款："杀害一个贵族地产上的任何人，必须支付十二先令作为补偿。"随后几个世纪的盎格鲁-撒克逊法律也是如此规定的。[1]针对这些补偿是用货币或是等价交换物来支付，波斯坦指出，偿命金不是盎格鲁-撒克逊史料中唯一以货币表示的支付项目或义务，类似的货币赋税还有很多，但以往它们统统被视为价值尺度而非交换媒介。而实际上，这些货币不是记账单位，而是支付手段。盎格鲁-撒克逊诸王国并不缺少货币，那里至少从6世纪开始发行（与大陆不同的）货币，与英格兰贸易的外国人至少从8世纪开始收到、出口和窖藏盎格鲁-撒克逊的货币。"因此，毫无疑问那里的货币事实上是用于支付的，不是抽象的价值尺度。"[2]

不过更多的史料表明，中世纪早期货币使用总的说来趋于减少，地租形式的变化便是明证。中世纪初期地租和土地税仍以货币形式缴纳，但6世纪末开始出现由自营地和租佃地两部分组成的大地产，而获得小块土地的奴隶和失去土地所有权的自由农民汇集起来的依附佃农对地主承担不同的义务。意大利中部和奥弗涅（Auvergne）等地的依附佃农只向地主缴纳实物地租，而北部地区的自由佃农不仅缴纳谷物、牲畜或葡萄酒，还被迫带着耕畜从事庄园的某些特定工作，例如修理庄园建筑、建设围墙、用马车运送谷物、送信或耕种领主的部分土地。英格兰的《伊尼法典》第67条规定，从领主那里获得一码地的农民承担犁役：该农民没有失去自由，但必须与领主协商提供一定

[1] "The Laws of Ethelbert", in Whitelock, D., ed., *English Historical Documents*, Vol. I, c.500–1042, London: Eyre & Spottiswoode, 1969, pp.391–394.

[2] Postan, M. M., *Essays on Medieval Agriculture and General Problems of the Medieval Economy*, Cambridge: Cambridge University Press, 1973, pp.31–32.

数量的实物地租和劳役。744—748年成文的《巴伐利亚法律》对教会隶农的义务也有类似规定。[1] 9世纪以来西欧大陆盛行庄园制，尽管货币支付地租的方式从未完全消失，但它的重要性明显下降。作为持有领主土地的回报，农民须交纳一定数量的货币（数量很少）和实物地租——几只鸡、几个鸡蛋和羊或猪等一两只（头）小牲畜。货币和实物地租的价值不大，领主只能从中获得很少的收入。劳役才是农民的主要负担，也是领主剥削农民的主要形式。[2] 庞兹也认为，在由领主自营地和农民份地组成的庄园中，佃户占农民总数的2/3，佃农主要通过在自营地履行劳役而持有土地。他们还要承担运输劳役，并缴纳鸡、鸡蛋和呢布等实物，很少支付货币。[3] 中世纪早期法国农民反抗领主索要的沉重劳役，为此，800年时查理曼在教会和王室地产上的农民表达强烈不满后对劳役做出如下规定："所有持有1/4法克塔斯（factus）土地者须用自己的牲畜为领主犁地一整天，完成之后领主在一周内不能再要求从事其他手工劳动。没有足够牲畜在一天内完成这些劳动者须在两天内完成。仅有四头羸弱牲畜不能独立犁地者须找到其他牲畜以便在一天内为领主犁完地，完成之后在那一周再从事一天的手工劳动。无法从事上述任何工作和没有牲畜者须每周徒手提供三整天的劳役，除此之外领主不能再要求提供更多劳役。不同情况确实可能出现：有些人服一周劳役，有些人服半周，有些人服两天。有鉴于此，我们决定：依附者不能拒绝劳役，领主不要贪得无厌。"[4]

[1] Duby, G., *The Early Growth of the European Economy: Warriors and Peasants from the Seventh to the Twelfth Century*, pp.40–41.

[2] Duby, G., *Rural Economy and Country Life in the Medieval West*, pp.39–40.

[3] Pounds, N. J. G., *An Economic History of Medieval Europe*, p.50.

[4] Verhulst, A., *The Carolingian Economy*, Cambridge: Cambridge University Press, 2002, p.48.

不过，庄园制度并非自然经济或封闭经济的同义词[1]，相反，它们的存在和发展离不开物品交换和货币支付，因此促进了货币化。杜比指出，从长远看，庄园制度在促进农村的物品交换和货币流通方面发挥了重要作用，促使货币缓慢渗透到支付制度中。由于小的农场主需要向他们的领主缴纳物品，他们被迫定期光顾9世纪加洛林帝国村庄中广泛存在的那些每周举行一次的小市场。与此同时，大地产主土地的剩余产品也要出售，换取现金以购买其他商品。[2]加洛林王朝时期有的领主已经开始要求佃户缴纳货币地租。893年普吕姆修道院财产清单中记录了几个缴纳货币地租的例子，反映出这种10世纪时变得更加显著的普遍趋势。829年，自由劳动可以用银币或银锭支付，强制性的农业和运输劳役后来也是如此。[3]杜哈德认为在加洛林王朝时期强加给佃农的负担被进一步调整，经常由货币支付的税收所取代。一个说明这种变化的典型文件是戈尔兹修道院地租簿的片段，据其记载，10世纪时普费德斯海姆（Pfeddersheim）的自由芒斯持有者每年欠该修道院30德涅尔，与所欠实物捐税的货币相等；他们也欠远达萨尔河的运输捐（或10德涅尔的货币）和14天的劳役（或8德涅尔）。所有加洛林的地产清册事实上都提到类似的货币支付。而且，在圣伯林的修道院土地上，9世纪被授予的芒斯份地显然缴纳清一色的货币地租。在波珀灵厄（Poperinge），圣伯林修道院有一个教堂和一块有47个依附芒斯的自营地，它们也只缴纳货币地租。10—11世纪有时候大土地所有者兼农场主放弃自营地农业生产，将自营地作为持有地分

[1] ［法］马克·布洛赫：《封建社会》，上卷，张绪山译，郭守田、徐家玲校，商务印书馆2004年版，第132、133页。

[2] Duby, G., *The Early Growth of the European Economy: Warriors and Peasants from the Seventh to the Twelfth Century*, p.96.

[3] Verhulst, A., *The Carolingian Economy*, pp.120–121.

给佃农。[1]甘绍夫也承认："在我们研究的这个时期（指中世纪中期），劳役制度的重要性逐渐地降低了，它的衰落可以追溯到加洛林王朝时期，并随着时间的推移而日益显著。"[2]

诚然，加洛林王朝时期新的入侵中断了劳役地租的货币化，而中世纪中期货币化的重大进步主要体现在货币支付推广到广大农村之中，农民和领主之间的依附关系被货币关系所取代。"这种现象很早就出现在法国、勃艮第王国周边地区以及德意志的莱茵河西岸地区，但是各有差异。各种工役最迟在12世纪的最初几年就已经在法国的大部分地区消失殆尽，但直到13世纪初，那慕尔的乡村仍有部分存留。农役即使留存下来也不再十分重要；加洛林王朝时期最普遍的一周三天的农役，现在已经变成每年几天——两天、三天、六天、十天，很少超过十天。"[3]这一时期，英国的劳役也在减少。波斯坦在《劳役的编年史》一文中认为，中世纪中期英国并非自诺曼王朝以来一直盛行劳役地租，相反，"12世纪的庄园文献表明，大部分庄园中劳役减少，自营地直接经营率下降。为此我们研究了12世纪编纂的对约10个或11个庄园的调查，以及后来编纂的反映12世纪状况的2个或3个庄园的调查，几乎所有的史料都显示了同样的趋势"[4]。实际上，13—14世纪英国领主庄园自营地的劳役制是12世纪80年代以后的一种反常现象。由于粮价上涨，13世纪领主庄园出现了与12世纪相反的情况，即自营地直接经营增多和扩大征收劳役地租，但没有理由认为劳

[1] Doehaerd, R., *The Early Middle Ages in the West: Economy and Society*, pp.122–123.

[2] [英] M. M. 波斯坦、H. J. 哈巴库克主编：《剑桥欧洲经济史·第一卷·中世纪的农业生活》，第276页。

[3] [英] M. M. 波斯坦、H. J. 哈巴库克主编：《剑桥欧洲经济史·第一卷·中世纪的农业生活》，第277页。

[4] Postan, M. M., *Essays on Medieval Agriculture and General Problems of the Medieval Economy*, p.93.

役地租和实物地租完全取代了货币地租。根据科斯敏斯基的考察，截至1279年货币地租相比劳役地租和实物地租已经占据了优势。[1]波斯坦则认为不要夸大13世纪劳役地租抬头的长期性和普遍性："13世纪的反动并没有持续很长时间，也没有扩展到每个地产。在一些地产上，劳动税支付形式的变换一直是一股稳定的细流。接近13世纪末时，在几乎所有的地产，随着领地的缩减而'被出售的'多余的劳役每年都在增加，但是在14世纪和15世纪时，支付形式的变换重又像12世纪时那样普遍和频繁。在中世纪后期的几个世纪中，劳役地租最终消失，几乎所有无地位的农奴身份也随之消失。"[2]法国和英国以外的其他地区也是如此，庞兹证实，在西欧和中欧大部分地区，总的趋势是提高农民的地位，消灭农奴制，将土地保有权置于货币地租的基础上。越来越多的农民被免除劳役，代之以货币形式支付。在巴伐利亚修道院（Bavarian abbey），12世纪时大部分劳役被实物取代，而到13世纪中期大部分土地以货币形式支付地租。早在14世纪，甚至沃莱伦（Veulerent）的西多会庄园都以货币形式出租土地。马穆提（Marmoutier）的阿尔萨斯修道院（Alsatian monastery）的地产清册等档案也表明大地产者逐渐放弃耕作自营地，该修道院及其佃农之间以货币维系关系日益普及。[3]

货币发行量、流通量和人均持有量的增加也可以证明货币化的发展。研究表明，中世纪中期西欧货币发行量、流通量和人均持有量

[1] Kosminsky, E. A., *Studies in the Agrarian History of England in the Thirteenth Century*, edited by Hilton, R. H., translated from the Russian by Ruth Kisch, New York: Kelley & Millman, INC., 1956, pp.152–196.

[2] [英] M. M. 波斯坦、H. J. 哈巴库克主编：《剑桥欧洲经济史·第一卷·中世纪的农业生活》，第520页。

[3] Pounds, N. J. G., *An Economic History of Medieval Europe*, p.209.

的增长均超过人口和物价水平。以英国为例，首先从货币发行量来说，在12世纪60年代和70年代间，一般年份造币将近100万便士。1180—1204年间，货币年产量上升到400万便士，1234—1247年间为1000万便士，13世纪50年代达到1500万便士。再从货币流通量来说，1180年货币流通量大概不足12.5万英镑，1218年上升到30万镑或更多，1247年达到40万英镑。截至1311年，流通中的货币大约为110万英镑。最后从人均货币持有量看，1180—1330年间，英国人口上升2—3倍，大概从1180年的200万或300万升至1330年的600万。这意味着，人均货币持有量增加三倍以上，即从1180年不超过1先令升至1330年的3—4先令。中世纪晚期人均货币持有量仍在继续增加。尽管1351—1356年的货币流通量不到1311—1324年的4/5，1417年仅为最多时期的2/5，但人口大为下降的中世纪晚期人均货币持有量进一步增多，从1324年的3—4先令增加到1467年的6先令。[1]

中世纪晚期的西欧人口和需求显著减少，货币发行量和流通量相应下降，但货币化似乎没有出现止步。这可以从黑死病爆发后英国工资劳动者仍维持在总人口的一半以及其工资上升了一倍得到证明。戴尔指出："我们可以估计，在1381年和1522—1525年间，那些以工资为大部分收入的人在英国大多数地区稍低于人口总数的一半，但是在东部诸郡，从肯特郡到林肯郡，他们则高于一半。"[2]换言之，尽管中世纪晚期人口大量减少，但以工资为生的人口比例与1300年相差无几；另一方面，中世纪晚期，英国用于支付工资的货币没有因雇工数量减少而减少，因为"工人们每天或每件工作完成后所得到的报酬

[1] Britnell, R. H., *The Commercialisation of English Society,1000–1500*, pp.29, 102–103, 184–185.
[2] [英] 克里斯托弗·戴尔：《转型的时代：中世纪晚期英国的经济与社会》，莫玉梅译，徐浩审校，社科文献出版社2010年版，第218页。

更多。在黑死病爆发前夕，英格兰南部地区一个木匠的日工资是3便士，14世纪末是4便士，到15世纪末则涨至6便士。在同一时期，每脱粒和扬净3夸脱谷物的计件工资从5便士涨至8便士，后来至11便士”[1]。工资上涨抵消了雇工数量的下降，致使用于支付雇工工资的货币总量并没有明显减少。从工资劳动者占比保持稳定和工资翻番来说，中世纪晚期与中世纪中期货币化程度大体相同。如果考虑到中世纪晚期货币地租的普遍化，则中世纪晚期的程度更高一些。

综上所述，我们可以得出以下结论：日耳曼人在入主西罗马帝国之前没有造币传统，中世纪之初除不列颠外的其他国家大都仿造罗马货币。7世纪晚期银币在西北欧复兴，最后取代了西罗马帝国的货币。加洛林王朝确立了1镑等于20先令、1先令等于12便士的银币体系，并推广到西欧各地。英国以外国家造币权的极度分散导致银便士的重量和纯度大幅下降，货币严重贬值，13世纪和14世纪包括英国在内的西欧各国先后发行大额银币和金币。尽管中世纪早期没有停止铸造货币，但货币主要承担价值尺度和储藏手段的职能，货币发行量和使用量减少。中世纪中期以来，货币越来越多地作为交换媒介，流通量和使用数量大增。货币支付渗透到广大农村之中，农民和领主之间的人身依附关系逐渐被货币支付关系所取代。

---

[1]［英］克里斯托弗·戴尔：《转型的时代：中世纪晚期英国的经济与社会》，莫玉梅译，徐浩审校，社科文献出版社2010年版，第219页。

第三章
行商与商人法及商事法庭

“行商”（itinerant merchant）的字面含义是往来贩卖、没有固定营业地点的商人，与坐商正好相反。在中世纪欧洲，行商是商人阶级一个重要的部分，由从事海外贸易的外国商人以及从事国内贸易的外地商人组成，大多从事批发贸易，将国外或外地的商品贩运到市集出售给零售商。他们与一般的游商在经济实力和社会地位上具有较大差异。由于中世纪欧洲的市集都是定期举行的，为了避免恶性竞争，相邻市集的举办日期会相互错开，因而国外商人和外地商人常常逐一赶赴各个市集进行交易，“行商”一词便成为他们职业特点的最好写照。学术界以往主张含行商在内的商人阶级在加洛林王朝时期消失了，十一二世纪商业复兴后行商又变为坐商。笔者认为此类观点值得推敲，不仅与大量表明中世纪早期存在商人阶级的晚近研究相矛盾，而且也忽视了中世纪中期商人法和商事法庭保护行商利益的主旨。有鉴于此，本章拟就中世纪早期商人阶级的存在和中世纪中晚期商人法及商事法庭对行商利益的保护谈些看法。

一、9—11世纪行商消失了吗？

之所以提出这个问题，是由于西方学术界通常将中世纪的商人阶级等同于西欧本土的海外贸易商人即行商。西欧本土的外贸商人在中世纪早期是否消失了，学术界存在不同看法，消失派的代表人物首推皮朗。他主张加洛林王朝时期古代文明出现了断裂。在他看来，尽管日耳曼人的民族大迁徙没有造成罗马文明的中断，但是这种连续性仅限于墨洛温王朝，加洛林王朝则经历了与墨洛温王朝乃至古代文明的断裂。其原因在于，穆斯林占领西班牙致使7世纪晚期和8世纪初西地中海地区与中东贸易全部中断。尽管政治中心北移的加洛林王朝促进了西欧本土的弗里斯兰商人从事的北海贸易的繁荣，但9世纪中后期维京人的入侵导致低地国家的海外贸易停止，弗里斯兰商人退出历史舞台。9世纪下半叶阿拉伯人占领西西里岛中断了意大利与东方贸易的最后联系。“结果，作为一种普遍的职业化的商人阶级，在加洛林王朝时代已不复存在了。”[1]除了宫廷和修道院等机构雇用的代理商外，经常光顾加洛林王朝时期数量繁多的地方市场的只有小商小贩。不过，皮朗认为，墨洛温王朝的职业商人阶级与宫廷和修道院等的代理商以及小商小贩截然不同：“……交易的内容往往都与珍贵物品、珠宝、马匹和牲畜有关。一份《法令集》的内容显示，正是这种交易才可被恰当地称为是商人们之间进行的贸易；而这些‘特殊的、专业的’人士几乎毫无例外都是犹太人。”[2]他断言，加洛林王朝时期除了犹太人以外就没有商人了，以至于犹太人与商人两个词汇成了同义

[1] [比利时]亨利·皮朗：《穆罕默德和查理曼》，王晋新译，上海三联书店2011年版，第264页。
[2] [比利时]亨利·皮朗：《中世纪欧洲经济社会史》，第10页。

词。那么，中世纪的贸易、商业和交通的复兴是在什么时候出现的？又是以什么样的方式实现的？对于这些问题，皮朗的观点是，复兴开始的时间为时甚晚，而不是很早。[1]所谓为时甚晚，指的是贸易复兴和商人阶级的出现要等到中世纪中期。

学术界对皮朗的论述可谓毁誉参半。尽管许多中世纪经济史著作和教科书采用了他的观点，但其阿拉伯人的扩张和北欧人的入侵使加洛林王朝的商人阶级消失了的结论也受到许多经济史学家的质疑和批评。

首先，皮朗低估了日耳曼人入侵所造成的破坏，他认为加洛林王朝时期商业衰落的观点受到许多经济史学家的质疑。与皮朗相反，布瓦松纳认为墨洛温王朝和加洛林王朝的商业经历了从衰落到复兴的过程：具体来说，5—6世纪西欧商业遭受日耳曼人入侵的严重破坏，7—9世纪才恢复了若干活动，加洛林王朝时期出现了商业复兴。尽管上述时期商业环境并不理想，“然而一个商业阶级正在悄悄地形成，流动的商业、肩挑小贩与地方的或区域的固定商业同时发展起来。国际贸易的胚胎已见于奢侈品贸易上，这种贸易是在以西方为一方，以拜占庭与阿拉伯为另一方之间开始的，而在这种贸易上，优厚的利润抵偿了巨大的危险。诚然，在卡罗林（即加洛林）王朝时代，我们不仅看见有零售商人和负贩小商，我们也看见有批发商人，例如在西哥特法律中提到的从事东方产品贸易的商人或在西哥特法典中提到的出卖贵重奢侈品的商人……这些商人中有很多是东方人……西方人自己也开始从事大规模的商业活动。从6世纪起，伦巴底商人已出现在圣得尼的市集上；而在9世纪，威尼斯人从查理三世（即胖子查理，

[1] F. M. 鲍维科：《亨利·皮朗》；[比利时]亨利·皮朗：《穆罕默德和查理曼》，第329页。

881—887年为法兰西国王）取得了他们883年的特权。在另一方面，高卢—罗马商人也开始冒险，去同爱尔兰、德意志及斯拉夫各国进行贸易，而夫利西亚（即弗里斯兰）人则成为莱茵兰及低地国家的商界的领袖”[1]。拉图什也否认皮朗有关墨洛温王朝存在所谓“宏大商业”（grand commerce）的说法。“在研究了涉及墨洛温时期商人的各种文献后（它们大多没告诉我们什么内容，且无论怎么说都数量稀少），我们很难界定他们的活动。‘宏大商业’、国际贸易、进出口贸易都是言过其实的说法。这些词汇过于夸大其词，以至于无法名副其实地描述大部分商人所从事的这些普通活动。”[2]此外，拉图什承续布瓦松纳的观点，认为加洛林王朝早期商业经历了“短暂的恢复”（temporary restoration），而不是皮朗所说的衰落与断裂：“我们的观点与那种认为古代经济终结于加洛林王朝时期的说法相反，将全力表明加洛林时代初期标志着一种恢复，或者至少是认真尝试将经济置于坚实的基础之上。”[3]换言之，加洛林王朝与墨洛温王朝的文明不仅没有中断，而且还从日耳曼人入侵的破坏中恢复过来，尽管这种恢复没有持续下去。

其次，许多学者认为皮朗夸大了伊斯兰扩张对西欧的消极后果。法国伊斯兰史学者莫里斯·伦巴德（Maurice Lombard）则提出，伊斯兰国家的建立引起穆斯林世界的铸币流入西欧，这些货币成为墨洛温王朝末期低迷的经济的润滑剂。他还认为，这些流入西欧的货币，融入了加洛林王朝的社会和经济生活，使那个时期的文艺复兴成为可能。由此他认为，穆斯林不再是皮朗所说的导致加洛林王朝时期滞于自然经济的罪魁祸首（所谓没有穆罕默德就没有查理曼），相反

[1]［法］P. 布瓦松纳：《中世纪欧洲生活和劳动（五至十五世纪）》，第109—110页。
[2] Latouche, R., *The Birth of Western Economy: Economic Aspects of the Dark Ages*, p.123.
[3] Latouche, R., *The Birth of Western Economy: Economic Aspects of the Dark Ages*, p.125.

应被当成中世纪早期经济复兴的英雄。瑞典经济史学家斯图雷·伯林（Sture Bolin）反对皮朗将加洛林王朝时期的变化归咎于伊斯兰世界扩张的观点，主张瑞典入侵俄罗斯对理解加洛林王朝及其经济像伊斯兰教兴起一样重要。与皮朗不同，他认为西欧与中东的贸易没有终止。相反，在8世纪和9世纪早期，伊斯兰世界的白银生产大幅上升，那里的文献表明这些白银用于在西欧购买阉人、男女奴隶、织锦和各种皮毛，以及刀剑等。然而，这其中许多物品不是出自西欧，如奴隶和皮毛要通过正在开始入侵波罗的海和俄罗斯的斯堪的纳维亚人的帮助才能大量从斯拉夫世界运往东方。换言之，西欧从斯堪的纳维亚人那里购买了斯拉夫人的货物，然后再卖给穆斯林，后者为此转运支付的银币数量不断增加。然而，留里克征服俄罗斯使西欧在这种三角贸易中被迫出局，再加上北欧人入侵西欧，贸易量大为减少。有鉴于此，伯林认为，不是没有穆罕默德就没有查理曼，而是没有留里克就没有查理曼。此外，美国经济史学家罗伯特·洛佩兹认为穆斯林的扩张并不具有皮朗所说的那种作用，即穆斯林对西地中海的控制与西欧海外贸易的变化之间有着密切的联系。实际上，西欧逐渐用羊皮纸替代草纸、金币的消失、东方奢侈纺织品和香料供应的波动都另有原因，与阿拉伯人的扩张无关。[1]

第三，皮朗有关北欧人入侵导致商人阶级消失的观点也受到许多经济史学家的批评。汤普逊指出，北欧人入侵的破坏性无疑被夸大了。他说："有些著名史学家常常主张：在9世纪——甚至在10世纪——商业和贸易差不多已完全停顿，而这种说法曾广泛被人相信。

[1] Adelson, H. L., *Medieval Commerce*, Princeton: D. Van Nostrand Company, 1962, pp.40–42.

但是，查理曼帝国的商业繁荣状态不曾跟着他的逝世而立刻消失。”[1]他认为，9世纪下半叶法国的商人阶级没有消失，“丹麦金”的征税记录可以证明这一点。该世纪六七十年代，“商人曾好多次缴纳这种捐税。860年时‘国王查理对教会的仓库以及一切商人住所，也对穷人征收了捐税’，在下一年，这些商人（或其他像他们一样的商人）像上文所说，突然遭受了北欧人对巴黎近郊的侵袭。866年时商人再次为了缴付什一税而被估产。然而，关于那时法国的商人阶层，877年的康边大《征税令》以及同年后来不久在基尔赛所颁布的对这命令的补充条例，都提供了最详尽的资料。在前一项命令里，行商和坐商按照他们的财产都须缴纳‘丹麦金’”[2]。此外，9世纪的史料还证明意大利特别是威尼斯商人的存在。据此，汤普逊的结论是：“从上文所引的例据看来，显然，北欧人的侵犯不仅没有像过去所说的那样破坏了商业，法国在第9世纪商业的数量和种类反比过去所想象的还要大。”[3]汤普逊的上述观点也得到之后其他经济史学家的证实。波斯坦认为，维京人与西欧的交往并非仅限于海盗式劫掠，尽管“北欧海盗远征从8世纪的第一个25年开始，但考古资料显示，在斯堪的纳维亚与西欧国家之间，自史前时期就有了贸易关系。即使在北欧海盗大举发动战争的最坏时期，不仅他们的定居点之间，而且斯堪的纳维亚人和非斯堪的纳维亚人的居住地之间仍存在着大量的纯商业贸易”，“斯堪的纳维亚人不仅建造了用于抢劫的快速攻击船只，而且也建造了速度较慢和空间较大的用于商业贸易的货船。可能一些斯堪的纳维亚商

[1] [美]汤普逊：《中世纪经济社会史》，耿淡如译，上册，商务印书馆1984年版，第327页。
[2] [美]汤普逊：《中世纪经济社会史》，上册，第335页。
[3] [美]汤普逊：《中世纪经济社会史》，上册，第341页。

人专门从事贸易而不进行抢劫性的远航”。[1]其他学者也持有类似看法。例如在论及850—955年处于维京人攻击下的经济形势时，阿德尔森指出，如果维京人入侵目的起初主要是海盗掠夺，那么后期阶段却不再如此。皮朗也说过，海盗是商业的第一阶段。9世纪后期是海盗时期，欧洲经济遭受破坏。然而，不久后维京人开始将海盗掠夺和贸易交替进行。大约10世纪早期西欧存在许多贸易规定，禁止向北欧人出售武器、马匹甚至奴隶，以削弱其偷袭能力。但大多数商品不在贸易禁运之列，而北欧人在被入侵地区的永久性定居又刺激了西欧各地商业的发展。[2]

应该说，20世纪六七十年代以来许多经济社会史学家接受了上述经济史学家反驳皮朗时所提出的观点，主张阿拉伯人的扩张和维京人的入侵没有中断中世纪早期后半段西欧国际贸易和商人阶级的存在。在此基础上，他们还拓展了“商人”概念的内涵，主张中世纪早期的任何时期（无论是墨洛温王朝时期、加洛林王朝时期还是维京时期）商人阶级都没有消失。杜哈德认为，商人指的是生产者和消费者之间分销商品的中间人，不管其从事的是对外贸易还是国内贸易。现有的证据表明，为了能够定期在遥远的市场上大量出售其产品，大农场主往往会借助专业中间商的服务。依据残存的档案，我们能在贸易代理人（agents of trade）中间区分法兰克本国和法兰克国家境外的商人。研究表明商人阶级的构成是多样化的。在中世纪早期的五个世纪期间，编年史、年鉴、圣徒传、特许状、宗教会议法令和法令集等提及的商人（mercatores）和代理人（negotiantes）有些在罗马帝国已经

[1] [英]M. M. 波斯坦、爱德华·米勒主编：《剑桥欧洲经济史·第二卷·中世纪的贸易和工业》，第190页。

[2] Adelson, H. L., *Medieval Commerce*, p.54.

为人所知。这些商人大致来说有三种类型，包括为城市提供货物并经常住在城市的商人，经营远程奢侈品贸易和奴隶贸易的本国和外国商人，以及在这两个群体中间为大人物服务的商人。这些史料中展示的6世纪西欧存在的三种类型的商人，在接下来的几个世纪仍然可以见到。[1]

维科特朗也认为，尽管缺少系统而丰富的史料，但我们可以从6世纪至11世纪中叶的文献区分出从事本地贸易和远程贸易的商人，后者在中世纪早期始终存在。在6世纪，他们主要活动于地中海地区和法兰克王国的南部、中部；在7世纪和8世纪，弗里斯兰商人在整个北海及其腹地经商；在9世纪加洛林王朝时期，法兰克王国、斯拉夫国家、北部欧洲和西班牙之间有着活跃的商业联系；最后，在10世纪和11世纪，与朝圣者一起的商人团体出现在法国、德意志和意大利的所有主要旅行线路上。[2]可见，即使是从批发商或远程贸易者等最严格的意义上说，中世纪早期西欧本土的商人阶级也没有消失。

在中世纪早期最后几个世纪，商人阶级不仅没有消失，而且还成为中世纪中期商人阶级的重要来源。拉图什认为，皮朗主张11世纪职业商人阶级来源于没有土地的流浪汉，但实际上并非所有在10世纪从事贸易的人都来自无地的流浪者。加洛林王朝的国王使用宫廷商人，没有证据表明这些商人在虔诚者路易时期之后消失了。相反，服务世俗君主和修道院的商人占据了商人阶级成员的极大比例，他们财富的

[1] Doehaerd, R., *The Early Middle Ages in the West: Economy and Society*, pp.169–173.

[2] Fernand Vercauteren, "The Circulation of Merchants in Western Europe from the 6th to the 10th Century: Economic and Cultural Aspects", Sylvia L. Thrupp, ed., *Early Medieval Society*, New York: Appleton–Centum, 1967, p.193.

增长也吸引某些土地所有者和富裕农场主加入到商人行列。[1]

还需指出，经济社会史学家也不认同皮朗对中世纪西欧商业复兴时间的看法。由于维京人的活动具有海盗和贸易双重性，所以许多学者认为，西欧商业复兴出现在维京时代后期，即10世纪，而非皮朗所说的11—12世纪，即维京人的入侵结束以后。拉图什主张西欧11世纪的复兴贯穿于维京人入侵后好几个世纪期间，而绝非皮朗所说的在11世纪突然出现。[2]这种观点直到晚近仍然得到认可，如1995年米勒和哈彻在其《中世纪英国：1086—1348年的城市、商业和手工业》一书中仍认为，维京时代英国的海外贸易遇到严重困难，尽管一直存在某些争论，但很难相信英国的对外贸易在盎格鲁-撒克逊晚期减少了或与日耳曼和法兰克王国的商业联系需要等到1025年或更晚才恢复。[3]

二、商人法及商事法庭的普及

商人法（law merchant）也称“商法”，其英文表达形式是从拉丁文“lex mercatoria”直译而来的。[4]顾名思义，商人法是有关商人及其商业交易的规范与原则，其他法律无法替代。如利普森所说，“支配中世纪贸易者商业生活的法律不是该国的普通法，而是商人法”[5]。像封建法、城

[1] Latouche, R., *The Birth of Western Economy: Economic Aspects of the Dark Ages*, translated by Wilkinson, E. M., pp.259–261.

[2] Latouche, R., *The Birth of Western Economy: Economic Aspects of the Dark Ages*, pp.235–267.

[3] Miller, E. and Hatcher, J., *Medieval England: Towns, Commerce and Crafts, 1086–1348*, p.14.

[4] 薛波主编：《元照英美法词典》，北京大学出版社2014年版，第790页。

[5] Lipson, E., *The Economic History of England*, Ninth edition, Vol.1, London: Adam and Charles Black, 1947, p.258.

市法和庄园习惯法等许多中世纪西欧的法律一样，商人法也属于习惯法。商人法是一部由商人“从其需要和视野”出发创造的不成文习惯法，尽管在某种程度上它可能已经受到成文法的影响（例如债务法）。[1] 庞兹也认为，中世纪西欧的商人活动服从于被称为商人法的习惯法。尽管有时成文法会加以重申，但商人法的基础是习惯法。[2]

商人法是中世纪概念，按照现代的法律分类，霍尔兹沃思等法律史学家一般将中世纪的商人法分为海商法（maritime law）和商业法（commercial law），对应的法庭则为海商法庭和商业法庭。霍尔兹沃思还认为，商业法庭又可依据国内、国外贸易的不同区分为市集和自治市法庭（courts of fairs and boroughs）与贸易中心法庭（courts of staple）。[3] 持类似观点的还有普拉克内特，他主张中世纪西欧的商人法包括城市采用的主要针对海上运输的海商法和陆路贸易的商业法，两者均有相应的司法权；前者由市场和市集法庭行使，后者则由海商法庭实施。[4]

从时间上说，商事司法权早于城市司法权，前者是从市场司法权发展来的。9世纪时由国王授予的拥有司法权的市场在欧洲大陆被首次提到，10世纪以后这样的市场大量涌现，这种授予市场司法权的做法意味着建立市场法庭来实施市场法。英国于诺曼征服以后完成了封建化，从此批准市场和市集成为英国王室的特权。诺曼征服不久，有

[1] Lipson, E., *The Economic History of England*, Ninth edition, Vol.1, p.258.

[2] Pounds, N. J. G., *An Economic History of Medieval Europe*, Second Edition, p.427.

[3] Holdsworth, W. S., *A History of English Law*, Vol.1, Third Edition, Rewritten, Boston: Little Brown Company, 1922, pp.526–544. “staple”与中世纪商业相关的主要有两个含义：一是主要商品；二是贸易中心或贸易中心城镇，即按照一定的条件买卖羊毛、铅、皮革和其他物品的地方（参见薛波主编：《元照英美法词典》，第1284页）。

[4] Plucknett, T. F. T., *A Concise History of the Common Law*, Third Edition, Revised and Enlarged, London: Butterworth & Co. (Publishers) Ltd., 1940, pp.587–591.

些被批准的市场被明确规定拥有司法权（“sac and soc”，意为“司法管辖权和司法收益权”）。[1]对此，利普森解释为，欧洲大陆的市场特许权通常伴随着建立一个法庭的权利，而英国常见的做法是在特许状中明确授予市场以司法权。[2]征服者威廉（1066—1087年在位）曾将一个位于亚克斯利庄园、拥有司法管辖权和司法收益权以及市场征税权的市场授予索尼的圣玛丽教堂。据爱德华三世时期（1327—1377）的一份特许状，威廉二世（1087—1100年在位）授予温切斯特主教在温切斯特市内拥有租金和司法权的圣吉尔斯市集，这一特权也得到亨利一世（1100—1135年在位）的确认。亨利一世也将一个拥有司法管辖权和司法收益权以及庄园内盗贼裁判权的市集授予诺威奇主教赫伯特·洛辛加。1100年，亨利一世将圣艾夫斯（St. Ives）市集授予拉姆齐修道院，“像英格兰任何市集一样包括司法管辖权和司法收益权以及庄园内盗贼裁判权”。从以上授予证书的措辞可以看出，至少到亨利一世时期，法庭已成为一个市集的必要设施。[3]亨利二世（1154—1189年在位）也向市集授予过司法管辖权、司法收益权以及庄园内盗贼裁判权。亨利二世以后，尽管在批准市集时没有再特别提到司法裁判权和司法收益权，但此类司法权无疑会继续一并授予市集。[4]

11—12世纪西欧开始了城市革命，城市成为工商业中心和自治共

[1] Charles Gross,“The Court of Piepowder”, in *The Quarterly Journal of Economics*, Vol. 20, No. 2 (Feb., 1906), p.234.

[2] Lipson, E., *The Economic History of England*, Ninth edition, Vol.1, 1947, p.251.

[3] Charles Gross,“The Court of Piepowder”, in *The Quarterly Journal of Economics*, Vol. 20, No. 2 (Feb., 1906), p.234.

[4] Gross, C., ed., *Select Cases Concerning the Law Merchant, A. D. 1270–1638*, Vol. I, *Local Courts*, London: Bernard Quaritch, 1908, Introduction, p.xvii.

同体，促进了国内外贸易和城市法的发展。由于港口城市和内陆城市经常从事海上运输和设立市场、市集，因而海商法和商业法在城市法的基础上或者在其中应运而生。第一次十字军东征时（1096年），位于第勒尼安海海岸的阿马尔菲共和国的海商法汇编《阿马尔菲海商法》，被意大利所有城市共和国采用。尽管拥有海运业务的城市一般都有以自己的港口命名的海商法，但后来逐渐形成几种区域性的海商法体系，主要包括：第一，大约1150年，法国大西洋岛屿奥莱龙岛的城市法庭的海商判决汇编《奥莱龙海商法》，被包括英国在内的大西洋和北海的各海港城市所采用。第二，1350年波罗的海的果特兰岛上的港口城市威斯比的海商法《威斯比海商法》，被波罗的海国家的港口城市所采用，该海商法可能源于《奥莱龙海商法》。第三，与此同时，巴塞罗那港口领事法庭的《巴塞罗那海商法典》逐渐成为地中海各商业中心的习惯法，其渊源可能是《奥莱龙海商法》和意大利各城市的习惯法。[1]大体来说，西欧北部的北海和大西洋地区盛行《奥来龙海商法》和《威斯比海商法》，南部的地中海地区则流行《巴塞罗那海商法典》。这些法典连接成海商法的链条，从波罗的海东端经过北海和大西洋沿岸，延伸到直布罗陀海峡以及地中海东岸。[2]

此外，城市法中还发展出市场和市集所需要的陆上商业法。“这些市集和市场具有复杂的组织形态，因而随着教会法体系和世俗法体系的发展，也形成了特定的商法概念。这种商法不仅包括市集和市场的习惯法，而且包括有关贸易的海商习惯，最后还包括城市和城镇本

[1] [美]哈罗德·J. 伯尔曼：《法律与革命（第一卷）：西方法律传统的形成》，贺卫方等译，法律出版社2008年版，第334页。

[2] Holdsworth, W. S., *A History of English Law*, Vol. 1, Third Edition, Rewritten, pp.527–528.

身的商法。"[1]如此看来，商人法已经不是某一城市甚至国家的法律，而是适用于整个西欧的法律。支配中世纪商人商业生活的法律不是本国的普通法而是商人法，梅特兰恰如其分地称之为"中世纪的私人国际法"，一位15世纪的大法官将其视为自然法。这是一种特别的法律惯例和学说体系，维系着整个欧洲商人的商业关系。[2]

需要指出，城市法是商人法的主体，普通法也包括商人法的内容，商人法是普通法的组成部分或分支。这种看法在中世纪已经存在，《布里斯托尔红皮书》认为，商人法是普通法的分支。这种观点也影响到后世学者，梅特兰的《爱德华一世即位前的英国法律史》认为，英国法包括普通法、刑法和契约法（contract law）等内容，契约法属于商法的范畴。密尔松也主张，普通法包括土地法、刑法和债法，后者同样也属于商人法的范畴。[3]商人法的诞生对中世纪西欧的法律体系具有重要意义。普通法中的土地法主要针对不动产，契约法则涉及动产。[4]应该说，如同土地法从法理上维护了不动产的占有权一样，契约法乃至商人法从法律上保护了动产的所有权，因而对商业和商人尤为重要。

商人法的主要司法机构是商事法庭，它一般不同于地方法庭和普

---

[1] ［美］哈罗德·J. 伯尔曼：《法律与革命（第一卷）：西方法律传统的形成》，第334页。与商业法中包括海商法相似，海商法中也包含商业法。奥莱龙、巴塞罗那和威斯比海商法中都存在商业法。英国类似的商业法也包含在《伦敦白皮书》（*The White Book of London*）、《布里斯托尔红皮书》（*The Red Book of Bristol*）以及《伊普斯威奇末日审判书》（*Domesday of Ipswich*）之中。此外，《商人特许状》（*The Carta Mercatoria*）和《贸易中心法令》（*The Statute of Staple*）也包括适用于外国商人的特定法律（Holdsworth, W. S., *A History of English Law*, Vol. 1, Third Edition, Rewritten, pp.528–529）。

[2] Lipson, E., *The Economic History of England*, Ninth edition, Vol.1, p.258.

[3] Pollock, S. F., and Maitland, F. W., *The History of English Law: Before the Time of Edward*, Second Edition, Vol. II, Cambridge: Cambridge University Press, 1898, pp.187–239.［英］S. F. C.密尔松：《普通法的历史基础》，李显冬等译，中国大百科全书出版社1999年版。

[4] Holdsworth, W. S., *A History of English Law*, Vol. 1, Third Edition, Rewritten, pp.82–87.

通法法庭。庞兹认为，尽管地方、教会和王室等许多普通法法庭也审理商事诉讼，但是主要适用商人法的法庭大多在市集和市场。[1]至中世纪末，商人法庭已经成为依据商人法审理商事诉讼的主要司法机构。如萨尔兹曼所说，我们已经看到，司法权的授予是市场和市集授予时必备的，1477年的法律推定陈述道：每个市集“都有权设立一个泥足法庭——在这个法庭中，来访该市集的每个人都应该对在该市集及其司法权管辖范围内签订或发生的各种契约（contracts）、侵权（trespasses）、盖印合同（covenants）、债务（debts）和其他契据（deeds）享有司法救助，并且得到在这个市集中的商人的审理”[2]。

其他商业法庭也在西欧各地发展起来。在英格兰、威尔士和爱尔兰，贸易中心法庭在14个城市中得以建立。“这14个城镇是英国在某些‘主要’产品——尤其是羊毛、皮革和铅——方面进行频繁贸易的渠道。佛兰德和德国的商人和银行家经营着大量的这种贸易。”[3]这种贸易中心法庭是根据国王法令在14世纪不同时期建立起来的王室法庭制度。1353年爱德华三世颁布《贸易中心法令》（*Statute of Staples*），迫使所有对外贸易都要通过这些垄断性组织进行，以便大量简化海关监管。应该说，贸易中心法庭无疑对地方商业法庭形成严重竞争。[4]除了商业法庭外，港口城镇还存在海商法庭（court of admiralty），它们对涉及海运货物的商事案件和海商案件拥有管辖权。[5]中世纪中期许多港口城市都拥有海商司法权。伊普斯威奇、帕德斯托（Padstow）和洛斯特威西尔（Lostwithiel）等港口城市都拥有海商法庭，于潮汐

[1] Pounds, N. J. G., *An Economic History of Medieval Europe*, Second Edition, pp.427–428.
[2] Salzman, L. F., *English Trade in the Middle Ages*, Oxford: Clarendon Press, 1931, p.161.
[3] ［美］哈罗德·J. 伯尔曼：《法律与革命（第一卷）：西方法律传统的形成》，第339—340页。
[4] Plucknett, T. F. T., *A Concise History of the Common Law*, Third Edition, Revised and Enlarged, p.590.
[5] ［美］哈罗德·J. 伯尔曼：《法律与革命（第一卷）：西方法律传统的形成》，第340页。

之间在海岸开庭。雅茅斯（Yarmouth）也存在同样的法庭。纽卡斯尔的海商法庭始于亨利一世时期。《布里斯托尔红皮书》认为，在海港设立的法庭是商人法认可的法庭之一，该红皮书罗列了有关海运事宜的各项规则。[1]以往海商法和商业法的管理都属于地方司法权，港口城市于潮汐之间在海岸上设立海商法庭。14世纪下半叶英国出现了全国性的海商法院，最早明确提到海商法院的是1357年和1361年出现的相关诉讼的档案。[2]当国家海商法院设立的时候，许多城市唯恐失去它们对海商诉讼古老的权利，通过国王的特许状豁免了海事法院的司法权。理查德二世时期（1377—1399）的法令也在限制海事法院的权限，倾向于保护城市海商法庭的司法权。[3]综上所述，商业法庭和海商法庭构成了商事法庭的完整体系，区别于地方法庭、教会法庭和普通法法庭。

三、泥足法庭的主要特色

商人法包括在城市法和普通法之中，据此，城市等地方法庭或普通法法庭也可以审理商事诉讼。但城市法庭和普通法法庭同时还审理土地和刑事等其他案件，难以满足商人特别是行商的特殊要求，因而市场和市集法庭应运而生。与欧洲大陆不同的是，市场和市集法庭在英国通常被称为"泥足法庭"（courts of piepowder）。关于"泥足"的含义，学者们曾有不同解释。格罗斯认为，生活在早期现代的法律史学家柯克（Coke）、斯佩尔曼（Spelman）、考威尔（Cowell）和其

[1] Holdsworth, W. S., *A History of English Law*, Vol. 1, Third Edition, Rewritten, p.581.
[2] Plucknett, T. F. T., *A Concise History of the Common Law*, Third Edition, Revised and Enlarged, p.590.
[3] Holdsworth, W. S., *A History of English Law*, Vol. 1, Third Edition, Rewritten, p.581.

他更早的作家都认为“piepowder”意味着法庭判决像尘埃落下或者从诉讼当事人脚上除掉灰尘那样迅速，而后世学者则认为是指该法庭的诉讼人经常是从一个市场赶往另一个市场、脚上布满灰尘的商人。[1] 19世纪下半叶以来的经济史学家和法律史学家大都持后一种观点。罗杰斯认为，市集普遍设有泥足法庭，拖着泥足（dusty foot）的徒步旅行者来到市集讨价还价，可能与卖主发生争执，争吵可能变为肢体冲突。因此，市集至少需要一个法官来对交易纠纷做出仲裁，以维护和平与惩罚违法者。[2] 萨尔兹曼指出，泥足法庭是为了照顾“行商”（原文为foreign merchant，其中“foreign”有“外地”或“外国”双重含义，与本城或本国商人相对）利益的，这些贸易者来自一定距离之外，鞋上带着旅行的灰尘进入法庭。[3] 普拉克内特也持类似主张，认为市场和市集拥有自己的法庭行使商业法，其中最著名的是泥足法庭，它们尤其与从一个市场到另一个市场旅行的行商（原文为wandering merchants）有关。该词最早是一个绰号，指的是诉讼者的“泥足”，但后来成为该法庭的正式称谓。[4]

泥足法庭在法庭人员构成、司法权限和审判程序上不同于其他法庭，这些独到之处可以更有效地维护商人特别是行商的利益。从法庭人员构成上说，泥足法庭由自治市的市长或法庭事务官（bailiffs）主持；如果市场或市集属于领主则由庄园的大总管（stewards）主持。市长或大总管的工作经常由两个市民或“有见识者”（discreets）协助

---

[1] Charles Gross,“The Court of Piepowder”, *The Quarterly Journal of Economics*, Vol. 20, No. 2 (Feb., 1906), p.231.

[2] Rogers, J. E. T., *Six Centuries of Work and Wage: The History of English Labor*, London: T. Fisher Unwin, 1884, p.146.

[3] Salzman, L. F., *English Industries Trade in the Middle Ages*, p.161.

[4] Plucknett, T. F. T., *A Concise History of the Common Law*, Third Edition, Revised and Enlarged, p.590.

进行。[1]尽管市长和大总管主持泥足法庭，但判决并不由他们自己做出。事实上，如果他们干涉了某一诉讼，受到不公正判决的一方可以去国王法庭（King's Court）起诉他们。在有的审判中，判决由陪审团做出。在其他诉讼中，包括赔偿损失数量在内的判决都由“该法庭的起诉人（suitors）”做出，“这些人包括在该城市市集或市镇范围内持有土地和居住的人，所有经常到访该市集或市场的商人，以及除了书记员、领主和骑士外姓名被登记在该市场文件或案卷上的人”[2]。可见，从法庭人员构成上讲，泥足法庭与地方法庭和普通法法庭的区别在于吸收了外地和外国的行商，并使他们成为法庭的起诉人和陪审员等做出判决的人。利普森也认为，与执行法庭判决的主持人相关的还有大量法庭顾问（assessor），他们协助管理司法，在涉及外国商人的诉讼中，半数的陪审员是到访该市集的外国人。这些陪审员本身就是商人，依照中世纪程序，他们是做出判决的起诉人，并且在遇到疑难时宣布法律。[3]诚然，贸易中心法庭的人员构成也类似于泥足法庭。根据1353年的《贸易中心城镇法》，英国贸易中心的外国商人要受到其所在地的贸易中心法院的管辖，“而这种法院的首席法官将是该城镇的市长，他任期一年，‘由商人共同体——其中也有作为居民的外国人’——选举产生。市长应该具有‘商法知识’，并依据它进行审判。审理无论是涉及一个异国商人还是一个英国商人，都需要有一个混合的陪审团，其组成一半是外国人，一半是英国臣民。上诉可以向大法官或国王的政务会提起”[4]。

[1] Charles Gross, "The Court of Piepowder", *The Quarterly Journal of Economics*, Vol. 20, No. 2 (Feb., 1906), p.238.

[2] Salzman, L. F., *English Trade in the Middle Ages*, p.174.

[3] Lipson, E., *The Economic History of England*, Ninth Edition, Vol.1, p.253.

[4] [美]哈罗德·J. 伯尔曼：《法律与革命（第一卷）：西方法律传统的形成》，第340页。

就司法权限而言，商人法主要适用于商事案件。如庞兹指出，商人法主要涉及销售和契约，商人拥有的旅行和做生意的权利无须担心受到非法限制，或者他们的商品因为其他人拖欠债务而被没收。[1]与城市法庭和普通法法庭的商事诉讼不同，商事法庭通常主要审理行商案件。“商业法庭对诉讼一方为陌生人或行商的诉讼拥有特别的管辖权；其司法管辖权包括债务、契约和侵害之诉的诉讼。不过，商事法庭的司法管辖权并不局限于商事案件，《布里斯托尔红皮书》的作者说，除了土地案件外，所有诉讼都可以在商事法庭进行审理。”[2]商事法庭一般也无权审理某些刑事案件，它们要等到王室法官到此设立巡回法庭时才能审理。不过，商事法庭有时甚至也拥有这些案件的司法管辖权。位于温切斯特的圣吉尔斯市集的法官被授予主持国王之诉（crown pleas）的权力。圣沃特堡（St. Werburgh）的修道院院长声称，在其位于切斯特的市集举行期间，他有权审理重罪上诉，但不包括死刑上诉。此外，商事法庭对诉讼案件的标的没有数量限制。托克西（Torksey）的习惯法明确规定，商事法庭拥有对盖印合同、契约、侵害之诉和债务的司法管辖权，它们的标的可以高于或低于40先令。[3]利普森认为，泥足法庭也会审理大量与债务、契约、侵害之诉和违反《面包和麦酒法令》有关的诉讼。有时它也扩大到土地诉讼，但不包括“国王之诉”。此外，泥足法庭还负责收取市场税，维持和平与秩序，审理被提交法庭的涉嫌袭击、起侮辱性绰号和过度侵犯等的违法

[1] Pounds, N. J. G., *An Economic History of Medieval Europe*, Second Edition, London: Langman, 1994, p.428.

[2] Charles Gross,“The Court of Piepowder”, *The Quarterly Journal of Economics*, Vol. 20, No. 2 (Feb., 1906), p.240.

[3] Charles Gross,“The Court of Piepowder”, *The Quarterly Journal of Economics*, Vol. 20, No. 2 (Feb., 1906), p.241.

者。法庭诉讼也不乏欺诈案件，如一个被告人承认出售一枚铜戒指，但谎称该戒指是纯金的，是他和一个独眼人在十字路附近的教堂里发现的。[1]

泥足法庭的权限不仅局限在该市集内发生的事情，还可以追索债务人在其他地方欠下的债务，城市特许状中有关债务人在市集期间免于被扣押财产的规定在市集中无效。实际上，不仅市集的债务人对其在其他时间和地点欠下的债务无法逃避责任，而且他们的债务还会由他们所属的共同体的成员共同承担。1324年在圣艾夫斯市集上，一个起诉人要求偿还1321年在剑桥发生的债务。1265年一个林恩市民出口到佛兰德尔的大量羊毛被地方当局没收，五年后他向在林恩市集进行贸易的某些佛兰德尔商人寻求赔偿。莱斯特的商人在其他地方被扣押了财产，理由是三年前这个地方的一个市民在莱斯特的债务没有偿还。莱斯特的商人在辩护时并未对被扣押财产的合法性提出质疑，而是否认那个负债人是莱斯特的市民。在圣波特尔夫（St. Botolph）市集上，有人筹划逮捕一位诺威奇市民，因为诺威奇的其他人欠了债。利普森认为，泥足法庭超越司法管辖权审理诉讼容易造成滥用职权。在1376年的国会上，下议院指控说，为了获得诉讼收入，市场和市集的法庭事务官在他们的法庭中处理债务、侵害之诉和盖章合同问题时会扣押居民和外国人，哪怕这些事情不是在他们的司法管辖权之内发生的，也并不是有关贸易的。尽管如此，泥足法庭超越司法管辖权的顽疾仍屡治不愈。[2]

应该说，泥足法庭的司法权也受到其他司法权的限制。有些城市

[1] Lipson, E., *The Economic History of England*, Ninth Edition, Vol.1, p.253.
[2] Lipson, E., *The Economic History of England*, Ninth Edition, Vol.1, p.255.

获得了任命自己的市民作为法官的权利，蚕食了泥足法庭的司法权。1268年伦敦市民凭借亨利三世的特许状要求英格兰的每个市集都应拥有自己的监管人（wardens），例如在波士顿5人，在温切斯特5—7人，以便判决在那里发生的与伦敦有关的所有诉讼，除此之外拒绝在其他任何法庭应诉。1419年，这个要求使伦敦商人与剑桥大学发生冲突。当时伦敦商人拒绝在斯陶尔布里奇市集（Stourbridge fair）向剑桥大学校长提供度量衡供他检查。多塞特郡的两三个自治市也获得了相同特权，他们的特许状包括如下条款：但凡市集上发生的涉及其市民的争端均由伦敦人审理。不仅如此，绣花工（Embroiderers）、金匠（Goldsmiths）、号手（Horners）、皮革商（Leathersellers）、锡匠（Pewterers）和剥皮匠（Skinners）等伦敦的许多公会在英格兰所有市集有权搜查假货。与此同时，约克的床品制造匠（coverlet-makers）被授权搜查特伦托河以北市集上的假货。伦敦的订制服装裁缝公会带着自己的度量衡标准，即“银码”（silver yard）参加巴塞洛缪（Bartholomew）的大“呢布市集”，直到后者在1854年被取消为止。[1]

泥足法庭一般只在自治市的市场和市集举办期间开庭，主要审理行商的商事诉讼。伦敦的行政司法官（sheriffs of London）委任代表审理行商的诉讼。1303年《商人特许状》规定，如果郡长委任代表不实行快速审判（speedy justice），那么伦敦应拥有专门法官审理外国商人的诉讼。凡涉及行商的诉讼都要到泥足法庭审理。在沃特福德（Waterford），一个涉及陌生人的诉讼可以从普通城市法庭转移到泥足法庭，“除了法庭的名称和风格外没有任何变化”。当然，这么说并不意味着行商在其他时间投诉无门。实际上，尽管泥足法庭通常在自治

[1] Lipson, E., *The Economic History of England*, Ninth Edition, Vol.1, pp.256–257.

市的市场和市集举办期间开庭，但事实上平常时间开庭已经成为法律规则。自治市法庭的商事法庭例会采用泥足法庭的做法，专门审理行商或陌生人的案件，实行快速审判，通常不受理本城市的市民之间的诉讼。[1]此外，泥足法庭通常在自治市的市场和市集举办期间开庭。布里斯托尔的泥足法庭在每年14天的市集期间开庭，一年中的其他时间则由1373年被首次提到的货摊法庭（tolsey courts）按照商人法审理，在市集期间开始的诉讼可以继续进行。格洛斯特市存在泥足法庭和货摊法庭，两者与布里斯托尔的相同或密切相关。[2]

从法庭程序来说，商人法庭与普通法法庭最大的区别是其所提供的简易程序（summary procedures）和快速审判（prompt justice）。格罗斯认为，泥足法庭的显著特征是它的简易程序。12世纪英格兰和苏格兰某些地方的习惯法已经要求，凡是涉及行商的诉讼应该在第三个潮汐到来前完成。类似的要求经常见于13世纪以来的档案之中。泥足法庭的诉讼无须令状，仪式简便，不允许拖延，接受法庭传唤要在一天以内，甚至经常在一小时以内。如果法庭传唤时被告不到场，那么他的商品将被立即扣押、估价或拍卖。[3]庞兹也认为，在所有地方，商人法庭都提供简易程序和快速审判，商人没有时间等候王室法庭的裁决。商人法的解释以平衡法为基础。商人法庭不受各国法律和司法制度有差别的束缚，能在公平和正确的基础上做出判决。[4]简易程序

[1] Gross, C., ed., *Select Cases Concerning the Law Merchant, A. D. 1270–1638*, Vol. I, *Local Courts*, Introduction, p.xx.

[2] Gross, C., ed., *Select Cases Concerning the Law Merchant, A. D. 1270–1638*, Vol. I, *Local Courts*, Introduction, p.xxi.

[3] Gross, C., ed., *Select Cases Concerning the Law Merchant, A. D. 1270–1638*, Vol. I, *Local Courts*, Introduction, p.xxvi.

[4] Pounds, N. J. G., *An Economic History of Medieval Europe*, Second Edition, p.427.

对行商非常重要。利普森指出，处理商人法律事务和争端的法庭在每个市集和市场的组织中都是一个不可缺少的要素，这样的法庭就是行商法庭或泥足法庭，这种称谓来自行商的出席方式，他们从一个市场赶到另一个市场，无暇等候普通法庭的开庭。[1]完全可以肯定的是，早在13世纪中叶，商人之间的案件就根据完全不同于普通法的程序进行审理。布莱克顿认为，此类案件中，不必像普通法诉讼那样为被告留出15天的时间来出庭应诉，“相反，对于有些人如商人应该快速审判，对他们来说，快速审判应在泥足法庭进行，传唤时间应该缩短”[2]。

商事法庭的快速审判意味着要尽可能延长开庭时间和缩短审判时间。萨尔兹曼认为，商人法用于“各城市、市集、海港、市镇和自治市”[3]。在各城市和市集，诸如呢布、食品等几乎各种可移动物品的交易在持续进行，商人法在市场和市集的实施也不能停止。因此，如果一桩诉讼不得不推迟，那么延期将是按天计算，甚至按小时计算。然而，普通法法庭的程序非常缓慢，王室法庭即使在开庭日每天也是上午开庭，下午休庭。商人坚持不仅要做出判决，还要快速做出判决。[4]有鉴于此，商事法庭为商人提供了快速审判。利普森认为，设立泥足法庭不是市集的唯一特权，它们经常在自治市“为商人和经过此地的外来人”提起的“盖章合同、契约、侵害之诉和债务”诉讼进行快速审判。快速审判的承诺也是1303年颁布的《商人特许状》给予

[1] Lipson, E., *The Economic History of England*, Ninth Edition, Vol.1, pp.250–251.

[2] Francis M. Burdick, “What is the Law Merchant?” in *Columbia Law Review*, Vol. 2, No.7 (Nov., 1902), pp.470–471.

[3] Salzman, L. F., *English Trade in the Middle Ages*, p.161.

[4] Francis M. Burdick, “What is the Law Merchant?” in *Columbia Law Review*, Vol.2, No.7 (Nov., 1902), p.473.

外国人的特权之一。视诉讼者的紧急程度而定，剑桥针对“发生商品纠纷的商人”一天或一小时内开庭。伦敦也采取措施提供快速审判，以便行商可以免受漫长诉讼的延误。[1]伯尔曼也指出：“所有各种类型的商事法院的程序都具有迅速和非正式的特性。时限幅度很窄：在市集法院中，审判应该在商人脚上的尘土未除掉前就完结；在海商法院中，审判应该‘在潮汐之间’完结；在行会法院和城镇法院中，审判应该在‘一天之内’完结。”[2]

1458年科尔切斯特泥足法庭的一个审判案例是快速审判的绝佳证明。原告在早上8点请求判决被告归还债务，被告被传唤上午9点到庭。但被告9点时没有出庭，治安官（sergeant）受命在上午10点将他带到法庭，他仍旧缺席，类似的缺席在上午11点和12点还出现过两次。在后来的法庭例会中，法庭判决支持了原告的诉讼请求，估价官们受命对被告被扣押的商品进行估价。下午4点，估价官们提交报告，被扣押商品移交给原告。然而，在其他法庭的判决中，如果被告不到庭，其商品也要被扣押，但是这些商品要等到一年零一天后才能被允许出售。[3]相比之下，泥足法庭无疑能够为行商尽早挽回损失。

商人不仅能在英国各地的市场和市集的泥足法庭获得快速审判优待，还能在贸易中心享有类似待遇。《贸易中心法令》规定：“由于需要缴纳商品税，商人不能在一个地方久留，因此承诺他们在贸

[1] Lipson, E., *The Economic History of England*, Ninth Edition, Vol.1, p.252.
[2] [美]哈罗德·J.伯尔曼：《法律与革命（第一卷）：西方法律传统的形成》，第340页。
[3] Gross, C., ed., *Select Cases Concerning the Law Merchant, A. D. 1270–1638*, Vol. I, *Local Courts*, Introduction, p.xxvi. 萨尔兹曼也引用过这个案例，其中还包括债务金额，但事实与格罗斯所讲略有出入（Salzman, L. F., *English Trade in the Middle Ages*, p.162, note 3n）。

易中心可以享受一天或一小时内快速判决的权利。”[1]

泥足法庭对英国的商人法和王室法庭程序产生了重要影响。首先，泥足法庭促进了英国商人法的诞生。泥足法庭的程序类似于在所有的欧洲法庭实行的国际商法的程序。在13世纪和14世纪前，只有意大利、西班牙的城市和香槟市集使用商人法，意大利以外对此几乎一无所知。12世纪英格兰和苏格兰“似乎已经存在一种行商的法律”，13世纪英格兰的自治市、市场和市集拥有了被称为商人法的大量规则，它们起源于泥足法庭。王室授予的拥有税收权和司法权的市场和市集的证据证明，这类法庭在11世纪和12世纪的整个欧洲十分活跃，它们的判决影响了商人法的形成。简言之，11世纪和12世纪的行商法成为13世纪和14世纪商人法的渊源，英国和欧洲大陆在商人法的形成上经历了类似的发展历程。其次，泥足法庭取证时理性的司法程序影响了王室法庭。泥足法庭要求证人提供的证据要在法庭上当众检查，这种做法在14世纪已经众所周知，但自治市法庭和位于威斯敏斯特的王室法庭尚未实行。地方档案的进一步研究表明，基于询问证人而收集证据的做法早在14世纪以前已经在泥足法庭实行，这些做法有助于王室法庭司法程序的理性化。[2]

综上可知，由国外商人和外地商人组成的行商在中世纪没有消失。不仅如此，中世纪中期，随着海路和陆路贸易的扩大，行商获得前所未有的发展。行商一般不是经商地城市或国家的商人，不能受到城市法或普通法的保护，因而打破地域甚至国家界限的商人法便应运

[1] Francis M. Burdick, “What is the Law Merchant?” *Columbia Law Review*, Vol. 2, No.7 (Nov.,1902), p.473.

[2] Charles Gross, “The Court of Piepowder”, *The Quarterly Journal of Economics*, Vol. 20, No. 2 (Feb., 1906), pp.245–246.

而生，弥补了中世纪各种属地法的司法管辖权的局限。尽管普通法法庭、城市法庭和教会法庭也审理商事案件，但程序烦琐，无法适应行商到处奔波的快节奏需要，因而以市场和市集法庭为代表的商事法庭建立起来。市场和市集法庭在英国被称为泥足法庭，泥足是行商的代名词，泥足法庭是市场和市集法庭的典型代表。为了维护行商的利益，泥足法庭实行快速审判且由行商参与审判，改善了各种普通法庭司法程序拖沓和缺乏行商参与等弊端，成为行商四处经商发生纠纷时得到快速和公正的判决的法律保障。商人法和商事法庭有助于保护商人动产的合法权益，为中世纪西欧商业贸易的健康发展创造了良好的法治环境。

第四章
市场和市集制度

中世纪西欧的市场和市集无论从功能上还是制度上都值得研究。从功能上说，市场和市集是中世纪贸易的重要中心和商业交往的主要平台；从制度上说，它们处于人类从不定期贸易、定期贸易到连续贸易的中间阶段。[1]以上两点使之不仅独具特色，而且承上启下，成为我们理解欧洲商业制度不可或缺的环节。中世纪西欧的市场和市集以往研究较多，但论者主要着眼于中世纪中期其成熟形态，而对其中世纪早期和晚期的起源与转型关注较少。市场和市集是中世纪西欧主要的营销渠道，并始终处于变化之中。只有对它在中世纪的整个历史进行考察方能知其来龙去脉，获得完整认识。晚近以来，由于西欧经济社会史异军突起，相关成果层出不穷，其中中世纪早期和晚期的研究尤有价值，为解决上述问题提供了有利条件。有鉴于此，本章拟立足于所掌握的国外已有特别是近几十年来的研究成果，揭示中世纪西欧市场和市集的变化历程，以期有助于进一步拓展该问题研究的广度与深度。

---

[1] Lipson, E., *The Economic History of England*, Ninth Edition, Vol.1, *The Middle Ages*, p.221.

一、市场和市集的起源

中世纪早期西欧的市场（market）和市集（fair）是从古代罗马传承下来的还是中世纪出现的，学者们存在截然不同的看法。商业史大家洛佩兹认为，自古代进入中世纪，城市商业发生了根本性变化，主要表现在兼具贸易功能的天天营业的广场（forum）被周期性的市场所取代，坐商变成行商。之所以如此，可能是由于中世纪早期城市生活的衰落使永久性市场举办地（market place）和坐商（resident business men）在几乎所有城市都无所事事。对商人来说，没有足够的生意让他们每天聚集在同一个地方或在商店里等候顾客。不过，连续贸易的衰落强化了周期性聚会的重要性，在经济活动增加的任何地方和时间，它们的数量、规模也相应增长且更具复杂性，这些周期性聚集包括每周或每个月一次的市场和每年一次的市集。[1] 简言之，坐商和天天营业的广场（主要是商店）是古代罗马的商业制度，行商和周期性的市场、市集制度则出现于中世纪。杜哈德则持相反观点，他认为市场和市集制度在罗马帝国晚期已经存在，中世纪只不过是继承而已。他认为：中世纪早期没有出现任何全新的商业制度，如同在罗马帝国晚期那样，市场和市集在城市、城镇和村庄以及港口和货物上岸的码头（quayside）上举行。每周市场（weekly market）、年度市集（annual fair）、广场（forum）、市集（nundinae）和市场（mercatum）

[1] Lopez, R. S., *The Commercial Revolution of the Middle Ages 950–1350*, Cambridge: Cambridge University Press, 1971, p.87. 布里特奈尔认为，market起源于日耳曼语而非拉丁语，最初用来指与来自斯堪的纳维亚和低地国家的商人的某种类型的聚会，这种写法直到12世纪才在英国出现（Britnell, R. H., *The Commercialisation of English Society 1000–1500*, p.12）。

是经常见于中世纪早期史料的普通制度。[1]换言之，中世纪早期的市场和市集等商业制度与罗马帝国晚期毫无二致。

由于罗马帝国晚期以坐商和商店为代表的城市商业衰落，部分城市人口向农村迁徙，行商（主要是小贩）、定期市场和市集在农村兴起。尽管市场和市集制度早已见于罗马帝国晚期，但在跨入中世纪后，各地却经历了延续、断裂和新兴等不同情况。一般认为，高卢南部和意大利主教座堂所在地的罗马城市在日耳曼人入侵后没有被毁坏，因而6—9世纪主教座堂成为城市的主要建筑。主教提供和平与安全，管理司法，建立市场和市集，发行货币，向消费者供应地方农产品或工业品，以及远方的奢侈品。[2]由于这些主教城市最早设有市场，因而从墨洛温王朝起，宗教会议的决议就开始谴责神父为了赚钱而经常出入市场。[3]除此之外，文献中也不乏对个别主教城市市场的记载，如6世纪时阿尔勒城主教（bishop of Arles）抱怨该城市广场上的星期天市场（Sunday market）比教堂吸引了更多的人，尤其是金匠、造船匠和其他工匠。[4]比德提到教皇格里高利一世（590—604年在位）由于在熙熙攘攘的罗马市场目睹了出售来自盎格鲁-撒克逊的奴隶，因而萌生了派遣奥古斯丁去不列颠传教的想法。[5]然而，西北欧的古代城市则缺少连续性，例如英国尽管最终有19个盎格鲁-撒克

[1] Doehaerd, R., *The Early Middle Ages in the West: Economy and Society*, p.182. 直到12世纪前，“市场”一词没有规范用语。13世纪初，“市场”概念才得到统一。

[2] Heaton, H., *Economic History of Europe*, New York and London: Harper & Brother, Publishers, 1936, p.133.

[3] Doehaerd, R., *The Early Middle Ages in the West: Economy and Society*, p.183.

[4] Nicholas, D., *The Growth of the Medieval City: From Late Antiquity to the Early Fourteenth Century*, London and New York: Routledge, 1997, pp.5, 38.

[5] ［英］比德：《英吉利教会史》，陈维振、周清民译，商务印书馆1997年版，第101、106页。尽管如此，6世纪时市场似乎仍算不上主教城市的“标配”。洛佩兹认为，墨洛温［接下页］

逊城市可能建立在罗马帝国城市的遗址上，但它们绝大部分不是旧城的延续，而是在后来重新建立的。甚至伦敦在450—600年可能都无人居住。[1] 直至6世纪下半叶至7世纪，王室驻地（royal tun）、与墨洛温王朝展开贸易和基督教会重建等因素才推动了英国城市生活的复兴及城市市场的产生。7世纪时约克、伦敦、坎特伯雷和罗切斯特等城市迅速恢复，伦敦建立了市场和交易大厅，罗切斯特设立了市场、口岸管事（port-reeve）和主教区。[2] 此外，中世纪早期欧洲城市市场最晚出现的地方在西罗马帝国领土以外的日耳曼人地区，那里的拉丁文明几乎属于空白，直到9世纪之前也未接触过欧洲文明，因而没有城市和城市市场。从奥托大帝加冕到奥托三世去世的66年间（936—1002），德意志奥托王朝的皇帝们在农村批准建立了29个新市场，这些10世纪建立市场的地方后来有12个成为城市或十分重要的城镇，市场成为那里早期城市化的主要途径之一。[3]

学者们对墨洛温王朝时期商业发展状况的估计也观点各异。古罗马文明连续论者如多普施和皮朗认为，墨洛温时期西欧商业尽管在日耳曼人的入侵下出现衰落，但仍在很大程度上延续了罗马帝国晚期的

［接上页］王朝历史学家、图尔主教格雷戈里（？538—594）的城市标准与主教城市（civitas）一词的发明者即罗马人完全一致。在他们的眼中，城市的检验标准在于是否存在可供政治集会和讨论的公共广场，让身体舒适的公共澡堂，以及使心情愉悦的剧场或竞技场。土地所有者、市民、军事和宗教官员所组成的任何自治共同体都能满足上述三个标准，虽然其中几乎没有商人和工匠。有个例子很能说明问题。格雷戈里在《法兰克人史》中详细介绍了法国东部设防城镇第戎（Dijon）的城墙工事、水力磨坊和知名物产等，为它没有成为主教城市而鸣不平。他很可能将其中的原因归于那里没有大教堂，而不是工商业和市场的匮乏（Lopez, R. S., "Of Towns and Trade", in Hoyt, R. S., ed., *Life and Thought in the Early Middle Ages*, p.31）。

[1] Nicholas, D., *The Growth of the Medieval City: From Late Antiquity to the Early Fourteenth Century*, p.22.

[2] Loyn, H. R., *Anglo-Saxon England and the Norman Conquest*, Second Edition, Harlow: Longman, 1991, pp.142-143.

[3] Latouche, R., *The Birth of Western Economy: Economic Aspects of the Dark Ages*, p.255.

交换经济。[1]但晚近以来的更多学者却认为，中世纪早期的最初几个世纪中西欧出现了严重衰退。如杜哈德在总结中世纪早期人口变化时认为，5—6世纪西欧的人口明显减少，到7世纪才结束，那时收缩过程似乎已经停止。[2]杜比也对墨洛温时期所存市场数量持谨慎态度，他认为："有一个事实是确定无疑的：744年丕平指示主教们确保每个主教区务必定期设立市场，这意味着市场并非随处可见。一个世纪后，市场在旧的法兰克土地上已经习以为常，甚至是随处可见。"[3]实际上，直到墨洛温王朝末年，主教城市市场尚未普遍，因而希尔顿认为，744年的《苏瓦松法令集》（*Capitulary of Soissons*）确认了市集和市场与主教城市的关系，要求城市必须拥有正式市场，由主教的官员负责管理。[4]应该说，该法令揭开了中世纪早期市场成为城市"标配"的序幕。

加洛林王朝时期市场和市集首次迎来快速增长。与墨洛温王朝时期的人口减少和经济萧条相反，加洛林王朝时期的罗亚尔河北部和莱茵河东部以前是人口最为稀少的地区，对这里地名的研究反映出垦荒数量的增长，表明9—10世纪人口持续上升，9世纪尤其是10世纪以来新市场的建立和城市围墙外商人定居地（merchants'quarter）的发展均系这种缓慢增长的结果。[5]拉图什认为，在9世纪许多市场建立起来。实际上，从加洛林王朝时期直到11世纪，几乎所有贸易都集中在

[1]［奥］阿方斯·多普施：《欧洲文明的经济与社会基础》，第十二章；［比利时］亨利·皮朗：《穆罕默德和查理曼》，第二章。

[2] Doehaerd, R., *The Early Middle Ages in the West: Economy and Society*, p.61.

[3] Duby, G., *The Early Growth of the European Economy: Warriors and Peasants from the Seventh to the Twelfth Century*, p.97.

[4] Hilton, R. H., *English and French Towns in Feudal Society: A Comparative Study*, pp.26–28.

[5] Doehaerd, R., *The Early Middle Ages in the West: Economy and Society*, p.61.

市场和市集，当时还不存在永久性地销售任何种类商品的其他地方。所以，建立市场成为君主经济政策的一种工具。[1] 当时的王室诏令也表明至少在加洛林帝国的核心区，市场已经普遍化。例如查理曼的《庄园诏令》第54款规定："各管理人应留心，朕的臣民须好好工作，不得在市场上闲逛。"[2] 这里的所谓臣民，指的是在庄园劳作的奴隶。此外，加洛林王朝时期的《法令集》急于禁止市场在星期天举行也可以为证。[3] 杜比认为，9世纪时至少部分乡村地区市场已经普遍存在，当时的农民需要向他们的领主缴纳实物地租，这种做法迫使他们定期光顾9世纪加洛林帝国村庄中广泛存在的那些每周举行一次的小市场。与此同时，大地产主生产的剩余产品也要出售，换取现金以购买其他商品。[4]

由于加洛林王朝时期市场数量增加过快，尤其是在秃头查理国王统治期间（843—877），市场数量失去控制。新建立的市场有些可能未经王室批准，经常是伯爵、教会或私人土地所有者在其地产上自发建立的，从而影响了政府征收市场税和进行监管，需要加以整顿。[5] 为此，864年秃头查理国王发布的敕令责成伯爵们列出他们辖区内的市场名单，将查理曼时期已经活跃的市场与虔诚者路易和秃头查理时期建立的市场区别开来，任何不必要的市场必须废止。[6] 可以说，加洛林王朝时期城市和农村市场数量的激增已是不争的事实，即使主张

[1] Latouche, R., *The Birth of Western Economy: Economic Aspects of the Dark Ages*, p.241.

[2] 耿淡如、黄瑞章译注：《世界中世纪史原始资料选辑》，天津人民出版社1958年版，第17页。

[3] Doehaerd, R., *The Early Middle Ages in the West: Economy and Society*, p.183.

[4] Duby, G., *The Early Growth of the European Economy: Warriors and Peasants from the Seventh to the Twelfth Century*, p.96.

[5] Verhulst, A., *The Carolingian Economy*, p.90.

[6] Duby, G., *The Early Growth of the European Economy: Warriors and Peasants from the Seventh to the Twelfth Century*, p.97.

加洛林王朝时期法兰克由于失去海外贸易而沦为自然经济状态的皮朗也不得不承认："这种理论或许与法兰克帝国各个地区所出现的那种数量极为众多而且还呈持续发展势头的市场状况是相互矛盾抵触的。我们可以确定在每一个城市之中都存在着一个市场，而且，在许多堡寨和修道院附近也都有市场。"[1]

盎格鲁-撒克逊时期，市场与城市或市场举办地联系在一起，不同时期城市称谓不同，但10世纪前建立的大多数城市都拥有市场。例如wik在日耳曼语国家十分流行，指新建立的商人城市（merchant town）或商人聚落。[2]至少有800个以wik结尾的地名在德国北部、斯堪的纳维亚、波罗的海沿岸城市和英格兰保存至今。法国有75个，其中50个在卢瓦尔河南部。它们起初为行商落脚、存货、贸易乃至加工出口货物的地方，后来吸引了常住人口为其服务，证实了永久市场网络的早期增长。[3]在不列颠，以wic结尾的地名分布在英格兰东部和南部沿海。伦敦是一个罗马人建立的城市，7世纪下半叶和8世纪被称为Lundenwic和Lundenwich。比德（死于735年）提到，大约678年那里有一个弗里斯兰人的奴隶贩子。604年他将伦敦描写为一个市场，许多人通过陆路和海路抵达这里，可谓名副其实的国际贸易中心。英格兰其他带有wic地名的商人城市还有福德威奇（Fordwich）、桑德威奇（Sandwich）、哈姆威奇（Hamwih）、约克（Eoferwicceastre）、斯瓦纳维克（Swanawic）、伊普斯威奇（Ipswich）、诺威奇（Norwich）和

---

[1] [比利时]亨利·皮朗：《穆罕默德和查理曼》，第262页。

[2] Latouche, R., *The Birth of Western Economy: Economic Aspects of the Dark Ages*, p.249.

[3] Nicholas, D., *The Growth of the Medieval City: From Late Antiquity to the Early Fourteenth Century*, p.458.

哈威奇（Harwich）等，后来都发展为现代意义上的港口。[1]在伦敦和其他英国城市，wik处于王室“商人城市管事”（wik reeve）的管理下，10世纪他们又被称为“口岸管事”（port reeve）。[2]9世纪以来，为抵御丹麦人的入侵，阿尔弗雷德（一说麦西亚国王）及其后代将以往的商业城市、王室驻地和教会、修道院城市改造成堡垒（burh）。有鉴于此，盎格鲁－撒克逊时期的堡垒具有军事、政治和商业功能。如梅特兰所说，我们因此必须将堡垒视为：（1）一个要塞，一处避难所，一个军事中心；（2）国家法庭制度中王室、郡、百户区或城市等的法庭所在地；（3）一个市场举办地。当时在法律中第三个特征是显而易见的，而堡垒被说成是一个口岸，也许从一开始就存在不是堡垒的口岸，后者是市场和铸币厂的所在地。[3]诚然，当时的市场举办地不限于堡垒，百户区也有市场，因而存在“城市和平”与“市场和平”的不同说法，后者对所有市场都有效。

中世纪早期结束前法国尚处于封建割据时期，没有关于全国性的市场和市集数量的记录。英国在诺曼征服20年后编纂了《末日审判书》，记录了土地、劳动力、牲畜、矿产和磨坊等各种可以带来收益的资源，作为国王征税的依据。坎宁安认为：“《末日审判书》中另一些盈利权利与市场有关，市场被经常提到，相反，市集却很少予以详细介绍。”[4]当时的市场分布在村庄或自治市。米勒等人认为，某些

---

[1] Reynolds, S., *An Introduction to the History of English Medieval Towns*, Oxford: Clarendon Press, 1977, pp.24–25.

[2] Nicholas, D., *The Growth of the Medieval City: From Late Antiquity to the Early Fourteenth Century*, p.58.

[3] Maitland, F. W., *Domesday Book and Beyond*, p.195.

[4] Cunningham, W., *The Growth of English Industry and Commerce: During the Early and Middle Ages*, p.169.

市场位于很少有任何城市特征的地方，牛津郡的班普顿（Bampton）市场、汉普郡的蒂奇菲尔德（Titchfield）市场、德文郡的水獭（Otterton）市场，以及莱斯特郡的梅尔顿莫布雷（Melton Mowbray）市场莫不如此。其他市场则位于自治市，萨默塞特郡的伊尔切斯特（Iichester）市场每年可以为国王带来11英镑这样一笔数量不小的收入。在格洛斯特郡的图克斯伯里（Tewkesbury）市场，一个新的城市殖民点以它为基础建立起来。斯塔福德郡塔特伯里城堡（Tutbury castle）在城门外发展起来的新自治市的居民据说以经商为生。萨福克郡贝克尔斯（Beccles）的市民被提到在市场交易，艾城（Eye）的市民就居住在市场。10世纪时，盎格鲁-撒克逊的国王们甚至打算只允许自治市进行贸易。尽管这种企图不大成功，但其表明了一种设想，即正在发展的城市中心应作为贸易共同体。[1]

由于市场和市集并不是《末日审判书》调查的重点，因而相关的数据并不完整。利普森认为，《末日审判书》记录了42个市场。[2]达比认为《末日审判书》记载了60个地方存在市场，其中19个地方是自治市，但该记载显然“很不完整”。[3]彼得·索伊也持有类似观点，认为在《末日审判书》中有14个郡没有记载市场，林肯郡斯托（Stow）的一个市集也被忽略掉。11世纪的所有自治市可能都有市场，但《末日审判书》中仅记录了19个城市市场。显然，《末日审判书》的编纂者没有打算系统地记录市场和市集。[4]应该说，《末日审判书》

---

[1] Miller, E. and Hatcher, J., *Medieval England—Rural Society and Economic Change 1086–1348*, p.10.

[2] Lipson, L., *The Economic History of England*, Vol. I, *The Middle Ages*, p.223.

[3] Darby, H. C., *Domesday England*, Cambridge: Cambridge University Press, 1977, p.318. 此外，达比在该书第369—370页的附录17中还提供了上述60个市场的参考表。

[4] Sawyer, P., “Early Fairs and Markets in England and Scandinavia”, in Andson, B. L. and Latham, A. J. H., eds., *The Market in History*, Sydney: Croom Helm, 1986, p.64.

中的112个自治市大多设有市场。在这方面，希尔顿也进行了估计：1086年《末日审判书》编纂时，英格兰有112个自治市和44个城市市场。有人认为城市市场数量被夸大，因为其中某些市场的所在地并非城市。然而，当时肯定存在大约70个具有一定规模的城镇，居住着从国王和领主那里持有房产的市民。应当说，44个城市市场与这70个城镇相比数量仍然偏少。盎格鲁－撒克逊时期的英国、加洛林王朝时期和后加洛林王朝时期的法国的城市市场数量很多。尽管它们大多数位于较大的城市中，但在诺曼征服前的英国和公元1000年前的法国，许多市场位于较小但无论如何是公认的城市中心。[1]那么，该时期英国大致存在多少个市场？布里特奈尔似乎认为，《末日审判书》中112个自治市都拥有市场，在自治市外还存在39个市场（根据达比提供的上述数据计算为41个）。[2]倘若这种理解大致不差的话，那么两者共计151个或153个市场。当然，即使如此，这也似乎不能代表全部市场的数量。

二、市场和市集的快速增长

中世纪中期西欧市场和市集的数量经历了前所未有的增长，当然这种增长在时间分布上是不均衡的，主要集中在13世纪和14世纪上半叶。马斯切尔认为，市场偏少的状况甚至在11世纪、12世纪也是如此，英国市场的早期历史不管怎样，毫无疑问的是13世纪以前它们的

[1] Hilton, R. H., *English and French Towns in Feudal Society: A Comparative Study*, pp.31, 33–34.
[2] Britnell, R. H., *The Commercialisation of English Society 1000–1500*, p.9.

数量十分有限。[1]布里特奈尔也认为，1200年前英国的市场特许状比1200—1349年间的任何一个25年都要少。[2]然而，12世纪80年代以后，人口激增，促进了包括城市化、专业化和货币化在内的商业化的迅猛发展，对市场和市集的需求急剧增长。此外，诺曼征服使英国最终完成了封建化，领主纷纷向国王索取市场权。应该说，13世纪英国的市场和市集的发展受到商业化和封建化的双重推动，因而如雨后春笋般快速发展。当时英王向领主大量颁布建立市场和市集的特许状，授予他们征收交易税和摊位费的权利，保护它们不受附近兴起的农村市场的侵害。据统计，13世纪英国国王向领主颁发了3300份市场特许状。同样的情形也出现在欧洲大陆，1300年欧洲各国都星罗棋布地分布着市场和市集，各种交易极为便利。[3]

中世纪中期西欧经历了城市革命，城市数量和城市人口大幅增长，为城市市场发展提供了有利条件。中世纪中期的西欧，市场已经成为所有新建立的城市不可或缺的公共设施。庞兹认为，每个建立城市的特许状都对市场做出安排，因为没有市场便不是城市，城市的基本功能是交换商品。因此，中世纪中期英格兰的几乎每个城市和欧洲大陆的大部分城市都有一块空地作为市场，通常在市中心附近。在新建城市（planed town）中，市场可以是一两个或更多的街区。在复兴城市（organic town），商业中心地则很少是规则的，但总是必不可少

[1] Masschaele, J., *Peasants, Merchants, and Markets: Inland Trade in the Medieval England, 1150–1350*, New York: St. Martin's Press, 1997, p.59.

[2] Britnell, R. H.,"The Proliferation of Markets in England, 1200–1349", *The Economic History Review*, New Series,Vol.34, No.2 (May, 1981), pp.210–211.

[3] Heaton, H., *Economic History of Europe*, pp.175–176.国外不同学者对中世纪中晚期英国市场特许状数量的统计由于各种原因存在一定差距，因而与其将它作为精确结果，不如视为大致发展趋势更为恰当。

的，最小的也有一两英亩，而某些主要的贸易城市，如法国北部的阿拉斯（Arras），市场面积要多出几倍。不同规模的城市的商业中心地矗立着大小不一的商业建筑，例如行会大厅或呢布大厅等。[1]中世纪中期不仅所有城市都有城市市场，而且市场构成城市建筑的核心。随着中世纪中期以来商业化的发展，城市的经济功能逐渐超过军事和宗教功能，致使城市建筑的中心点发生变化。12世纪前城市一般都建立在城堡或教堂的周围，但从12世纪开始，城市的商业中心区成为城市的焦点。[2]贝雷斯福德也认为，大多数英国城市的规划都是以市场为基础（market-based）的，中世纪新城的建筑和街道都是环绕着商业中心区布局的。[3]

中世纪中期农村市场数量也进一步增加，这在中世纪早期缺乏村庄市场的英国尤其如此。米勒证实，中世纪中期的市场绝不仅仅坐落在城市中，例如剑桥郡的许多市场，大多位于较大的村庄中。实际上，村庄有时也可以享受市镇的权利。1227年初，英王亨利三世颁发了大量批准建立市场的特许状，其中有些是授予自治市的，有些授予那些正在城市化的村庄，而其他则是授予这些村庄市场的。[4]希尔顿对英国米德兰地区的自治市与村庄的市场数量进行过比较。据他统计，格洛斯特郡分别有29个和30个，沃里克郡分别有16个和25个，

[1] Pounds, N. J. G., *The Medieval City*, Westport, CT: Greenwood Press, 2005, pp.126–127.

[2] Masschaele, J., *Peasants, Merchants, and Markets: Inland Trade in the Medieval England, 1150–1350*, p.149.

[3] Beresford, M., *New Towns of the Middle Ages: Town Plantation in England, Wales and Grascony*, New York and Washington: Praeger, 1967, p.153.

[4] Miller, E and Hatcher, J., *Medieval England—Rural Society and Economic Change 1086–1348*, pp.76–77.

莱斯特郡分别有5个和29个，诺丁汉郡分别有3个和18个。[1]希尔顿的比较表明，总的来说，中世纪中期村庄市场的数量超过城市市场。其他研究也证明了这一点。达比认为，在12世纪和13世纪，国王颁发了2500份市场特许状，每个自治市至少拥有一个市场，但这些特许状大多数是授予村庄的。[2]博尔顿也认为，1198—1483年间，英王批准了大约2800个市场，一半以上是在13世纪前三个25年批准的。其中某些市场设在城市，但大多数设在农村。[3]戴尔估计，市场村庄（market village）有1500个左右，它们与人口在300—1000人的小市镇（它们在600个左右的自治市中占很大比例）服务的对象是中世纪第三个也是最大的一个消费群体——小乡绅、教士、农民和工匠。[4]如果采用博尔顿和戴尔对市场总数和村庄市场数量的估计，那么城市市场约为1300个，明显少于村庄市场。

商业化也促进了中世纪中期市集的发展。庞兹认为，尽管欧洲北部的市集在墨洛温王朝时期已经恢复，并且在北欧人入侵造成的混乱和破坏后开始发展，但直到11世纪末和12世纪上半叶市集数量才大量增加。[5]英国市集主要是在诺曼征服以后发展起来的，《末日审判书》中只有很少记载。据利普森研究，《末日审判书》中只记录了萨福克郡的阿斯佩尔（Aspella）和康沃尔郡的美特里（Matele）两个市集，当然这并不表明不存在其他市集，但圣贾尔斯（St. Giles）、

[1] Hilton, R.H., "Towns in English Medieval Society", in Holt, R. & Rosser, G., eds., *The Medieval Town: A Reader in England Urban History 1200–1540*, pp.21–22.

[2] Darby, H. C., ed., *A New History Geography of England before 1600*, Cambridge: Cambridge University Press, 1976, p.116.

[3] Bolton, J. L., *The Medieval English Economy, 1150–1500*, p.119.

[4] Dyer, C.,"The Consumer and the Market in the Later Middle Ages", *The Economic History Review*, New Series, Vol.42, No.3 (Aug., 1989), p.316.

[5] Pounds, N. G. J., *An Economic History of Medieval Europe*, p.360.

圣艾夫斯、巴塞洛缪（Bartholomew）和斯陶尔布里奇（Stourbridge）四个真正重要的市集都是由后来几个国王建立的。[1] 萨尔兹曼也认为,《末日审判书》中只记载了位于萨福克郡的阿斯佩尔市集，尽管其他市集可能被遗漏，但有理由推测市集在当时还未成为重要的商业制度。甚至在佛兰德尔，第一个重要的市集直到1080年才在索劳特（Thourout）建立起来。[2] 中世纪中期英国第一批市集建于12世纪中期。保存下来的市集特许状表明，将近40个特许状是在英王斯蒂芬（1135—1154年在位）末期前授予的，包括温切斯特、国王的林恩（King's Lynn）、圣艾夫斯和伯里圣埃德蒙兹（Bury St Edmunds）等后来的某些大市集，以及其他不太重要的市集如亨廷顿郡的安斯伯里（Eynesbury），诺福克郡的鲍赛（Bawsey），萨默塞特郡的廷廷赫尔（Tintinhull）、哈姆顿希尔（Hamdon Hill）和约克郡的伍德柯克（Woodkirk）市集。[3] 12世纪中期至13世纪中期是英国市集快速增长时期。坎宁安认为,《百户区档案》中包含各地市集的大量信息,《末日审判书》对市集几乎没有记载，所以有理由相信《百户区档案》中的市集都是《末日审判书》编纂以后建立的。[4] 应该说，13世纪后期英国市集已经制度化，利普森评价说，无论它们的早期历史如何，截至《百户区档案》编纂时期，市集和市场制度已经扎下根，成为英国社会中经济制度的重要组成部分。[5] 中世纪中期英国市集数量快速增

[1] Lipson, L., *The Economic History of England*, Vol. I, *The Middle Ages*, p.223.

[2] Salzman, L. F., *English Trade in the Middle Ages*, Oxford: Clarendon Press, 1931, p.142.

[3] Miller, E & Hatcher, J., *Medieval England: Towns, Commerce and Crafts, 1086–1348*, p.167. 布里特奈尔则认为，中世纪中期英国第一批市集的授予当在11世纪后期至12世纪初（Britnell, R. H., *The Commercialisation of English Society 1000–1500*, p.15）。

[4] Cunningham, W., *The Growth of English Industry and Commerce: During the Early and Middle Ages*, Third Edition, Cambridge: Cambridge University Press, 1896, p.180.

[5] Lipson, L., *The Economic History of England*, Vol. I, *The Middle Ages*, p.223.

长，1227—1326年间，仅据特许状档案统计，英王批准将近1500个市集，几乎所有特许状都一并授予举办每周一次的市场。截至1300年，英格兰各地、威尔士许多地区的农民每年可以很容易地造访几个市集。[1]

中世纪的市场和市集属于周期性的，各有自己的营业周期。一般来说，与市集相比，市场是更经常性的贸易平台，通常每周举行一次或几次。村庄和小城市市场每周举行一次，但大中城市的市场则更经常甚至每天举行。彼得·克拉克认为，市集经常位于农村或城外，承担长途贸易的角色；而市场主要设在城内，主要销售本地产品。较大城市经常在城内的不同地方设有每天一次的市场，而小城市至少拥有一个每周一次的市场（有时它在该城市出现前已经存在）。城市市场经常选址在城市主干道上，或在一个专门的商业区，通常在主要教堂附近举行。[2]城市市场每周举办的频率与城市规模成正比。当普通城市市场每周举行一次的时候，较大城市市场每周可以举行2次或3次。[3]希顿也认为，当城市规模扩大后，食品将从更远的地方运进城中，每周一次的市场不能满足交换的需要，商品每周需要出售两三次甚至更多。[4]尽管中世纪市场一般是周期性的，但也有少数大城市存在天天营业的市场，例如伦敦或具有类似特权的城市除了星期天外每天都有市场。[5]佛罗伦萨的市场也天天营业。据14世纪初一位佛罗伦

[1] Farmer, D. L., "Marketing the Produce of Countryside,1200–1500", in Miller, E., ed., *The Agrarian History of England and Wales*, Volume III, 1348–1500, London: Cambridge University Press, 1972, p.339.

[2] Clark, P., *European Cities and Towns 400–2000*, Oxford: Oxford University Press, 2009, p.45.

[3] Salzman, L.F., *English Trade in the Middle Ages*, p.139.

[4] Heaton, H., *Economic History of Europe*, p.174.

[5] Salzman, L. F., *English Trade in the Middle Ages*, p.139.

萨编年史家说，该城市不喜欢只在特定时间举行市场和市集，人们可以在任何时间买卖任何数量的任何商品。[1]

市集则属于非经常性的营销平台，以年或季节为周期举办。尽管市集举办频率比市场低很多，但持续时间却长于市场。英国大部分市集持续三天，较大城市或重要市集则持续更长时间，例如亨利三世批准亨廷顿市集持续10天。[2]诺桑普顿、圣艾夫斯、波士顿和温切斯特号称英格兰四大市集，但最终都不敌剑桥附近的斯陶尔布里奇市集。该市集每年举行三周，英国的羊毛和呢布商人，携带东方和意大利商品的威尼斯人和热那亚人，携带呢布的佛兰芒人，携带葡萄酒的西班牙人和法国人，携带黑加仑和葡萄干的希腊人，以及携带产自波罗的海地区和俄罗斯的毛皮、琥珀、木材或焦油的汉萨商人聚集在那里。[3]欧洲大陆还存在持续时间更长的市集，例如萨尔兹曼认为，市集是一种大型市场，每年至少举行一次，通常至少持续三天，有时会长达六周。例如香槟的六大市集除了塞纳河畔的巴尔（Bar-sur-Seine）市集仅持续两周外，其他都举行六周。[4]市集的活动日程是统一安排的，例如香槟市集第一周用来在城市街道上搭建摊位，接下来的10天销售呢布，第11天销售柔软的科尔多瓦皮革（cordovan leather），第19天销售其他不同商品，最后几天用来结账。[5]

市场和市集在功能上也存在明显差异。大致说，“市场满足地方需求，仅由附近居民参加；市场的商品主要是农产品和日常生活用

[1] Lopez, R. S., *The Commercial Revolution of the Middle Ages 950–1350*, p.88.

[2] Farmer, D. L., “Marketing the Produce of Countryside, 1200–1500”, in Edward Miller, ed., *The Agrarian History of England and Wales*, Volume Ⅲ, 1348–1500, p.339.

[3] Heaton, H., *Economic History of Europe*, pp.176–177.

[4] Salzman, L. F., *English Trade in the Middle Ages*, pp.142, 154.

[5] Pounds, N. J. G., *An Economic History of Medieval Europe*, pp.360–361.

品。相反，市集经常是全国性或国际性的，其货摊上罕见和昂贵的商品应有尽有"[1]。科瓦雷斯基主张，市场（通常每周聚集一天）以地方和零售贸易为主，而市集（通常每年聚集三天）则更经常从事批发和区域贸易。[2]但这种划分只是相对而言的，不能绝对化。希顿认为市场和市集只是程度上而非种类上的差别，两者的分工并非那么泾渭分明，而是互有交叉。他论述说，尽管典型的市场是附近地区人们每周一次的聚会，交易通常在生产者和消费者之间进行，但市场上也有商人为添货而购买商品，特别是购买一个地区或城市大量生产的超出本地消费者需要的商品，例如呢布、金属制品等工业品和农产品。市场服务的面积较小，生产者可以一天往返和完成交易。相反，市集是更大的市场，从更远的地区吸引商品和商人。但有时市集只是一个特殊的地方市场，销售本地区生产的羊毛、农产品和农场主决定不越冬的牲畜。当然，市集经常是全国性的、欧洲性的甚或世界性的，吸引来自远方的供货商和进货商光顾。市集从事批发而非零售贸易，不过，住在附近的居民也光临市集。有鉴于此，市集也给予外地商人批发或零售的权利，后一种权利在普通的城市市场并不存在。[3]

利普森认为，市场和市集体系在中世纪中期已经形成，12—14世纪是市场和市集经营的黄金时期，英格兰被市场和市集的网络所覆盖。[4]以英国为例，市场依据其贸易功能和辐射范围可分为区域城市（regional towns）、地方贸易中心（local marketing centers）和地方市场（local markets）三种层级。第一层级完全被区域城市所垄断，第二层

[1] Lipson, L., *The Economic History of England*, Vol. I, *The Middle Ages*, p.248.

[2] Kowaleski, M., *Local Markets and Regional Trade in Medieval Exeter*, Cambridge: Cambridge University Press, 1995, p.41.

[3] Heaton, H., *Economic History of Europe*, pp.174–175.

[4] Lipson, E., *The Economic History of England*, Vol. I, *The Middle Ages*, p.221.

级的主角是那些重要的小城市和正在城市化的村庄，第三层级市场和市集应当坐落在其他剩余的小城市和部分村庄。[1] 市场网络体系对消费和生产都至关重要。消费者是按照社会等级划分的，各种营销中心同样形成等级制度，两者具有内在联系。戴尔的研究表明，中世纪中期以来，社会等级和市场等级是相互关联的，例如公爵、伯爵、主教等大领主和富裕的宗教机构等第一等级多在伦敦购买商品，第二个等级例如较小的贵族、富裕骑士和拥有中等收入的修道院经常在区域性首府、港口城市和郡级城市购买商品，而小乡绅、普通教士和农民等通常在较小的市场城镇和市场村庄买卖商品。[2] 此外，市场体系也决定了农民的市场参与机会和财富水平。凯瑟琳·比迪克认为，13世纪以来，英国农民已经广泛参与市场交换，而税收记录表明，农民的市场参与机会与其平均的财富水平具有内在联系。具体来说，一个村庄在市场网络的位置决定了农民应纳税的财富相差三分之二。贝德福德郡的44个村庄都在距市场6英里的范围内，平均距离为3.7英里，这些村庄在距离它们最近的市场中或多或少享有均等的交换机会，因而各村农民的财富差异不大。但这些村庄距第二个周市场的距离却差异极大，从2英里到9英里不等。研究表明，距离第二个市场较近的村庄的农民拥有更多营销选择，便于了解地方价格、降低运输成本等。而第三个或更遥远的周市场对农民财富的影响不大，可以忽略不计。因此，距第二个市场越远，农民应纳税的财富数量越少。[3]

[1] Masschaele, J., *Peasants, Merchants, and Markets: Inland Trade in the Medieval England, 1150–1350*, pp.84–85, 89–90, 94.

[2] Dyer, C., “The Consumer and Market in the Later Middle Ages”, *The Economic History Review*, New Series, Vol.42, No. 3 (Aug., 1989). pp.305–306.

[3] Biddick, K., “Medieval English Peasants and Market Involvement”, *The Journal of Economic History*, Vol.45, No.4 (Dec.,1985), pp.826–827.

市集也存在三种不同等级。一是“大市集”（great fairs），包括在波士顿、斯塔福德、圣艾夫斯、国王的林恩和温切斯特，可能还有诺桑普顿、伯里圣埃德蒙兹和威斯敏斯特（从13世纪中叶起）举办的市集。尽管所有这些大市集都作为地方市集服务于周围地区，但像同时代的佛兰德尔和香槟市集一样主要是国际贸易中心，来自英国和海外的商人前来贸易。大市集未必建立在大城市，例如圣艾夫斯只是一个较小的农业城市，坐落在一个农村庄园中，在每年的复活节后的三个或四个星期内临时变为主要的商业中心，其他许多城市的商业设施也常常是在市集举办期间临时建立的。大市集的顾客经常是富裕人士，他们经常大宗购买奢侈品等。同时，大市集也是商人批发商品的地方。二是区域性的市集（regional fairs），从比较远的地方吸引参加者，主要包括北部的科布里奇（Corbridge）、达灵顿（Darlington）和博尔顿（Bolton）市集，以及在科茨沃尔德（Cotswolds）的奇平卡姆登（Chipping Campden）和温什科姆（Winchcombe）市集。最后是村庄市集，只为本地服务，具有明显的地方性。[1]

三、市场和市集的转型

中世纪晚期西欧市场和市集的转型决定于西欧经济社会的特点。如何看待中世纪晚期西欧的经济社会状况，长期以来学者们众说纷纭，归纳起来包括危机论、增长论和结构转型论，后者强调人均收入的增加等，认为该时期是一个社会经济总量下降和结构调整优化并存的时期，如戴尔所言，“我们必须使自己习惯这种自相矛盾的观点：

[1] Miller, E. & Hatcher, J., *Medieval England: Towns, Commerce and Crafts, 1086–1348*, p.169.

在经济衰退的时期，尤其是在15世纪，社会和经济结构在很多方面正在发生变化，从而呈现出更为‘现代’的特征。这使我们公然违抗了将增长和‘进步’联系起来的习惯性设想”[1]。目前，许多经济社会史学家持类似的观点，例如布里特奈尔认为，1400年经济总量下降，对贸易的数量和构成产生了复杂影响。一方面，经济总量减少导致对某种商品和雇工需求的减少，这对商业和职业的专业化产生消极影响。另一方面，人口数量和资源的比例的改善使劳动生产率和生活水平的提高成为可能，它反过来又促进了新的贸易和专业化。[2]总之，研究者既要正视中世纪晚期经济总规模的萎缩，同时更要看到这个时期广泛出现的结构转型，以及人均收入和消费的增加，舍此欧洲的兴起便无从解释。

中世纪晚期西欧经济总量的下降表现在方方面面，与本章相关的是出现了戴尔所说的“市场的收缩”。从周市场征收的使用费不断减少来看，这个时期的贸易量明显减少。例如莱斯特郡的梅尔顿莫布雷的领主在13世纪末每年可以征收20英镑的市场和市集的使用费，但是在1427—1496年的大多数年份市场使用费降至3—6英镑，市集使用费也跌至1—4英镑。如果按照其他市场每出售1匹马、1头牛、8只羊、8头猪或1马车谷物需要缴纳1便士的市场交易税计算，那么这意味着在最坏的年份中市场交易量可能从1万次降至不足2000次。[3]实际上，贸易量下降导致市场收入减少、市场被遗弃的现象在中世纪晚期的城市和农村广泛存在。布里特奈尔指出，中世纪晚期尽管有新市场的建立和旧市场的扩张，但零售业整体来说是下降的。许多城市市

[1] ［英］克里斯托弗·戴尔：《转型的时代：中世纪晚期英国的经济与社会》，第170页。
[2] Britnell, R. H., *The Commercialisation of English Society 1000–1500*, p.156.
[3] ［英］克里斯托弗·戴尔：《转型的时代：中世纪晚期英国的经济与社会》，第170页。

场由于服务的人口减少而失去了生意。在约克、温切斯特等城市，为了阻止贸易量下降，市场交易税被废除。埃塞克斯郡的科尔切斯特市对陆路贸易征收的交易税在14世纪末虽然略有上升，但此后从1400年左右的18—20英镑降至1444年和1449年的10英镑，1520年仅有4英镑或更少。城市贸易的萎缩经常导致市场摊位和商店被弃用。在诺丁汉城的屠宰场，1500年有12个无人租用的摊位。此外，13世纪农村更小的周市场也以同样的方式衰落。村庄市场的衰落有些在13世纪和14世纪已经发生，但到15世纪20年代，整个王国的村庄市场都生意萧条。埃塞克斯郡邓莫（Dunmow）庄园账簿记载，1417年4月7日至9月29日期间总管没有从该市场收到任何交易税。此外，由于这里的商店和摊位无人承租，因而1英镑8先令10便士的租金也无法收到。与之情况类似，林肯郡的弗朗勒（Wrangle）村庄市场在1420—1421年没有任何收入，而其他稍好的村庄市场所收交易税也急剧减少。[1]

由于市场贸易量的下降，大量市场难以为继，市场数量急剧减少。据阿兰·戴尔对21个郡的最新研究估计，1349年1003个地方都拥有一个市场或更常见的拥有授权设立市场的王室特许状。但在16世纪仅有373个地方存在市场，占总数的37%。他认为，这些失去市场的地方绝大部分不是小市镇，很可能是市场村庄。这些具有市场的村庄从未达到可以称为城镇的程度。村庄市场最初用于向无地农民供应少量食物，这些人过于贫困，以至于无法去距离自己家几英里的城镇市场。[2]布里特奈尔也持类似观点，他认为，被遗弃的中世纪市场如同被遗弃的中世纪村庄一样是那个时代的特征，中世纪晚期许多村庄

[1] Britnell, R. H., *The Commercialisation of English Society 1000–1500*, pp.156–158.

[2] Dyer, A., *Decline and Growth in England Towns, 1400–1640*, Basingstoke: Macmillan Education, 1991, pp.10–11.

市场不得不被遗弃，至少是收入减少。[1]研究表明，13世纪建立的市场绝大多数没有延续下来。据布里特奈尔估计，在他所统计的1200—1349年建立的市场中，大约77%没有保存到早期现代。[2]中世纪中期建立的市场大量夭折与地理位置有关，之前已有的市场拥有地利之便，交通不便的市场在人口减少后自然首先遭到淘汰。此外，中世纪晚期大量村庄市场的消失还另有原因，即这些村庄市场主要服务于农民和农村工匠，而中世纪晚期这些农村人口大量减少致使它们大量消失。相反，中世纪晚期的城市市场基本保持稳定。法默认为，13世纪第三个25年在许多地区城市市场的扩张已经停止，市场税收减少。与此同时，农村市场的衰落更加严重。13世纪晚期农业生产减少只是原因之一。另外，马车的使用让农民逐渐依赖城市市场，村庄市场陷入空前的生存危机。在西米德兰和林肯郡，16世纪时至少一半的村庄市场消失了，而几乎所有小城市市场却留存了下来。14世纪瘟疫的反复爆发导致一半人口死亡，人均拥有更多土地的幸存者很少需要向他人购买谷物，所饲养的牲畜更可能直接卖给牲畜贩子，村庄市场进一步衰落。尽管村庄市场在13世纪发挥了重要作用，成为向需要者供应农产品的渠道，但到15世纪，几乎没有村庄市场留存下来，除非它们也服务于大量的城市居民。[3]米勒和哈彻的估计略有出入，但总的观点是一致的。他们认为，1349年前建立的市场只有不足百分之四十延续到了16世纪。值得注意的是，1250年前建立的市场的存活率大大高于后来建立的市场，总的来说，小的市场城镇比村庄市场拥有好得多的

[1] Britnell, R. H., *The Commercialisation of English Society 1000–1500*, p.159.

[2] Britnell, R. H., "The Proliferation of Markets in England, 1200–1349", *The Economic History Review*, New Series, Vol.34, No.2 (May, 1981), p.219.

[3] Miller, E., ed., *The Agrarian History of England and Wales*, Volume Ⅲ, 1348–1500, p.338.

存活机会。然而，截至16世纪，西米德兰地区一半的村庄市场和林肯郡百分之六十的村庄市场消失了，但这两个地区的小城镇市场却几乎都存续了下来。[1]

中世纪晚期城市市场的数量逐渐超过村庄市场，形成城市市场结构，市场结构得到优化。[2]村庄市场主要建立于中世纪中期，而该时期建立的市场绝大部分没有留存下来。据法默研究，在1300—1349年建立的分布于英国21个郡的165个市场中，仅有13个在16世纪仍然存在。1200—1350年这些郡共计1002个市场，到都铎王朝时期仅剩下426个。换言之，市场建立得越晚，存活的机会越小。详见表4—1。

至16世纪，城市市场的重要性进一步增强，农民与城市市场的关系更加密切。据埃弗里特研究，尽管村庄市场仍然存在，但城市市场已经成为无可争议的主角。都铎王朝和斯图亚特王朝时期英格兰拥有760个市场城镇（market towns），另有5个在威尔士。这些市镇的市场每周举办一天或几天，而市集每年举行一次或两次。市镇是大多数农民销售农产品的主要去处，分布于全国各地，彼此只相距几英里。市镇按规模和功能分为三种类型。一是拥有300—600人的小城镇，市场影响周围几英里的农村。在此区域内，每个市镇在几千个农民和雇工的生活中发挥着重要作用。二是人口在600—1000人或偶尔达2000人的市镇，几乎所有的郡都有半打这样的市镇。三是郡城（shire towns），英国东南部的五大郡各有两个彼此竞争的郡城，例如汉普郡有温切斯特和南安普顿，萨塞克斯郡有奇切斯特和刘易斯，肯特郡有坎特伯雷和梅德斯通（Maidstone），埃塞克斯郡有科尔切斯特和切姆

[1] Miller, E., & Hatcher, J., *Medieval England: Town, Commerce and Crafts*, pp.179–180.
[2] 徐浩：《前工业社会中的城市市场结构和市场导向的商业化》，载《史学月刊》，2005年第2期。

表4—1　16世纪存在的1349年以前建立的市场

	1200年前建立	1200—1249年建立	1250—1299年建立	1300—1349年建立
南部（伯克郡、汉普郡和萨里郡）	34（71）	4（22）	1（7）	1（8）
东米德兰（贝德福德郡、白金汉郡、赫特福德郡、亨廷顿郡和拉特兰郡）	28（65）	11（48）	5（19）	3（14）
西米德兰（格洛斯特郡、斯塔福德郡、沃里克郡和伍斯特郡）	32（78）	22（47）	13（29）	3（12）
东盎格利亚（埃塞克斯郡、诺福克郡和萨福克郡）	50（54）	18（30）	14（15）	2（5）
北部（德比郡、达拉姆郡、兰开夏郡、约克郡和西、东、北赖丁）	53（73）	17（44）	18（20）	2（4）
西南部（德文郡）	22（69）	8（42）	8（25）	2（18）

资料来源：Farmer, D. L. "Marketing the Produce of Countryside, 1200–1500", in Edward Miller, ed., *The Agrarian History of England and Wales*, Volume Ⅲ, 1348–1500, p.337, Table 4.2.

斯福德（Chelmsford），萨福克郡有伯里圣埃德蒙兹和伊普斯威奇。郡城居民通常为几千人，具有悠久的自治传统，在经济和思维方式上影响着广大农村。[1]

中世纪晚期西欧市场和市集转型的另一表现是国际市集的衰落。例如香槟市集在12世纪最后25年前尚未成熟，13世纪进入盛期，但1300年起其重要性日益下降。14世纪中叶，香槟市集只具有某些地方价值，英法百年战争时最后解体。中世纪晚期西欧国际市集衰落的

[1] Everitt, A., "The Marketing of Agricultural Produce", in Thirsk, J., ed., *The Agrarian History of England and Wales*, Volume Ⅳ, 1500–1640, Cambridge: Cambridge University Press, 1967, pp.467, 478.

原因十分复杂，诸如商业组织的变化，“集中地”（staples）的建立，意大利商人对银行业和交换制度的革新，以及英法百年战争的影响等。[1] 庞兹认为，14世纪香槟市集的衰落可以归因于英法百年战争中法国法律和秩序的破坏，香槟省并入法国王室领地和香槟伯爵统治的结束，以及从意大利到低地国家的贸易使用海路等。所有这些因素无疑都是至关重要的，但根本原因在于市集不再是西欧陆路贸易不可或缺的商业制度。这个时期商业模式发生了较大变化，在佛罗伦萨或布鲁日的账房中不仅可以轻松地完成金融交易，而且比市集更加舒适。商品日益标准化，从而也省略了购买之前的验货环节。尤其是商人至少是富商在许多有生意往来的地方设置经纪人，通过邮差来传递指令和商业信息，职业驾驶马车的人在武装护送下运输商品等。[2] 如此，从事国际贸易的行商最终演变成坐商。

英国的大市集也盛极而衰。萨尔兹曼认为，市集的黄金时代在13世纪上半叶，此后开始衰落。大约1240年，温切斯特市集的收入平均约为125英镑，1292年为84英镑，支出为20英镑。爱德华二世时该市集收入降至约55英镑，而支出没有减少。至1346年，其收入跌落至30英镑，黑死病爆发时（1349年）减少到14英镑，1356年又恢复为30英镑。几年后越来越多的大市集陷入衰落，以至于不断有摊位被记录为弃用或倒塌。1420年，在大约10英镑5先令7便士的总收入中，7英镑10先令1便士来自市集法庭（Pavilion Court），不到3英镑是交易税和摊位租金。尽管缺少详细记载，但其他著名市集也与此相似。1335年，外地人不再像以往那样造访波士顿，1416年该市集停止举

[1] Salzman, L. F., *English Trade in the Middle Ages*, p.157.
[2] Pounds, N. J. G., *An Economic History of Medieval Europe*, pp.360, 361.

办，后曾一度恢复或更准确地说重新开业，但从未再获往日的辉煌。爱德华四世时汉萨商人停止来访，该市集消失。[1] 萨尔兹曼的观点也得到晚近学者的证实，如米勒和哈彻认为，13世纪末英国大市集开始衰落。温切斯特主教来自圣吉尔斯市集的毛收入在1189年达到146英镑，1238—1262年期间年均为133英镑，13世纪80年代降为117英镑。此后迅速下降，13世纪90年代为68英镑，14世纪20年代为53英镑，14世纪40年代仅为34英镑。13世纪下半叶英国仍处于中世纪中期经济扩张阶段，市场尚在扩张之中，大市集何以提前走向衰落？米勒和哈彻分析说，从13世纪晚期至14世纪上半叶英国大市集的衰落受到国内外贸易的双重影响。在国内贸易方面，大市集的区域贸易地位逐渐减弱，许多教俗贵族甚至国王不再定期造访大市集，而是代之以城市市场或只局限于个别市集。此外，大市集的衰落也受到国际贸易变化的影响，具体来说是由于英国生产的呢布替代了进口呢布以及英国商人掌握了葡萄酒进口权。13世纪70年代佛兰德尔商人在英国国内贸易中受到削弱，由此开始了作为国际呢布市场的市集的衰落。14世纪上半叶英国纺织品收复了更多以前被进口布占领的市场，导致大市集彻底衰落。此外，英国商人（布里斯托尔、南安普敦、桑德威奇，尤其是伦敦的商人）成为输往英格兰的葡萄酒的主要进口者，很少再需要加斯科尼商人带到波士顿市集。羊毛出口贸易日益集中在某些主要城镇或港口，那里提供了全天候的商业设施，不再依赖市集提供的临时交易场所。换言之，英国商人对英国贸易份额越来越多的控制有助于将商业从周期性市集转向城市市场，后者的贸易是连续性的活动，

[1] Salzman, L. F., *English Trade in the Middle Ages*, p.156.

坐商在决定贸易条件中处于更有利的位置。[1]

尽管国际性市集衰落的原因十分复杂，但总的来说，市集是城市生活不发达和市场周期化的结果，如在谈到法国和低地国家市集衰落原因时，庞兹分析道："正是14世纪后政治和经济两方面因素的共同作用才导致这两个互为补充的集市圈衰落下去。其中最重要的一个事实是，当时法国北部和低地国家城镇的城市生活已得到充分的发展，需要永久贸易来满足各种需要。"[2]类似的情况也发生在意大利，意大利北部特别是帕维亚也存在市集，来自北部的商人在那里购买东方商品。但这些市集的重要性不如北欧，主要原因在于意大利北部的城市制度得到更广泛的传播和深入发展。由于商人全年在城墙的保护下做生意，因而不太需要周期性的市集。[3]随着中世纪晚期西欧城市和城市市场的网络化和长期化，欧洲的国际性市集开始由西向东转移，法兰克福市集在14世纪代替了香槟市集的地位。[4]利普森认为，尽管学者们对14世纪英格兰市集是否出现衰落还存在争议，但15世纪和16世纪英格兰市集的相对重要性无疑下降了，它们不再是唯一，也许甚至不是主要的贸易中心，因为城市日益繁荣，越来越有能力满足共同体的需要。没有城市，市集的衰落便不会出现。[5]

综上所述，市场和市集是中世纪西欧最主要的商业制度，并始终在不断变化。周期性的市场和市集起源于罗马帝国晚期，中世纪这种

[1] Miller, E. & Hatcher, J., *Medieval England: Towns, Commerce and Crafts, 1086–1348*, pp.174–175.

[2] ［英］M. M. 波斯坦、爱德华·米勒、E. E. 里奇主编：《剑桥欧洲经济史·第三卷·经济组织和经济政策》，周荣国、张金秀译，杨伟国校订，经济科学出版社2002年版，第116页。

[3] Pounds, N. J. G., *An Historical Geography of Europe, 450B. C.–A. D.1330*, pp.299–300.

[4] ［英］M. M. 波斯坦、爱德华·米勒、E. E. 里奇主编：《剑桥欧洲经济史·第三卷·经济组织和经济政策》，第117、121页。

[5] Lipson, E., *The Economic History of England*, Vol. I, *The Middle Ages*, p.263.

商业制度推广到各地。市场和市集的增加始于中世纪早期后半期，多种多样的内部需求是其增加的主要动因。中世纪中期的商业化推动了市场和市集进入繁盛阶段，村庄市场和市集的数量甚至超过了城市。中世纪中期市场和市集不仅在数量上达到历史最高水平，而且形成较为完善的网络体系。中世纪晚期市场和市集开始转型，村庄市场减少，以城市市场为主导的城市市场结构得以形成，市场结构得到优化。通过频繁地交换商品，农村和农民越来越多地受到城市的影响。此外，国际性市集由于城市的发展而衰落，尽管作为季节性贸易和娱乐混合体的市集延续到现代早期，但其在贸易上的重要性早已辉煌不再，完全无法与昔日比肩。

第五章
市场治理

中世纪西欧市场治理与对市场内涵的认知密切相关。例如，市场只是一个通过教堂礼拜或宗教节日的守夜活动等自然形成的聚会，还是必须由国王批准并在特定时间和地点进行交易活动的一种制度，以及市场所有者享有税收权和司法权的一种特权，都关系到市场如何治理的问题。应该说，中世纪欧陆国家和英国对市场内涵的认知存在时间差，市场治理方式也有所差异。其中原因，应从罗马帝国的影响，西欧各国封建政治、法律和经济的发展阶段与特点中去探寻。至迟到13世纪，英国的市场已不再只是自然形成的实体（市场举办地），而演变成为一种抽象的商业制度和法律权利，可以作为解剖中世纪西欧市场治理的样本。总的来看，中世纪西欧市场治理包括市场特许权、市场税收权以及市场司法权等，国王和市场所有者借此可以规范市场的建立，保持治安，监督公平交易，惩罚违法行为，征收审批费、交易税、摊位和商店租金，获得司法罚金等。西方学者对中世纪西欧市场治理的研究起步较晚，宪政史和法制史很少涉足这个领域。经济史学家如利普森、萨尔兹曼和拉图什等，在其经济史和贸易史的专著中进行了开创性研究。经济社会史的商业化理论重新唤起学术界对中世纪西欧市场的兴趣，杜哈德和布里特奈尔等都有相关研究问世。[1] 在此基础上，笔者拟对中世纪西欧市场治理的法治化进程问题予以考察。

一、市场特许权

中世纪西欧的定期市场起源于罗马帝国晚期。自此以后，市场的建立与管理就属于国家的权力。作为市场（nundinae）举办地的土地所有者，国家有权在那里维护法律和秩序，获得某些捐税。有鉴于此，这种观点成为公法的一种原则，即建立市场、批准市场建立、处罚一个已经存在的市场的权力只属于国家，与私人无关。[2] 这套理论原则延续到中世纪初期的法兰克王国。杜哈德认为，在罗马帝国时期，设立市场的权力由元老院或皇帝授予主教城市、乡镇（townships）、村镇（vici）甚至大地产（praedia）的所有者，国家负责维持市场治安，对市场上的交易征收间接税。法兰克王国没有改变这一法律，认可建立新市场属于王室的特权，交易税（toll）属于国库税收的组成部分。[3] 不过，这项法律在王权衰弱的墨洛温王朝时的执行情况值得怀疑。拉图什在更早时便指出，尽管墨洛温王朝继承了这一传统，但没有试图实行它。几乎所有建立市场或与之有关的市场批准证书（diplomas）都是后来伪造的。[4]

加洛林帝国及其分裂后的法国和德国继承了罗马帝国管理市场的

[1] 上述学者成果详见本文，在此不另注释。
[2] Latouche, R., *The Birth of Western Economy: Economic Aspects of the Dark Ages*, p.240.
[3] Doehaerd, R., *The Early Middle Ages in the West: Economy and Society*, p.182.
[4] Latouche, R., *The Birth of Western Economy: Economic Aspects of the Dark Ages*, pp.240–241.

原则和实践，9—11世纪的国王和皇帝发布的大量批准建立市场的证书可资为证。不过，正在封建化的加洛林王朝时期的市场不像罗马帝国那样属于国家所有，其中很大一部分作为特恩权赏赐给了教俗贵族。拉图什指出，赐予市场（mercatum concedere），同时承认接受者可以在那里征税，成为9世纪以来国王经常授予修道院的特权。在许多国王发布的市场批准证书（deed）中，"公共市场"（mercatum publicum）的名称同样也适用于它们，表明其建立须要得到君主的批准，君主也可以废除它们。[1]由此，9—10世纪包括主教城市在内的许多新的城乡市场以这种方式建立起来。[2]然而，加洛林帝国晚期，尤其是在秃头查理国王统治的法兰西，王权式微，市场经常是伯爵、教会或私人土地所有者在其地产上自发建立的，国家逐渐失去对市场的控制权。[3]为此，864年秃头查理发布皮特雷斯敕令（Edict of Pîtres），命令每个伯爵起草一个其管辖区或领地内的市场名单，区别出他祖父（查理曼）时期已经存在的市场和他父亲（虔诚者路易）或他自己统治时建立的市场。该敕令给人的印象是，由君主批准建立市场在虔诚者路易统治下仍是必需的。秃头查理还命令，没有使用目的的市场必须终止。拉图什认为这是王权日益衰落时权力主义不降反升的奇怪例子。[4]不过，这种最后的努力并没有阻止市场特许权的衰落，实际上，秃头查理死后法国任何种类的市场特许状都变得十分稀少。[5]

盎格鲁-撒克逊时期英国已经存在许多自然形成的市场，但由于

---

［1］ Latouche, R., *The Birth of Western Economy: Economic Aspects of the Dark Ages*, p.240.

［2］ Doehaerd, R., *The Early Middle Ages in the West: Economy and Society*, pp.184–185.

［3］ Verhulst, A., *The Carolingian Economy*, Cambridge: Cambridge University Press, 2002, p.90.

［4］ Latouche, R., *The Birth of Western Economy: Economic Aspects of the Dark Ages*, p.159.

［5］ Britnell, R. H., "English Markets and Royal Administration before 1200", *The Economic History Review*, New Series, Vol. 31, No.2 (May, 1987), p.189.

受罗马帝国或欧洲大陆相关制度影响较少，国王并不享有市场特许权。盎格鲁-撒克逊时期国王的特许状大多是授予土地，其中有些附带有建立市场的条款。963年埃德加国王向圣彼得修道院颁布特许状，其中写道："我将惠特尔西塘的三分之二，连同其水面、堰、沼泽在内，并由此经梅雷拉德直至宁河，又东至金斯德尔夫之地一并献赠，我期望在该镇开设一个市场，而且在斯坦福和亨廷顿之间不再有其他市场。我希望下列地区的货物交易征收权得予献赠……"[1]应该说，盎格鲁-撒克逊时期英国没有欧洲大陆那样专门的市场批准证书。萨尔兹曼认为，该制度可能是征服者威廉引进英国的，我们在《末日审判书》中发现，威廉·马雷在萨福克郡的艾城（Eye）建立城堡时，也在那里建立了一个市场。[2]布里特奈尔也认为，据《末日审判书》记载，罗杰·彼高德在萨福克郡的卡拉哈拉（Caramhalla）或克尔萨勒（Kelsale）经国王批准持有一个市场，罗伯特·马利特经国王批准在艾城持有另一个市场，没有发现更早的其他正式的市场特许状。[3]尽管诺曼征服后批准市场成为英王的特权，但12世纪国王授予的市场特许状数量极少。1066—1154年已知的王室特许状只增加了19份，其中3份是假冒的。亨利二世和理查德一世两位国王统治期间（1154—1199）人口增加，按照13世纪的标准衡量，该时期特许状的数量少得令人难以置信。[4]12世纪国王颁发的市场特许状严重匮乏的原因是多方面的，例如许多新市场仍是自然形成的，领主也授予市场特许状，市场尚未成为一种商业制度和法律权利，以及贸易量相对较小（特别

[1] 《盎格鲁-撒克逊编年史》，寿纪瑜译，商务印书馆2004年版，第123页。
[2] Salzman, L. F., *English Trade in the Middle Ages*, p.128.
[3] Britnell, R. H., *The Commercialisation of English Society 1000–1500*, pp.16–17.
[4] Britnell, R. H., "English Markets and Royal Administration before 1200", *The Economic History Review*, New Series, Vol. 31, No.2 (May, 1987), pp.189–192.

是在农村地区）因而无须建立更多市场等。

13世纪以来上述情况发生较大变化，市场的特许和持有成为国王和领主谋求的特权。博尔顿认为，13世纪国王开始越来越坚持所有市场都要凭借王室特许状持有，这种做法既缘于财政目的——国王可以从批准和再次批准这种特权中获得收入（审批费），也是为了建立良好的贸易秩序。为此，1198—1483年间国王颁发了大约2800份市场特许状，其中一半以上是在1275年以前颁发的。[1]上述市场特许状授予了城市、个人和教会。许多城镇建立了自己的市场，但该特权是国王赠予的礼物而不是普通城市必然的特权（苏格兰相反）。此外，英国的市场也经常被授予私人，例如贝尔顿（Belton）市场属于一个骑士。1306年，休·莱·德斯潘塞请求爱德华一世授予其举办市集的权利。与此同时，领主伯克利拥有三个市集，两个在纽波特（Newport），一个在伯克利（Berkeley）。更多的市场特许状授予了修道院和教会，两者常常控制着所有的大市集。[2]除了批准新市场外，国王也给自然形成的市场授予特许状，使其拥有市场的合法地位。例如，13世纪早期一宗德文郡的诉讼案件表明，一个非正式的聚会如何发展成为市场。查格福德（Chagford）过去在星期天有时举行聚会，出售鲜肉和面包等。莫顿（Morton）也有类似的聚会。直到1207年，约翰王批准杰弗里·菲茨彼得在莫顿庄园设立市场，同时显然废除了查格福德的聚会。[3]

13世纪随着新市场大量涌现，市场之间的竞争日益激烈，一些市场在竞争中陷入衰落。实际上，上述问题早在11世纪晚期已经出现。

---

[1] Bolton, J. L., *The Medieval English Economy 1150–1500*, p.119.
[2] Lipson, L., *The Economic History of England*, Vol. I, *The Middle Ages*, p.227.
[3] Salzman, L. F., *English Trade in the Middle Ages*, p.126.

据《末日审判书》记载，威廉·马雷在萨福克郡的艾城建立城堡的时候，也建立了一个市场。在他死后的1086年，“该市场设在星期六，现在其子罗伯特作为国王的礼物持有它”[1]。但新市场严重损害了位于霍客森（Hoxne）的市场，后者从诺曼征服前一直在星期六举办，此时已变得毫无价值，只得改在星期五举办。与此相似，在1086年，埃克塞特主教位于圣日耳曼（St. German）的星期天市场因为附近的莫尔坦（Mortain）伯爵的市场而失去了生意。[2] 有鉴于此，从1200年起，新市场的建立必须附有一定条件，即不能损害邻近市场，如果它们损害了邻近市场，则可以被撤销。[3] 例如1207年佩文西（Pevensey）男爵被授予一个市集——举办时间为施洗者圣约翰诞生前后各三天，以及一个星期六市场，“条件是该市集和市场不损害邻近的市集和市场”[4]。

然而，何为“邻近”和“损害”？13世纪上半叶以前的法律并没有做出统一的规定。布莱克顿在其1250—1260年间撰写的《英国的法律与习惯》一书中从普通法的角度做了专门论述。[5] 他认为，普通法只处罚非法损害的市场。“非法”意味着“邻近”，即新市场距已有市场不足$6\frac{2}{3}$英里（约10.66公里）。“损害”指新市场的建立使后者生意或收益减少。如果新市场既是邻近的、非法的又构成损害，那么应

[1] Salzman, L. F., *English Trade in the Middle Ages*, p.128.

[2] Salzman, L. F., *English Trade in the Middle Ages*, p.128.

[3] Britnell, R. H., *The Commercialisation of English Society 1000–1500*, p.84.

[4] Poole, A. L., *From Domesday Book to Magna Carta, 1087–1216*, Second Edition, Oxford: Clarendon Press, 1955, p.78.

[5] 在“一个市场的建立是否会对邻近市场造成损害”一节中，布莱克顿写道：在其他损害中，一个特权的授予可能会损害以前授予的特权。当批准一个人在某个固定地方拥有一个市场的特权的时候，其前提条件是新市场不损害任何邻近市场。因此，我们先要清楚什么市场应被称为邻近的，什么不是邻近的而是遥远的。我们也要清楚何谓损害，是否导致损害的事物有讨论的余地，即是否新市场是有害的和不合法的；或只是有害的但不是不合法的，因为它是遥远的；或者属于有害的和不合法的，因为它是邻近的；或者是邻近的但不是不合法的，因为没有造成损害，反而是有益的。一个市场可以被称为邻近的、不合法的损害，［接下页］

予撤销。相反，非法但不构成损害（如邻近但其市场举办日在老市场后面），或者损害但不违法（如构成竞争关系但彼此距离符合法律规定），这样的新市场可以继续存在。应该说，尽管布莱克顿的著作是普通法的教科书，但他对“邻近”含义的界定仍是相对的，而非法与否的判断也会随之变化。正如普尔指出的，布莱克顿对市场间的最小距离做了规定，尽管后来的文献对该观点提供了某些支持，但并没有一个精确距离被公认。法庭曾判决伊利主教的拉肯希斯（Lakenheath）市场损害了在伯里圣埃德蒙兹的修道院市场，尽管两者相距约16英里。[1]应该说，各地条件不同，市场的最小间距不能一刀切。实际上，萨尔兹曼也曾讨论过该问题，指出尽管布莱克顿选择的市场间距没有特别意义，依据的是不可思议的论证，但总的原则仍然适用。有时一份城市特许状界定了建立新市场的最小间距，例如伦敦限定为7英里，诺威奇为5里格（leagues），迪韦齐斯（Devizes）为7里格，诺桑普顿

[接上页] 因为它是有害的，只要它在$6\frac{2}{3}$里格（leagues，从下文看这里使用的里格应与英里的距离相等）以内。原因是，据古人的谚语，每个白天合理的路程为20英里（约32公里）。一个白天的时间可分为三部分。第一部分用来在早晨去市场。第二部分用来买卖。它对所有人应该是足够用的，除非拥有货摊的商人——他们要摆摊销售他们的货物。对于这些商人而言，有必要在市场逗留更长时间。第三部分用来从市场回家。所有这些要在白天完成，这样是安全的，不能逗留到晚上，因为会遭遇强盗埋伏和袭击。因此，如果一个市场设立在该范围内，那么应予废除。因为它是危险的损害（harmful nuisance），且是不合法的和邻近的。如果新市场在此范围以外，尽管是有害的，但它将不是非法的，因为它是遥远的和不邻近的。一个市场也可以是邻近的和在上述范围以内，但不是非法的，因为它不是有害的而是有益的，就像一个新的市场设在其他市场日的第二天或第三天或更靠后的日期一样。如果提前一两天，新市场就是非法的，因为它是有害的。因此，如果一个市场不是邻近的，它不应被毁坏，因为它不是非法的，尽管有害。如果新市场是邻近的，且在该范围以内，但它是有益的，它就应该继续存在，因为废除的前提条件是“除非是有害的东西”（unless it is to the nuisance）。为了查明一个市场的设立是否会对另一个市场造成损害，我们务必要弄清楚他们中哪个在先，因此，就算某个市场对其他的造成了损害，但它并不违法，因为它存在于前。尽管是有害的，一个市场将不是非法的，如果它得到原告的许可（*Bracton on the Laws and Customs of England*, Volume 3, pp.198–199）。

[1] Poole, A. L., *From Domesday Book to Magna Carta, 1087–1216*, p.78.

为10里格。不仅如此，里格长度不一，通常大约为1.5英里，有时为5英里，致使问题更加复杂。[1]

星期天市场和教堂市场也是中世纪争论不休的问题。中世纪早期的最初几个世纪，英国复兴的罗马城市及其市场较少，教堂前自然形成的市场（一般称为聚会）应运而生。做完礼拜后，信徒会留下来买卖物品。出售剩余奶酪的牛奶场女工，出售牛羊的农场主，为主人购买谷物种子的管事，都会在星期天教堂外找到一个现成的非正式市场。然而，星期天交易违背了教徒要守安息日的教义。早在10世纪，法律已经禁止举行星期天市场。大约921年，长者爱德华国王颁布法令：如果任何人擅自在星期天进行贸易，他将被没收动产并处以货币罚款。[2]阿瑟尔斯坦试图阻止星期天贸易，但后来取消了该禁令。埃塞尔雷德二世和卡努特继续执行禁止星期天贸易的法令，但都未能坚持下去。[3]

诺曼王朝时期的教会和国王们似乎并不反对星期天市场，反而授予市场在星期天举办。直到13世纪，强迫遵守安息日的努力再次开始。教皇英诺森三世派遣弗莱（Flaix）修道院院长赴英国制止所有星期天交易，他的布道曾在伦敦、伯里圣埃德蒙兹和其他许多地区获得成功。然而，此次禁止星期天市场的计划则功败垂成。尽管大量的市场处于教会控制下，但该修道院院长的工作由于激怒了僧侣编年史家而被迫停止。[4]普尔也认为，由于星期天市场便于礼拜后进行交易，以至于后来在约翰王统治时期禁止工作出现反复。因此，1207

[1] Salzman, L. F., *English Trade in the Middle Ages*, pp.128–129.

[2] Lipson, L., *The Economic History of England*, Vol. I, *The Middle Ages*, p.233.

[3] Finberg, H. P. R., ed., *The Agrarian History of England and Wales*, Volume I, A. D. 43–1042, p.503.

[4] Lipson, L., *The Economic History of England*, Vol. I, *The Middle Ages*, pp.233–234.

年卡莱尔伯爵向国王缴纳一小笔费用后被允许其诺桑普顿郡罗斯韦尔（Rothwell）的市场在星期天举行，“因为它在因弗莱修道院院长布道而改变前一直如此”。没有理由认为这种拉锯战至此结束，亨利三世未成年时受到教皇使节格洛（Gualo）和潘道夫（Pandulf）的影响，又将星期天市场改为工作日市场。[1]

此外，教堂市场也是整顿的内容。早在1150年，威尔士的主教抱怨，由于在大教堂管区内设立市场和市集，本该是祈祷地点的教堂已成为商人的窝巢。1223年亨利三世颁布法令，市场不应在林肯的教堂院子举行，而应选址于最方便的街道上。[2] 1288年，爱德华三世在温切斯特法令中规定，为了教会的荣誉，从此各市集和市场都不能在教堂院子里举行。不过，上述努力都没有阻止教堂市场继续存在。利普森认为，将中世纪立法作为已存在的事情而不是立法者的意图的做法并不可靠，直到15世纪教堂院子仍是买家和卖家常去光顾的地方。[3]

二、市场税收权

中世纪西欧市场的所有者包括国王、领主、城市和修道院或教会等，市场所有者都将市场作为收入的重要来源。利普森认为市场收入可从不同来源获得，包括货棚、摊位和商店等缴纳的租金，对买卖货物征收的交易税（toll），以及市场和市集法庭的罚金。[4] 上述租税或罚金大体上可以理解为市场所有者的一种有偿服务。以相对不易理解其征

---

[1] Poole, A. L., *From Domesday Book to Magna Carta, 1087–1216*, pp.76–77.

[2] Salzman, L. F., *English Trade in the Middle Ages*, pp.123–126.

[3] Lipson, L., *The Economic History of England*, Vol. I, *The Middle Ages*, p.232.

[4] Lipson, L., *The Economic History of England*, Vol. I, *The Middle Ages*, p.246.

收原因的交易税为例，梅特兰认为，那些在国王城堡保护下进行贸易的人可以公平地被要求向国王支付某些交易税，他们享受了国王的保护，使用国王的公认和可信赖的度量衡也是一个需要支付报酬的原因。[1]

货棚和摊位的租金称为摊位税。市集设在空地上，货棚和摊位成排搭建形成街道。诺丁汉的每个货棚为8平方英尺（约2.4平方米），有时庄园佃户有责任提供搭建所需的材料和劳动。销售相同商品的商人的货棚通常集中在一起，以便顾客购买、商家竞争和征收交易税。[2]货棚是临时性建筑，具有木制框架和屋顶，四周以帆布或类似的织物围成简易墙。大约1300年签署的有关伦顿市集（Lenton Fair）的协议包含了某些具体规定。诺丁汉的商人希望租赁货棚，他们应该为每个带顶子的货棚缴纳12便士的租金，那些销售“布拉克斯布”（Blakkes）和日常呢布的人应为不带屋顶或使用自己的材料覆盖屋顶的货棚缴纳8便士。卖铁的人，如果需要一个货棚并且需要一块专门的营业场地（a special standing），应缴纳4便士，不需要专门的营业场地的则交2便士。而不需要专门营业场地的制革匠和鞋匠免交摊位税。每个货棚长宽各8英尺，里面没有供商人住宿的阁楼。打算租赁一个货棚但不需要一块专用营业场地的商人应缴纳2便士，特别贫困的人可免于缴纳。[3]

交易税也是市场所有者收入的组成部分。[4]“toll”以往大多被译

[1] Maitland, F. W., *Domesday Book and Beyond*, p.194.

[2] Lipson, L., *The Economic History of England*, Vol. I, *The Middle Ages*, p.244.

[3] Salzman, L. F., *English Trade in the Middle Ages*, p.149.

[4] toll的含义并不十分确定，有时指某一种税收，有时则可以作为所有市场税收租金的统称，如梅特兰认为，从最广义上讲，该词包括过路费（passage）、过桥费（pontage）、市场税（lastage）、摊位租金（stallage）、货棚租金（boothage）、过河费（ewage）、过秤税（tronage）、城镇非市民商人的交易税（scavage）等，不一而足（Pollock, S. F., and Maitland, F. W., *The History of English Law: Before the Time of Edward*, p.698）。

为通行税或过路（桥）费，但它有时也指在市场和市集以及交通方便的公路和桥梁等地进行买卖活动的交易税。普尔认为，在市场和市集上，以及在公路和桥梁旁销售和购买物品都要缴纳交易税，商人不能为了躲避交易税而不走公路和大桥。当然，各地交易税的征税数量并不相同，在诺桑普顿郡的亚克斯利（Yaxley）市场一马车货物缴纳2便士，一匹马驮载的货物缴纳1便士，一个人携带的货物缴纳1/2便士，这种规定具有代表性。[1]与此同时，豁免交易税的情况也大量存在。利普森认为，免除交易税有时在缔约双方的协议中得到认可，像大约1300年伦顿的小修道院和诺丁汉城之间签署的协议就是如此；有时凭借一种特殊的保有权或特许状也可以向国王要求交易税的豁免权，例如古代自营地的佃户、五港（Cinque Ports），以及拥有特许状的自治市和修道院等，都可以要求豁免交易税。[2]

市场所有者经常出于不同目的免除某些城市或客商的交易税。普尔认为，交易税在每个地方都很高，以至于严重妨碍了贸易。因此，免除交易税是一个城市能够获得的最有价值的特权。王室授予的这项特权通常适用于整个英国，或伦敦以外的英国各地，有些特别受优待的自治市像约克不仅在英国享受此特权，还在国王的海外领地享有此特权。瓦林福德（Wallingford）的市民从亨利二世那里获得一个类似的特权，以酬谢他们在斯蒂芬时期的内战中忠诚于安茹家族谋取英国王权的事业，如亨利二世在特许状所说的，是“为感谢他们在我获得英格兰的世袭权力中为我提供的服务和巨大努力”。与此同时，某些欧洲大陆城市如鲁昂、圣奥默也被授予在英国免纳交易税的特权。市

[1] Poole, A. L., *From Domesday Book to Magna Carta, 1087–1216*, p.75.
[2] Lipson, L., *The Economic History of England*, Vol. I, *The Middle Ages*, p.247.

场的个人所有者仅能免除自己领地内城市的交易税，尽其所能来鼓励贸易。格洛斯特伯爵给予图克斯伯里（Tewkesbury）的市民在其领地内免纳交易税的权利。在英国其他地方，根据古老的习惯，康沃尔伯爵取消特鲁多（Truro）市民在整个康沃尔市场和市集上的交易税，无论他们在哪里买卖货物。不仅城市，许多修道院也享有相同的特权。毋庸置疑，大量的人享受免纳交易税的权利，这为在全国更自由的贸易开辟了道路。[1] 此外，市场为吸引或争夺客源，也经常豁免交易税。例如1285年林肯主教抱怨，他在利丁顿（Lidington）的星期二市场受到一格里外的彼得·德·蒙特福特在阿平厄姆（Uppingham）的星期三市场的损害，因为彼得不征收交易税，因此商人更愿意到那里去。相似的例子还有，1246年当亨利三世在哈德利（Hadleigh）建立市场时，为了吸引人经常光顾，他下令买者和卖者连续三年不用交交易税。[2]

尽管存在大量免除交易税的例子，但是自然形成的聚会，若不缴纳交易税，便不会被领主和法庭认可为合法市场，甚至会被废除，萨尔兹曼在《市场的合法地位》中就提供了几个相关例证。1306年科克茅斯市场度量器和交易税的承包人抱怨，每个星期天，克罗思韦特教堂前都有一个聚会，人们在那里买卖谷物、面粉、豌豆、黄豆、纱线、亚麻、鲜肉和鱼，却不向科克茅斯的庄园总管缴纳任何税收。这些包税人还说，如果继续这样，将没有人再承包这里的交易税。结果，该市场被禁止。特别值得注意的是，早在15年前，克罗思韦特的交易活动就已被明确告知不是一个市场，因为阿尔比马尔德女伯爵没

[1] Poole, A. L., *From Domesday Book to Magna Carta, 1087–1216*, p.76.

[2] Salzman, L. F., *English Trade in the Middle Ages*, pp.130–131.

有在那里收到交易税和摊位税。类似的抱怨也发生在其他地方。索尔兹伯里主教被诉其在拉姆斯伯里（Ramsbury）新建立的星期天市场损害了马尔堡（Marlborough）市场。该主教宣布，他在拉姆斯伯里没有市场，他现在也没有任何诉求。但他说，这个区的人们在星期天和宗教日聚集在一起的时候，会购买鲜肉、鱼和其他食品，但他们不在那里出售任何其他东西。陪审团同意该陈述，并补充说该主教没有征收交易税。[1]

可见，至少到13世纪，交易税已经成为市场合法地位的重要标志。萨尔兹曼提供的另一个例子也很好地说明了这一点。在德文郡，休·德·查格福德被法庭传唤去出示他在查格福德建立市场的证据，因为它损害了威廉·德·曼德维尔伯爵的市场，且没有国王的许可证。休回答说，他没有如指控所说的那样新近建立市场，因为他的市场是在一百年前建立的，而伯爵的市场是在五年前建立的，两个市场都是星期天市场，后来出于宗教的考虑改成星期五市场。伯爵通过律师陈述说，休在查格福德从未有市场，除了有时在星期天举行的聚会会出售肉和面包等。后来，伯爵父亲杰弗里·菲茨·彼得去向约翰王请求建立市场，国王同意他在莫顿设立市场，那里以前也像查格福德那样存在一个聚会，并废除了查格福德的市场和聚会。休说国王未曾向他发布这样的禁令，他一直在该市场征收交易税和摊位税，就像应在合法市场收取的那样。伯爵否认休以前征收过交易税，他命令传唤查格福德和莫顿两地的人们组成陪审团去调查“在约翰王同意埃塞克斯伯爵杰弗里·菲茨·彼得在莫顿设立市场前，查格福德是否存在一

[1] Salzman, L. F., "The Legal Status of Markets", *Cambridge Historical Journal*, Vol. 2, No.3 (1928), pp.207–208.

个收取交易税、摊位税和其他市场税的市场”[1]。此例说明，交易税和摊位税等是法庭认可的区分市场和聚会的重要标准。

与免除交易税相反，市场和市集所有者想方设法增加交易税。例如为了促进征收贸易税，方便的做法是将交易活动集中在特定地点进行。亨利一世在给剑桥市的特许状中规定，船只不得在剑桥市港口以外剑桥郡的任何地方靠岸，任何船舶在剑桥市以外不得卸货，任何交易税只能由剑桥市征收。[2] 此外，将自然形成的市场和市集合法化或关闭等也可以达到扩大交易税征收范围的目的。像许多市场源自星期天聚会一样，某些市集来源于被称为“守夜”的宗教节庆。在约克的埃米西（Empsey）有一个被称为“守夜”的聚会。但截至爱德华一世时，博尔顿的小修道院院长将其转变为市集，这意味着它应缴纳交易税和司法罚金。但1212年，阿宾顿的修道院院长由于在伯克郡的萨林福德（Sallingford）举办市集，损害了通过王室特许状建立的奥马尔伯爵在万蒂奇（Wantage）的市集的利益，受到法庭传唤。他答复法庭说：他没有拥有市集，那里只不过是个守夜聚会，自诺曼征服以来它一直这样进行交易活动。后来，萨林福德市集被国王取缔，每年的圣费思（St. Faith，10月6日）除夕和当日举办的免税市集不征收交易税，直到富尔克·菲茨威廉关闭该市集，强迫人们去万蒂奇市集为止。显然，免税市集的关闭有助于万蒂奇市集扩大交易税的征收。[3]

市场所有者为了增加收入，还提高交易税的征收标准，扩大征收

[1] Salzman, L. F., “The Legal Status of Markets”, *Cambridge Historical Journal*, Vol.2, No.3 (1928), p.208.

[2] Poole, A. L., *From Domesday Book to Magna Carta, 1087–1216*, p.76.

[3] Salzman, L. F., *English Trade in the Middle Ages*, pp.142–143.

范围。然而，法律禁止征收高额交易税，违法的市场应该由国王取缔，司法档案和调查中记载了大量相关的违法案件。例如，每交易一匹马，鲍奎尔（Bauquell）庄园领主会向买主和卖主各征收1便士作为市场交易税，每交易一头公牛、母牛、四只羊或一匹马驮的物品也是如此。此外，他还在市集期间征收双倍的交易税。法庭判决这些交易税是“过多的、不公平的，伤害了普通人，违背了普通法”。该领主被迫进行调整，同意按照以往标准今后交易一匹马仅从买主那里征收1便士，交易一头奶牛或八只羊也是如此。每匹马驮的货物征收半便士，市集期间征收同样数量的交易税。此外，林肯人抱怨他们在卡莱尔（Carlisle）被征收了过高的交易税，致使每年损失10马克。尽管如此，国王向林肯索要的城市包税仍要全额缴纳，因此负责收税的许多林肯管事永远不能摆脱贫困和悲惨的命运。市民抱怨的另一个问题是向免税商品尤其是普通供应品征收交易税。这种不满早就存在。1086年《末日审判书》记载，林肯郡北莱丁（North Riding）的陪审员提出交易税的征税范围已经超过忏悔者爱德华时期，面包、鱼、原皮和许多其他东西都要征收交易税。在《百户区档案》中，上述抱怨一再出现。例如在博斯沃斯（Bosworth），过去习惯上从不交税的谷物种子和其他小件货物也要征税。应该说，上述报怨并非无足轻重，它们敦促市场和市集所有者缩小交易税的征收范围。比如人们已经注意到为进货而购买的商人和为生活需要而购买的消费者的不同，后者被悉数免除交易税。[1]

除抱怨外，不参加市集或逃税也成为商人逃避不公平征税的屡试不爽的办法。例如林肯的市民声称他们在圣波托尔夫市集获得永久免

---

[1] Lipson, L., *The Economic History of England*, Vol. I, *The Middle Ages*, pp.246–247.

除所有交易税的权利，但当该市集的领主为了获得金钱，凭借其权力日复一日地侵害和压迫他们的时候，尤其是征收10英镑作为羊毛称重的过秤费（tronage）时，他们不再到访该市集。而在伯里圣埃德蒙兹，伦敦市民以缴纳交易税但再次收回的方式达成妥协。这样做维护了双方的特权，但伦敦商人取得了实质性胜利。伦敦商人之所以能收回交易税，是由于他们两年没有光顾伯里圣埃德蒙兹市集，给伯里圣埃德蒙兹修道院院长造成巨大损失。有段时间，伦敦市民与沃尔瑟姆（Waltham）的修道院院长失和，后者向他们征收摊位税。为此，他们三年多没有光顾该市集。最终，该修道院院长同意返还向他们索取的全部费用，将来不再征收摊位税。以上是因市集征税多而离开市集的例子，最后再举一个逃税的例子。斯卡伯勒（Scarborough）的市民抱怨，鱼商和海员在海上销售货物，而在丹维奇（Dunwich），市场则在停泊于港口的船上举行，致使他们不能征收交易税。为此，亨利一世颁布法令称，船只运输的任何货物必须运到陆地上出售，盐和鲱鱼除外。[1]应该说，获得免税权的市民通过不参加市集和逃税等斗争方式，纠正市场和市集所有人的过度榨取，维护了市场特许状等法律文件的权威，促使市场和市集走上依法治税的道路。

与中世纪中期不同，中世纪晚期交易税和摊位税的征收数量减少了。尽管不是全部，但许多城市市场由于所服务人口减少而失去生意。在某些城市市场，例如约克和温切斯特，为了阻止生意减少而取消了交易税。在科尔切斯特（埃塞克斯郡），陆路贸易征收的交易税在14世纪后期略有上升，但后来从1400年的18—20英镑降为1444年和1449年的10英镑。至1520年交易税只有4英镑或更少。1487年，

[1] Lipson, L., *The Economic History of England*, Vol. I, *The Middle Ages*, pp.247–248.

格罗切斯特的居民抱怨交易税和其他收入来源减少。此外，城市贸易的减少经常导致市场摊位和商店被弃用。1500年，诺丁汉的屠宰场有12个未出租的摊位。远程贸易也在下降，波士顿（林肯郡）已经发展为羊毛输出港，主要向北海附近的不同制造业中心出口羊毛。1400年后波士顿的羊毛出口减少。1428—1435年间波士顿的领主在那里的市场和市集收入减少2/3以上。农村市场也是如此，至15世纪20年代，全国所有的农村市场都失去生意，邓默（埃塞克斯郡）的一份庄园账簿记载，1417年4月7日—9月29日管家没有收到任何市场交易税，总计1英镑8先令10便士的租金由于商店和摊位没有租出去而无法收取。切尔滕纳姆（Cheltenham，格洛斯特郡）的市场交易税从爱德华三世时期的3英镑，下降到1422年的1英镑5先令1便士，1466年仅有6先令3便士。在维斯比（Revesby，林肯郡），1420—1421年市场交易税的收入为1英镑6先令8便士，比较早时期减少了10先令。同年，弗朗勒（林肯郡）市场没有任何收入。1425年克莱尔（Clare，萨福克郡）市场的11个摊位没有租出去，该市场的交易税从1380年的29英镑下降到1427年的8英镑。尽管有些微的差距，但中世纪晚期特别是15世纪20年代以后交易税和摊位、商店租金减少的例子俯拾即是，不可胜数。市场交易税和摊位、商店租金数量的减少是由各种原因造成的，如许多市场为吸引顾客主动取消了交易税，百分之五的食品和许多大宗的谷物、麦芽、羊毛、燃料、建筑材料等在非正式市场交易，有些商人逃避了交易税和租金等，因而不能简单作为国内贸易下降的证据。[1]

---

[1] Britnell, R. H., *The Commercialisation of English Society 1000–1500*, pp.157–163.

三、市场司法权

市场所有者需要维护治安，对违法者施以罚款或其他惩处。中世纪西欧较早防止销赃买赃和将贸易活动集中于公认的市场的法律出现在英国。盎格鲁-撒克逊法律规定，为了避免买卖被盗物品，所有交易必须要有证人在场。从很早的时期起，法律禁止秘密交易（secret transactions）。7世纪伊尼（688—726年在位）的法律命令商人在证人前与普通人进行贸易。长者爱德华进一步规定任何人不能在贸易中心之外的地方购买商品，但在那里（指贸易中心之外）可以在证人面前进行交易。[1] 坎宁安认为，《伊尼法典》要求商人（chapman）务必在见证人在场时交易的规定，旨在当他受到偷盗指控时可以证明他是无辜的；[2] 长者爱德华的法律则进一步将证人制度从商人扩大到所有人，任何人在没有证人时都不准交易。

应该说，上述法律旨在预防销赃而推广见证人制度，并非限制贸易地点。有鉴于此，布里特奈尔主张，盎格鲁-撒克逊的国王们长期以来没有试图将贸易限制在特定的地点进行，直到935年，阿瑟尔斯坦才试图将价值20便士以上的交易限制在贸易中心进行，但是他又发布两个通告放弃了这一注重安全性而忽视便捷性的法律。此后，英国国王主要关心如何确保交易被恰当地见证。[3] 埃德加时期的法律第6款规定："任何人要与见证人一起购买和销售他们买卖的全部物品，

[1] Lipson, L., *The Economic History of England*, Vol. I, *The Middle Ages*, p.224.

[2] Cunningham, W., *The Growth of English Industry and Commerce: During the Early and Middle Ages*, p.79.

[3] Britnell, R. H., "English Markets and Royal Administration before 1200", *The Economic History Review*, New Series, Vol.31, No.2 (May, 1987), p.187.

包括在自治市或百户区。"[1]克努特时期的法律第24款规定："任何人都不能购买超过4便士的任何商品，无论是牲畜还是其他物品。除非他在自治市和农村找到四个可信赖的见证人。"[2]可见，盎格鲁-撒克逊时期的法律关心每个人的交易都要得到证明，而不是将交易限制在特定地点进行。与英国不同，法兰克王国更早将贸易限制在市场进行，因而鲜见英国那样实行见证人制度。为了防止买赃卖赃，9世纪以来加洛林王朝要求在市场上公开交易。在803年的一项法令中，查理曼禁止秘密交易（shady transaction），禁止在夜间销售金花瓶、银、奴隶、珍珠、马匹和其他牲畜，要求上述交易公开进行。为了夜间赶路的需要，只有食品和饲料可以在夜间销售。查理曼不相信马贩子，他在另一项法令中将一系列条件强加于希望购买马匹、公牛或其他牲畜的任何人身上，要求他们了解出售者，知道出售者来自哪个伯爵管区、住在哪里、其领主叫什么等，以此降低销赃买赃的风险。[3]

公平交易要求对市场销售商品的价格（主要限于粮食、面包和饮料，其他则基本由市场调节）、质量和度量衡等进行管理。加洛林帝国是较早进行价格管理的国家。究其原因，主要是9世纪时大量人口在市场上购买食品和衣物，其数量长期以来被低估，这些人像我们当代人一样关心生活成本和价格问题。[4]加洛林王朝实行市场定价和最高限价相结合的价格管理政策。杜哈德认为，5—9世纪西欧人口数量变化不大，因而耕地、住房、呢布、武器和牲畜这些受人口数量影响

[1] Edgar's code issued at "Wihtbordesstan" (IV Edgar, 962–963), Dorothy Whitelock, ed., *English Historical Documents*, Vol. I, c.500–1042, Second Edition, p.435.

[2] "Extracts from the laws of Cnut" (1020–1023), Dorothy Whitelock, ed., *English Historical Documents*, Vol. I, c.500–1042, p.458.

[3] Latouche, R., *The Birth of Western Economy: Economic Aspects of the Dark Ages*, p.162.

[4] Latouche, R., *The Birth of Western Economy: Economic Aspects of the Dark Ages*, p.159.

的商品价格基本保持稳定。然而，有些受自然因素影响的商品的价格波动较大，因而中世纪早期西欧的文献充斥着对小麦、葡萄酒和水果价格的忧虑。有鉴于此，加洛林王朝的法令规定了粮食最高价格，以防止穷人生活无着。[1]拉图什也认为，道德和慈善都要求基本食品价格稳定。794年，在刚刚发行了新德涅尔银币后，查理曼在法兰克福宗教会议上与主教们达成一致，规定主要谷物的最高零售价。燕麦的价格为1德涅尔一大桶（hogshead），大麦2德涅尔一大桶，黑麦3德涅尔一大桶，小麦4德涅尔一大桶。在此基础上，王室庄园的粮价再减半出售。面包的最高零售价也被固定下来。这些价格依据面粉的种类而变化，例如面包师傅必须要1德涅尔出售12个2磅重的小麦面包。该法令不允许价格变动，这种固定的价格不仅适用于正常年景，而且适用于灾荒年。[2]查理曼对谷物和面包价格实行一刀切的最高限价政策，尽管出发点是为了消费者和穷人利益，但违背了市场规律，甚至在查理曼在世时都难以为继，帝国分裂后更无法执行。杜哈德指出，在饥荒年间主粮价格可以合法地上涨6倍，806年就是如此。829年歉收，主粮的价格比806年上涨了4倍。吉拉德和其他几位学者的研究表明，9世纪下半叶，谷物和葡萄酒的价格与牲畜相比都有上涨。868年，桑斯（Sens）的小麦价格比829年高出5—8倍，924年的价格比868年高出3—5倍。[3]

诺曼征服后英国对食品（主要限于面包和麦酒）价格和质量的管理是从地方和个人开始的，目前可以知道的较早例证来自个别城市和亨利一世以来的贵族家庭与王室等。1086年，切斯特市（Chester）

[1] Doehaerd, R., *The Early Middle Ages in the West: Economy and Society*, pp.239–241.
[2] Latouche, R., *The Birth of Western Economy: Economic Aspects of the Dark Ages*, p.158.
[3] Doehaerd, R., *The Early Middle Ages in the West: Economy and Society*, pp.240–241.

酿造劣质麦酒的任何人均被放入被称为“粪座”（dung seat）的一种令人讨厌的刑具上，或者缴纳4便士的罚金。泰恩河畔的纽卡斯尔（Newcastle upon Tyne，位于诺森伯兰郡）在亨利二世时期也有关于烘焙和酿造的章程，包括一至三次违法的罚金等级。不过，最早的面包法令的文本是亨利二世的面包师傅确认的，被收入1206—1216年间为伦敦市政厅编纂的英国法大纲中。该文献大概只涉及王室附近的食品管理，与王国无涉。[1] 12世纪以来英国出现大量毛纺织业城市，购买食品的城市人口日益增加，13世纪以来农民也越来越多地购买面包和麦酒。当食品出售构成市场最重要的交易活动时，面包和麦酒法令，也就是说，质量强制和为这两种生活必需品制定最高限价（但与查理曼时期固定粮食和面包价格不同，这是根据某一时期的粮价决定单位货币可以购买的面包和麦酒的数量，具有半市场化的特点），以及相应的度量衡的检查，实际上成为每个市场管理的重要内容。违反面包和麦酒法令者要受到法律惩罚，国王批准的每个市场都有处以颈手枷或囚车游街（tumbril，一说指坐刑椅）的权力。[2]

中世纪中期以来英国城市价格管理的另一个办法是消费者优先低价购买。例如在安多弗（Andover），1279年“任何转手倒卖者都不得购买母鸡、鸡蛋、阉鸡、鹅、马驹、鲜肉或鱼，直到城镇和农村的人们不再购买为止”。1327年南安普顿的习惯法禁止转手倒卖者在固定时间前购买农产品。约克的厨师在普通消费者结束购物前不得购买自己的烹饪食材。此外，还有一些更严格的定量配给的例子，借此，商人行会的会员或某自治市的市民有权以公认价格购买即将到货的日常

[1] Britnell, R. H., *The Commercialisation of English Society 1000–1500*, pp.25–26.
[2] Salzman, L. F., *English Trade in the Middle Ages*, pp.133–134.

用品。在科尔切斯特，所有市民被许可分享进入港口的货物。货物到达时，城市政府公开发布通告，告知货物价格。1342年，在泰恩河畔的纽卡斯尔，所有市民可以从进入其港口的船上购买自己需要的物品。如果一个市民提出与批发商分享自己所需的食品，后者必须以船上的购买价格支付。出价高者得是闻所未闻的，通常的做法是优先保证消费者买到廉价物品。[1]此外，13世纪中叶城市和王国政府开始制定禁止囤积居奇（forestalling）的法规。1307年，爱德华二世命令专员实施该法律，以及度量衡法。从此以后，囤积居奇被地方政府定为犯罪予以处罚。然而，除面包和米酒外，国王和城市政府都没有将限价作为处理食品问题的正常方法，因为商品价格是波动的。可见，自12世纪晚期起，价格管理的主要形式旨在于零售贸易中降低过高的利润，而非固定价格。[2]

此外，王室立法还涉及使用标准的度量衡[3]。早在10世纪，英王试图阻止使用虚假的量器，埃德加、埃塞尔雷德、克努特和征服者威廉时期的法律都通令人们避免使用虚假量器，或他们应使自己的量器准确无误。然而，何谓标准度量衡没有任何规定，只有埃德加国王时期的法律要求伦敦和温切斯特的度量衡在全国使用，但阻止虚假的度量衡却遭到地方抵制。[4]诺曼征服后，英王致力于统一度量衡。不过，布里特奈尔认为，尽管11世纪和12世纪都力倡使用标准度量衡，但

[1] Britnell, R. H., *The Commercialisation of English Society 1000–1500*, p.92.

[2] Britnell, R. H., *The Commercialisation of English Society 1000–1500*, p.93.

[3] 度量衡（weights and measures）是在日常生活中用于计量物体长短、容积、轻重的物体的统称。按照汉语表达习惯，“度”指计量长度的物体；“量”指计量容积的物体，例如厄尔、码、夸脱、蒲式耳等；“衡”指计量重量的物体，例如磅等。

[4] Ashley, W. J., *An Introduction to English Economic History and Theory*, Part I, *The Middle Ages*, p.178.

实际生活中却并未坚持。个别贸易城市推行内部统一，如1175年约克设立了度量官（Officers of Measures）。即使如此，不同城市仍有不同标准，因而王国被划分成不同的度量区。1174年，王室官员在记录购买的大宗小麦时使用了“诺威奇度量”（Norwich measure）和“阿宾顿度量”（Abingdon measure）等概念。[1]

直到12世纪末，统一度量衡的工作才得以进行。布里特奈尔认为，推动王室这样做的原因是其本身就是各种食品的重要购买者。为此，在1180—1181年间，王室法官对奇切斯特（Chichester，萨塞克斯郡）、阿伦德尔（Arundel，萨塞克斯郡）和罗切斯特（Rochester，肯特郡）市民使用虚假量器处以罚款，表明这些城市的地方标准存在问题。亨利二世时期的最后几年，葡萄酒和谷物的量器受到检查，从此王室开始更积极地在全国推广统一度量衡的理念。[2] 1197（一说1196）年，国王理查德一世颁布《量器法令》（*Assize of Measures*），规定各地应使用相同的度量衡，每个郡或城镇应派4—6名守法之人执行该法令，违法者应判处监禁和没收动产。转年，巡回法官受命调查每个城镇指定的法令维护者是否履行了他们的职责。[3] 布里特奈尔则进一步解释说，该法令规定，谷物和酒类在英国应使用标准量器，衡器应同样实行标准化；呢布应有相同宽度，由标准的厄尔（ell）度量，并以“一匹优质马的负荷”（a good horse load）作为谷物的衡器。[4] 约翰王统治时期量器的标准化仍是一个需要不断改进的问题，对此《大宪章》第35款规定：“全国应有统一的度量衡。酒类、烈性

[1] Britnell, R. H., *The Commercialisation of English Society 1000–1500*, p.25.

[2] Britnell, R. H., *The Commercialisation of English Society 1000–1500*, pp.90–91.

[3] Ashley, W. J., *An Introduction to English Economic History and Theory*, Part I, *The Middle Ages*, p.179.

[4] Britnell, R. H., *The Commercialisation of English Society 1000–1500*, pp.90–91.

麦酒与谷物的量器，以伦敦夸尔（London quarter，即夸脱）为标准；染色布、土布、锁子甲布的宽度应以织边下之两码为标准；其他衡器亦如量器的规定。”[1]从此，夸脱成为谷物和酒类的标准量器。约翰王之后的政府经常调查这些章程是如何执行的。为此，1255—1257年和1270年亨利三世派专员进行调查。爱德华一世和爱德华二世在他们统治初期都进行了全国性的度量衡检查。对于使用标准量器存在问题的地方，市民受到罚款，并被责成更换不合格的量器。[2]尽管如此，地方习惯比国家法令更加强大，违反这些法令的情况几乎每年都会发生。1340年，有明确记载说，统一量器的法律没有得到遵守，因而它们被再次颁布，标准量器将被送到每个郡。1430年，相同记载再次出现，政府下令，每个城镇应有标准的衡器，供居民免费使用；“外埠人”可以缴纳少量费用使用它们，称40磅货物最多缴纳1法新（1/4便士），称40—100磅缴纳半便士，称100磅以上缴纳1便士。然而，1495年该法令仍被违反，标准量器再次制作出来，交给议会议员带回各自的自治市。[3]

以上讨论了所有者对市场和市集的各种法律规定，以及违反者会受到的地方法庭和专门法庭的惩罚。如上所述，13世纪以来城市和庄园等地方法庭负责对违反《面包和麦酒法令》和《量器法令》进行处罚。然而，地方法庭开庭间隔较长，城市法和庄园习惯法等属地法对异地和异国商人没有司法管辖权，并不适合行商的需要，由此市场和市集法庭应运而生。市场和市集法庭称为piepowder court，一般译为

[1] ［英］J. C. 霍尔特：《大宪章》，毕竞悦、李红海、苗文龙译，北京大学出版社2010年版，第506页。
[2] Britnell, R. H., *The Commercialisation of English Society 1000–1500*, p.91.
[3] Salzman, L. F., *English Trade in the Middle Ages*, pp.44–45.

泥足法庭等，指在市集上设立的简易速审法庭，负责当场审理市集上发生的商业纠纷及轻微犯罪案件。其名称来源大概有三：一是诉讼当事人的“泥足”（dusty feet）；二是如科克爵士所认为的，审判像尘土从脚上落下一样迅速；三是法语“小贩”（pied puldreaux）一词。[1] 从上述词意来源上可以看出，市场和市集法庭属于行商法庭、速审法庭和商人法庭，与地方法庭在诉讼对象、诉讼内容和诉讼周期等方面存在明显差异，因而成为中世纪西欧继教会、城市、庄园和王室法庭以外独立运行的法庭。

诺曼征服后，英国专门设有维护市场和平与处理市场商业纠纷的市场法庭。它们与地方法庭相比属于专门针对市场犯罪和商业纠纷的司法机构。梅特兰认为：“市场和平在本质上是临时性的（只在市场举办期间），而城市和平是永久的。市场法庭（market court）只对已进行的交易和在市场举办日犯下的罪行拥有司法权，而自治市法庭（borough court）则对有关房屋和土地财产拥有司法权。”[2] 英国与欧洲大陆的市场法庭产生方式略有差异。欧洲大陆的市场特权通常连带包括设立法庭的权利，无须额外文字确认或重申；而英国常见的做法是在市场特许状中明确授予司法权，换言之，市场司法权不是自然附带的权利。例如征服者威廉授予巴特尔（Battle）修道士市场特许状时有这样的话：除了该修道院院长和修道士，那些常去该市场的人无须向任何人起诉；除了上帝，该修道院院长和修道士无须向他人起诉。上述表述意味着征服者威廉在批准市场时也授权建立一个市场法庭。市场法庭是必不可少的。圣艾夫斯的特许状包括这样一句重要措辞：

---

[1] 薛波主编：《元照英美法词典》，第1054—1055页。

[2] Maitland, F. W., *Domesday Book and Beyond*, p.193.

“(授予的)还有领地司法权和缉捕盗贼权，就像英国的任何市集拥有的一样。”这表明，法庭已经成为一个市集公认的设施。1208年的一份特许状有这样一条：“威斯敏斯特修道院院长为市集任命的一位管理人要向原告充分展示司法正义。”如果说上述市场司法权还只是单个特许状的规定，那么15世纪市场法庭则由议会立法统一规定。[1]

自治市经常为到访的行商就契约、合同、侵犯和债务等诉讼提供快速审判。泥足法庭是全天候的，例如剑桥市根据诉讼的紧迫程度为发生商品纠纷的行商每天或每时开庭。伦敦也采取措施提供快速审判，以便外地行商不被冗长的诉讼延误时间。泥足法庭由自治市的市长或法庭事务官主持，在自治市没有该特权的地方则由大总管主持。法庭顾问协助管理司法，他们本身来自商人。根据中世纪的诉讼程序，他们是有义务出席法庭的人，判决由他们做出。[2]萨尔兹曼也认为，如果市长或大总管干涉诉讼，受委屈的一方可以在王室法庭起诉他。判决由陪审团或有义务出席法庭的人做出，包括所有在市集和市场城镇被授予土地并在此居住的人，所有习惯拜访该市集和市场的商人，或除了书记员、领主和骑士外名字出现在市场案卷上的人。如果国王法庭判定该判决是错误的，那么整个共同体都有责任缴纳罚金，但临时来访商人除外，除非他们参与了判决。[3]泥足法庭或商人法庭的权限涉及债务、合同、侵犯、违反《面包和麦酒法令》等各种各样的诉讼，有时也扩大到土地诉讼，但王国之诉例外。除了商业诉讼外，泥足法庭还负责征收交易税以及维护和平与秩序，犯罪者因袭击、起侮辱性绰号、过度侵犯而出庭受审。此外，泥足法庭的权限

[1] Lipson, L., *The Economic History of England*, Vol. I, *The Middle Ages*, pp.250–251.
[2] Lipson, L., *The Economic History of England*, Vol. I, *The Middle Ages*, pp.252–263.
[3] Salzman, L. F., *English Trade in the Middle Ages*, p.174.

不限于市集期间发生的违法行为，还负责扣押债务人甚至债务人所在共同体成员的财物来清偿以往的欠债。泥足法庭依据商人法（law merchant，另译为商法）进行审判，对整个欧洲商人的商业关系具有约束力，梅特兰称其为“中世纪的私人国际法”。它通过支付小额保证金（God’s penny，也称一便士的定钱）保护合同的神圣性，处罚违约行为。[1]

综上所述，中世纪西欧市场治理建立在封建制度的基础上，主要围绕着将市场作为一种商业制度、一种国王和市场所有者的法律特权来进行。在此过程中，经国王批准的、在特定时间和地点举行的正式的市场建立起来。与此同时，市场的权利概念也有助于商业管理的法治化，这一点在英国尤为明显。无论是国王、城市、私人、教会还是市民、商人，大都是根据盎格鲁-撒克逊国王所颁的法律、市场特许状以及《面包和麦酒法令》《量器法令》《商人法》等享有其权利的。庄园、城市等地方法庭和泥足法庭审理违反市场和平、违约、债务和侵犯等诉讼，陪审员或法律顾问进行调查和判决，在一定程度上依法维护了市场所有者和交易者等各方的权利。

[1] Lipson, L., *The Economic History of England*, Vol. I, *The Middle Ages*, pp.253–260.

第六章
工资劳动市场

工资劳动市场是一种形象化的说法，简单来说就是雇主和雇工之间存在的劳动买卖关系。雇主为得到劳动而支付工资，雇工为获得收入而出卖自己的劳动。中世纪西欧典型的生产经营单位主要有领主庄园、农民家庭以及工商业者家庭作坊或商店等，而罗杰斯、多普施、布洛赫、麦克法兰和戴尔等学者的研究表明，它们不独依靠维兰劳役地租或家庭劳动力，还程度不同地雇用仆人（servant）和雇工（labourer），工资劳动市场由此应运而生。[1]不过，对于中世纪西欧工资劳动市场产生的时间和原因，国外学者持有不同观点。在产生时间上主要存在多普施和布洛赫的中世纪早期起源说，维诺格拉多夫和戴尔的11世纪起源说，以及罗杰斯的13世纪起源说；在产生原因上，道布等传统马克思主义史学家将其归结为中世纪晚期封建主义危机和

[1] Rogers, J. E. T., *A History of Agriculture and Prices in England: From the Year after the Oxford Parliament (1259) to the Commencement of the Continental War(1793)*, Vol.1, 1259–1400, Oxford: Clarendon Press, 1866, Chapter XV; Rogers, J. E. T., *Six Centuries of Work and Wage: The History of English Labour*, Chapter Ⅵ.［奥］阿方斯·多普施：《欧洲文明的经济与社会基础》，第510—512页；［英］艾伦·麦克法兰：《英国个人主义的起源：家庭、财产权和社会转型》，管可秾译，商务印书馆2008年版，第195—198页。

资本主义起源（即资本主义雇佣劳动模式），波斯坦为代表的新人口论则主张中世纪中期人口过剩导致小持有者不得不依靠出卖劳动力为生（即小持有者为生模式）。[1] 然而，上述观点仍无法对整个中世纪工资劳动市场做出解释。13世纪起源说无法解释何以在他们所提出的时间之前存在如此多的仆人和雇工；小持有者为生模式无法解释何以有的国家在中世纪中期人口增加时小持有者数量和工资劳动市场出现下降，或者在中世纪早期和晚期土地充裕时小持有者和工资劳动者仍保持较高数量或比例；资本主义雇佣劳动模式无法解释何以中世纪晚期前大量存在非资本主义的工资劳动？有鉴于此，本章拟探讨中世纪西欧工资劳动市场产生的时间、中世纪中期工资劳动市场快速扩张的真正原因，以及中世纪晚期工资劳动市场何以继续保持稳定等几个问题。

一、工资劳动市场的起源

20世纪前半期，西方学者对中世纪早期欧洲大陆的工资劳动市场进行过开创性研究。奥地利史学家多普施是一位古罗马文明连续论者。他认为，进入中世纪后，罗马城市没有被悉数摧毁，日耳曼人也绝非拒绝城市文明的野蛮人，因此从中世纪早期开始幸存下来的罗马城市便存在王室、教会、贵族、自由人、不自由人、军人和工商业者等各个阶层。在他看来，贸易与商业的发展推动了中世纪早期欧洲大

[1] Dobb, M., *Studies in the Development of Capitalism*, London: Routledge & Kegan Paul Ltd., 1946, Chapter Two; Postan, M. M., *The Medieval Economy and Society: An Economic History of Britain in the Middle Ages*, London: Weidenfeld and Nicolson,1972, pp.147–150.［英］M. M. 波斯坦、H. J. 哈巴库克主编：《剑桥欧洲经济史·第一卷·中世纪的农业生活》，第483—484页。

陆城市中雇佣工人阶层的形成，“这些人很普遍地出现在当时的各种资料里，他们中，既有自由人也有非自由人。在《西哥特法律》中，我们可以清楚地看到，这些工人与贸易及商业之间的联系。该法律规定：海外来的商人与贸易者被禁止为了他们的生意，雇佣那些来自哥特定居点的劳工。这部法律尤其禁止犹太人将那些自由或不自由的基督徒置于其保护之下或供其驱使，或者将他们作为工人加以雇佣”。多普施主张，贫困人口汇成中世纪早期城市工资劳动市场的蓄水池：“在此我们还可以参考一下图尔主教格雷戈里的一段文字。文字描述了在585年，商人们源于一次饥荒而获得的种种收益。这次饥荒中，这些商人们以牺牲民众利益为代价，巨幅提高了生活必需品（粮食与酒）的价格；这样做所导致的结果，就是那些贫困的人们只得将其自身受雇于他人来换取食物。7世纪时，西哥特人的一项法规反映出，在该国中也出现了由于经济需求而导致类似的出卖劳力来换取食物的情形。”[1] 多普施还对城市贫民雇工的来源进行了考察。在1941年和1966年出版的《剑桥欧洲经济史》第一版（由克拉潘和鲍尔主编）和第二版（由波斯坦主编，但多普施撰写的章节与第一版内容没有变化）中，他提出，中世纪早期西欧城市雇工多来自迁徙的农村剩余人口，甚至包括了大地产的依附佃农，“这一点在《庄园法》中得到特别证实。许多幸存的‘释奴汇编’中证明，大量奴隶被释放，这当然在一定程度上是由于他们迁徙到城镇的缘故”[2]。

西欧封建化没有消灭工资劳动者，相反他们在中世纪早期成为继劳役佃农、奴隶之外大地产上最重要的劳动者，这在有史料可循的法

[1] ［奥］阿方斯·多普施：《欧洲文明的经济与社会基础》，第511—512页。
[2] ［英］M. M. 波斯坦、H. J. 哈巴库克主编：《剑桥欧洲经济史·第一卷·中世纪的农业生活》，第183页。

兰克王国的领主庄园体现得尤为明显。布洛克认为，对领主制的任何研究都要以中世纪前期为起点，8—9世纪的契据、法律文件和庄园财产清单等相对丰富的史料，在历史上首次为我们描绘了一个概貌，更早的时代则无法做到这一点。中世纪早期法兰克高卢的土地被为数众多的领主庄园所分割，而领主庄园的土地又被分成领主自营地和佃农份地两部分。据估计，“占总面积1/4—1/2的耕地为国王、高级贵族、大教会地主占有，并且他们的地块面积往往十分大，有几百公顷。这就是庄园土地的景象”[1]。布洛赫发现，中世纪早期领主庄园的劳动力主要包括雇工、奴隶和劳役佃农，因而自营地的耕种并不全部委诸奴隶和劳役佃农。应当说，加洛林王朝时期雇工和仆人已构成领主庄园自营地中工资劳动者的主体，后者比前者更加重要。布洛赫指出，中世纪早期领主庄园自营地的雇工又分为季节性和相对自由的雇工与住在主人家中的仆人两种类型。前者获得货币或实物报酬，后者由主人提供食物甚至衣物，此外也许还有一小笔工钱。“尽管研究者的说法不尽相同，但中世纪早期确实存在这两种报酬方式并在领主产业中实行。被科尔比修道院雇佣的人就是真正的雇工，他们在教士的花园里劳动，秋天松土翻地，春天种上庄稼，夏天则铲锄杂草。他们的报酬为一定数量的面包、几桶啤酒、一点蔬菜及几枚钱币——不过，在大领主的领地，这种雇工只起例外的、暂时的补充劳力作用。”[2]相比之下，仆人的身份和工作则多种多样，“这种雇工在整个中世纪期间都有，特别是在法兰克高卢。不过他们中只有自由人才称得上是工资劳动者，奴隶尽管也由主人负责供应膳食，但所处的地位则完全不

[1] [法]马克·布洛赫:《法国农村史》，余中先、张朋浩、车耳译，商务印书馆1991年版，第81页。
[2] [法]马克·布洛赫:《法国农村史》，第81—82页。

同——在庄园中领取领主禄粮的各式人等中，除奴隶、自由手工业者、士兵、仆从外，还有雇佣劳动者，他们来去自由。不过这些人不足以耕种颇大面积的土地”[1]。除此之外，庄园自营地还依靠奴隶劳动和依附佃农的徭役。应该说，晚近学者的研究证实了布洛赫的上述结论。[2]

盎格鲁-撒克逊时期的英国存在仆人，但名称不一。例如肯特王国《埃塞尔伯特的法律》第85—88款都提到名为埃斯尼（esne）的仆人，肯特王国的其他法律和威塞克斯王国的《伊尼的法律》第29款也这样称呼。他们在法律上是不自由雇工，介于自由人和奴隶之间。威塞克斯王国的《阿尔弗雷德的法律》第43款中提到称为埃斯尼怀坦（esnewyrhtan）的不自由雇工，规定他们的休假天数不同于自由人，但与奴隶相同。研究表明，他们在完成主人和自己土地上的劳动外，还在邻居家打工赚钱，补贴家用。[3]除了几部国王颁布的法律外，盎格鲁-撒克逊早中期没有地产档案留存下来，致使该时期那里农业经营的真实情况扑朔迷离。有鉴于此，中世纪学者通常认为英国工资劳动市场产生于11世纪及其以后。例如坎宁安对比《末日审判书》时期和现代的劳动力的差异后认为，前者中的雇工缺少流动性，因此，“作为依赖雇主为其提供劳动机会和手段的雇工，在11世纪好像几乎不为人知”[4]。相反，维诺格拉多夫则认为中世纪英国雇工像庄园一样

[1] [法]马克·布洛赫：《法国农村史》，第82页。

[2] 安德森：《从古代到封建主义的过渡》，第141—142页。

[3] “The Laws of Ethelbert” “The Laws of Ine” “The Laws of Alfred”, in Whitelock, D., ed., *English Historical Documents*, Vol. I, c.500–1042, pp.393–394、402、416. 相关讨论见徐浩：《小持有者与中世纪英格兰农村的雇工和工匠》，见北京大学历史学系世界古代史教研室编：《多元视角下的封建主义》，第286—287页。

[4] Cunningham, W., *The Growth of English Industry and Commerce: During the Early and Middle Ages*, p.5.

在诺曼征服前已经存在。他通过一份诺曼征服前有关庄园管事的地产管理论文发现，除了存在庄园管理人员外，“盎格鲁-撒克逊时期自营地组织的另一个重要特征是出现了一定数量的生活在庄园农场或者依附于它的小块土地上的雇工，他们成为自营地耕作的核心劳力”[1]。上述观点也得到晚近学者的证实，例如布里特奈尔指出，村庄共同体的农户当中早就存在商品和劳务的交换关系。1086年英格兰王国记录的人口中，1/3是茅舍农，其中大部分可能是雇工、工匠或商人，否则的话很难想象他们如何生存。许多人大概依靠在较大的农业单位接受雇佣，如庄园自营地等。[2]戴尔也持类似观点，他指出：“有关工资劳动者，我们可以追溯到11世纪。《末日审判书》里对自营地的描述暗示了一个隐藏的仆人群体的存在，正如我们得知在很多自营地上存在奴隶犁把式，每张犁两个人。但是，这些描述里并不包括其他的专业工资劳动者，如羊倌和猪倌。我们知道这些专业人员普遍存在，因为他们以及他们的职责在11世纪的其他文本中已出现。”[3]

戴尔所说的“其他文本”当属《管事的职责》和《全体人民的权利和义务》，两者可视为中世纪早期英国庄园自营地存在工资劳动者的直接证据。11世纪左右英国西部的地产管理文献《管事的职责》第6款规定：“他（管事。——引者注）应该常常用他们领主的警告激励他的仆人，并且按照他们的贡献付给报酬。”第7款规定：“他永远不要让他的仆人占上风，而是要使用领主的权力和习惯法管理他们每个人。如果他受制于自己管理的仆人，他最好辞职而不是继续留任，否则对领主不利。”此外，第16款还规定他要为庄园的熟练工人提供各

[1] Vinogradoff, S. P., *The Growth of the Manor*, New York: Augustus M. Kelley Publishers, 1968, p.229.

[2] Britnell, R. H., *The Commercialisation of English Society 1000–1500*, p.6.

[3] [英]克里斯托弗·戴尔：《转型的时代：中世纪晚期英国的经济与社会》，第210页。

种工具。[1]《全体人民的权利和义务》则详细阐述了11世纪英国各阶层的权利和义务。该时期领主自营地的劳役由作为自由人的茅舍农（cotter）和吉布尔（gebur）承担，并交纳规定的税收。作为回报，他们要从地产主那里获得数量不等的持有地、牲畜和农具等。除此之外，庄园还存在专职的仆人队伍，庄园蜜蜂和各种牲畜的饲养，奶酪的制作，仓库、森林和篱笆等的看管，以及小吏（beadle）等都由仆人承担。他们来自奴隶（serf）和埃斯尼（esne）等不自由人或依附者，既有男人也有女人，在主人家食宿。除此之外，主人还给他们实物、金钱或土地甚至用牲畜帮助他们犁地等作为报酬。[2]这些专职的劳动者毫无疑问就是《末日审判书》中庄园仆人的先驱。

盎格鲁-撒克逊晚期充当不自由雇工的奴隶等在诺曼征服后逐渐转变为农奴。波斯坦曾对诺曼征服后庄园自营地庄仆（famulus）的起源做过专门研究。他认为，奴隶曾经构成盎格鲁-撒克逊社会的重要组成部分，我们并不知道他们更早时在社会中承担了什么职能，仅能进行猜测，但1066年左右时他们则毋庸置疑是庄园的仆人，具体说就是自营地的犁把式。《末日审判书》时，自营地的犁把式仍主要由奴隶担任，但在奴隶数量不足时则由来自小持有者阶层的博瓦瑞[bovarii，后称作保达（bordarii）或边地农，融入茅舍农阶层]加以补充。12世纪奴隶消亡，博瓦瑞取代奴隶成为自营地的犁把式，其身

[1] Cunningham, W., *The Growth of English Industry and Commerce: During the Early and Middle Ages*, Appendix, pp.574–575.

[2] “Rights and Duties of All Persons (Rectitudines singularum personarum, c.1000)”, in Bland, A. E., Brown, P. A. and Tawney, R. H., eds., *English Economic History Select Documents*, London: G. Bell and Sons, Ltd., 1914, pp.5–9.

份变成农奴，他们在以后几个世纪被称为仆人。[1]除此之外，贫困自由人和小持有者也会被迫进入工资劳动市场。维诺格拉多夫认为，11世纪时，雇工一般来源于奴隶，例如在古英语的特许状中提及地产设施时总是将奴隶同拉犁的公牛和播种工具相提并论，有的时候他们人数众多。不过，随着时间推移，大量自由人也成为庄园的雇工。此外，随着人口增加，大量不能继承土地的诸子及他们的后代在邻居的土地上寻找安身之处和工作机会。[2]

除庄园自营地的庄仆外，仆人也受雇于富裕农民、市民和贵族家庭，从事农业、工商业和家务劳动，此外还有大量小土地持有者短期受雇于人，由此，到11世纪末，英国的工资劳动者已经颇具规模，正如戴尔总结的那样："对1086年仆人人数进行粗略估计，包括自营地和较大的农民份地上的农业仆人以及城市和贵族家庭中的仆人，总计可达15万人。加上10万户小持有地的农民家庭——这些人可能为其他人兼职工作，被雇用人数在250万的总人口中占据很大比例。"[3]

二、工资劳动市场扩张原因

西欧工资劳动市场产生于中世纪早期，并在中世纪中期经历了快速扩张。在20世纪40年代和60年代出版的《剑桥欧洲经济史》第一、二版中，中世纪史学家冈绍夫、琼斯和波斯坦等无不认为中世纪中期欧洲工资劳动市场进入了一个崭新阶段，法国、低地国家和德国西部

[1] Postan, M. M., "The Famulus: the Estate Labourer in the Ⅻ and ⅩⅢ Centuries", in *The Economic History Review*, Supplement 2, pp.6–9.
[2] Vinogradoff, S. P., *The Growth of the Manor*, pp.229–230.
[3] [英] 克里斯托弗·戴尔：《转型的时代：中世纪晚期英国的经济与社会》，第210页。

以及英国莫不如此。[1]之后，波斯坦的看法还得到戴尔的证实："在大约1300年，没有文献直接显示出所有共同体所存在的工资劳动者的数量。我们应该清楚，将近1/5的人口居住在城市里，他们中的绝大多数人都是靠工资生活。在乡村，2/5的佃户，在英格兰东部4/5的佃户，都是小土地持有者，不可能生产出他们所需要的所有食物；在西部，格拉斯顿伯里修道院的各个庄园所列出的单身汉名单表明，这些无地的未婚工资劳动者和户主一样多。……所有这些人在机会出现的时候都会从事工资劳动。"[2]由此可以推测，中世纪中期英国平均一半以上的人口通过工资劳动市场维持生计。

那么，中世纪中期工资劳动市场何以快速扩张？新人口论代表人物波斯坦以人口过剩来解释："整体上讲，13世纪小农户人口众多，经常比中等阶级的人要多，甚至超过其他所有阶级人数的总和。"[3]他通过对104个庄园的随机样本进行统计，发现占有10英亩土地和少于10英亩土地的佃农占总人口一半以上，"这意味着约有一半的农业人口拥有不足以维持其家族的最低生存的田产"[4]。与此同时，"这也意味着为了生存，一个普通的小农户必须通过别的途径来增加收入"[5]。波斯坦所说的"别的途径"主要是向他人出卖自己的劳动力。笔者认为，人口过剩只是从供给上解释了中世纪中期工资劳动市场的快速扩

[1] [英] M. M. 波斯坦、H. J. 哈巴库克主编:《剑桥欧洲经济史・第一卷・中世纪的农业生活》，第278、367、487页。

[2] [英] 克里斯托弗・戴尔:《转型的时代：中世纪晚期英国的经济与社会》，第218页。

[3] [英] M. M. 波斯坦、H. J. 哈巴库克主编:《剑桥欧洲经济史・第一卷・中世纪的农业生活》，第532页。

[4] [英] M. M. 波斯坦、H. J. 哈巴库克主编:《剑桥欧洲经济史・第一卷・中世纪的农业生活》，第532页。

[5] [英] M. M. 波斯坦、H. J. 哈巴库克主编:《剑桥欧洲经济史・第一卷・中世纪的农业生活》，第532页。

张，但除此之外，当时对工资劳动市场的巨大需求同样非常重要。否则，没有需求或需求减少，工资劳动市场也不会快速扩张。以法国为例，中世纪早期那里的庄园生产以农奴劳役为主，辅以奴隶、仆人和雇工的劳动。但12世纪和13世纪许多法国农奴以实物地租和货币地租取代劳役地租，奴隶佃农化，自营地生产以雇工劳动为主。然而，同一时期法国庄园自营地开始出租，领主只保留少量自营地生产庄园消费品。“总之，它既是一个管理中心，又是一个多多少少特殊化的、而确有重要意义的庄园，一小队仆人，再加上部分徭役，就应足以耕种：就其规模与存在理由而言，它与昔日那种巨大的农业企业完全是两回事。”[1]由此，这种只保留少量自营地的庄园对工资劳动力的需求已非昔日可比。晚近以来的研究仍承认中世纪中期法国庄园领主直接经营的自营地面积减少，但同时又认为并不是所有大地产都减少了直营面积，部分教会和世俗贵族继续持有较大的直接经营的自营地，例如苏格（Suger）和尊者彼得（Peter the Venerable）这些12世纪贵族家庭的首领一般忙于自营地经营，通过垦荒或种植葡萄重建或扩大自营地。在皮卡第的世俗领主的自营地有几百公顷，与加洛林王朝时期全然无异。[2]尽管如此，但整体而言，中世纪中期法国领主庄园自营地的工资劳动者比中世纪早期大为减少应是不争的事实。尽管对这种情况存在这样或那样的解释，但自营地对工资劳动需求的下降应是主要原因。

相反，中世纪中期英国工资劳动市场的快速增长则受到农业和工商业需求的拉动。限于篇幅，这里仅以农业为例加以说明。中世纪中

---

[1]［法］马克·布洛赫：《法国农村史》，第114页。

[2] Duby, G., *The Early Growth of the European Economy: Warriors and Peasants from the Seventh to the Twelfth Century*, p.224.

期英国人口和农产品价格攀升，随着自营地从出租再度变为直接经营，部分较大的教会庄园自营地成为农村工资劳动市场最大的需求者。同时代的人对此也留下了记录，例如13世纪的农书注意到几种劳动组织制度的并存，《亨莱的田庄管理》主要提到维兰以劳役支付地租，也提到固定的农场仆人，但不清楚他们是维兰抑或自由农。而《无名氏的田庄管理》对雇工给予了特别注意，他们获得货币工资，这种日工资可与计件工资媲美。[1]现代研究者罗杰斯较早发现中世纪中期英国领主庄园自营地存在工资劳动市场，在那里有些劳动全部由仆人承担，因此在庄园管事外，固定的自营地仆人包括犁把式、车把式、牛倌、猪倌和牛奶场女工，在养羊的地方还有1—2个羊倌，所有这些人都持有自己的土地和牲畜，牛奶场女工经常购买小牛，羊倌拥有自己的小规模羊群，偶尔被允许使用领主的牧场作为报酬。[2]米勒也认为，庄园自营地对工资劳动有较大需求，因而将维兰劳役视为自营地劳动供给的唯一来源，认为其可以轻而易举地满足自营地对劳动需求的变化的类似想法是危险的。[3]

总之，即使在13世纪和14世纪早期劳役制的鼎盛阶段，英国大庄园仍需要大量仆人和雇工。何以如此？归根结底就是农奴提供的劳役不能满足自营地的实际需要。马克·布洛赫认为，尽管农奴制使领主获得了极大权力和利益，“但从劳动者来源方面论，领主却没得什么便宜。农奴就是佃农，从事的生产劳动以在自己田里为主，此外，

---

[1] [英]伊·拉蒙德、W. 坎宁安编：《亨莱的田庄管理》，高小斯译，王翼龙校，商务印书馆1995年版，第45、46、63页。

[2] Rogers, J. E. T., *A History of Agriculture and Prices in England: From the Year after the Oxford Parliament(1259) to the Commencement of the Continental War(1793)*, Vol. 1., 1259–1400, p.18.

[3] Miller, E., *The Abbey & Bishopric of Ely: The Social History of an Ecclesiastical Estate from the Tenth Century to the Early Fourteenth Century*, Cambridge: Cambridge University Press, 1951, p.88.

根据地区的不同习惯，像其他居民一样为领主服役。奴隶制度能为主人提供充分的劳动力，但农奴制只为领主提供了极有限的劳动力”[1]。波斯坦则从农奴劳役地租的性质和数量的局限性上解释了庄园工资劳动存在的原因。他认为，由于维兰劳役地租远远不能满足领主庄园自营地的需要，因而庄园主在必要时只能依赖工资劳动。例如，那些季节性但不连续并且需要许多人手同时进行的劳动，例如割草、收获、拆建篱笆、建造和维修堤坝或城墙、季节性运输等，依赖维兰的劳役地租；而那些需要特殊技能的劳动，如铁匠、木匠、石匠、砖瓦匠的劳动，一般不能强加在大部分佃户身上。同样，那些整个季节和整个工作周连续进行的劳动，也不能由通常欠每周几天或每天几小时等间断性劳役的佃户来承担。有鉴于此，在大多数庄园，管事、小吏、家畜围栏管理员和护林员等长期的自营地工作人员，饲养牲畜的雇工例如羊倌、猪倌、牛倌，负责挤奶和酿酒的男工人和女工人等都是庄园仆人，他们长期至少是按季节受雇从事这些劳动。但也有些最重要的自营地农业劳动在性质上不容易区分，可以分别或同时使用工资劳动和维兰劳动，例如运输、打谷、扬场以及耕地等。综合考虑后，他的结论是：“即使惯例劳役沉重并且仍未折算为货币的庄园，劳役也肯定在全部劳动的供给中成为一个大的有时是较大的部分。然而，即使在这些庄园，仆人和雇工提供的劳动的数量和价值接近甚或经常超过佃户的劳役。”[2]

此外，中世纪中期农民家庭也对工资劳动市场存在较大需求。波斯坦认为：“富裕村民也使用雇佣劳动力。我们的原始材料毋庸置疑

[1] [法]马克·布洛赫：《法国农村史》，第107页。

[2] Postan, M. M., “The Famulus: The Estate Labourer in the Ⅻ and ⅩⅢ Centuries”, *The Economic History Review*, Supplement 2, pp.2–5.

地表明，在几乎所有村庄中，都有一些村民在为另一些村民做工。庄园和记录在法庭案卷中的村法（by-law）劝告农民雇主在收获季节保证不要与领主争夺雇佣劳动力。事实上，庄园调查和其他文献也偶尔提到维兰的仆人。”[1]科斯敏斯基也认为，茅舍农雇工主要在小领主和富裕农民的田地里充当兼职雇工，获得食物和某些货币报酬。[2]事实上，农民对工资劳动市场的需求绝非仅限于少数的富裕家庭，相反，“在持有大小不一的持有地的佃户们像邻居一样生活的情况下，11世纪的农民共同体只有通过由那些占地较多的人雇用茅舍农和边地农的方式运转下去。在随后的几个世纪里，维兰当中的许多人，如那些拥有30英亩份地的人，因为不育、婴儿早夭或孩子都是女儿等需要额外的劳动力来耕种他们的持有地，他们一般会雇用一名全职仆人”[3]。更可能的情况是，几乎所有农民家庭都程度不同地依赖全职仆人和兼职雇工。麦克法兰认为，在印度和中国等传统农民社会，农场劳动力就是家庭劳动力，“造成的负面后果，是日工、农田佣工或家务佣工等形式的雇工缺位”[4]。中世纪的英国曾经被认为也是如此。“然而，最近二十年积累了越来越多的证据，它们支持了科斯敏斯基的早期研究结果：佣工和劳工在13世纪已经颇为重要。”[5]这种重要性在很大程度上是需求创造的，其中既有领主庄园自营地的需求，也包括广大农民家庭，而后者正如麦克法兰所言，“所有的证据都表明，正是雇佣劳力，而非子女或其他亲属，在补充着丈夫和妻子的劳

[1] Postan, M. M., *The Medieval Economy and Society: An Economic History of Britain in the Middle Ages*, p.148.

[2] Kosminsky, E. A., *Studies in the Agrarian History of England in the Thirteenth Century*, p.317.

[3] [英] 克里斯托弗·戴尔：《转型的时代：中世纪晚期英国的经济与社会》，第210页。

[4] [英] 艾伦·麦克法兰：《英国个人主义的起源：家庭、财产权和社会转型》，第195页。

[5] [英] 艾伦·麦克法兰：《英国个人主义的起源：家庭、财产权和社会转型》，第196页。

动，与16世纪无异”[1]。

三、工资劳动市场的稳定

中世纪晚期人口过剩的情况不复存在，以英国为例，工资劳动者的数量肯定低于1300年，而不是相反。所以，克里斯托弗·戴尔说："那种认为中世纪晚期工资劳动在整个经济中重要性增加了的观点是毫无根据的。其重要性在14世纪甚至有所减弱，因为比起其他佃户来说，茅舍农的数量更加急剧地下降，并且黑死病之后无地的各个阶层都大大减少。”[2]但另一方面，由于需求拉动，中世纪晚期的一个半世纪中英国工资劳动者在人口中的比例基本保持了稳定，换言之，从1377—1381年的人头税报告到1522年的军事调查和1524—1525年的税收评估来看，近一个半世纪间，工资劳动并没有发生根本性变化。人头税报告中的工资劳动者包括雇工、仆人、庄仆和与户主有短暂的“儿子兼仆人”或“女儿兼仆人”关系的人，而16世纪20年代的税收记录中的大多数工资劳动者则是那些按照土地或动产的价值来说不够富有的人。尽管上述税收记录表明工资劳动者的比例多在人口的一半以下，但是，“考虑到存在穷人、年轻人和女性的人口计算偏低的趋势，我们可以估计，在1381年和1522—1525年间，那些依赖工资作为他们大部分收入的人在英国大多数地区所占的比例稍低于人口总数的一半，但是在东部诸郡，从肯特郡到林肯郡，则高于一半”[3]。可见，尽管中世纪晚期工资劳动者的绝对数量有所下降，但他们在总人

[1] [英]艾伦·麦克法兰：《英国个人主义的起源：家庭、财产权和社会转型》，第197页。
[2] [英]克里斯托弗·戴尔：《转型的时代：中世纪晚期英国的经济与社会》，第217页。
[3] [英]克里斯托弗·戴尔：《转型的时代：中世纪晚期英国的经济与社会》，第218页。

口中的比例却变化不大。在此意义上讲，中世纪晚期工资劳动市场继续保持着稳定。

那么，中世纪晚期工资劳动市场何以继续保持稳定呢？归根结底还是需求拉动的结果。当然，中世纪晚期并不是每种生产经营单位对工资劳动市场的需求都增加了，而是有升有降。在此过程中，乡村对工资劳动市场的需求发生了巨大变化：黑死病爆发后工资上涨使直接经营无利可图，自营地由耕地变牧场或对外出租导致庄园对工资劳动市场尤其是仆人的需求减少。法默认为，14世纪时犁把式、车把式、牛倌、羊倌和牛奶场女工等服役庄仆的数量和分布庄园减少，最后除了庄园管事和某些庄园管理人员（法默称之为领薪庄仆）外，他们在温切斯特主教和格拉斯伯里修道院地产以外的其他地方几乎没有被发现。在1420—1421年，服役庄仆仍占温切斯特主教庄园地产庄仆的36%，占格拉斯伯里修道院庄仆的21%，其余为领薪庄仆。法默认为，14世纪服役庄仆在其他地方已经很少，以至于只有上述两个地产可以单独被拿来研究，以表明服役庄仆向领薪庄仆转变的最后历史。到15世纪末，传统的庄园仆人从历史学家的视野中完全消失了。[1]

与庄园自营地仆人减少情况相反，中世纪晚期农民家庭使用仆人和雇工的数量却呈上升之势，如波斯坦指出，在1379年和1381年的人头税评估中，较富裕村民的名字后面经常跟着被描写为仆人的那些人，大概就是住在他们家里的雇工（resident labourer）。从现代例子判断，18世纪和19世纪的英国、18世纪的普鲁士和19世纪的俄国，耕种1维尔格特即30英亩面积的持有地，大概需要经常地雇用帮手。拉

[1] Farmer, D., “The famuli in the Later Middle Ages”, in Britnell, R. and Hatcher, J., eds., *Progress and Problems in Medieval England: Essays in Honour of Edward Miller*, Cambridge: Cambridge University Press, 1996, pp.210, 236.

蒂默主教的父亲，一位富裕的15世纪的农民，耕种2—4维尔格特的土地，使用6个雇工。因此，显而易见的是相当数量的小持有者通过为农民雇主做工获得或补充他们的收入。[1]类似的例子不胜枚举，特别是那些承租领主自营地的租地农场主，“像1495年伯顿达塞特的罗杰·赫里蒂奇。他似乎为很多人提供了工作：他有6个完全由他提供食宿的在家居住的仆人，可能还有其他6个拥有自己住宅的全职仆人，而兼职者则到农场上去完成季节性的劳动。与前一个世纪里经营自营地的不在庄园居住的领主不一样，赫里蒂奇住在庄园中间的一座农场住宅里，所以他的劳动力队伍包括农场雇工和家庭仆人”[2]。

与此同时，中世纪晚期也不是每种工资劳动者的需求人数都在增加，而是此消彼长。由于土地充裕，为生活所迫不得不终生充当仆人的人越来越少，而将其作为职业生涯第一阶段的人却越来越多。希尔顿的研究表明，中世纪晚期的仆人不止一种类型，而其中特别不同的是“生命周期仆人”（life-cycle servant）群体的出现。之所以如此称呼，是由于“许许多多的人只希望在他们生命中的一个阶段做雇工，特别是当他们年轻时，他们往往成为那些大大小小的大家庭、手工作坊和货栈，以及农业劳动的仆人。前工业社会中的仆人劳动力的特点表现为主要由未婚人群组成，他们在十几岁和二十出头的时候工作。他们住在自己雇主的家中，接受雇主提供的床、饮食、衣物和一小笔现金，并且通过积累经验和接受训练来为他们独立的成人生活做准备。他们一般签订为期一年的合同，南部地区从米迦勒节（9月29

[1] Postan, M. M., *The Medieval Economy and Society: An Economic History of Britain in the Middle Ages*, p.149.

[2] ［英］克里斯托弗·戴尔：《转型的时代：中世纪晚期英国的经济与社会》，第227页。

日）开始，北部地区从圣马丁节（11月11日）或圣灵降临节开始”[1]。由此，中世纪晚期的生命周期仆人已经成为英国乡村青少年一种社会化的职业教育形式，是对工资劳动市场新的补充。庄园法庭案卷中记录有农民家庭对生命周期仆人的诉讼。例如黑尔斯欧文（Halesowen）的农民威廉·克特尔送自己的女儿到另一家去做工，后起诉雇主违反合同。他指控说，1373年泰霍尔（Teynhall）的亨利毒打他女儿，未按当初的约定给予合理的膳食。两人后来达成和解。两年后威廉·克特尔为自己的女儿起诉摩尔（Moor）的威廉。他说，雇主没有向他女儿每年提供两件束腰外衣。1458年在艾尔姆利堡（Elmley Castle），新移民盖伊·福兰斯曼娶了当地一个寡妇，他向托马斯·盖博购买了价值10先令4便士的麦芽。为此，可能因为这笔生意，托马斯起诉了他，但盖伊在同一年也起诉了托马斯，因为托马斯未按规定向他妻子的女儿琼提供2先令的工资和2先令的衣服。[2]

由于年轻人的迁徙，城市便有了更多的生命周期仆人。1377年伍斯特市的人头税记录表明，大约12.5%的14岁以上人口被登记为儿子、女儿或仆人，而约克市几乎1/3的人口属于该群体。事实上，孩子和仆人几乎没有多少差别，因为都从事类似的劳动。一般来说，牛津和伍斯特等较小城市中女性仆人较多，而卡莱尔、约克和诺桑普顿等较大城市中男性仆人占据优势。[3]中世纪晚期城市工商业者雇用较多的仆人或雇工：“以1377年的科尔切斯特为例，在1000户大家庭中，有6户家庭雇用的仆人多达6个、7个或8个，其中最多的一户

[1]［英］克里斯托弗·戴尔：《转型的时代：中世纪晚期英国的经济与社会》，第212页。

[2] Hilton, R. H., *The English Peasantry in the Later Middle Ages*, pp.51–52.

[3] Hanawalt, B. A., *Growing up in Medieval London: The Experience of Childhood in History*, New York and Oxford: Oxford University Press, 1993, pp.178–179.

达11个，这一户就是约翰·里克的大家庭。这些纳税人的职业没有被说明，但是在1381年，奇平卡姆登的每个大家庭的户主职业都非常明确，羊毛商威廉·格雷维尔和铁匠罗伯特·莫斯各雇用了6名仆人。”[1]此外，“在考文垂，根据1523年的一份名单，极为富有的绸布商理查德·马勒雇用了14名仆人，紧跟其后的是两位呢绒商约翰·邦德和朱立安·内瑟米尔，每人雇用了10名仆人。已知的中世纪最大的制造企业是伦敦的白镴制造企业，托马斯·丹顿在1457年雇用了18名仆人和学徒”[2]。

如果说由于生命周期仆人增加导致成年家庭仆人减少，那么，为了获得更多自由和更高工资，许多庄仆转而充当兼职雇工，致使曾经工作稳定和收入不错的庄仆职业最终走向没落。在中世纪晚期，生命周期仆人与兼职雇工共同构成工资劳动者的重要力量。为争取更多自由和更高工资，中世纪晚期兼职雇工受到工资劳动者的青睐。庄仆的劳动合同是以年度为单位计算的，人头税报告显示，工资劳动者厌恶庄仆的年度劳动合同，更愿意接受更加自由的短期雇佣。此外，短期雇佣一般可以获得更高报酬，某些违反最高工资和提前解除劳动合同的起诉书明确陈述说，为了在其他地方获得更高工资，被告提前离开雇主。例如在13世纪60年代早期萨福克郡，一个犁把式一年获得不到10先令现金、约5夸脱谷物，其价值在正常年景为1英镑左右。此外，仆人还可得到额外礼物和临时津贴，价值1先令或2先令，因此其年收入在大多数年份不足2英镑。然而，治安法官审理的诉讼表明，收割季节收割工人每天挣到6便士，整个秋季可挣到15—20先令。在

[1] [英] 克里斯托弗·戴尔:《转型的时代：中世纪晚期英国的经济与社会》，第227页。
[2] [英] 克里斯托弗·戴尔:《转型的时代：中世纪晚期英国的经济与社会》，第227—228页。

较短的割草季节，雇工每天可获得3便士或4便士以及食物，其他时间还可以找到脱粒等工作，每天获得2便士及食物。如果雇工每年工作200天，那么可以收入2英镑8先令（40天每天6便士，20天每天3便士，140天每天2便士），此外还要加上雇主提供的价值至少10先令的免费食物。[1]兼职雇工逐渐取代庄仆这一变化表明，中世纪晚期英国工资劳动者的人身依附关系正在消失，自由的、短期的和高报酬的工资劳动市场正在形成。

如何看待中世纪晚期的工资劳动市场，马克思主义史学家和经济社会史学家有着不尽相同的理解。以道布为代表的马克思主义史学家将中世纪晚期的工资劳动市场视为劳役制瓦解和封建主义危机的结果。他主张，农奴制不等于劳役制，英国12—14世纪经历了劳役制的衰落、兴起和再次衰落，但"无论它们的规模或大或小，这种从劳役制向货币地租的早期转变不过是这一趋势的开端，这一趋势直到15世纪才得到更强有力的发展。到15世纪末，封建秩序在许多方面被瓦解和削弱——旧贵族阶层土崩瓦解，缺乏足够劳役的小地产主出租土地，或者在人口尤其是贫困农民人口数量上升导致工资再次下降时雇工经营。商人购买土地，由富裕农场主组成的富农阶级（kulak class）在地方市场和作为农村劳动力的雇佣者形成竞争"[2]。不过，道布认为，农奴身份（personal serfdom）的彻底消失和生产资料与劳动力分离的资本主义雇佣劳动制度还需要漫长的过渡期，直到圈地运动、资产阶级革命和工业革命才能完成。[3]戴尔尽管具有马克思主义的学术

[1] Peen, S. A. C. and Dyer, C., "Wages and Earnings in the Late Medieval England: Evidence from the Enforcement of the Labour Laws", *The Economic History Review*, New Series, Vol.43, No.3 (Aug., 1990), pp.369, 372.

[2] Dobb, M., *Studies in the Development of Capitalism,* p.65.

[3] Dobb, M., *Studies in the Development of Capitalism*, Chapter Five, Six.

传统，但并不像道布那样认为雇工制与封建制不能并存，需要等到封建主义向资本主义过渡时方才产生。在他看来，中世纪劳动市场与资本主义工资劳动市场存在很大区别，例如中世纪的雇主和雇工（包括仆人）各自都来自不同的阶级，中世纪没有无产阶级，很多人只在一段时间充当雇工，雇工规模一般很小等。[1] 但他同时又认为，15世纪英国在一部分人群中已经出现资本家。在《15世纪的英国存在资本家吗？》一文中，他认为15世纪的资本家包括租地农场主、乡绅农场主、较大的约曼、商人尤其是呢绒商和指挥布匹各个制造工序的企业家，为他们做工者无不来自工资劳动市场。当然，15世纪的资本主义经济还只是初步的，更大的变革则要等到16世纪。[2]

综上所论，新人口论认为中世纪中期工资劳动市场快速扩张源于人口过剩，马克思主义者则将中世纪晚期工资劳动市场归结为封建主义危机和资本主义起源。尽管上述观点不无道理，但都不能从整体上解释中世纪西欧工资劳动市场的存在。笔者认为，中世纪不同时期，领主庄园、农民家庭和工商业者作坊或商店对工资劳动市场均有不同程度的需求，因而需求拉动是中世纪西欧尤其是英国的工资劳动者比例居高不下的主要原因。中世纪工资劳动市场是家庭和农奴制生产方式的重要补充，而并非一种异己力量，只有当条件适合时这种劳动才会转变为资本主义雇佣关系劳动。

---

[1] [英] 克里斯托弗·戴尔：《转型的时代：中世纪晚期英国的经济与社会》，第211—215页。
[2] Dyer, D., “Were There any Capitalists in Fifteenth Century England?”, *Everyday Life in Medieval England*, London: Hambledon and London, 2000, pp.322–326.

第七章
土地市场

土地市场（land market）包括土地的继承、买卖、租佃和赠予等土地转让（land transfer）行为，在此意义上，本文的土地市场与土地转让属于同义词。[1]中世纪西欧土地市场是何时出现的？学者们的答案并不一样。20世纪上半叶学者们曾将土地市场的历史上溯到黑死病爆发后。在1941年出版的《剑桥欧洲经济史》第一卷中，尼尔森撰写的《中世纪盛期农业社会》一章只字未提土地市场，纳布霍尔茨在《转型中的中世纪农业社会》一章将土地市场视为14世纪的新现象以及黑死病爆发后农业社会转型时期庄园衰落的征兆。20世纪下半叶，中世纪土地市场的起源被不断提前。在1966年出版的《剑桥欧洲经济史》第二版中，波斯坦将土地市场作为13世纪人口增长和土地短缺的结果，以及那个时代经济和社会变化中的重要力量。[2]20世纪70年

---

［1］ 国外学者通常认为土地转让和土地市场应包括土地继承在内，例如后文提到的佩奇、霍曼斯和哈维等人的相关研究所表明的那样。出处详见后文，为节省篇幅，这里不另作注释。

［2］ Nelson, N.,"Medieval Agrarian Society in its Prime: England"; Nabholtz, H.,"Medieval Agrarian Society in Transition", in Clapham, J. H. and Power, E., eds., *The Cambridge Economic History of Europe*, 1st ed., 7 Vols., I, Cambridge: Cambridge University Press, 1941, pp.438–456, 505–506; Postan, M. M., "Medieval Agrarian Society in its Prime: England," in Postan, M. M., ed., *The* ［接下页］

代早期，埃德蒙·金将彼得伯勒修道院的土地市场的起源追溯到1086年甚至10世纪，并认为中世纪中期领主、自由持有农和维兰等各阶层都参与了土地买卖，只有进行整体研究，才能理解中世纪的土地市场。[1]笔者在20世纪90年代曾探讨过包括土地市场在内的生产要素市场[2]，近来在翻阅中世纪早期的相关史料和研究成果时发现，该时期属于前封建时代的自主地的买卖非常普遍，因而中世纪西欧土地市场开始于中世纪中期以来的看法也值得推敲。当然，中世纪中期以来西欧封建土地持有权的性质极不相同，持有者对土地的权利也大相径庭，加之学者们观点各异，致使迷雾重重，难以辨识。有鉴于此，笔者拟利用所见文献，对中世纪西欧的自主地、自由保有地和维兰保有地的土地市场进行梳理，展现中世纪西欧前封建和封建土地市场的演进历程，也算对自己已有的研究在时间和内容上做一适当补充。

一、自主地的买卖

毋庸置疑，中世纪早期西欧存在前封建和封建两种产权关系的土地。杜哈德认为，依据产权关系，中世纪早期欧洲存在两种类型的土地。继承地（hereditas）、所有地（proprietas）、私有地（proprium）和自主地（allodia）一般指拥有所有权的地产。另一类土地则称为恩地（benefice）、军役制保有地产（precarium）和保有地（tenure），持有者只拥有该土地的使用权和收益权，但要承担不同的义务和条件，且

［接上页］*Cambridge Economic History of Europe*, 2nd., I, Cambridge: Cambridge University Press, 1966, pp.629–631.

［1］King, E., *Peterborough Abbey 1086–1310: A Study in the Land Market*, pp.4–5.

［2］徐浩：《论中世纪晚期英国农村生产要素市场》，载《历史研究》，1994年第3期。

不能出售、让与、分割、交换或者将其置于危险境地。[1] 自主地是中世纪早期西欧大陆私有土地的同义词，由蛮族国王或马尔克公社将被征服的罗马帝国的私有土地无条件地分配或赏赐给日耳曼人所有，与后来层层分封的封建土地截然不同。如基佐所说："有理由认为，最初的自由保有的土地是由战胜的日耳曼人、法兰克人、勃艮第人或西哥特人在定居下来后按照各种不同的形式、未做一般的有条理的划分而占用的那些土地。这些土地是完全无所属的，是征服者凭运气取得而不是从一个上司手里取得的。它们被称为alod（保有绝对所有权的土地），按照某一种说法就是lot（运气）、sort（机遇），按照另一些说法就是完全无所属的地产（Al-od）。"[2] 自主地属于没有领主的土地，与后来"没有无领主的土地"的封建土地大不相同。因此，"alod或alodium（自主地）这个词，意思是指一块地产，其所有者不是从任何一个人手中取得它，也不对任何人负有任何义务"[3]。

自主地属于前封建时代大陆上的日耳曼人所拥有的私有土地，因而所有者对其拥有一切权利。根据蛮族法典，定居后的日耳曼人家庭均拥有自主地，使用篱笆圈围。克洛维时期（481—511）颁布的《萨利克法典》多次提到"自己的农田""他人的农田""圈围地""他人的篱笆""他人的果园""他人的葡萄园"等概念，且任何人不得侵犯。如第9节"关于损害农田和任何圈围地"、第27节"关于各种偷盗"和第34节"关于盗窃篱笆"等均对相关违法行为的处罚进行了规定。此外，蛮族法典还涉及财产的继承问题。不过，这些法典中的财

[1] Doehaerd, R., *The Early Middle Ages in the West: Economy and Society*, pp.85-86.
[2] [法]基佐：《法国文明史——自罗马帝国败落起》，第三卷，沅芷、伊信译，商务印书馆1997年版，第25页。
[3] [法]基佐：《法国文明史——自罗马帝国败落起》，第三卷，第26页。

产继承多指动产，男女通常具有平等的继承权。不动产特别是土地的继承则多不同于动产，因而法典条文有时会专门提到土地这一继承对象来加以区分。一般来说，与动产不同的是，土地应由儿子继承，没有儿子时则由女儿继承。编纂于贡德巴德国王统治时期（474—516）的《勃艮第法典》第14节第1款规定："我们希望在勃艮第人之间遵守下列规定，如某人没有留下儿子，应让女儿代替儿子占有父母的遗产。"第5款规定："关于把自己献给上帝而尚处于处女时代的那些少女，我们要求：如果她们有两个弟兄，她应接受父亲遗产的三分之一，即只是接受其父亲按抽签法占有而死后留下的土地。"[1]不过，《萨利克法典》不允许女性继承土地。例如第59节"关于自主地"中第5款规定，土地只许在兄弟间分割继承，"土地继承权无论如何也不得落到妇女手里，而应让全部土地归男性，即兄弟们"。[2]编纂于9世纪初的《图林根法典》规定自由农民的家庭份地只可由儿子继承。其第26款规定："死者遗产应由儿子继承，不得转交给女儿。"第27款还对死者的动产和不动产继承做了如下区分："如死者没有儿子，女儿可取得（动产）和奴隶，而土地应由死者父亲最近亲属继承。"[3]

除继承外，蛮族法典还允许日耳曼人买卖自主地。应该说，这是自主地土地私有权的最好证明。《利普里安法典》第60节第1款写道："如某人向他人购买田产、葡萄园或者其他任何土地……如果这些是中等面积的财产，那么要有6位证人，如果是小面积的——3位证人，如果是大面积的——12位证人，以及同样数量的儿童来到转让现场才能进行，当着他们的面，付清价钱并接收地产，而且要打每个儿童的

[1] 北京师范大学历史系世界古代史教研室编：《世界古代及中古史资料选集》，第325页。
[2] 北京师范大学历史系世界古代史教研室编：《世界古代及中古史资料选集》，第320—321页。
[3] 北京师范大学历史系世界古代史教研室编：《世界古代及中古史资料选集》，第331页。

嘴巴，痛揪他们的耳朵，以便以后成为他的证人。”[1]编纂于8世纪40年代的《巴伐利亚法典》第16节“关于出售”中的第二款规定：“凡把自己的地产，已耕地或未耕地，草地或森林出售给任何人者，收款后应以证件或证人来证实购买的合法性……”[2]不过，自主地买卖的合法化经常导致农民失地后无以为生，因而《勃艮第法典》第84节“关于出售土地”中的第一款禁止自由农民将自己唯一的份地出售给他人：“因为我们知道，勃艮第人过分轻易地浪费掉自己的抽签份地。所以，我们制定下列条款作为现今法律：谁都无权出售自己的土地，在其他地方有抽签份地者占有地或除外。”[3]《西哥特法律》也提到王室反对贵族（curiales）买卖地产，农民出售自己土地、葡萄园、房屋和奴隶，以及国库领（fiscal domain）上的农奴将自己的奴隶和持有地出售给自由人，表明当时的法律在允许自主地买卖的同时，也试图阻止农民因卖掉自己唯一的口粮田而失去生路的现象。[4]不过，上述类似的法律恐怕难以有效地发挥作用，正如波斯坦所说，“由于可以出让、购买、交换以及遗嘱处分，土地的流动性增强，也越来越不均了，甚至分散到各处，虽然一开始并非如此。就连继承人坚决要求遵守的日耳曼人土地不得流动的古老誓言，也早在尤里克时期（466—484）就已被置之不理了”[5]。

加洛林王朝时期自主地买卖有增无减，这从统治者颁布的法令即可见一斑。由于加洛林王朝时期自由农的农奴化尚在进行中，农业在

[1] 北京师范大学历史系世界古代史教研室编：《世界古代及中古史资料选集》，第323—324页。
[2] 北京师范大学历史系世界古代史教研室编：《世界古代及中古史资料选集》，第331页。
[3] 北京师范大学历史系世界古代史教研室编：《世界古代及中古史资料选集》，第328页。
[4] Doehaerd, R., *The Early Middle Ages in the West: Economy and Society*, p.87.
[5] [英] M. M. 波斯坦、H. J. 哈巴库克主编：《剑桥欧洲经济史·第一卷·中世纪的农业生活》，第166页。

很大程度上仍依赖自由的独立农民，此外他们还是国家主要的士兵来源，[1]因而查理曼及其后继者都强烈反对大地产所有者购买和侵占农民土地。802年，查理曼抨击那些强迫穷人、自由人将自己的土地出售给他们的人。811年他谴责主教、修道院院长和伯爵们免除穷人的兵役，条件是后者宣布自己准备将其少量土地出售给前者。814—827年，虔诚者路易颁布的法令规定，穷人和不太富裕者的土地应予保护，以免遭有权有势者的暗算，后者密谋迫使弱者将其土地出售给自己或赤裸裸地夺取他们的土地。[2]尽管上述统治者颁布的敕令旨在禁止豪强兼并和使用不正当手段购买农民土地，但这也从反面表明加洛林王朝时期普遍存在农民出卖土地的现象。中世纪早期西欧贵族之所以热衷于兼并和购买农民土地，主要是由于当时贵族中长子继承制尚未建立起来，大地产因继承时的平分而变小，因而需要不断扩充。杜哈德认为，法兰克王国的大土地所有者兼并和购买土地的目的是为了重建自己的大地产。由于中世纪早期仍然盛行可分割继承制度，大地产不断在继承人中间分割而成为中小地产。大地产者若想保持原有的地位和生活方式，必须不断重建大地产。[3]

与大陆自主地类似的土地在盎格鲁－撒克逊时期的英国通常称为书田（bocland）。斯塔布斯认为，盎格鲁－撒克逊时期英国只有继承地和书田是拥有完全所有权（full ownership）的土地，但11世纪前自主地一词并没有出现在盎格鲁－撒克逊的文献中。直到11世纪该词才见于拉丁文本的卡努特的法律中，成为继承地和书田的同义词。斯塔

[1] Verhulst, A., *The Carolingian Economy*, p.72; N. J . G. Pounds, *An Economic History of Medieval Europe*, p.31.

[2] Doehaerd, R., *The Early Middle Ages in the West: Economy and Society*, pp.87–88.

[3] Doehaerd, R., *The Early Middle Ages in the West: Economy and Society*, pp.87–89.

布斯认为，继承地来自对最初分配土地的继承或分割，而书田则是通过法律程序（即国王和贤人会议的批准）从公共土地中划拨出来的，用来赐予教会和世俗贵族。[1] 书田起源甚早，并享有各种权利。维诺格拉多夫认为，盎格鲁–撒克逊初期便存在类似于大陆自主地的私人土地，创建书田的赐地文书或特许状的主要特征是它授予其所有者随意处置土地以及赠予、出售或为其指定继承人的权利。他在谈到土地转让的问题时还指出，像书田这样持有的土地成为可以通过遗嘱处置的土地、世袭土地和私有财产。[2] 除了特许状或赐地文书外，盎格鲁–撒克逊后期国王的法律中也多次提到书田，例如《阿尔弗雷德的法律》第41款，《卡努特的法律》（世俗部分）第13.1款、第77.1款都有关于书田的内容，可见其已然成为当时一种十分重要的土地制度。[3] 盎格鲁–撒克逊后期，书田大量被世俗贵族获得。普拉特内特认为，早期书田多授予教会，被授予者获得的通常是土地上的权利或特权，如免于向领主或国家承担贡物、承包金和公共负担的权利，以及享有森林权、狩猎权和司法权等，而非土地本身。而晚期的书田则不再只授予教会，世俗贵族由于书田具有以下合法利益也竞相追逐。一是书田可以通过遗嘱继承；二是涉及书田的诉讼在国王法庭和贤人会议上审理，百户区和郡等习惯法庭对其没有司法管辖权；三是除了可以遗赠外，书田还能够转让，这样就免除了家庭对普通土地转让的限制。[4]

不过，盎格鲁–撒克逊时期具有部落土地所有制性质的土地共

[1] Stubbs, W., *Constitutional History of England, in Its Origin and Development*, Vol.1, Sixth Edition, Oxford: Clarendon Press, 1897, p.81.
[2] Vinogradoff, S. P., *The Growth of the Manor*, p.141.
[3] "The Laws of Alfred" (c.885–899), "Extracts from the Laws of Cnut" (1020–1023), pp.415, 456, 466.
[4] Plucknett, T. F. T., *A Concise History of the Common Law*, pp.462–463.

有制仍占主导地位。与大陆自主地为主相反，盎格鲁-撒克逊时期的书田在全部土地中只占较小的比例，绝大多数则属于习惯地（folkland）。[1]与书田不同，习惯地，即根据习惯占有的土地，不能从亲属共同体转让出去，甚至7—8世纪书田的传播、土地财产的买卖开始后也是如此。如果在继承之外赠予、出售或遗赠习惯地，该过程必须获得与实际持有者有利害关系的人的同意。[2]可见，习惯地与书田的权利差别极大，个人不得擅自转让。绝大多数学者认为习惯地不得随意转让。希恩认为，维诺格拉多夫对习惯地不能自由转让的基本观点仍然有效。因为尽管有几次尝试表明至少在诺曼征服前的两个世纪期间习惯地可以自由转让，但这些尝试都没有成功。的确，这种转让偶尔出现过，但它们要经过国王或习惯地继承人的同意方可进行。相反，书田的拥有者则可以完全不顾继承人的反对而转让土地。[3]莱昂甚至将是否可以转让作为习惯地和书田的唯一区别，“并不是所有的土地都能转让，盎格鲁-撒克逊时期英国的书田和习惯地之间最显著的区别在于是否可以转让”[4]。

---

[1] Vinogradoff, S. P., *The Growth of the Manor*, p.141. folkland在国内一般译作民田，依字面意思将folk译成民众、民族等。但据梅特兰考证，这种含义已被维诺格拉多夫否定。具体来说，17世纪时斯佩尔曼将folkland定义为没有成文权利，只依据不成文法或习惯法持有的土地。1830—1893年，以艾伦为代表的流行观点则主张folkland指人民的或民族的土地（land of people），是共同体的财产。1893年维诺格拉多夫用新观点支持了17世纪学者的理论，将folkland定义为习俗或习惯法下持有的土地，与书田或依据王室特许状的条款持有的土地相反（Pollock, F. and Maitland, F. W., *The History of English Law: Before the Time of Edward*, Vol.I, pp.61–62）。盎格鲁-撒克逊时期大多数土地属于习惯地，肯特王国和威塞克斯王国的国王法律中所提到的国王的地产、贵族的地产，以及教会、哥塞特、塞恩、吉尼特和刻尔的土地大多属于根据习惯持有的土地，受国王保护，承担国王的食物地租、城役和军役。其土地可继承，但未经亲属同意不得买卖。

[2] Vinogradoff, S. P., *The Growth of the Manor*, p.143.

[3] Sheehan, M. M., *The Will in Medieval England: From the Conversion of the Anglo-Saxons to the End of the Thirteenth Century*, Toronto: Pontifical Institute of Medieval Studies, 1963, pp.96–97, 98.

[4] Loyn, H. R., *Anglo-Saxon England and the Norman Conquest*, p.178.

除继承和买卖外，土地租佃在中世纪早期也比较常见，欧陆史料提到的大多是大土地所有者将土地出租给农民耕种，收取货币或实物地租。例如意大利的修道院经常将土地租给农民，主佃双方签署租约，租期通常为25年，还有两三代的长租期。地租包括货币地租和实物分成租等。为了吸引租佃者，有些租约条件优厚，承诺佃农在租佃一定年限的土地后可以拥有部分土地。例如有的租佃协议规定，土地所有者将休耕的土地交给农场主种植葡萄，在一段时间后——通常为五年——一半的土地成为种植者的财产。类似情况在土地所有者招募佃户垦荒的新垦区也经常出现。[1]中世纪早期英国较早的租地记录来自8世纪早期，伍斯特主教威尔弗里德将位于拜伯里（Bibury）的5萨塞提（cassati，相当于海德，120英亩）的土地授予出身并不低微的一位侍从（comes）及其女儿，租期为两代，死后归还主教。此后，该主教继续扩大土地出租，仅奥斯瓦尔德主教时期（961—992）留存下来的土地出租文书就超过70份。[2]其他教堂和修道院也出租土地，据伦纳德对18个郡的20位教会领主土地记录的研究，土地出租在诺曼征服前一代非常普遍，租期一般为一至多代。他坚信，实际上，土地出租的数量远远超过这些被偶然保留下来的证据所提供的数字。[3]

中世纪早期的土地转让以前封建时代的土地私有制（自主地和书田等）为基础，它们消失于12世纪。12世纪自主地在某些地区已经很少被提到，例如法国皮卡第档案中描写它们在土地中的份额从12世纪第一个25年的17%，降至该世纪第二个25年的4%，在第三个25年

[1] Doehaerd, R., *The Early Middle Ages in the West: Economy and Society*, p.98.

[2] Loyn, H. R., *Anglo-Saxon England and the Norman Conquest*, p.183.

[3] Lennard, R., *Rural England 1086–1135—A Study of Social and Agrarian Conditions*, Oxford: The Clarendon Press, 1959, pp.164–165.

降至2%。[1]书田也在不断减少，最终并入封建土地当中。梅特兰认为，诺曼征服后书田的名称在某些情况下还保留了一段时间，12世纪融入了保有地。[2]哈德森也持类似的观点，他认为，1086年英格兰土地占有的词汇与以前截然不同，盎格鲁-撒克逊时期的书田一词几乎消失了，领地或封地的称谓占据了主导地位。这是土地产权的一个实质性的变化，不是翻译问题。[3]

二、自由保有地的买卖

在国外中世纪法律史著作中，保有地（tenure）通常属于公法范畴，与地方政府、中央政府和各级各类司法机构相提并论，这种归类可以解释中世纪早期保有地产生的原因。由于中世纪缺乏罗马帝国那样的官僚制度和俸禄制度，所以保有地便成为实施公共权力的重要基础。国王通过控制土地所有权来换取封臣履行司法、军事、治安等各种义务，封臣也通过实施公法从前封建的地产主演变为领主。诺曼征服后，保有地取代书田和习惯地，成为唯一的地产制度。此后随着普通法兴起，人的法律地位分为自由和不自由，保有地也随之分为自由保有地与不自由保有地两种类型。梅特兰认为，在布莱克顿时期，保有地分为自由或不自由两种类型。自由保有地（free tenure）包括自由教义保有地、军役保有地、侍军役保有地和自由农役保有地。不自由

[1] Duby, G., *The Early Growth of the European Economy:Warriors and Peasants from the Seventh to the Twelfth Century*, p.212.

[2] Pollock, F. and Maitland, F. W., *The History of English Law: Before the Time of Edward*, Vol.I, p.62.

[3] [英]约翰·哈德森:《英国普通法的形成——从诺曼征服到大宪章时期英格兰的法律与社会》，刘四新译，商务印书馆2006年版，第101页。

保有地只有一种，即维兰保有地。[1] 与自主地不同，保有意为持有、占有和领有等，指对地产、职位等不动产性质的客体或权利的把持，常和一定的时间概念相联系。它可以指这一状态、事实，也可以指方式等，当然更多的是用来指封建地产的保有。[2] 中世纪的保有意味着一种占有权（seisin，也译作“依法占有”），而这种占有权概念与古代的占有（possession，occupation）相差悬殊。seisin不同于possession和occupation，它是基于封建关系而产生的，在这种关系下，一旦某人占有了某块地产（be seised of such land），他便拥有了近乎所有权的权利。而possession在法律意义上仅用来指租约地和其他动产的占有，occupation则指实际上的占有、占用（actual possession）。[3]

笔者认为，中世纪西欧和古代的占有权的差别在于，罗马帝国时的所有权是唯一独立存在的财产权，包括占有权在内的土地上的其他权利依附或从属于所有权；而西欧封建社会则实行土地所有权（一般属于国王）和占有权（通常属于从国王那里直接或间接持有土地的人）并立的二元结构，因而占有权独立于所有权而成为一种单独权利。基于此，伯尔曼认为：“这种占有概念在罗马法中仅仅是指一种事实，一种行为，其本身除了极少数例外，均不产生权利。在罗马法中，土地和财产中的权利（包括对它们占有的权利）的源泉是所有权；没有所有权或从所有权派生出来的权利（如在租赁的情况下），possesion充其量也不过是一种中性的东西，在最坏的情况下则是非法的。但是，在欧洲，无论是在教会还是在封建的财产关系中，具有特

[1] Pollock, S. F., and Maitland, F. W., *The History of English Law: Before the Time of Edward*, p.218, 337. 另可参见［英］F. W. 梅特兰：《英格兰宪政史》，第18、23页。

[2] 薛波主编：《元照英美法词典》，第1335页。

[3] 薛波主编：《元照英美法词典》，第1335页。

色的是，所有权是可以分割的，常常是在许多当事人之间分割。欧洲人发展了seisin概念，用以满足未从所有权中取得占有权利的合法占有人的需要。在英格兰、诺曼底、西西里、法兰西和德意志公爵领地以及其他地方，新侵占之诉以某种形式赋予合法占有人并也赋予具有占有权利的人以一种重新占有的权利，以防止对他的不公正侵害。"[1]与保有权的公法属性不同，占有权是一种私法上的财产权利，与之并列的还有继承、契约和家庭法等。正是基于中世纪特有的占有权理论，保有地在法理上才获得可转让权，并最终为封臣实施公法提供了必要的基础。

保有地占有权的法理化经过了漫长过程。保有地起源甚早，恩地（beneficium）和采邑（feodum）这两个词在5—9世纪的文献中经常出现，9世纪末时恩地一词才被采邑概念取代，两者均指一块得自领主的服役地产，即封地。[2]然而，保有地的可转让性所依据的占有权理论并非一开始就存在，换言之，保有地起初并没有类似所有权那样的各种权利。在中世纪早期的封建法中，封地持有者最初在法理上没有继承的权利，更不要说买卖了，前引杜哈德对中世纪早期自主地和保有地产权性质及其相应权利差别的说明可资证明。尽管中世纪早期的最后几个世纪采邑事实上已经变成附庸的世袭财产，"然而，在严格的法律上，'恩地'完全是终生使用的转让地，这是无可争辩的"[3]。正因为缺乏法律保障，采邑的继承在很长时期内取决于各种力量的平衡。例如在中世纪早期，"教会的力量较之世俗权贵为弱，通常在管

[1] ［美］哈罗德·J. 伯尔曼：《法律与革命——西方法律传统的形成》，贺卫方等译，中国大百科全书出版社1993年版，第550页。
[2] ［法］基佐：《法国文明史——自罗马帝国败落起》，第三卷，第25页。
[3] ［法］马克·布洛赫：《封建社会》，上卷，第315页。

理上也较差，它们在大多数情况下从10世纪初即向附庸的压力做出让步。另外，在各世俗大公国，我们获得的印象是，采邑继承习惯是极不稳定的，这种不稳定状况大约持续到下个世纪（即11世纪）中叶”[1]。换言之，直到11世纪中叶采邑继承的不稳定现象才成为一种非正常现象。

那么，11世纪中叶究竟是什么力量导致了这种转变呢？简单来说就是普通法及王室法庭司法救济的兴起，特别是占有权概念的诞生及其法理化，持有采邑的附庸由此不仅可以有效地对抗封主没收封臣土地的非法行为，还获得合法的继承权和可转让权。如伯尔曼所说，“11世纪形成了‘实际占有’的概念，以刻画那些‘持有’土地或物品但并不拥有它们的人的占有权；一个处于‘实际占有’状态的人，任何人都不能强行剥夺他，他的动产也不能违背他的意愿合法地加以没收——甚至他的领主也一样不能如此。另外，与采邑可以由封臣的后嗣继承相伴随，封臣也可以转让采邑。这种转让有时采取分赐采邑的形式，即，将采邑授予一个次一级的封臣。倘若一处采邑转让给一个继承人，或者通过分赐采邑或其他形式作出了转让，那么就应该向领主缴纳某种税金”[2]。此外，伯尔曼还认为，上述转变并非仅仅出现在封建法和个别国家或地区。相反，教会法和包括庄园法、城市法、王室法在内的世俗法，以及英格兰、诺曼底、西西里、法兰西、德意志公爵领地和其他地方莫不如是。

封建时代土地的转让是从自由保有地中的采邑开始的，“实际上，

[1] [法]马克·布洛赫：《封建社会》，上卷，第322—323页。
[2] [美]哈罗德·J. 伯尔曼：《法律与革命——西方法律传统的形成》，第372页，以及教会法和除商法以外的世俗法的相关论述。

至少从12世纪以后，采邑的出卖或转让几乎没有任何限制”[1]。中世纪中期封地不仅以长子继承制取代了析产制，而且地产易手的事情也越来越多。普拉克内特认为，从封建法的观点来说，土地转让可以通过两种方式实现，一是让与人可以在封建金字塔里让受让人来取代自己的位置。二是可以通过在作为领主的自己和作为佃户的受让人之间建立一种新的保有权实行次分封（subinfeudate）。在封建原则已被应用于所有土地的时代，这两种方式都会不利于让与人的领主。替换后领主得到的新封臣可能是不友好、不诚实或贫困的，致使领主可能失去各种收入。次分封造成让与人的大部分甚至全部土地被转让给受让人，导致封主失去对让与人财产的监护权、继承税、婚姻支配权和封土归还权这四项封建权利。[2]尽管如此，封建保有地转让仍旧日益普遍化。科斯敏斯基注意到13世纪庄园结构中存在子庄园（sub-manor）现象，即在一个庄园的自由持有地中间经常存在结构复杂的较大持有地，其本身拥有自营地和依附持有地，完全可以称之为庄园。这种子庄园在《百户区档案》中非常普遍。造成13世纪晚期子庄园众多的原因非次分封莫属。直到1290年的《封地买卖法》（*Quia Emptores*，也称《禁止分封法》）通过前，每次土地转让都在持有地的层级上创造了新的一级，当土地易主日益加快时，尤其是在东部各郡，次分封经常从首席领主（chief lord）庄园里分出持有地。一个村庄的许多居民不是从首席领主那里持有他们的土地，而是从他们的佃户，甚至经常是从他们的佃户的佃户那里持有土地。首席领主和终端佃户之间的持

---

[1]［法］马克·布洛赫：《封建社会》，上卷，第341页。关于占有权诞生前封建保有地权利的增长，见同书第十四章。

[2] Plucknett, T. F. T., *A Concise History of the Common Law*, pp.481–482.

有地的层级非常复杂，有时可以数出五级或更多。[1]

实际上，封建法试图对封土转让予以限制。哈德森认为，封建地产的土地市场至少可以追溯到12世纪下半叶。尽管12世纪稍晚时期的土地市场今天已无从验证了，但1217年修改的《大宪章》第39款表达了对土地出让的特别关注，该条款规定"'从此以后任何自由民向另一个自由民转手或出卖的土地在数量上不能多得使剩余部分不足以履行他对领主应付的劳役。'几乎没有任何迹象表明该条款得到了实行；土地转让的步伐实在是迈得太彻底了"[2]。普拉克内特认为，《大宪章》的这一条款是"英国法律史上对土地转让的第一次封建性的明确限制"，然而，这"只不过表达了一种无法实现的原则而已"。[3] 1290年的《封地买卖法》解决了这一难题。根据该法令，非限嗣继承地产禁止次分封，但允许替代，即允许将土地全部卖给别人，但受让人必须向领主承担让与人以前的全部义务，领主不会失去监护权、继承税、婚姻控制权和封土归还权。[4] 由于《封地买卖法》允许封臣通过替代自由转让封地，因而客观上承认了封地买卖合法化。与此同时，《封地买卖法》禁止次分封，保证了领主不因封臣转让封土而失去应该得到的权利。应该说，这是一个兼顾封地买卖合法化和保护领主利益不受侵犯的折中方案。普拉克内特认为，该法令明确表示，封土转让应该是自由的。不仅如此，王国通过实施该法令已达到全部目的，即减少了国王和最终佃户之间的中间领主，巩固了以

[1] Kosminsky, E. A., *Studies in the Agrarian History of England in the Thirteenth Century*, p.79.

[2] [英] 约翰·哈德森：《英国普通法的形成——从诺曼征服到大宪章时期英格兰的法律与社会》，第233—234页。关于1290年前自由和维兰保有地的买卖，参见张云鹤：《英国1290年买地法令的某些问题》，载《历史研究》，1985年第3期。

[3] Plucknett, T. F. T., *A Concise History of the Common Law*, p.483.

[4] 张云鹤：《英国1290年买地法令的某些问题》，载《历史研究》，1985年第3期。

国王为首的封建体系。[1]

《封地买卖法》虽然在理论上适用于所有自由持有地，但实际上主要是针对大人物们的封土。封地以外其他自由保有地是否可以买卖也是值得关注的问题，斯坦顿的研究为12世纪以来英国自由保有地的买卖提供了证据。他在1920年编辑的丹麦法区作为土地买卖凭证的特许状的序言中指出："在亨利二世统治期间和之后，特许状证据是丰富的，随着时间的流逝，我们获得的特许状数量不断增加，表明人们正在彼此出售小块土地。"[2]道格拉斯也发现，在13世纪晚期和14世纪早期，东盎格利亚的自由持有农和索克曼农民中间存在着活跃的土地出售和交换。[3]不过，由于以往学者们对农奴化后自由持有农及其保有地的重要性估计不足，自由持有农的土地买卖并未引起足够的重视。直到1935年，在俄文版《13世纪的英国村庄》一书中，科斯敏斯基使用1279年的百户区档案对英国米德兰地区五郡农村的各类保有地占有状况进行统计分析，表明自由持有农绝非无足轻重。1947年该书俄文版进行修订和补充，1956年以《13世纪英国农业史研究》为题出版英文版，科斯敏斯基指出："我自己对自由土地保有地的调查表明了与西伯姆和维诺格拉多夫不同的看法。对1279年《百户区档案》的分析显示，13世纪庄园的自由持有地占有非常重要的地位，构成该档案提到的总耕地的30%。"此外，在他所统计的五郡10个百户区的9934户农民家庭中，维兰家庭有5814户，占58%；而自由持有农有4120户，占42%。不仅如此，有些百户区的自由持有地的数量和面积

[1] Plucknett, T. F. T., *A Concise History of the Common Law*, p.483.

[2] Stanton, F. M., ed., *Documents Illustrative of the Social and Economic History of the Danelaw*, *Records of the Social and Economic History of England and Wales*, 1st Series, 5, London: Published for the British Academy by H. Milford, Oxford University Press, 1920, p.xlix.

[3] Douglas, D. C., *Social Structure of Medieval East Anglia*, Oxford: Clarendon Press, 1927, p.61 ff.

还超过维兰持有地。[1]

在科斯敏斯基的影响下，20世纪30年代以来，自由持有农在农村的重要性及其土地转让问题逐渐受到重视。如波威克（他通过波斯坦的介绍注意到科斯敏斯基1935年出版的著作）认为，自由佃农经常持有小块土地，他们在农村社会中比以往想象的人数更多和更加重要。白金汉郡韦斯顿安德伍德（Weston Underwood）庄园的特许状记载了自由佃农的土地买卖，他据此得出结论认为，在庄园制度的笼罩下，自由佃农的权利网络变得更复杂和不断变化，并传播到所有英格兰的农村。[2]霍斯金斯也认为，像莱斯特郡的威格斯顿（Wigston）那样拥有大量自由农民的村庄在东米德兰地区的村庄中极具代表性。他通过对1250年以来幸存的特许状的研究表明中世纪中晚期“在这些自由农民家庭之间存在连续的土地买卖，绝大多数是小块土地”[3]。

自由持有农土地买卖的普遍性可以从该阶层中较高的小持有者比例得到说明。波斯坦认为，自由人中的小持有者比例比维兰还要高，在自由保有地盛行的郡和百户区尤其如此。在《百户区档案》中，持有1/4及以下维尔格特土地的自由佃农占自由持有租佃地的59%，而在维兰当中这种小持有者仅占27%。自由的小持有者的数量在丹麦法区或东盎格利亚等地都是最高的，这些地区中自由持有农人数接近自由的索克曼，构成乡村人口的大多数。因此，在林肯郡的部分地区，5英亩以下的持有地占总数的70%—75%。萨福克某些庄园的人口中

[1] Kosminsky, E. A., *Studies in the Agrarian History of England in the Thirteenth Century*, pp.203–204.

[2] Powicke, F. M., “Observations on the English Freeholder in the Thirteenth Century”, in *Wirtschaft und Kultur: Festschrift zum 70. Geburtstag von Alfons Dopsch*, Baden bei Wien: Rudolf M. Rohrer, 1938, p.392.

[3] Hoskins, W. G., *The Midland Peasant: The Economic and Social History of a Leicester Village*, pp.28–31.

自由的小持有者的比例，与林肯郡没有差别，例如伯里圣埃德蒙兹修道院。自由人中小持有者比例高于维兰的原因通常被解释为是由于自由土地完全进入土地市场，以及实行可分割继承制度，导致被连续拆分。[1]此外，这也与领主向前者索取相对较少密切相关，但波斯坦提出的自由持有地的自由买卖和可分割继承肯定是相对重要的原因。

自由农土地的买主不仅包括自由人，实际上，维兰也是自由农土地的重要买家。爱德蒙·金的研究表明，13世纪在彼德伯勒的索克（Soke）存在着自由持有农的土地市场，土地主要卖给了维兰，少数卖给了彼德伯勒修道院。[2]自由持有农买卖土地不需要经过庄园法庭，只要举行公开仪式即可，但12世纪后由于不断增加的特许状记录和确认了自由保有地的买卖，因而无须再举行公开仪式。自由持有地有时被维兰持有，从理论上讲这种土地应自动回到领主手中，但实际上新佃户只要在庄园法庭登记并支付一定费用或履行既定条件就可以占有新土地，因此庄园法庭档案中有时也记载了自由持有地的转让。[3]

三、维兰土地市场

自由保有地依据占有权理论享有可转让权，维兰保有地属于不自由性质，是否享有与自由保有地一样的权利呢？对此王室法庭和庄园法庭持有不同意见。例如亨利二世为保护占有权所提供的王室法律援助只给予自由持有人，新侵占诉讼令用于一个人的自由持有地被非法

---

[1] Postan, M. M., *The Medieval Economy and Society: An Economic History of Britain in the Middle Ages*, pp.162–163.

[2] King, E., *Peterborough Abbey 1086–1310: A Study in the Land Market*, p.64.

[3] Harvey, P. D. A.,"The Peasant Land Market in Medieval England and Beyond", in Razi, Z. and Smith, R., eds., *Medieval Society and the Manor Court*, Oxford: Clarendon Press, 1996, pp.395–396.

侵占的时候。上述限制无疑排除了持有维兰土地的人们。1215年《大宪章》明确宣布，自由人不可被强占土地，除非根据其同侪或土地法的合法审判。相反，一个以维兰条件持有土地的人则不应拥有王室法庭保护的财产，也不应持有自由土地，他没有普通法承认的占有权。然而，在庄园司法权的范围内，维兰又是依法占有财产的。根据庄园习惯法，占有权已经通过木棒这一象征形式交付给维兰。因此，维兰在庄园法庭诉讼时可以说他是依据庄园习惯法依法占有自己的持有地。因此，这里存在两种依法占有，一是领主通过国王法庭和普通法依法占有，另一种是维兰通过庄园法庭和庄园习惯法依法占有。庄园习惯法禁止维兰自由迁徙，将其附着于持有地上。同时，庄园习惯法给予维兰保有地的占有权也使其拥有了继承、买卖和租赁等类似于自由保有地的权利。[1]

梅特兰不独指出中世纪存在两种占有权理论，还较早发现了维兰持有地可以有条件地进行买卖。1889年，梅特兰在其编辑的《庄园和其他领主法庭精选诉讼》中，收录了位于亨廷顿郡的拉姆齐修道院所属的国王的雷普敦（king's Ripton）的庄园法庭案卷，时间为1288年至爱德华二世在位期间，发现其中存在大量维兰将土地交给该庄园领主手里的记录，在土地转让方面后者与大多数同时代档案中的继承案例有所不同，表明“存在着活跃的小块土地交易”[2]。领主向新佃户收取每路德1便士的进入税，然后再将该土地交给后者使用。[3]可见，维兰的土地买卖只要按规定履行封土替代时使用的交回和重新授予的

[1] Pollock, F. and Maitland, F. W., *The History of English Law: Before the Time of Edward*, Vol.Ⅱ, p.36.
[2] Pollock, F. and Maitland, F. W., *The History of English Law: Before the Time of Edward*, Vol. I, p.382.
[3] Maitland, F. W., ed., *Select Pleas in Manorial and other Seignorial Courts, Selden Society*, 2, London: B. Quaritch, 1889, p.105.

程序即可。维兰的土地买卖，梅特兰将其表述为：需要征得领主的同意方可进行。卖地者进入领主的法庭，将该土地交回到大总管手中，然后他承认新佃户，允许后者依法占有土地。新佃户缴纳进入税，经常是一年的土地收入。维兰未经领主同意出卖的土地将被没收，出租的土地将被罚款。

令人遗憾的是，梅特兰的上述发现在随后六十余年中并未引起学者们对维兰土地买卖的重视，致使维兰土地市场研究进展缓慢。在20世纪30年代，佩奇女士在考察克洛兰德修道院（Crowland Abbey）地产时虽然专门讨论了土地转让问题，但其中只涉及土地的继承和租佃，没有专门讨论土地买卖。她注意到，该地产土地继承的形式有寡妇产和不可分割继承制，其中自由持有地中寡妇仅获得1/3的土地，长子获得其余全部土地。不自由地产在持有者死亡时要向领主缴纳继承税，然后由寡妇在守寡期间占有全部土地，不需缴纳进入税，如改嫁或通奸则土地交给幼子（但大多数情况下由长子）持有。有时，维兰在临终时将土地转让给妻子和儿子以外的其他人，庄园总管通常作为见证人出席。偶尔，一个陌生人在其所有者在世时为了获得全部或部分土地而缴纳进入税，以便拥有土地的权利。除此之外，大量的土地转让游离于普通的继承过程之外，这就是土地租佃，佃户之间的租佃十分频繁，尤其在1320—1340年期间，15世纪时变得更加普遍，出租者一般为下层农民，承租者则相反。[1]

霍曼斯也持类似的观点，他在1941年出版的《13世纪的英国村民》一书中认为："13世纪英国的社会秩序要比14世纪末的动荡时期

[1] Page, F. M., *The Estates of Crowland Abbey: A Study in Manarial Organisation*, Cambridge: Cambridge University Press, 1934, Chapter Ⅷ.

变化缓慢，可以肯定这两个时期中的任何一个都要比19世纪变化缓慢。”何以如此？原因在于“村庄习惯倾向于保持已建立的持有地的完整性”[1]。他将英国分为敞田制地区和非敞田制地区两种类型，认为在敞田制地区，习惯法限制维兰土地永久转让，家庭持有地最终必须完整地交给继承人。庄园领主为了便于征收赋税和劳役也乐于维兰各阶层都拥有相同面积的持有地，阻止佃户土地转让。但与此同时，另一种力量也在起作用。例如13世纪英国处于和平、繁荣和经济扩张时期，这种扩张所采取的形式之一是增加土地交易的数量，后者在很普通的乡下人那里也是一样。但他同时认为，“任何活跃的土地交易显然与阻止土地转让的习惯相矛盾”[2]，所以土地出租不失为一个折中办法。此外农民也存在土地的交换，但主要是将条田集中为圈地以便于耕种。有鉴于此，阻止转让和鼓励转让的力量同时存在，但两种力量的平衡在各地却大不一样。尽管不是绝对的，但敞田制地区土地世袭原则依然强大，土地保持完整，转让受到严格控制；而肯特、东盎格利亚和东南部等实行可分割继承习惯的非敞田制地区则完全不同，因而上述地区的土地市场兴起更早且更加活跃。

如果维兰保有地不能买卖，那么中世纪西欧便不会拥有完整意义上的农民土地市场。20世纪下半叶以来，维兰保有地买卖的研究获得重大的突破。布鲁克和波斯坦合编的《维兰的特许状：14世纪彼得伯勒修道院的契据册》最早提供了维兰土地市场的直接证据。波斯坦在序言中写道，法律史上通常认为维兰不能使用特许状获得或转让土地，因为特许状是加盖印章的文件，而唯有自由人才能够拥有印章，

[1] Homans, G. C, *English Villagers of the Thirteenth Century*, p.5.
[2] Homans, G. C, *English Villagers of the Thirteenth Century*, p.5.

并获准在正式文件中使用它。然而，偶然发现的这批维兰特许状却背离了上述习惯。波斯坦经过慎重鉴定后认为，这的确是一批记录农民之间土地买卖的契据册（cartulary），其中的绝大部分出售者是自由持有农和索克曼，而绝大部分购买者则是维兰。他还发现，维兰特许状仅仅是13世纪和14世纪早期某些领主在管理他们的维兰佃户的土地交易中开始使用的诸多新方法中的一种地方性做法，很显然在大多数地产上许多土地以前未经领主同意便被出租甚至出售，或至少未经过例行的程序，因此庄园的管理者开始记录和登记其佃户的所有土地交易。尽管庄园态度和程序的这些变化在档案上留下了一个明显标志，但这并不意味着为了保持维兰标准持有地的完整性或便于征收劳役和税收，领主禁止维兰买卖土地，村庄继承习惯也无法制止土地买卖。何以如此？波斯坦认为这由经济学和人口学两种原因所致。12世纪和13世纪的商业化导致人口增长，土地短缺，地租和土地价值上升，富裕农民将小块土地变现获利，而有些农民甚至修道院本身为了从再出售或再出租中获得利益而购买土地。然而，12世纪和13世纪农民土地交易的主要动因来自农民共同体内部，“更多地来自某些农民生活的持久特征，而不是13世纪中更高的土地价值及其对投机者的吸引力”[1]。具体来说，在中世纪的英国村庄，农民家庭土地持有的不均衡一般通过两种方式补救，一是工资劳动市场，小持有者向领主和更富裕的农民出卖劳动力，后者雇用劳动力补充维兰劳役或家庭劳动力的不足。但一个同样明显的补救渠道是土地市场。一个土地充裕但缺乏

[1] Brooke, C. N. L. and Postan, M. M., eds., *Carte Nativorum: A Peterborough Abbey Cartulary of the Fourteenth Century*, p.xxxii. 该文后来以《维兰的特许状》（“The Charters of the Villeins”）为名，收入其论文集《中世纪农业和中世纪经济一般问题论文集》（Postan, M. M., *Essays on Medieval Agriculture and General Problems of the Medieval Economy*, pp.107–149）。

劳动力、牲畜或农具的家庭，被迫出售或出租自己不能耕种的土地。而家庭劳动力较多的小持有者，或拥有更多牲畜或雇用更多劳动力的富裕和精力旺盛的农民将购买或承租这些土地。波斯坦将其称为“自然的”买家和卖家。

此外，梅特兰对自由和维兰保有地分别受不同法律和法庭保护的观点也得到晚近研究的证实。海厄姆斯认为，普通法只保护自由人，将非自由人置于庄园习惯法的管辖之下。普通法将维兰视为领主可以买卖的动产，后者对维兰的财产拥有所有权。为此，普通法不允许维兰出售或以其他方式转让自己的土地，在理论上这种禁止是绝对的，并从这种尽人皆知的法律学说中推断出领主而不是维兰是该土地的所有者。相反，为了将劳动力束缚在土地上，庄园习惯法承认维兰可以继承土地；同时为了保证从维兰保有地获得相应的劳役和对其土地转让课以罚金，庄园法庭对维兰土地转让进行严格控制与管理。至少从13世纪起庄园法庭案卷中就开始连续存在维兰继承和买卖土地的记录。[1]

在此基础上，学者们依据庄园法庭档案等对以往质疑维兰土地市场的观点予以反驳。例如，13世纪村社共同体中的家庭土地纽带阻碍维兰土地买卖的观点值得推敲。费思认为，霍曼斯将继承习惯和田制整齐划一的做法存在可议之处。实际上，可分割继承制与敞田制农业并不矛盾。可分割继承制（例如诸子均分制）绝不仅限于肯特和东盎格利亚，尽管在那里的分布较为集中，但它们在英格兰许多地方也都零星存在。实行幼子继承制（不可分割继承制的另一形式）的地区

[1] Paul R. Hyams, *King, Lords, and Peasants in Medieval England: The Common Law of Villeinage in the Twelfth and Thirteenth Century,* Oxford: Clarendon Press, 1980, p.38.

也超出霍曼斯界定的地理范围，更重要的是没有纯粹的不可分割继承制。为了使没有继承权的子女获得基本生活保障，不可分割继承制中也夹杂着象征性的可分割继承制。实际上，继承制度显然还与其他因素有关，尤其是人口密度和庄园化程度。因此，黑死病前农民土地转让主要在家庭中进行（即以继承为主），其后则多在家庭以外（即以买卖为主）。[1]麦克法兰则更进一步批评13世纪的英格兰依然是农民社会并恪守着家庭土地纽带的观点。“土地通过‘血缘’而留传下来，不可让渡到家庭之外。（除了霍曼斯之外的）拉夫蒂斯、豪厄尔和希尔顿等历史学家都重复着这种观点。所有权问题，正是‘农民’概念中的核心问题，因为事情的要害就是谁拥有土地。很容易推测说是家庭共同拥有的，但是，假如我们借助于法律教科书以及法院案卷中的诉讼记录，更加仔细地研究一下它们所反映的法的情形和事实上的情形，我们将能看出，‘家庭团体共同拥有’其实是一种误解。土地并不属于家庭团体，而属于某一个人。13世纪以降，在自由持有和习惯持有两方面都是这样。不论头生子女，还是其他任何一名子女，都不具有不可剥夺的与生俱来的权利。”[2]在麦克法兰的著作出版20年后，简·惠特尔仍质疑在农民社会中家庭和土地所具有的重要性必然导致强烈的家庭—土地纽带和农民间缺乏土地市场的假设。她认为，在界定农民社会时一个公认的矛盾是，当农民还处于谋生阶段时，为了生活需要和寻找机会也会光顾市场，类似的模式在涉及土地时也能遇见。[3]

---

[1] Faith, R. J.,“Peasant Families and Inheritance Customs in Medieval England”, *The Agricultural History Review*, Vol.14, No.2 (1966), p.84.

[2] [英] 艾伦·麦克法兰：《英国个人主义的起源：家庭、财产权和社会转型》，第136—137页。

[3] Whittle, J., “Individualism and the Family-Land Bond: A Reassessment of Land Transfer Patters among the English Peasantry c.1270-1580”, *Past & Present*, No.160 (Aug., 1998), pp.25-26.

进一步研究表明，中世纪中期以来，农民买卖土地的动因并非像波斯坦所说的主要来自人口学因素，经济学因素也占有极其重要的地位。早在波斯坦之前，科斯敏斯基认为13世纪包括维兰和自由农在内的英国农民的分层十分严重，在典型的维兰持有地平均的表象背后隐藏着巨大的分层，导致某些维兰家庭资源的积累和其他家庭的极度匮乏。科斯敏斯基在分析其中的原因时主要强调经济学因素的重要性，他主张农民经济分化和社会分层的原因除了庄园疏于管理外，“农民经济与市场的联系在某些人致富和其他人破产方面甚至是更加有效的原因”[1]。之后，越来越多的学者坚持科斯敏斯基的经济学解释，例如海厄姆斯就揭露了波斯坦人口学解释中的逻辑错误，他指出，这样的论点必然意味着土地市场在一切农业社会都以相似的程度而存在——事实却不然。他还提到，甚至热衷于各种社会学诠释的研究者如霍曼斯都宁愿做出一种经济学的解读。[2]此外，齐维·拉兹对黑尔斯欧文庄园法庭案卷的分析也挑战了波斯坦的观点。他发现，波斯坦仅仅使用两个例证表明存在一种通过穷人购买土地而起作用的“均衡机制”，而他发现这两个例证中至少有一个存在误读。他在仔细研究了这个例证的背景之后发现，在购买伊迪丝·布兰奇土地的五个人中有三个人可以确认身份，他们不是工资劳动者，而是“地地道道的农民家庭的成员”[3]。最后，理查德·史密斯在考察了对农民土地市场动因的两种诠释后，发现他自己掌握的证据更适合于科斯敏斯基和海厄姆斯的经

[1] Kosminsky, E. A., *Studies in the Agrarian History of England in the Thirteenth Century*, pp.206–208.

[2] Hyams, P. R.,“The Origins of a Peasant Land Market in England”, *The Economic History Review*, Vol.23, No.1 (Apr., 1970), pp.19–20.

[3] 拉兹：《1270—1400年黑尔斯欧文的农民：社会经济学和人口学研究》(伯明翰大学博士论文，1976年)，第122页，转引自［英］艾伦·麦克法兰：《英国个人主义的起源：家庭、财产权和社会转型》，第173页。

济学解释，而非波斯坦的人口学诠释。[1]

在此形势下，中世纪晚期土地市场不断地突破家庭土地纽带。按常规，家族土地一般在持有者（家长）死后才能在继承人中分配，这没有给持有者生前处置其地产留下任何灵活性。13世纪中叶起，持有者生前处置地产的做法逐渐增多，1260—1320年间萨福克郡雷德格雷夫（Redgrave）庄园法庭对惯例土地转让征收的让渡费显示，13世纪60年代死后转让的是生前转让的1.3倍，而至14世纪前10年死后转让的只有生前转让的1/4多一点。[2]不仅如此，持有人去世后，土地转让多在亲属间（垂直的如父传子，平行的如兄弟姐妹间等）进行；相反，持有人在世时，他常常把土地卖给其他家庭。此类情况一般占生前土地转让的半数，有时接近2/3。换言之，持有人死后转让以家族内继承为主，而生前转让则大大增加了土地出售给其他家庭的比例。1295—1319年间萨福克郡雷德格雷夫庄园持有者死后和在世时土地变动情况说明，死后转让中家庭土地继承占2/3以上，而生前转让中土地买卖从占接近1/3到接近2/3。[3]

黑死病爆发后人少地多，农民在继承以外更容易得到土地，家族土地继承原则进一步削弱。如罗莎蒙德·费思说："土地应该在持有者血缘亲属中流传的观念，在许多农业社会当然是普遍的，人们认为至少至圈地运动前英国农村都是如此。但在英国历史上也似乎存在过这样一个阶段，大约在14世纪和15世纪在许多农村共同体中，这种基本观念在实际中被放弃。家族保留土地的传统被漠视，或很少得到贯彻，曾经支配土地继承的那些严格而细致的原则被取代，只有市场

[1] Smith, R. M., ed., *Land, Kinship and Life-Cycle*, p.69.
[2] Smith, R. M., ed., *Land, Kinship and Life-Cycle*, p.159, Table 3.10.
[3] Smith, R. M., ed., *Land, Kinship and Life-Cycle*, p.185, Table 3.17.

供求关系而不是法律在发挥着作用。”[1] 芭芭拉·哈维对温切斯特修道院地产的研究也证明了活跃的土地市场的存在以及从14世纪下半叶起家族和土地间纽带的松弛。她概括说：“在1350年后，家族与特定持有地不可分割的观念，这一作为农业社会的显著特征在中世纪晚期削弱了；的确，在某些地区，它或多或少地消失了。该变化反映了这个时期土地罕见的充裕，以及继承这一获得土地模式的重要性持续下降。许多法定继承人现在发现无须为继承家族持有地等待许久，他们可以同时获得其他的土地，而后者更具吸引力。当继承机会出现时，他们可以抓住或放弃。”[2]

有鉴于此，农民土地市场、村庄土地市场或习惯土地市场研究异军突起，农民之间的土地买卖、家庭土地继承、农民承租领主自营地等成为研究的重要内容。[3] 例如P. D. A. 哈维将中世纪英国农民土地市场定义为：“由我们称为农民的、小规模的土地持有者持有的土地，通过双方协议的方式从一个在世的土地持有者转手给另一个土地持有者，我们称其为农民土地市场。”[4] 他同时指出，尽管该定义比以往那些只关注大规模的土地交易和转让的做法更加宽泛，但仍没有考虑到土地继承、庄园领主将其自营地出租给他们的佃户，以及当土地撂荒时农民通过直接从庄园领主那里积累持有地来扩大自己的土地等。实

[1] Faith, R. J., “Peasant Families and Inheritance Customs in Medieval England”, *The Agricultural History Review*, Vol.14, No.2 (1966), pp.86–87.

[2] Harvey, B., *Westminster Abbey and Its Estates in the Middle Ages*, pp.318–319.

[3] Jones, A. C., “The Customary Land Market in Bedfordshire in the Fifteenth Century”, Ph. D., 1975, The University of Southampton; Slota, L. A.,“The Village Land Market on the St. Albans of Manors of Park and Codicote: 1237–1399”, Ph. D., 1984, The University of Michigan; Harvey, P. D. A., ed., *The Peasant Land Market in Medieval England*; Mullan, J. and Britnell, R., *Land and Family Trends and Local Variations in the Peasant Land Market on the Winchester Bishop Estates, 1263–1415*.

[4] Harvey, P. D. A., “The Peasant Land Market in Medieval England and Beyond,” in Razi, Z. and Smith, R., eds., *Medieval Society and the Manor Court*, p.399.

际上，这些问题不应被忽视，它们才是这幅图画的全部内容。

诚然，中世纪中晚期土地市场的发展并不平衡，不存在统一的进化时间表，正如斯拉普早在20世纪60年代曾指出的那样，在土地市场外，其他力量对农民分层发挥了相反的作用，尤其是继承习惯和大量家庭的消失。在15世纪晚期，那种有利于缩小社会分层的水平类型的土地市场不仅在某些贸易不发达的孤立地区继续存在，而且那些商业繁荣地区的牧场主和勤劳的村民的小农场也抗拒那种扩大社会分层的积累式的土地买卖。[1]晚近以来，许多经济社会史学家同样论及中世纪晚期某些村庄存在土地家庭纽带，例如拉兹反对费斯、芭芭拉·哈维和麦克法兰等人对中世纪晚期土地转让简单化的解释，他以黑尔斯欧文这个西米德兰村庄为例指出，1350—1430年间亲属关系在该村庄土地变更中的重要性几乎与1270—1340年期间毫无二致。[2]然而，必须指出的是，中世纪农民土地市场是商业化的必然趋势，任何家庭纽带的存在都无法从根本上阻止它，而且其比例和重要性只会越来越大，舍此无他。

综上所述，土地市场是中世纪本身所固有的，基于此，土地转让应包括前封建的自主地和封建的保有地。中世纪早期保有地没有法理上的可转让权。随着中世纪中期占有权理论的兴起，保有地获得与所有权类似的继承、买卖和租佃的权利，为土地市场的成长奠定了法律基础。中世纪的占有权理论来自普通法，后者在维护自由人的财产权利的同时，否认维兰拥有任何权利，因而维兰的土地无法享有类似于

[1] Thrupp, S., "Economy and Society in Medieval England," *Journal of British Studies*, Vol.2, No.1 (Nov., 1962), p.8.

[2] Razi, Z., "Family, Land and the Village Community in Later Medieval England", *Past & Present*, No.93 (Nov.,1981), p.20.

所有权的占有权。经济社会史学家发现普通法有关维兰权利的界定是与现实脱节的，与后者关系密切的庄园法庭最晚到13世纪已经开始控制和管理维兰的土地转让，村社习惯也不能保证13世纪维兰持有地只在家庭内部转让。因此，13世纪前后存在包括维兰保有地在内的活跃的农民土地市场，经济学而非人口学因素成为其存在的主要原因，土地买卖成为所有性质的保有地的权利。黑死病后，随着土地供给增加和劳动力短缺，庄园法庭对维兰土地转让的控制和家庭土地纽带观念进一步削弱，农民家庭外土地转让更加普遍，土地市场成为十分重要的生产要素市场。

第八章
借贷市场

20世纪以来，西方经济史和经济社会史对中世纪中晚期西欧的有偿借贷进行了大量卓有成效的研究，展示了商人、国王、教俗贵族、城市和普通劳动者的借贷活动。[1]学者们在研究时绕不开一个重要问题，即中世纪西欧教俗统治者对有偿借贷态度如何。笔者在检索相关学术史文献时发现，经济史和经济社会史一般认为中世纪西欧教俗统治者对有偿借贷实行打压政策。不过，这种论点至少难以解释以下两个历史现象：一是教俗统治者本身就是频繁的放贷者或借贷者，他们难道故意践踏法律吗？二是如果中世纪早期以来教俗统治者始终禁止有偿借贷，那么如何会出现中世纪中期大陆的商业革命和中世纪中晚期英国的商业化？导致这一矛盾解释的主要原因是：论者将传统上存在较多的生活性的消费借贷和后来盛行的生产性、商业性的消费借贷混淆，以偏概全，把教俗统治者对待生活性消费借贷的部分政策当成

[1] [英] M. M. 波斯坦、爱德华·米勒、E. E. 里奇主编：《剑桥欧洲经济史·第三卷·公共信贷》。有关经济社会史20世纪下半叶以来研究普通劳动者特别是农民贷款行为的成果综述，参见Schofield, P. R. and Mayhew, N. J. eds., *Credit and Debt in Medieval England, c.1180–1350*, Oxford: Oxbow Books, 2002, Introduction; Briggs, C., *Credit and Village Society in Fourteenth-Century*, Oxford: Oxford University Press, 2009, Introduction。

了全部。有鉴于此，笔者拟结合中世纪西欧教会史和法律史的有关成果，就上述问题谈些初步看法。

一、高利贷禁令

中世纪西欧消费借贷和高利贷（usury）的含义与今不同，前者指包括食物和货币在内的不必原物返还的生活性借贷，后者指超出本金部分的任何归还财物。[1] 由此，中世纪西欧货币借贷便理所当然地属于消费借贷，贷方向借方收取的任何超出本金部分的归还财物都属于高利贷，在中世纪早期被教会高利贷禁令所不容。不过，研究表明，即使在中世纪早期，教会也并非反对所有的有偿借贷。坎宁安认为，借贷分为不同种类。有些属于可原物归还的，例如房屋和马匹等，称为租赁，借入者可以向出借者缴纳合理的租金，教会并不禁止此类商业行为；另一种是不能原物归还的，例如面包和货币等，借入者用于消费目的，被称为消费借贷。对借出者而言，消费借贷意味着将该物品的控制权、使用权和所有权都转让给了借入者，正如将自己的物品卖与他人一样。因此教会认为借出者只能期待借入者归还类似的物品，但不能额外收取使用费，否则便是高利贷。[2]

换言之，教会的高利贷教义只是禁止向消费借贷收取任何报酬。在生产性和商业性借贷较少的时期，人们消费借贷大多出于生存目的，因而收取利息无异于落井下石。为此，教父们将《旧约全书》禁

[1] “消费借贷”（拉丁文为mutuum），在罗马法上，它是指一种借贷，其中借方有权消费借得的物品，然后按同等数量返还给贷方。“高利贷”的最初含义与现代使用的利息一词相同，而非今天所说的高于法定利率的利息。参见薛波主编：《元照英美法词典》，第940、1390页。

[2] Cunningham, W., *Christian Opinion on Usury: With Special References to England*, Edinburgh: Edinburgh University Press, 1884, pp.6–7.

止向贫困的犹太人有偿借贷，与《新约全书》相信高利贷与基督教之爱对立这两种思想融合在一起，将高利贷当作违背道德的犯罪行为。亚历山大的克莱门最早论证了高利贷教义，其观点影响到后来的教父。圣安布罗斯将放高利贷等同于剥削穷人，谴责高利贷者冷酷无情，依靠他人的贫困致富。他认为《旧约全书·申命记》允许向敌人（即外邦人）放贷取息，但禁止对犹太人这样做，并将高利贷作为对穷人的抢劫甚至杀戮。从这个意义上讲，高利贷就是一种罪恶（sin）。杰罗姆认为，《旧约全书·以西结书》禁止任何形式的有偿借贷，不论是收取货币还是谷物、葡萄酒或橄榄油。任何超过给予的收获都是高利贷，即使礼物也不例外。他还反对向外邦人有偿借贷，指出尽管《旧约全书》中的《利未记》（25：35）和《申命记》（23：20—21）只禁止在犹太人中放贷取息，但《先知书》中的《以西结书》（18：8）则禁止全部有偿借贷。圣奥古斯丁认为放高利贷无异于向耶稣取利，后者在《新约全书·马太福音》（25：40）中说："我实在告诉你们：这些事你们既做在我这弟兄中一个最小的身上，就是做在我身上了。"奥古斯丁责令职业高利贷者寻找新的工作。尽管他们声称放贷取息是生计所迫，强盗、魔术师和皮条客也可以这样说，但这些职业显然都是非法的，高利贷者不能进入天堂。他谴责世俗法和法官命令债务人支付利息，将高利贷者比作盗贼。他主张返还高利贷，法官应当维护债务人的利益。[1]除教父著作外，高利贷教义还包括宗教会议的决议和教皇教令。325年尼西亚宗教会议首次谴责高利贷，禁止教士从事高利贷活动。4世纪在西班牙的埃尔维拉和非洲的迦太基召开的宗教会

[1] Maloney, R. L., "The Teaching of the Fathers on Usury: An Historical Study on the Development of Christian Thinking", *Vigiliae Christianae*, Vol.27, No.4 (Dec.,1973), pp.242, 251–260.

议将高利贷禁令扩大到平信徒。教皇利奥一世（Leo Ⅰ）在一封重要信函中重申禁止教士从事高利贷，并指控平信徒的有偿借贷为“可耻收益”。[1]有学者认为，该信“构成后来教会高利贷立法的基石”[2]。

与教会不同，罗马法旨在限制而非禁止有偿借贷。尽管罗马法早在公元前342年便禁止有偿借贷，不过直到公元前200年借贷利率仍不受管制，基督教时代开始时才将12%作为最高利率。[3]杜哈德也认为，罗马国家的高利贷政策经历了由放任到限制的转变，但该转变出现较晚，也没有禁止高利贷。具体而言，在古代罗马时，有偿借贷称为usury，但不含任何贬义，指借款人使用货币一段时间后必须支付的报酬。在后期罗马帝国，国家开始规定最高利息率，规定干湿物产，即小麦、葡萄酒和橄榄油的借贷利息为50%；货币贷款利率为12%。食物或消费借贷用于消费目的，货币贷款可以用于商业。此后，罗马帝国皇帝虽然还进一步降低了物品和现金借贷的利息率，但均未禁止有偿借贷。[4]

中世纪早期，教会采取了抵押放贷的形式规避高利贷禁令。皮朗认为：“在这个时期，教会是不可少的放债者。我们已经知道，教会拥有流动资本使它成为头等的财政力量。”[5]多普施也指出，除举办各种慈善活动以及医院、救济所等来帮助穷人外，“教会还曾是中世纪早期中一个巨大的信贷机构。教会能够为那些主要在自然经济下工

[1] Wood, D., *Medieval Economic Thought*, Cambridge and New York: Cambridge University Press, 2002, p.160.

[2] Noonan, J. T., *The Scholastic Analysis of Usury*, Cambridge,Massachusetts: Harvard University Press, 1957, p.15.

[3] Taeusch, C. F., “The Concept of ‘Usury’: The History of an Idea”, *Journal of the History of Idea*, Vol.3 (Jun., 1942), pp.298–299.

[4] Doehaerd, R., *The Early Middle Ages in the West: Economy and Society*, p.244.

[5] ［比利时］亨利·皮朗：《穆罕默德和查理曼》，第108页。

作，并且不能完全处理自己地产的所有阶层人员来提供现款”[1]。为了贷款安全，教会要求借款人进行土地或人身抵押。土地持有者贷款以土地作为抵押；无地者则以人身自由作为担保；被判处死刑无法偿还贷款者，可以免除死罪沦为奴隶，等待新主人赎回偿贷。抵押贷款不仅使债权人在贷款不能归还时获得抵押品，而且还可以在欠款期间从中获得收益，又避免了高利贷。“如抵押土地上的收入用来抵偿本金，便叫作‘活押’；如抵押土地上的收入虽归债权人所有但并不减少本金，便叫作‘死押’。在以上两种场合里，高利贷的禁止是受到尊重的，因为原借出的货币本身并不产生利息。”[2]

教士个人则继续放贷取息。“实际上，在第三次奥尔良教会大会（538年）上就已经公布了一条法令，反对神职人员所进行的高利贷行为，这些神职人员包括在执事职位之上的所有神职人员。该大会还明确地禁止这些人为了对肮脏钱财的贪欲而进行的商业活动。7世纪，教会的立法更是进一步地采取反对高利贷的立场——事实上，教士阶层，包括那些最低等级的教士们，在当时都应该向穷人们放出了很多的贷款”[3]。杜哈德发现，从中世纪早期起教士就广泛涉足有偿借贷，墨洛温王朝的宗教会议曾谴责有些教士有偿借贷，有些教士通过代理人以贸易为借口有偿借贷，还有些主教、神父和执事不仅收取12%的利息，而且还比每月6%或10%的利息高出6倍甚至10倍。但他认为，这些谴责不过一纸空文，在此情况下，大概只有圣徒才有可能做到无偿贷款。[4]

相反，中世纪早期建立的蛮族国家则继承了罗马帝国限制而非禁

[1] ［奥］阿方斯·多普施：《欧洲文明的经济与社会基础》，第408页。
[2] ［比利时］亨利·皮朗：《穆罕默德和查理曼》，第109页。
[3] ［奥］阿方斯·多普施：《欧洲文明的经济与社会基础》，第408—409页。
[4] Doehaerd. R., *The Early Middle Ages in the West: Economy and Society*, p.244.

止有偿借贷的政策。尽管蛮族国王没有对借贷进行立法，但《西哥特法》采用了君士坦丁的法律，承认12.5%为最高利息率，表明在蛮族国家中有偿贷款曾经是合法的。[1]国王和商人经常从事有偿放贷，较早的证据来自图尔主教格雷戈里记载的法兰克国王和犹太人各自进行的两笔大宗贷款。[2]应该说，这种情况绝非个别。"当时肯定有数量极大的货币处于流通之中，而且，人们还都在试图寻求投资以获取利润。"[3]中世纪早期生活性的消费借贷占主要地位，抵押贷款尤其受到青睐，墨洛温王朝的《文书程式》可以为证。例如6世纪末期的《安茹的文书程式》中包括如下协议要点：一个人从另一个人那里获得一笔贷款，为此他将失去自己一半的自由作为担保。他承诺每周为债权人工作一半的时间，直到还清该债务为止。有的贷款文书程式没有提到抵押，但对利息率和违约处罚做出了明确约定。7世纪末和8世纪初的《马库尔夫的文书程式》规定，债务人同意向债权人支付的年利率为每索里达1锤恩（约为1/3索里达），如果债务人没有支付该利息，他要被迫双倍偿还该（货币的）租赁价格（利息）。[4]按皮朗的估计，这种贷款利率换算成百分比为33.5%，高于传统的12.5%的利息率，而当时的贷款利率很可能在这两者之间波动。[5]

加洛林王朝时期是否存在有偿借贷？皮朗对此持否定态度，他认为阿拉伯人的扩张和北欧人的入侵导致地中海贸易中断，古代的商业

---

[1] Doehaerd. R., *The Early Middle Ages in the West: Economy and Society*, pp.244–245; "Law of the Visigoths on Usury", Cave, R. C. and Coulson, H. H. eds., *A Source Book for Medieval Economic History*, New York: Biblo and Tannen, 1965, p.171.

[2] ［法］格雷戈里：《法兰克人史》，寿纪瑜、戚国淦译，商务印书馆1983年版，第136—137、358—359页。

[3] ［比利时］亨利・皮朗：《穆罕默德和查理曼》，第102页。

[4] Doehaerd, R., *The Early Middle Ages in the West: Economy and Society*, p.245.

[5] ［比利时］亨利・皮朗：《穆罕默德和查理曼》，第102页。

经济被加洛林王朝时期的自然经济所取代。与此同时，“以赚取利润为目的的放贷业的消失，也为由地中海被封闭所造成的经济衰退提供了进一步佐证”[1]。简言之，古代罗马的有偿借贷在墨洛温王朝还是延续的，至加洛林王朝却被迫中断了。不过，皮朗并没有提出任何具有说服力的证据，因而该结论无法令人信服。晚近的研究则改变了上述看法。事实上，加洛林王朝时期有偿借贷并未消失，抵押借贷继续存在。8世纪卡塔塞诺尼卡的一个文书程式记述了某人借债，并以葡萄园作为抵押品。他有义务向贷款者缴纳他葡萄藤上的一小部分产品，这些葡萄藤由他继续管理，直到这笔借款还清为止。此外，将某人与生俱来的权利作为抵押品也是常见做法。这种合同的结果是借债者有义务为放贷者劳动，直到其债务还清为止，借债者实际上成为放贷者的奴隶。为此，加洛林王朝的法律对债务奴隶实行保护，例如皮斯提斯敕令将借债者必须为放贷者工作的年限减少到7年，并规定一个迫于饥饿将自己置于如此境地的妇女，其孩子仍是自由的。[2]

中世纪早期教俗统治者在禁止高利贷上采取一致立场是从查理曼开始的。774年，教皇阿德里安一世将增补了教皇教令的《狄奥尼修斯汇编》（802年被法兰克教会作为《阿德里安法典》颁布）送给查理曼，其中包含了前述的尼西亚宗教会议的决议和教皇利奥一世的信件，致使查理曼此后在世俗国家发布高利贷法令方面连创多个第一。[3] 789年查理曼发布《通告》禁止有偿放贷，其中援引了尼西亚宗教会议决议和教皇利奥一世的教令作为依据，规定高利贷禁令应适用于任何人，不仅是教士。不过，该法令没有对违反者做出惩罚规

---

[1] [比利时] 亨利·皮朗：《穆罕默德和查理曼》，第172页。
[2] Doehaerd, R., *The Early Middle Ages in the West: Economy and Society*, p.247.
[3] Wood, D., *Medieval Economic Thought*, p.160.

定。应该说，这是中世纪世俗国家第一次发布禁止高利贷的法令。[1]此后，查理曼又成为第一个定义高利贷的中世纪国王。在806年的奈梅亨敕令（Capitulary of Nijmegen）中，他在教会的高利贷定义后亦步亦趋："高利贷缘于收回多于借出。例如，如果你借给人10索里达然后索要的更多，或者如果你借给人1桶葡萄酒或小麦，然后索要的更多。"[2]

不仅如此，查理曼还首开世俗国家处罚高利贷者的先例。在后来一项没有日期但被认为是他所颁布的敕令中规定，高利贷者将被处以60索里达的巨额罚款。[3]有学者认为，该立法是一个重要事件，表明当中世纪文明尚处在形成时期的时候，高利贷禁令被世俗政府当作所有基督徒应该遵守的义务。[4]不过，很难说上述法律得到了严格执行，特别是对平信徒。相反，"所有这些来自宗教启示的立法都迫使放贷者寻找或采用新的形式规避这些规定，贷款被装扮成长期的赊销，放贷者强迫农民债务人甚至在庄稼成熟前出售他们的粮食。此外，放贷者还伪造度量衡，小斗借，大斗还，后者经常是前者的三倍"[5]。

二、例外原则

10世纪以降，西欧商业开始前所未有地扩张，西方史学家称之为

---

[1] Latouche, R., *The Birth of Western Economy: Economic Aspects of the Dark Ages*, p.155.

[2] *The Double Capitulary at Nimwegen*, Cave, R. C. and Coulson, H. H. eds., *A Source Book for Medieval Economic History*, p.172.

[3] Latouche, R., *The Birth of Western Economy: Economic Aspects of the Dark Ages*, p.157.

[4] Noonan, J. T. , *The Scholastic Analysis of Usury*, p.15.

[5] Doehaerd, R., *The Early Middle Ages in the West: Economy and Society*, p.246; Gilchrist, J. T., *The Church and Economic Activity in the Middle Ages*, London: Macmillan, 1969, p.63.

中世纪的商业革命。[1]商人通过贸易积累数量可观的商业资本，并将流动资本投入银行放贷。中世纪西欧商人银行家的债务人包括国王、教俗贵族和工商业者等，商业性和生产性消费贷款与日俱增，贷款被用来牟利而非谋生，将高利贷定性为贪婪和缺乏慈善不再适用。11世纪末在意大利发现罗马法抄本，为有偿借贷提供了法律依据。尽管罗马法在当时早已不是现实使用的法律，但中世纪的罗马法学家却认为它是永恒的。"他们将它作为一种真理——好比他们将《圣经》视为真理或将柏拉图和（晚些时候的）亚里士多德的著作视为真理。"[2]当时的立法者或法官都注意到罗马法明确允许有偿借贷，这为迫使向高利贷支付利息提供了依据。博洛尼亚的阿库休斯是当时意大利最伟大的罗马法注释者，在解释《查士丁尼法典》有关高利贷的内容时完全不顾教会法，甚至还特别提及伊尔内里乌斯及其学生布尔加鲁斯有关支付高利贷的契约完全是公正的言论作为权威论据。[3]伊尔内里乌斯最早讲授罗马法。"他于1087年起在北意大利的波伦亚开始其教学生涯，并深受赞誉，来自欧洲各地求教于他的学生成群结队。他的学院在他死后继续存在。据早期现代估计，波伦亚大学法律学生的数量在12世纪和13世纪的任何一个时期都在1000人到10000人之间。"[4]由此，中世纪的罗马法教育也从意大利推广到其他欧洲国家。

罗马法研究的复兴构成对教会法的挑战，"教会意识到，它的支配地位受到法律领域世俗知识传播的威胁；教会法被更为分明地与市

---

[1] Lopez, R. S., *The Commercial Revolution of the Middle Ages, 950–1350*, Charpter 3; Adelson, H. L., *Medieval Commerce*, Charpter 6, 7.

[2] [美]哈罗德·J. 伯尔曼：《法律与革命（第一卷）：西方法律传统的形成》，第117、118页。

[3] Ashley, W. J., *An Introduction to English Economic History and Theory,* part I, *The Middle Ages*, pp.149–151.

[4] [美]哈罗德·J. 伯尔曼：《法律与革命（第一卷）：西方法律传统的形成》，第119页。

民法（即罗马法）理论区分开来，它开始反对后者，以争取司法中的至上地位”[1]。在这种情况下，教会法律家开始对高利贷法律进行系统化。[2]由此，高利贷的性质、定义、适用范围、惩罚措施和禁止高利贷的《新约》依据等得到重新审视，并在中世纪中期的教会法中获得最权威的阐述。1139年第二次拉特兰宗教会议禁止所有人从事高利贷，并宣布高利贷者是邪恶的。1148年教皇尤金三世发布教令称，贷款者已经享受抵押品收益的抵押如果没有计入本金就是高利盘剥。格拉提安主编的《教会法汇要》将高利贷界定为“索要的超过本金的任何东西”。他重申高利贷不能被用于慈善捐赠，并坚持高利贷作为盗窃物有义务归还。12世纪的两个教皇还涉及规避高利贷的问题。教皇亚历山大三世宣布，高于现价的赊销应被当作高利贷。乌尔班三世在后来成为教令的一封信中征引了耶稣的一段话：“要借给人不指望偿还。”（《路加福音》6：35）这表明教皇第一次权威性地将这段话解释为禁止高利贷。此外，乌尔班三世还认为未经合同规定的有偿借贷和高价赊销都构成了高利贷。

经过以上努力，高利贷禁令已经彻底摆脱了以前的原始性，相关论证日臻完善。正如有学者指出的，11世纪下半叶和12世纪期间，教会的高利贷禁令获得明显发展。高利贷成为一个明确的概念，被视为违反公正的犯罪。它出现在贷款合同之中，但也存在规避法律的其他形式。综合起来说，12世纪末，教会对高利贷已达成五点共识：第一，高利贷是索取的任何超过借贷物品本身的东西。第二，放高利贷属于《旧约全书》和《新约全书》共同禁止的犯罪。第三，期许报酬超过

[1] 维诺格拉多夫：《中世纪欧洲的罗马法》，第73页。
[2] ［美］哈罗德·J. 伯尔曼：《法律与革命（第一卷）：西方法律传统的形成》，第244页。

物品的希望本身就是有罪的。第四，高利贷应全部归还给其真正的所有者。第五，高价赊销是隐蔽的高利贷。[1]

完全有理由认为，中世纪中期得到完善的高利贷法只是针对生活性的消费借贷，并不包括生产性和商业性的消费借贷，或者说后者被视为高利贷法的例外情况。例如吉尔克里斯特认为，在中世纪的商业中，人们事实上能够区分两种类型的借款人和放贷者，以及对应的两种平均利息率。第一种是贫困借款，此类贷款一般来自放贷者和当铺老板，风险较大，利率为每英镑每周2便士（年利为43%）。第二种是商业性或生产性贷款，利率最低为7%—15%，风险较小，一般由商人和王侯向商人或意大利银行贷款。尽管教会法学家注意到格拉提安严厉谴责的所有利润与12世纪的商业利润之间存在明显的差距，但他们试图通过两种办法将两者统一起来。一是区别商业利润和高利贷交易，二是缩小高利贷的含义，直到它意味着一种为放贷征收过高的、不公正的费用为止。[2] 后者接近于现在对高利贷的定义，即获取超过法定利率的、过高的利息。

此外，教会还将生产性和商业性的消费借贷视为高利贷法的例外，意味着允许生产性和商业性的消费借贷获得报酬，也就是利息。尽管教会禁止放贷获利，然而，“拉丁语‘利息’的动词intereo是指‘损失’；而其名词形式interisse演变成了现代术语‘利息’（interest）。利息并不是利润，而是损失”。尽管这一概念起源于罗马法，然而“带有这种含义的interisse一词在1220年左右成了标准释义。它后来常

[1] Noonan, J. T., *The Scholastic Analysis of Usury*, pp.17–20.

[2] Gilchrist, J., *The Church and Economic Activity in the Middle Ages*, pp.64–65.

常是指贷款偿还延迟时的补偿或者罚金”[1]。利息为有偿借贷合法化打开了缺口。“到了13世纪后半期，最终确立了这样的规则，即如果借贷的结果使贷款人遭受了损失或失去了假如不贷款他便可以获得的利益，那么赊销买卖便可以要求较之现款买卖更高的价格。确实，是教会法学家第一次援用了罗马法上的‘利息’（interisse）一词来表示贷款人可以索要的合法收益，以区别于高利贷罪孽。”[2]

13世纪上半叶，托钵会和布道会兴起，两者发誓要绝对贫困，从而为教会减少高利贷罪恶的努力增添了新的推动力。托钵会中的大多数人渴望效法圣方济各会完全蔑视世俗财产，而布道会则将教会的教义系统化，他们中最重要的代表托马斯·阿奎那将高利贷禁令变为一种哲学。[3]其《神学大全》第七十八题“贷放中所犯的高利盘剥罪行”一方面利用亚里士多德的自然法理论和罗马法的用益权原则重申禁止向生活性消费借贷收取报酬，另一方面又承认生产性和商业性的消费借贷属于例外情况，完全是合法的。

对于高利贷是否有罪问题，阿奎那完全站在教会立场予以谴责：“对于这点，我要解答的是：贷放金钱来收取高利这件事本身就是不公平的，因为这是出卖并不存在的东西的行为。很显然，由此必然产生不均等的后果，而不均等是违背公正精神的。”[4]这种批评的法理依据主要来自以下两方面。

---

[1] [美]悉尼·霍默、理查德·西勒：《利率史》，肖新明、曹建海译，中信出版社2010年版，第59页。

[2] [美]哈罗德·J.伯尔曼：《法律与革命（第一卷）：西方法律传统的形成》，第244页。

[3] Ashley, W. J., *An Introduction to English Economic History and Theory,* part I, *The Middle Ages*, pp.149–150.

[4]《阿奎那的〈神学大全〉（摘录）》，见巫宝三主编：《欧洲中世纪经济思想资料选辑》，傅举晋、吴奎罡等译，商务印书馆1998年版，第16页。

一是罗马法的用益权原则。“用益权是对他人的物的使用和收益的权利，但以不损害物的实质为限。因为这种权利设定在有形物上，如物消灭，权利本身即随同消灭。”[1]然而，有些东西是没有用益权的，“这些东西中有酒、油、面粉、衣服等，钱币与此极相类似，因为通过在不断周转中使用，它也就多少等于消耗了”[2]。阿奎那认为，根据罗马法的用益权原则，鉴于“对某些物品的用途，就是对它本身的消费”[3]，如酒和小麦等，“因此，在这类情况下，物品的用途和它本身应当一并考虑。所以，当物品的用途被转移给某个人时，物品的本身也就随着用途的转让而被转让出去了。因此，在这种情况下，贷放行为就包含了所有权的转移。由于这个缘故，如果一个人打算分别出售酒和酒的使用权，他便是将一物出卖两次，也就是出卖了并不存在的东西。他就显然犯了不公正的罪行。根据同样理由，如果出借酒或小麦而指望取得双重补偿，将一份作为相等之物来偿还，另一份作为物品使用的代价，即高利贷，那就是一种不公道的行径了”[4]。而房屋的用途是用来栖身而不是把它本身消费掉，“在这种场合，使用权和物品本身可以分别转让”[5]。例如一个人将一所房屋的所有权转让给他人而为自己保留了一段时间的使用权，或者一个人将一所房屋的使用权转让给别人却为自己保留着房子的所有权。“由此可见，一个人可以合法地接受出让房屋使用权的代价，此外，还盼望着把租出的房屋收回来，租赁和出租房子时的情况便是这样的。”[6]

---

[1]　[罗马]查士丁尼：《法学总论：法学阶梯》，张企泰译，商务印书馆1995年版，第61页。
[2]　[罗马]查士丁尼：《法学总论：法学阶梯》，第61页。
[3]　《阿奎那的〈神学大全〉（摘录）》，见巫宝三主编：《欧洲中世纪经济思想资料选辑》，第16页。
[4]　《阿奎那的〈神学大全〉（摘录）》，见巫宝三主编：《欧洲中世纪经济思想资料选辑》，第16页。
[5]　《阿奎那的〈神学大全〉（摘录）》，见巫宝三主编：《欧洲中世纪经济思想资料选辑》，第16页。
[6]　《阿奎那的〈神学大全〉（摘录）》，见巫宝三主编：《欧洲中世纪经济思想资料选辑》，第16—17页。

二是亚里士多德的自然法思想。阿奎那认为，按照哲学家亚里士多德（《伦理学》第5章第5节和《政治学》第1章第5节、第6节）的说法，货币主要是为了交易的目的而发明的，所以，金钱固有的与主要的用途就在于被花费掉或被转让，它是由此而在购买时给耗用掉了。因此，对放贷的钱财的使用收取称为高利贷利息的代价，就其本身来说，就是非法的。在他看来，既然古人发明货币是用来作为交换媒介，而不是生息，那么放贷取息就是违法的。

不过，在对贷出的款项要求其他补偿是否合法这一问题上，阿奎那没有像教会以往那样视所有贷款补偿为非法，他认为补偿是否合法取决于其究竟是贷款人要求的还是借款人自愿给予的。如他所言，“倘若他收受的这类物品并不是他要求的，也并不曾通过默契或明确的契约收取，而只是作为一种不需付款的礼物，那他就没有犯罪。因为即使在他借出款项之前，他也是可以合法地收受不需付款的礼物，总不能由于有了放款的举动就使他蒙受不利。至于那些由不以金钱来衡量的东西所做的补偿，譬如对于放贷者的友善之情和溺爱或其他类似的东西，则是并无不可的，对法律是毫无违碍之处的”[1]。

除了借贷者自愿给予的补偿属于合法外，放贷者在以下两种情况下也可以主动要求补偿。一是出于防范损失的目的索取高于贷款金额的一些补偿是属于合法的，为此，“贷方可以毫无罪咎地与借方订立合同，对由于他放弃了属于自己的某些东西而产生的损失予以补偿，因为这并不是出卖金钱的用途，而是为了避免损失”[2]。二是当一个人为了某种合伙关系将自己的钱付托给一个商人或手艺人时，“他却并

---

[1] 《阿奎那的〈神学大全〉（摘录）》，见巫宝三主编：《欧洲中世纪经济思想资料选辑》，第21页。

[2] 《阿奎那的〈神学大全〉（摘录）》，见巫宝三主编：《欧洲中世纪经济思想资料选辑》，第21页。

没有将金钱的所有权转让给他们，而仍保留在自己手里——由此，他对于从金钱的利用中产生的利益的一部分提出要求是合法的，因为那是来自他自己的财产”[1]。

此外，阿奎那认为有些行为属于变相的高利贷，不应被视作例外情况，例如无偿抵押就是如此。他解释道：“如果借款人以某种能用价钱估值的物品抵押给放款人作为借给他的贷款的回报，放款人就应该把这件物品的用途算作贷款偿还的一部分。否则，如果他想不花分文就让人家把抵押给他的物品的用途交付给他，那就和他对高利贷性的贷款收取利钱的情况一模一样了。因为只有像书本一样的物品才通常在朋友之间借来借去不收费用。”[2]类似的规避高利贷的行为还有高价赊销，具体来讲，“如果某人希望把他的货物以高于其公平价格的价款出卖，期望买者以后付钱给他，这就是昭然若揭的高利贷行为了，因为这种延期付款是具有贷款性质的。所以，不管为这延期付款所需索的是什么，只要是超过了公平价格，就是高利贷项下的一种贷款的代价”[3]。

阿奎那的以上论述既坚持了教会禁止高利贷的原则立场，同时又以借款者自愿补偿、防范损失和合伙经营等为由，承认有偿消费借贷中存在不属于高利贷的例外情况，在一定程度上调和了教义与现实的矛盾。不过，承认补偿的合法性不应仅限于实际损失（即已有损失），也应包括贷款期间可能丧失的利润，要求对贷款抵押不收使用费和以公平价格赊销都忽视了贷款可能丧失的利润。坎宁安认为，阿奎那明

[1] 《阿奎那的〈神学大全〉（摘录）》，见巫宝三主编：《欧洲中世纪经济思想资料选辑》，第22页。
[2] 《阿奎那的〈神学大全〉（摘录）》，见巫宝三主编：《欧洲中世纪经济思想资料选辑》，第22—23页。
[3] 《阿奎那的〈神学大全〉（摘录）》，见巫宝三主编：《欧洲中世纪经济思想资料选辑》，第23页。

确地承认了前者，而在讨论后者时态度却十分暧昧，但这种承认实际上接受了大部分高利贷禁令不再有效。因此，这些曾经在上帝之城中最重要的观点在被应用于基督徒公正的动机和行动的时候，便失去了决定作用。[1]

正由于此，13世纪高利贷罪及其惩罚日益受到严格的限制。例如越来越多的债权债务关系被排除在高利贷之外，对此，霍斯特西斯（Hostiensis）列举了13种可收取利息的例外情况，可视为13世纪中叶在此方面所取得的成就。[2]伯尔曼也认为高利贷法存在例外原则。因为教会在系统阐述高利贷法的同时，“数量众多的各种筹款机制和信贷设置（目的在于获利）却被宣布为不属于高利贷。如果借款人是一个敌手、一个诸侯或一个不正当占有人，便可以对其收取利息。如果利息是作为对由于借款而导致债权人损失的赔偿，也是可以收取的；此外，如果借款人未能按照协议规定时间偿还借款，便要付出违约金，当事人之间订立的这样的协议也是有效的。此外，一个持有抵押物的贷款人可以从抵押物的收益中减去他管理此物的花费”[3]。据此，他得出结论说：“这样，教会的高利贷法便发展成作为对于高利贷禁令的例外的一种制度。”[4]应当说，中世纪中期的西欧国家大多经历了这种转变。例如当商业借贷成为北意大利经济生活的普通内容时，北意大利的教会法学家重新修订了高利贷教义，以便其在某些情况下支付利息是可以接受的。13世纪晚期有人支持对贷款潜在损失进行补偿，1271年，伦巴德教会法学家苏萨的亨利认为：“如果有些商人常常从

[1] Cunningham, W., *Christian Opinion on Usury: With Special References to England*, pp.31–32.
[2] Gilchrist, J., *The Church and Economic Activity in the Middle Ages*, p.67.
[3] [美] 哈罗德·J. 伯尔曼：《法律与革命（第一卷）：西方法律传统的形成》，第244页。
[4] [美] 哈罗德·J. 伯尔曼：《法律与革命（第一卷）：西方法律传统的形成》，第245页。

事贸易和市集商业，赚了大量的钱，用他挣来的钱放贷于我，我有义务为此付给他利息，用来补偿如果他自己做生意所获得的利润。”[1]研究表明，当时北意大利的利息率随行就市，多种多样，相当市场化。13世纪和14世纪，尽管在教会法和经院哲学的反思上没有出色表现，但英国教俗两界几乎各个阶层都进行有偿借贷，其中当然不乏天灾人祸原因导致的生活性消费借贷，但更多的却属于为盈利而进行的生产性和商业性消费借贷。[2]

三、债务立法与司法救助

中世纪中期西欧加强王权，扩大中央司法管辖权，王室法或普通法正在形成，为世俗国家的债务立法和司法救助创造了法制条件。与此同时，中世纪中期罗马法研究的复兴也推动了世俗国家的债务立法活动。这种推动至少来自两个方面。一是引入保护债权的法律观念，如罗马法说：“债是法律关系，基于这种关系，我们受到约束而必须依照我们城邦的法律履行某种给付。”[3]二是为中世纪中期的债务立法提供了丰富的法律知识。作为罗马法教科书的《法学总论：法学阶梯》第3卷对债法有详细论述，诸如债务分类、不同形式的契约、口头、书面、要物（包括消费借贷、使用借贷、寄托和质押）、诺成（包括买卖、租赁、合伙和委任）、保证人、通过哪些人取得债权和债务消灭的方式等，可供中世纪中期的王室法学家借鉴。

---

[1] Spufford, P., *Power and Profit: The Merchant in Medieval Europe*, London: Thames & Hudson Ltd., 2002, p.44.

[2] Nightingale, P., “Money and Credit in the Economy of Late Medieval England”, in *Medieval Money Matters*, Oxford: Oxbow Books, 2004, pp.51–53.

[3] ［罗马］查士丁尼：《法学总论：法学阶梯》，第158页。

中世纪西欧司法中央化和债权保护在英国出现较早，且较典型，下面以其为例阐述该过程。

英国普通法中的债务立法和司法救助肇始于英王亨利二世统治时期（1154—1189）。盎格鲁-撒克逊时期，郡和百户区等地方法庭审理债务诉讼，这种做法在诺曼征服以后延续下来。此外，诺曼征服以后，英国建立起教会法庭专门审理教士诉讼。但斯蒂芬统治时期（1135—1154）王位继承纷争不断，王权削弱，教会司法权随意扩张。为了解决世俗和教会法庭司法管辖权的边界问题，确认教会法庭管辖权的界限，1164年，亨利二世在克拉伦敦召集教俗大贵族举行大咨议会，重申和记录历代国王所享有的习惯、特权和尊严，并要求贵族宣布依据这部王国的法律解决教会和国家争论的问题。这份书面文献被称为《克拉伦敦宪章》。[1]该宪章第15款将债务诉讼案件作为王室司法权的管辖范围，规定："涉及债务的诉讼，不管经过口头誓言或没有经过口头誓言所欠的债务，一律由王室法官审理。"[2]尽管《克拉伦敦宪章》宣布了王室法庭对俗人债务的司法权，但并没有对具体问题做出规定。

其后英国普通法快速发展，中央司法管辖权的范围不断扩大，普通法中的土地法、债法和刑法的实体法律尤其是王室的司法救助制度逐渐形成。在此过程中，亨利二世时期曾担任过王室巡回法官和王室法庭法官的格兰维尔功不可没，其所著《论英格兰王国的法律和习惯》（简称《格兰维尔》）完成于亨利二世在位的最后几年（1187—1189），成为英国普通法史上的第一本经典教科书。尽管土地法是该书的重要主题，然而，"幸运的是，该书第10卷为我们提供了那个时

[1] Sir Pollock, F., and Maitland, F. W., *The History of English Law: Before the Time of Edward,* Second Edition, Vol.I, p.116.

[2] http://www.britainexpress.com/History/medieval/clarendon.htm.

期的债法的相当全面的概述”[1]。《格兰维尔》第10卷开门见山地指出：“与世俗之人的各种债有关的诉讼关系到国王的王权和尊严。”[2]这表明，国王法庭拥有对俗人债务的司法管辖权，暗示教士债务则由教会法庭审理。不过，王室法庭对俗人债务诉讼享有司法权并不意味着剥夺了郡、百户区、庄园和城市等地方法庭的相关权利。“作者知道债务诉讼实际上很少在王室法庭审理，他似乎想要做的（像《克拉伦敦宪章》第15款的起草人一样）只是将王室司法权作为一种快捷的世俗法庭而已。”[3]

毫无疑问，自12世纪起王室法庭的司法程序优于地方法庭。“王室法庭之所以能赢得管辖权和增强影响，都在于与地方法庭相比其程序更加简化、更加理性，也更为现代。”[4]具体而言，王室法庭可以快捷地审理债务诉讼，因为其拥有强制归还借贷的机制——债务令状。王室法庭感兴趣的首先是对权利的主张。“对于这类主张，法院的令状所采取的是诉讼开始令状的形式。郡长首先命令被告满足原告的主张，只有在被告不服从的时候，方可能传唤他出庭。”[5]在该令状下，“被告只要履行特定的给付义务，即可了结此案”[6]。梅特兰认为，开始令状酷似被称为直属指令令状的土地权利令状的形式。[7]换言之，违约债务人被视为类似侵占土地一样的非法占有，而债务令状责令其

[1] Schofield, P. R. and Mayhew, N. J. eds., *Credit and Debt in Medieval England, c. 1180–1350*, p.19.

[2] [英] 拉努尔夫·德·格兰维尔：《论英格兰王国的法律和习惯》，吴训祥译，苗文龙校，中国政法大学出版社2015年版，第138页。

[3] Schofield, P. R. and Mayhew, N. J. eds., *Credit and Debt in Medieval England, c. 1180–1350*, p.20.

[4] [英] F. W. 梅特兰：《英格兰宪政史》，李红海译，中国政法大学出版社2010年版，第13页。

[5] [英] S. F. C. 密尔松：《普通法的历史基础》，第269页。

[6] [英] S. F. C. 密尔松：《普通法的历史基础》，第270页。

[7] Pollock, F. and Maitland, F. W., *The History of English Law: Before the Time of Edward,* Second Edition, Vol.Ⅱ, p.204.

迅即返还占有，否则被视为犯有违反国王和平的重罪。

13世纪英国王室法庭的债务司法管辖权获得进一步发展。在《格兰维尔》中没有禁止令状让因世俗债务受到教会法庭起诉的人停止司法程序，如果违反禁止令状也没有随后发布的扣押令状。亨利三世早期，该令状在英格兰使用，但涉及遗嘱和婚姻的诉讼例外。此外，13世纪百户区和封建法庭等较小的地方法庭可以审理债务诉讼，此类法庭的债务诉讼标的在13世纪晚期前不受任何限制。不过，从13世纪90年代开始，任何40先令（涉及商人的案件除外）及以上的债务诉讼案件在没有取得王室令状前不得开庭，1295年没有令状而受到40先令及以上债务起诉的被告，可获得王室的禁止令状阻止该诉讼。由此，上述较小的地方法庭实际上失去了对40先令及以上债务诉讼的司法权。同时，郡法庭审理40先令及以上标的的债务诉讼也要事前取得王室令状。[1]

诚然，上述做法的初衷是为了规定王室法庭审理债务诉讼的最低界限还是用来作为限制地方法庭债务司法权的最高界限尚存不同意见，但是，“这样的结果，的确是在王室法庭和地方法庭之间划分了有关债务诉讼的司法管辖权的界限”[2]。购买王室法庭的债务令状十分昂贵，梅特兰认为，亨利三世时期，原告承诺在取得令状前交纳请求恢复标的物的1/4或1/3。这些人情愿以如此高昂的代价购买王室法庭的司法救助似乎表明，地方法庭的法官缺少能力和信誉。[3]

亨利三世晚期王室法庭债务之诉的数量较之格兰维尔和亨利三世

[1] Schofield, P. R. and Mayhew, N. J. eds., *Credit and Debt in Medieval England, c.1180–1350*, p.23.

[2] ［英］S. F. C. 密尔松：《普通法的历史基础》，第271页。

[3] Pollock, F. and Maitland, F. W., *The History of English Law: Before the Time of Edward,* Second Edition, Vol. Ⅱ, pp.205–206.

早期显著增加。梅特兰认为，尽管格兰维尔发明了债务令状，尽管债务之诉偶然出现在最早的诉讼档案卷中，但王室法庭的此类诉讼一直很少，直到亨利三世晚期才有所改变。亨利三世统治的56年间所有出现在王室法庭档案卷中涉及斯塔福德郡案件的条目已经出版，在无数的新侵占案件中只有8起债务之诉。而在亨利三世统治的最后几年，债务之诉变得更加普遍。诉讼档案卷中债务一项占53条，部分借贷数额很大。放贷者首推犹太人，其次是伦巴德人（意大利人），英国人正在学习如何放贷，为了赚取高价赊账购买。[1]

应该说，13世纪时商人已经成为西欧社会结构和商业贸易中的中坚力量。1215年的《大宪章》给予国内外商人以自由民或国民待遇。如第20款规定："自由民犯轻罪者，应按犯罪的程度课以罚金；犯重罪者应按其犯罪的大小惩罚，但应保留生计必需品；对于商人适用于同样规定，但不得没收其货物。"[2]第41款规定："除战时与我们敌对国家的人民外，一切商人，倘能遵照旧时的公正习惯，皆可安全经由水道与陆路，出入英格兰，在英格兰逗留或旅行，免关税买卖。"[3]有鉴于此，有关商人买卖和债务的立法和司法就成为迫切需要解决的问题。诚然，《格兰维尔》已经承认存在多种多样的债务。"债务的来源可能是出借、买卖、借用、租赁或寄托（存放），也可能是其他正当的起因。"[4]出借（即消费借贷）和借用都是无偿的，区别在于前者只归还相似质量和数量之物，后者要原物归还。而买卖尽管不是一般意义上的借贷，但拒绝履行合同的买家或卖家无异于非法占有对方的货

[1] Pollock, F. and Maitland, F. W., *The History of English Law: Before the Time of Edward,* Second Edition, Vol.Ⅱ, pp.205–206.

[2] [英] J. C. 霍尔特：《大宪章》，第505页。

[3] [英] J. C. 霍尔特：《大宪章》，第507页。

[4] [英] 拉努尔夫·德·格兰维尔：《论英格兰王国的法律和习惯》，第139页。

物或资金，同样属于债权债务关系。梅特兰认为："与布莱克顿全面而具有综合性的著作相比，格兰维尔的作品就显得篇幅狭小而且内容贫乏。"[1]仅就篇幅而言，这种说法无疑是正确的。但如果说布莱克顿的著作在全面和综合性上无一例外地超过《格兰维尔》，那肯定不是事实。以债务诉讼为例，布莱克顿没有像《格兰维尔》那样用专门章节讨论债务诉讼，只是在"诉讼"部分有所涉及而已。即使如此，布莱克顿在区分债务诉讼种类时也只提及了消费借贷、使用借贷和租赁借贷等，没有涉及买卖借贷。[2]布莱克顿卒于1268年，他的著作在债法或合同法方面严重滞后于现实需要，特别是缺少与时代相适应的商人买卖债务的立法和司法救助，这表明格兰维尔到布莱克顿期间普通法中的债务法没有实质性发展。

城市法庭在某种意义上可以解决商人的债务纠纷，不过它也存在两个致命缺陷。一是程序拖沓，不适合商人快节奏的生活。二是城市法是属地法，不适用于本地商人与外地商人的债务纠纷。被称为"英国的查士丁尼"和"伟大的立法者"的英王爱德华一世继续推进亨利二世在普通法中债法的立法和司法。1283年，爱德华一世及其大咨议会颁布一套法令。由于议会开会地点在巴斯主教、大法官罗伯特·伯内尔的住宅阿克顿·伯内尔附近，因而该法令被称为《阿克顿·伯内尔法令》。[3]该法令旨在使债权人无须经过法律诉讼就可以得到快速偿还，为此规定，债权人和债务人可以出席伦敦、约克或布里斯托尔的市长法庭，确认债务，将其记录在案。于是债权人获得债务人的保

[1] [英] F. W. 梅特兰：《英格兰宪政史》，第13页。

[2] Bracton, H. D., *Bracton on the Laws and Customs of England*, Translated, with Revisions and Notes, by Thorne, S. E., Volume Ⅱ, New York: William S. Hein & Co., Inc., 1997, pp.283–284.

[3] Plucknell, T. F. T., *Legislation of Edward I*, Oxford: Clarendon Press, 1949, pp.137–138.

证书（bond），上面加盖国王玉玺（由市长保管，但只能用于该目的）和债务人印章。如果保证书到期没有履行，那么债权人无须再次提起诉讼，可以立即诉诸该法令规定的特定司法救助。具体做法为，市长迅即查封债务人的动产和可遗赠的城市保有财产，将其出售，并将所得款项支付给债权人。如果债务人在该市没有财产，那么其保证书将递交大法官法庭，从那里送达债务人财产所在地的郡守。最后，如果资不抵债，债务人将坐牢。如果债务人一贫如洗，债权人将为其提供面包和水，直至债务人得到朋友的救助为止。[1]

由于存在欺骗和伪造等行为，有些债权人的债务仍不能获得快速归还。有鉴于此，1285年的《商人法令》修订了《阿克顿·伯内尔法》，对不能履行保证书的债务人予以更加严厉的惩罚。例如代替前法令规定的三个城市，国王指定大量城市承担此项工作。为杜绝丑闻，国王玉玺增加至两枚，一枚由市长保管，教士则保管另一枚。执行模式也有变化：前法令在债务人不执行保证书时先没收其动产和城市保有财产，没有财产的话才予以监禁。新法令则规定一旦出现保证书违约，债务人即可入狱。如果狱卒拒绝接受该犯人或让其逃跑，他要偿还债务。此外，在债务人服刑的前三个月里，可以出售其动产和土地用来偿还债务。如果在此期间债务人没有还清债务，则其动产和土地归债权人所有，该土地受到新近侵占令的保护。[2]上述两个法令还只适用于部分商人，同年，议会制定的《威斯敏斯特令Ⅱ》第18款为在诉讼中获胜或拥有书面保证书的其他债权人提供了两种债务执行

---

[1] "Statute of Acton Burnell", 1283, in Rothwell, H. ed., *English Historical Documents,* Vol.Ⅲ, c.1189–1327, London: Eyre & Spottiswoode, 1975, p.406.

[2] "Statute of Merchants" (13 Edw. I), Easter 1285, in Rothwell, H. ed., *English Historical Documents,* Vol. Ⅲ, c.1189–1327, pp.457–460.

模式供其选择：一是普通法中原有的扣押债务人动产令；二是新的执行令状。根据后者，债权人获得债务人全部地产（不包括耕畜），以及1/2的土地，直到债务归还为止。[1]

中世纪晚期地方法庭也保护债权。例如王室领地位于埃塞克斯郡的瑞特尔庄园法庭通常每周召开一次，处理领主及其佃户之间的事务。此外，农民经常利用庄园法庭进行非法侵入、契约、土地、债务、非法占有的诉讼，同时也报告土地转让和要求进行调查等。[2]应该说，瑞特尔庄园法庭的做法在中世纪中晚期的英格兰极为普遍。中世纪英格兰农民史学家希尔顿认为，庄园法庭案卷的记载并不全面，但农民之间的债务数量无疑成为表明村庄货币经济最鲜明的特征之一。农民之间的借贷以货币为主，在庄园法庭案卷100多件未经说明的债务之诉中，仅有7%或8%包括实物借贷，也就是谷物借贷，其余全部是债务诉讼，当然包括直接的货币放贷。农民之间的借贷有着明显特点，例如数额较小，多数（40%）债务诉讼是1—5先令，10%少于1先令，20%在5—10先令，16%为10—26先令8便士，只有7%超过该数额。此外，法庭案卷中很少提到抵押借贷，但有几例大额借贷，债务人以土地进行抵押。高利贷也很少被提到，但十户联保组的调查条款包括此项内容，表明高利贷在地方上显然是不陌生的。[3]然而，由于消费借贷可以采取各种手段规避高利贷，因而教会法庭和庄园法庭很少审理高利贷诉讼。[4]中世纪晚期城市法庭债务诉讼数量上

---

[1] "Statute of Westminster Ⅱ" (13 Edw. Ⅰ), Easter 1285, in Rothwell, H. ed., *English Historical Documents,* Vol. Ⅲ, c.1189–1327, p.441.

[2] Clark, E., "Debt Litigation in a Late Medieval English Vill", in *Pathways to Medieval Peasants*, edited by Raftis, J. A., Toronto: Pontifical Institute of Medieval Studies, 1981, p.250.

[3] Hilton, R. H., *The English Peasantry in the Later Middle Ages*, pp.46–47.

[4] Briggs, C., *Credit and Village Society in the Fourteenth–Century England*, pp.74–75.

升，14世纪晚期埃克塞特市长法庭和监狱法庭的债务诉讼案卷数量越来越多，1373—1374年这两个法庭案卷分开表明这是埃克塞特市债务上升的时期。截至14世纪80年代，债务诉讼占到这两个法庭诉讼案件的65%。不仅如此，在埃克塞特市法庭的讨债花销和时间减少，保护了债权，降低了中世纪城市商业的交易成本。[1]

由以上可知，中世纪西欧货币借贷属于消费借贷范畴，经历了从高利贷禁令所倡导的无偿借贷到例外原则所允许的利息合法化的发展过程。中世纪早期西欧以生活性的消费借贷为主，为保护穷人，中世纪早期的最初几个世纪，教会和世俗国家对有偿消费借贷即所谓高利贷分别采取禁止和限制政策，从查理曼开始世俗国家第一次将高利贷禁令用于俗人。中世纪中期商业革命兴起，在传统生活性消费借贷的基础上商业性和生产性消费借贷日益增加，后者用于牟利而非谋生。为了管理这两类不同性质的消费借贷，教会一方面将高利贷法系统化，继续禁止生活性的有偿消费借贷；另一方面又将生产性和商业性消费借贷视为高利贷法的例外情况，允许其收取利息。与此同时，罗马法研究的复兴使世俗国家获取有关保护债权的理念和债法的法律知识，王室法或普通法中的债务立法和司法救助应运而生。有鉴于此，中世纪中晚期西欧形成生活性的无偿消费借贷和生产性、商业性的有偿消费借贷的差别化管理模式，有利于资本市场的发展。

---

[1] Kowaleski, M., *Local Markets and Regional Trade in Medieval Exeter*, pp.202–221; Britnell, R. H., *Growth and Decline in Colchester, 1300–1525*, Cambridge: Cambridge University Press, 1986, Chapter.7, 14.

第九章 小持有者与农村的雇工和工匠

小持有者（smallholder）系“小土地持有者”的简称，是中世纪英格兰农民中的特殊群体，并成为农业雇工和工匠的主要来源。19世纪后期以来，欧美的经济史学家、法律史学家、社会史学家和经济社会史学家从不同角度对其进行了研究，使小持有者的形象不断清晰和丰满起来。相形之下，国内学术界对小持有者的研究却较为薄弱，在一定程度上妨碍了我们对中世纪英格兰农村社会结构与经济运行的全面理解。有鉴于此，本章拟对小持有者的生存状态进行专门讨论。

一、小持有者的构成及特征

小持有者既不是历史概念，也不是严格意义上的法律和经济概念。同时代的人对小持有者有着自己的称谓，后世学者将其统称为小持有者。小持有者在法律上包括自由人和非自由人、半自由人，在经济上涵盖了10英亩以下（包括10英亩）的土地持有者。小持有者来源不同，有奴隶，有被释放的奴隶，有缺少土地的自由和非自由佃农的后代，等等。但他们均是中世纪英格兰持有土地最少的农民，仅靠自己持有的土地不足以养家糊口，需要通过充当农业雇工（labourer）和工匠（craftsman）等途径获得额外收入补贴家用，在此意义上他们也被称为工资劳动者（wage-earner），在土地持有数量、条件和谋生途径等方面与其他中世纪农民存在很大不同。

中世纪英国的小持有者起源于盎格鲁-撒克逊时期，那时的小持有者均为不自由或半自由的雇工，但在该时期的不同阶段他们的来源却有所不同。在盎格鲁-撒克逊的早期和中期，小持有者一般来自奴隶。肯特王国的“埃斯尼”（esne）可能是已婚男子，因为埃塞尔伯特法律第85款提到他们的妻子。这些人大概有自己的住宅，不住在主人农场的建筑中。埃斯尼大概是由主人提供小屋（hut）的奴隶，必须承担主人的农业劳役。倘若如此，他们的大部分时间要在主人的土地上劳动，收到食物或现金作为报酬。在完成主人的劳役后，他们可以耕种自己的小块园地（garden-plot），或将自己的劳动力出卖给更富裕的邻居。威塞克斯王国的阿尔弗雷德法律规定，奴隶和不自由雇工埃斯尼怀坦（esnewyrhtan）的待遇是一样的，无权享受自由人每年37天的圣日，但可以在4个四季节（Ember Days）的星期三出售救济品或打工挣钱。在盎格鲁-撒克逊的晚期，小持有者通常来自被释放的奴隶。遗嘱表明，10世纪中期以来，释放奴隶已经蔚然成风，获得解放的奴隶名为“被释放的奴隶”（coliberti/freedman）。被释放的奴隶有一部分侧重于为领主提供劳役，这些人被称为“服役者”（work-worthy），他们的持有地名为“劳役地或收入地”（work-land or earning-land）。他们每周在领主自营地上履行一天的无偿劳役，领主向他们提供充足的木料修建一间小屋（cabin），同时还提供给他们几英亩土地。如果这些土地不足以为生，他们还可以在空闲时间受雇于他人，赚取工资。这种经济地位最低的被释放的奴隶在中古英语中称作“茅舍农”（cotsetla）。最早见到史料对茅舍农的记载是在956年，英格兰国王埃德威格在这一年赏赐了其位于伯克郡密尔顿（Milton）的15海德土地，有6个茅舍农被安置在那里。除了欠劳役者外，盎格鲁－撒克逊晚期其他被释放的奴隶可以获得1码或更多的土地，向领主交纳地租，因而被称为“交租佃户”（gafolgelda），即普通农民。[1]

鉴于盎格鲁－撒克逊时期社会结构复杂多变，下面以威塞克斯王国为例列表说明中世纪早期英国农村社会各阶层名称的变化情况[2]。

表8—1　古英语中的社会各阶层名称

	早期 约500— 约650年	中期 约650— 约850年	晚期 约850— 约1066年
奴隶 （Slave）	theow	theow	Theow thraell
不自由或半自由茅舍农 （Unfree or half-free cottager）	?esne *	?esnewyrhta *	cotsetla *
占有一个农场的被释放奴隶 （Freedman occupying a farm）		gebur ?twyhynde	gebur * leysing * （Latin） colibertus *
交租佃户 （Rent-paying tenant）	gafolgelda *	gafolgelda *	gafolgelda *

[1] Finberg, H. P. R., ed., *The Agrarian History of England and Wales*, Volume Ⅰ, A. D.43–1042, pp.431, 450–451, 508–511.

[2] Finberg, H. P. R., ed., *The Agrarian History of England and Wales*, Volume Ⅰ, A. D.43–1042, pp.466, 508.

续表

	早期 约500— 约650年	中期 约650— 约850年	晚期 约850— 约1066年
自由农场主 （Free farmer）	frigman	geneat ?syxhynde	geneat dreng radcniht
拥有土地的贵族 （Landed nobleman）	gesith	gesith thegn ?twelfhynde	thegn landrica
一个或多个郡的统治者 （Governor of one or more shires）	ealdorman	ealdorman	ealdorman eorl

说明：上表中的阶层分类不是相互排斥的，例如gebur也可以是gafolgelda，每个ealdorman也可以是thegn。凡标记*的阶层大概都可以属于真正意义上的刻尔（ceorl，盎格鲁-撒克逊时期介于贵族、自由人和奴隶之间的法律身份和经济地位差异较大的农民群体，意为丈夫、户主和农夫等，构成该时期农村人口的主体）。

盎格鲁-撒克逊末期，即诺曼征服前的二三十年左右，英格兰西部一份记录农民向领主提供劳役的地产管理文献除奴隶外还提到三种农民，包括作为农民贵族的吉尼特（geneat），持有1码土地并且由领主提供住房、家具、生产工具和各种牲畜并承担地租和劳役的吉布尔（gebur），以及考塞拉（kotsetla，即cotsetla）。11世纪的考塞拉在村庄耕地中至少持有5英亩份地，不交纳地租，但承担繁重劳役。该地产管理文献的作者特别强调，劳役数量各庄园有所不同，有些地产每周一服1天劳役，8月份的农忙季节至少服3天劳役。考塞拉是自由人，不过支持这个判断的唯一证据，是他们要交纳在当时只有自由人才承担的教堂捐（church-scot）和炉灶税（hearth-penny）。考塞拉是中世纪茅舍农的前身，他们在敞田中持有几英亩土地，但需要通过充当更富裕人家的雇工来维持生计。考塞拉来源于刻尔的幼子，他们所继承的土地不足以维持一家人的生活。[1]

《末日审判书》中的农民包括自由人（liberi homines）、维兰（villani）、茅舍农和保达（cottars and bordars）以及奴隶（servi）。其中维兰和茅舍农的数量最多，约占农民总数的3/4。维兰是农民中的第一大群体，接近登记人口的2/5，它在11世纪还不是专有名词，泛指村民（tunesman），与13世纪维兰的含义大相径庭。维兰和自由农是持有大量村庄耕地的农民，而茅舍农和保达则持有较少的土地。在有些地方保达不同于茅舍农，前者在村庄耕地中持有5英亩或更多的土地，但就整体而论，两者的相似性还是主要的。从字面上讲，这两个概念的含义都是居住在村舍中的人（cottager），保达来自法语的“小屋”（borde），茅舍农来自英语的“窝棚”（cote）。相比之下，保达的含义更近似于小持有者，而茅舍农一词仅有居住在村舍中的人的模糊含义。在《末日审判书》的专员看来，真正的差别在于维兰与保达或茅舍农，而保达或茅舍农却大同小异，都是在村庄土地中没有持有全份地的农民。他们以自己居住的小屋而得名，耕地面积无法达到1维尔格特，只承担村庄共同体的部分职务和责任。他们是自由人，并且能够成为一个衣食无忧的人，但这需要充当村庄铁匠等兼职工作。他们并不拥有一个既有权利又有义务的完整的宅院。[2]

保达和茅舍农两个术语并存的局面没有持续多久，《末日审判书》中数量较大的保达在12世纪的庄园中已不常见，在他们出现的地方似乎与常见的茅舍农没有区别。茅舍农持有他们的“宅地和小田地”（toft and croft），茅舍住宅及毗邻的小块圈地（enclosure），依靠在领

[1] Stenton, F. M., *Anglo-Saxon England*, Third Edition, Oxford and New York: Oxford University Press, 1989, pp.472–476.

[2] Loyn, H. R., *Anglo-Saxon England and the Norman Conquest*, pp.357, 358, 362.

主和富裕维兰的土地上充当农业雇工养家糊口。他们的主要作用在于为农忙季节提供劳动力。11世纪晚期的茅舍农在村庄一般持有5英亩土地，每周为领主提供1天的劳役，农忙季节可能需要2天，还要履行较轻的布恩工。由于茅舍农持有的土地较少，劳役较轻，因而有大量时间充当工资劳动者，或者从事某些特定的职业或手艺。庄园的牛倌、羊倌和猪倌来自茅舍农，村庄的铁匠、车轮匠和木匠也都是茅舍农。[1]

13世纪是小持有者数量最多的时期。由于人口激增，在不可分割与可分割两种土地继承制度下，未继承土地的幼子和平分土地的诸子都无法获得充足的土地。尽管他们可以通过垦荒、购买和婚姻等途径从家族以外获得土地，但仍有许多自由农民与维兰的儿子沦为小持有者。科斯敏斯基对1279年《百户区档案》的统计表明，13世纪小持有者已跃升为农民中第一大群体。在所有农民中，1维尔格特以上持有者占3.5%，1维尔格特持有者占24%，半维尔格特持有者占26%，1/4维尔格特持有者占10%，更小的持有者占36%。后两项相加占46%，接近农民的一半。他还分别估计了小维兰持有者和小自由持有者，其中小自由持有者比小维兰持有者的比例还高。具体来说，5英亩及以下的小块维兰持有地占所有维兰土地的29%，1/4维尔格特持有地（fardel holdings）占全部维兰持有地的38%。在东部地区（亨廷顿郡、剑桥郡、贝德福德郡和白金汉郡）小持有地和1/4维尔格特持有地总计占所有维兰家庭的50%，在白金汉郡占53%，剑桥郡占57%。小自由持有地的数量更触目惊心，5英亩及以下的小自由持有地占所有自由持有地的47%，加上1/4维尔格特持有地该比例升至59%。小自由

[1] Poole, A. L., *From Domesday Book to Magna Carta, 1087–1216*, p.43.

持有地大多数为3英亩或更少，占全部自由持有地的37%。在白金汉郡，小持有者和1/4维尔格特持有者占60%，贝德福德郡占66%，剑桥郡占80%。[1]波斯坦也认为，总的来说，13世纪村庄中耕种小持有地的人口数量颇高，经常超过持有半维尔格特土地的中等农民，有时甚至超过村庄其他农民阶层的总和。他通过对8个教会地产所属108个庄园的数据统计认为，持有10英亩及以下土地的佃农超过全部地产总人口的1/2。据此，"大约1/2农民人口的持有地不足以维持家庭的基本生活"[2]。这种局面一直持续到1300年左右，在当时的农村中2/5的佃户，在英格兰东部4/5的佃户都是小持有者。这些人"不可能生产出他们所需要的所有食物——所有的这些人在机会出现的时候都会从事工资劳动"[3]。

14世纪开始人口急剧减少，1315—1318年的饥荒致使某些村庄10%—15%的农民死亡，此后某些地方人口继续减少，某些恢复到以前的水平。1348—1349年黑死病的危害更烈更广，死亡率约为50%。此后连续的瘟疫和其他疾病阻止了人口恢复，出生率的下降也导致人口减少和停滞不前，直到1470才出现恢复迹象，1520年开始增加。[4]由此，14世纪中后期以来，农民土地持有状况得到改善，小持有者的比例在绝大多数地区明显减少。1379年和1381年的《人头税报告》最早将仆人、雇工和工匠作为新的纳税群体，他们一般被后世学者称为

[1] Kosminsky, E. A., *Studies in the Agrarian History of England in the Thirteenth Century*, pp.228, 294.

[2] Postan, M. M., "The Famulus: The Estate Labourer in the XII and XIII Centuries", *The Economic History Review*, Supplement 2, Cambridge, 1954; Postan, M. M., *The Medieval Economy and Society: An Economic History of Britain in the Middle Ages,* p.147.

[3] [英]克里斯托弗·戴尔：《转型的时代：中世纪晚期英国的经济与社会》，第218页。

[4] Dyer, C., *Standards of Living in the Later Middle Ages: Social Change in England c.1200–1520*, Cambridge: Cambridge University Press, 1989, p.140.

工资劳动者，在人员构成上接近于小持有者概念。戴尔认为工资劳动者的重要性在14世纪甚至有所下降，"因为比起其他佃户来说，茅舍农的数量更加急剧地下降，并且黑死病之后无地的各个阶层都大大减少"[1]。波斯坦也认为，黑死病结束后持有地面积变化最大的农民阶层不是维兰，而是小持有者。在分布于16个郡的130个庄园中，小于5英亩的持有地数量在中世纪晚期下降近35%，而其他亩数持有地的数量减少不超过10%。[2]波斯坦的估计仅限于小于5英亩的小持有者，如果再加上5英亩、四分之一维尔格特和10英亩的土地持有者，相信小持有者下降的比例可能不会如此之大。例如，和其他许多村庄一样，位于西米德兰的黑尔斯欧文的茅舍农和小持有者在黑死病流行期间有所减少。在黑死病爆发前他们占庄园人口的43%，在14世纪下半叶仅占35%。与此同时，富裕农民人口的比例从18%上升到26%。[3]由上可知，与13世纪占农民一半人口相比，14世纪特别是黑死病爆发后，绝大多数地区的小持有者比例明显下降，但一般仍占农民人口的1/3以上。

15世纪晚期和16世纪早期人口开始恢复，小持有者的变化趋势也值得关注。波斯坦认为，15世纪时，大多数村庄小持有者的数量少于13世纪，但他并没有给出具体数据。[4]布里特奈尔也认为，16世纪早期小持有者的比例减少。大约在1300年，茅舍农、雇工和仆人可

---

[1] [英]克里斯托弗·戴尔：《转型的时代：中世纪晚期英国的经济与社会》，第218页。

[2] Postan, M. M., *Essays on Medieval Agriculture and General Problems of the Medieval Economy*, p.210.

[3] Razi, Z., *Life, Marriage and Death in a Medieval Parish: Economy, Society and Demography in Halesowen 1270–1400*, Cambridge: Cambridge University Press, 1980, p.147.

[4] Postan, M. M., *The Medieval Economy and Society: An Economic History of Britain in the Middle Ages*, p.156.

能超过英格兰全部家庭的1/2；但在1524年，构成工资劳动者的贫困家庭减少到1/3。[1]波斯坦等人将15世纪和16世纪早期小持有者的数量与13世纪进行比较，自然得出下降的结论。另一种做法是将16世纪早期小持有者的数量与黑死病爆发后进行比较，得出数量持平的结论，例如戴尔认为黑死病爆发以后和16世纪早期小持有者的数量基本保持稳定："考虑到存在穷人、年轻人和女性的人口计算偏低的趋势，我们可以估计，在1381年和1522—1525年间，那些依赖工资作为他们大部分收入的人在英国大多数地区所占的比例稍低于总人口的一半，但是在东部诸郡，从肯特郡到林肯郡，则高于一半。"[2]戴尔估计16世纪早期工资劳动者平均占50%，比布里特奈尔的1/3要高，也并非空穴来风。因为霍斯金斯认为，亨利八世时期（1491—1547）的工资劳动者及其家属占英国人口的2/3。[3]

小持有者家庭生计如何？间接方法是估算普通农民家庭最少需要多少土地才能维持基本生活。贝内特认为，中世纪一个普通农民家庭每年至少消费36—40蒲式耳的口粮，为此需要5—10英亩土地，"而且是更接近10英亩而不是5英亩，才能产出那么多的粮食"[4]。科斯敏斯基认为维兰负担沉重，因而许多持有10英亩以上土地的维兰的生活水平也不高。[5]应该说，将10英亩作为农户最低土地需要量并不算高，因为晚近以来的研究甚至还提高了农民家庭的最低土地需要量。例如

[1] Britnell, R., *Britain and Ireland 1050–1530: Economy and Society*, Oxford: Oxford University Press, 2004, p.374.

[2] ［英］克里斯托弗·戴尔：《转型的时代：中世纪晚期英国的经济与社会》，第218页。

[3] Hoskins, W. G., *The Age of Plunder: England of Henry Ⅷ, 1500–1547*, London: Longman, 1976, p.105.

[4] ［英］亨利·斯坦利·贝内特：《英国庄园生活：1150—1400年农民生活状况》，龙秀清、孙立田、赵文君译，侯建新校，上海人民出版社2005年版，第76页。

[5] Kosminsky, E. A., *Studies in the Agrarian History of England in the Thirteenth Century*, p.230.

波斯坦主张，在大多数13世纪的村庄，中等持有地面积即由10—15英亩组成的半维尔格特土地，可以在平常年份为五口之家每人提供大约2000卡路里，它们仅够维持基本生存。[1] 蒂托也持类似看法，他不赞成将1/4维尔格特作为一个普通农户为生的最低土地需要量，认为它在三圃制下需要10英亩，两圃制下则为13.5英亩。[2] 希尔顿认为半维尔格特持有者处在生存的危险地带。[3] 上述估计一致表明，持有10英亩以下土地的家庭根本无法仅靠自己土地的收入维持基本生活。

直接方法是计算小持有者家庭的收支情况。格拉斯估算过汉普郡北克劳利（north Crawley）庄园一个1/4维尔格特持有者的家庭收支。该地区以畜牧业为主，1/4维尔格特持有者不种植小麦，但有充足的燕麦和大麦作为口粮。此外，他可以像维尔格特持有者一样饲养和出售大量牲畜和家禽等来获得现金。1/4维尔格特持有者的货币地租约有2先令8便士，因此在好年景可以剩余15先令11便士，坏年景则需要以每夸脱4先令的价格购买4.3夸脱的燕麦和大麦。为此，他必须出售更多的羊毛，可以挣6先令9.5便士。这笔钱用来维修建筑、购买生产工具、调味品和药物等，但无力再像维尔格特持有者那样为自己购买一顶帽子，以及给妻子购买一件色彩鲜艳的衣物，他们的大部分衣服需要家庭制作。[4] 格拉斯的估算表明，如果没有出售畜产品和家禽的额外收入，1/4维尔格特持有者在一般年份无法满足家庭日常开支，

[1] Postan, M. M., *The Medieval Economy and Society: An Economic History of Britain in the Middle Ages*, pp.145–146.

[2] Titow, J. Z., *English Rural Society 1200–1350*, London: George Allen and Unwin Ltd., 1969, pp.79–80, 89.

[3] Hilton, R. H., *A Medieval Society: The West Midlands at the End of the Thirteenth Century*, Cambridge: Cambridge University Press, 1983, pp.114–115.

[4] Gras, N. S. B., *Economic and Social History of an English Village: Carwley, Hampshire A. D.909–1928*, Cambridge, Mass., Harvard University Press, 1930, pp.69–74.

年份不好时甚至难以糊口。茅舍农的生计无疑更加窘迫。贝内特认为，茅舍农的土地不足以维持生计，“即使是5英亩，也是如此，他们只能寻找其他谋生手段”[1]。有鉴于此，我们完全可以相信，绝大多数的小持有者不得不赚取外快才能养家糊口。

二、小持有者与农业雇工

中世纪英格兰农村存在庄园的自营地和村庄农民的份地，由于维兰劳役或家庭劳动力不足，两者几乎一年四季都需要雇用劳动力，在农忙季节更是如此。小持有者持有的土地较少，劳役负担相对较轻，可以支配自己的大部分劳动，成为庄园自营地和村庄农民份地中雇佣劳动力的主力军。维诺格拉多夫较早指出，茅舍农和保达是庄园农业雇工的主力军，在庄园经济中扮演了重要角色，但历史学家们对他们还缺乏足够的研究。[2]

小持有者可以在领主自营地充当仆人（servant）。波斯坦认为，尽管在早期盎格鲁-撒克逊社会中奴隶的用途不得而知，但1066年开始他们成为庄园仆人，即长期农业雇工，《末日审判书》中大量的奴隶被雇佣为犁把式（ploughmen）。此外，庄园仆人还包括非奴隶的博瓦瑞（bovarii）和部分保达、茅舍农，担任犁把式及从事其他工作等。[3] 戴尔也认为，庄园仆人可以上溯到11世纪，当时存在着奴隶或非奴隶的犁把式或其他自营地仆人。[4] 12世纪，庄园仆人均为没有土

[1] ［英］亨利·斯坦利·贝内特：《英国庄园生活：1150—1400年农民生活状况》，第49页。

[2] Vinogradoff, S. P., *The Growth of the Manor*, p.352.

[3] Postan, M. M., “The Famulus: The Estate Labourer in the XII and XIII Centuries”, *The Economic History Review*, Supplement 2, Cambridge,1954, pp.6-13.

[4] ［英］克里斯托弗·戴尔：《转型的时代：中世纪晚期英国的经济与社会》，第210页。

地或只持有几英亩土地的农奴，在庄园里主要负责犁耕领主自营地，照看他的牲畜。尽管各庄园数量不一，但一般都有犁把式、车把式、羊倌和猪倌等。[1]13世纪和14世纪早期，即自营地集中经营时期，各种庄园仆人被统称为“庄仆”（famuli）的全职自营地农场仆人取代。庄仆按年受雇，每个庄园根据自营地面积雇佣4—30人不等。[2]霍曼斯证实，13世纪的庄园仆人就是庄仆。即使当领主自营地几乎全部由维兰的惯例劳役耕种的时候，也有几个仆人住在庄园宅邸：1名挤奶女工、1名牧牛人、1名车把式、几个农场雇工以及几个家仆。持有半码地或茅舍地的农民常常必须充当领主的犁把式，为领主耕田，照管领主的耕牛，或担任领主的羊倌、猪倌等。[3]13世纪，全职庄仆通常每年获得2—5先令现金，4.5—6.5夸脱除小麦外的廉价谷物。如果没有土地收入或妻子打工的收入，这些收入并不足以养活一个家庭。[4]

庄仆劳动的重要性并不亚于维兰劳役，即使在自营地集中经营时期也是如此。总的来说，季节性的、非连续的和需要大量人手的劳动，例如割草、收获、拆建栅栏、建立和维修堤坝或围墙以及季节性运输等需要村民合作完成，因而由惯例佃户的劳动承担。而那些需要专门技术的劳动，例如铁匠、木匠、石匠和砖瓦匠（tyler，同于tiler）等，某些连续性的工作，例如需要长期任职的官职——管事、警役（deadle）、家畜围篱管理员（hayward）和森林管理员（woodward），

[1] [英]亨利·斯坦利·贝内特：《英国庄园生活：1150—1400年农民生活状况》，第157页。

[2] Dyer, C., *Standards of Living in the Later Middle Ages: Social Change in England c.1200–1520*, p.132.

[3] Homans, G. C., *English Villagers of the Thirteenth Century*, pp.287–288.

[4] Dyer, C., *Standards of Living in the Later Middle Ages: Social Change in England c.1200–1520*, p.133.庄仆的报酬采用两种形式，一是享受减免地租和劳役等，另一是直接收到现金和实物，13世纪以来后者逐渐居于主要地位。

照管牲畜的雇工——羊倌、猪倌和牛倌，负责奶制品和酿酒的男女工人等，均由长期至少是季节性雇用的庄园仆人承担。然而，某些最重要的自营地农业劳动（脱粒、扬场、收获和割草等）并不容易划分，例如脱粒有时由惯例佃农的劳役完成，而在大多数庄园则由雇工和佃农一起承担。犁地和耙地在庄园固定劳动中最为重要，但也最难以明确划分。大部分惯例佃农有义务为领主自营地提供犁役，但这并不能满足自营地的全部需要。佃户的犁耕面积有时占自营地全部土地的1/3，最多1/2，温切斯特主教地产的布洛克利（Blockley）庄园便是如此。而在伍斯特主教地产，该比例还不到1/4，"一般而言这是中世纪地产的典型比例"。即使在惯例佃农劳役沉重并且没有折算为货币的庄园，庄仆和雇工承担的劳役数量与价值也接近甚至超过佃户劳役。1322年，在克罗兰（Crowland）庄园，包括食物在内的全部工资合计为9英镑4先令6便士，而维兰劳役的总价值却不到4英镑10先令，其他庄园绝无例外。有鉴于此，庄园必须雇用大量庄仆和雇工。在贝克修道院像路易斯利普（Ruislip）这样中等规模的庄园，12—13世纪之交约有30个长期仆人，此外还有8个季节性的收获工人从事秋收劳动，工资支出超过35英镑。其他许多地产一般需要雇用10—20个庄仆，工资支出为15—30英镑。[1]

14世纪以来自营地直接经营面积和庄仆数量逐渐减少，然而14世纪80年代的高物价、低工资和维兰劳役减少等却一度使庄仆衰落的速度放缓，教会庄园尤其如此。1305—1306年温切斯特主教的46个主要庄园有590个庄仆，1341—1342年为515个，减少将近13%；

[1] Postan, M. M., "The Famulus: The Estate Labourer in the XII and XIII Centuries", *The Economic History Review*, Supplement 2, Cambridge, 1954, pp.2–5.

1381—1382年有499个，仅减少3%。与此同时，庄仆的重要性不降反升。根据1381—1382年温切斯特主教地产的卷筒案卷（pipe roll），庄仆在犁地、运输和养羊等方面发挥着重要作用。犁地几乎完全由庄仆承担。在温切斯特主教地产的15个庄园中，庄仆犁耕所有的土地。仅有4个庄园的维兰劳役和布恩工占到1/4。而在奥弗奥尔（Overall）庄园，惯例佃农最多耕犁了985英亩或全部耕地的8%，剩下的92%则由庄仆犁耕。庄仆还要承担部分运输劳动。在温切斯特主教1/4以上的庄园，维兰没有运输劳役，庄园也不雇用任何马车，庄仆承担全部运输劳动。总体上看，温切斯特主教地产至少1/2的运输劳动留给自营地马车和庄仆完成。庄仆还饲养大多数自营地的牲畜，例如全职羊倌承担饲养主教29742只羊的近83%的劳动。不过，随着自营地的出租，15世纪末传统的自营地庄仆完全从史学家视线中消失了。[1]

14世纪下半叶起庄仆收入不断增加，犁把式、车把式和羊倌等与领主签订年度合同，收到现金和谷物，后者通常为每年4.5夸脱。为了吸引庄仆，领主还不断提高他们的现金工资，拜伯利（Bibury）庄园的犁把式原先每年收到8先令，1385年上升为10先令。亨伯里（Henbury）庄园和斯托克（Stoke）庄园的犁把式14世纪70年代每年收到6先令，1380年为7先令，1384年以后涨到8先令。汉普顿（Hampton）庄园的犁把式在14世纪70年代每年分别收到7先令和8先令，1377年又分别增加到9先令和13先令4便士，1381年一律为13先令。不仅如此，庄仆收到谷物的质量也有改善，1385年、1388年，汉普顿和拜伯利两个庄园在庄仆津贴中加入了少量小麦，14世纪80年代

[1] Farmer, D., "The Famuli in the Later Middle Ages", in Britnell, R. and Hatcher, J., eds., *Progress and Problems in Medieval England: Essays in Honour of Edward Miller*, pp.210–212, 236.

斯托克庄园津贴中小麦数量有所增加。[1]15世纪，庄仆收入继续增加。15世纪20年代，巴特尔修道院的院长付给巴恩霍恩（Barnhorne）庄园的资深犁把式约翰·盖尔斯每年26先令8便士，以及每周1蒲式耳燕麦和半蒲式耳菜豆。阿帕拉姆（Apuldram）庄园的犁把式威廉·卡登每年收到20先令现金，以及每周3/4蒲式耳大麦、1/4蒲式耳小麦。[2]

小持有者也担任村庄中农民家庭的仆人。11世纪，持有较多土地的农民雇用茅舍农和保达充当仆人。在后来的几个世纪，维兰中的许多人，如维尔格特持有者因为不育、婴儿夭折或者孩子都是女儿等需要额外的劳动力来耕种他们的持有地，他们一般会雇用一名全职仆人。[3] 13世纪以来，雇用仆人的农民家庭的范围有所扩大。希尔顿认为，许多农民家庭雇用仆人，后者经常因为非法进入森林、谷地、草地和鱼塘而以被告身份出现在庄园法庭，但无法确认他们是否与雇主居住在一起。此外，人头税报告显示，被描述为仆人的人们也可以是该家庭的子女。[4]此外，“富裕的村民同样也雇用劳动者。通常很难说在给定地点雇用的重要性有多大，但不容置疑的是，在所有的村庄中有一些村民为别人干活。庄园调查不时提到农奴佃农的雇工，同样的情况也出现在别的文献里。在对1379年和1381年人头税的估价中，在富有农民的名字后面经常跟着被称为他们的奴隶（servientes，应译为“仆人”。——引者注）的人，这大概是其常驻劳力”[5]。1300年在

---

[1] Dyer, C., *Lords and Peasants in a Changing Society: The Estates of the Bishopric of Worcester, 680–1540*, pp.142–143.

[2] Farmer, D., “The Famuli in the Later Middle Ages”, in Britnell, R. and Hatcher, J. eds., *Progress and Problems in Medieval England: Essays in Honour of Edward Miller*, p.232.

[3] [英] 克里斯托弗·戴尔：《转型的时代：中世纪晚期英国的经济与社会》，第210页。

[4] Hilton, R. H., *The English Peasantry in the Later Middle Ages*, pp.30–31.

[5] [英] M. M. 波斯坦、H. J. 哈巴库克主编：《剑桥欧洲经济史·第一卷·中世纪的农业生活》，第533页。

牛津郡的小村庄库克斯汉姆（Cuxham）有30户人家，150多口人。除领主雇用了9名庄仆外，富裕的自由持有农约翰·阿蒂·格里尼、寡妇爱丽丝·贝尼特、更殷实的半码地持有者也雇有仆人。[1] 1522年的军事调查显示，布鲁克修道院所属的拉特兰村有6个仆人，其中修道院副院长和从骑士分别雇用1人，两个富有的农夫和一个富有的寡妇雇用3人，还有另一个为一位普通的寡妇工作。[2]

小持有者为生存还担任雇工（labourer）。雇工与仆人有所不同，希尔顿认为两者存在以下区别：第一，仆人几乎总是附属于家庭，雇工从未有如此的附属关系。第二，仆人通常很少缴纳12便士的全额人头税，但大部分雇工是全额缴纳的。第三，雇工通常是已婚的，有时还有自己的仆人。第四，许多与雇主住在一起的仆人是女性，但也有大量的独立女雇工存在。[3] 戴尔认为工资劳动者包括仆人和雇工，两者的区别在于：仆人是全职的，雇用时间以年为单位，可能住在雇主家里。雇工或城市行会作坊中的帮工从事短期工作，经常以日为单位计算，居住在自己家里。[4] 总的来看，雇工与庄仆或仆人的最大区别在于对雇主家庭的附属关系较弱，不住在雇主家里，主要打短工，自由度和流动性更强。

农民和领主常常雇工。贝内特认为，没有孩子而持有1维尔格特土地的佃户，有一大群孩子的年轻寡妇，劳役负担繁重的土地持有者，以及领主本人（他的自营地需要日工、季工），都得随时雇用

---

[1] Harvey, P. D. A., *A Medieval Oxfordshire Village Cuxham 1240 to 1400*, London: Oxford University Press, 1965, pp.75–86.

[2] ［英］克里斯托弗·戴尔：《转型的时代：中世纪晚期英国的经济与社会》，第214页。

[3] Hilton, R. H., *The English Peasantry in the Later Middle Ages*, p.34.

[4] Dyer, C., *Standards of Living in the Later Middle Ages: Social Change in England c.1200–1520*, p.211.

这些小佃农。[1]波斯坦也证实："小持有者受雇于领主或更殷实的农民——我们知道他们这样做了，后者雇用劳动力是为了补充家庭劳动力的不足。"[2]他还进一步指出："没有理由认为常驻奴隶仅在14世纪被发现，也没有理由认为在14世纪或更早的时候，受雇劳工仅限于常驻奴隶。在更为现代的例子（18世纪和19世纪的英格兰，18世纪的普鲁士，19世纪的俄国的例子）中可以看到，一个相当于30英亩的中世纪弗盖特（即维尔格特。——引者注）的土地的耕作，通常需要雇工的帮助。拉蒂默（Latimer）主教的父亲，15世纪一个富裕的村民，耕种相当于2—4弗盖特的土地，雇用了6个人。此外，相当于整个弗盖特的传统地产的强制性劳役非常繁重和频繁——每周3—5天的人力劳动——使得它们不可能在不雇用劳工的情况下履行职责。在法庭名册中记录的庄园和村庄的议事程序内有大量的禁令，旨在保障对地主在收获期所需劳力的供给，而没有理会农民雇主的要求。因此很明显，一定数量的小农户一定通过为农民主人工作而获得收入或补充其收入。"[3]有鉴于此，贝内特在讨论农民家庭的雇工的作用时这样总结道："因此，他们的重要性在于：他们为那些能以某种方式支付工钱的人提供了随时可得的自由或半自由的劳力。没有他们，中世纪的庄园生活会有更多的麻烦。"[4]农民家庭的雇工促进了传统农民社会的转型。麦克法兰指出，在典型的农民社会，农场劳动力就是家庭劳动力，农民范式即意味着很少有劳工（雇工）和佣工（仆人），印度和

---

[1]［英］亨利·斯坦利·贝内特：《英国庄园生活：1150—1400年农民生活状况》，第49页。

[2] Britnell, R. and Hatcher, J., *Essays on Medieval Agriculture and General Problems of the Medieval Economy*, p.115.

[3]［英］M. M. 波斯坦、H. J. 哈巴库克主编：《剑桥欧洲经济史·第一卷·中世纪的农业生活》，第533页。

[4]［英］亨利·斯坦利·贝内特：《英国庄园生活：1150—1400年农民生活状况》，第49页。

中国等农民社会概莫能外。而在13—15世纪的英格兰，"所有的证据都表明，正是雇佣劳力，而非子女或其他亲属，在补充着丈夫与妻子的劳动，与16世纪无异"[1]。因而在他看来，13—15世纪的英格兰已非典型的农民社会。

庄园自营地雇工在13世纪和14世纪自营地集中经营时期非常重要，他们的工资有时甚至高于庄仆。在1308年的霍利维尔–尼丁沃斯，除庄园仆人外，还有112名雇工临时来到庄园为领主干秋活，其中很多人可能是村庄里的常住人口。[2]大量雇工劳动力的存在引起地租折算，领主越来越多地使用工资劳动者，维兰劳役反倒无足轻重。1300年时，仅有8%的自营地劳动由维兰提供，雇工已成为庄园劳动的主力军。从经济角度讲，领主也愿意用雇工取代维兰劳役，这样可以大幅度地提高劳动生产率。例如，维兰一个劳役日平均收割1/3车的干草，而一个工资劳动者可完成1/2车，雇工比维兰的劳动生产率高36%。[3]

雇工报酬更容易受劳动力市场供求关系的影响，因而不同时期收入水平会出现较大差异。13世纪和14世纪前期劳动力供过于求，雇工只能获得较低的工资。1270—1320年，码地持有者有时可以从居高的粮价中获益颇丰，而雇工却只收到每天1便士的工资。1290年，白金汉郡牛顿朗维莱（Newton Longville）庄园颁布村法，阻止收割雇工每天收入超过1便士外加食物。中世纪中期，雇工不仅需要忍受低工资的不公待遇，还面临高物价的痛苦。13世纪70年代到1320年，小持有者的实际工资下降，每日工资购买的食品数量处于最低点，而13世

[1]［英］艾伦·麦克法兰：《英国个人主义的起源：家庭、财产权和社会转型》，第197页。
[2]［英］艾伦·麦克法兰：《英国个人主义的起源：家庭、财产权和社会转型》，第197页。
[3] Dyer, C., *Making a Living in the Middle Ages: The People of Britain 850–1520*, pp.132, 133.

纪90年代正是此类家庭快速增加的危险时期。中世纪晚期，雇工的名义工资大幅上升，非农忙季节的日薪在黑死病流行期间从1便士上升为2便士，在15世纪和16世纪早期达到3—4便士。不仅如此，由于食品价格下降，在1300年和1450年，实际工资即购买食品和其他物品的数量增加2.5倍。由此，工资劳动者摆脱了贫困，生活水平大为改善。1424年诺福克郡塞奇福德（Sedgeford）的收获雇工每人每天可以获得1磅肉、6品脱麦酒和2磅面包，质量明显高于1300年以前。[1] 有鉴于此，罗杰斯断定："假如我们根据生活必需品的费用解释雇工所挣的工资，我已经不止一次地指出，15世纪和16世纪第一个25年是英国雇工的黄金时代。相对而言，任何时代工资都没有这么高，食品没有这么便宜。"[2] 对此戴尔评论道：尽管"我们不同意罗杰斯对整个中世纪工资劳动者的乐观主义观点，但他将15世纪视为英国雇工的'黄金时代'是一个重要思想，我们对这个时期的解释仍坚持这一点"[3]。

三、小持有者与工匠

农业并非小持有者获得额外收入的唯一部门，他们中的少数人从事庄园与村庄工业，通过出售工业品或受雇于某种工业来获取收入，因此农村工匠包括个体工匠和雇工。

最早的中世纪工匠大多是奴隶。王室领地拥有奴隶铁匠，肯特国王埃塞尔伯特法律规定，国王的铁匠如同信使一样得到特殊赔偿金的

[1] Dyer, C., *Making a Living in the Middle Ages: The People of Britain 850–1520*, pp.184, 186, 357, 358.

[2] Rogers, J. E. T., *Six Centuries of Work and Wages: The History of English Labour*, Miami: Hardpress Publishing, 2013, p.320.

[3] Dyer, C., *Making a Living in the Middle Ages: The People of Britain 850–1520*, p.2.

保护："如果任何人杀死国王的铁匠或信使，他必须支付一种特殊赔偿金。"[1] 虽然法律没有提及具体的赔偿数额，但莱昂认为，其数额可能达到100先令，比杀害自由人的赔偿金50先令高出一倍。[2] 贵族也拥有奴隶铁匠，在威塞克斯王国，铁匠与管家、奶妈一样成为贵族地产必不可少的组成人员。《伊尼法典》第63条允许贵族在举家迁徙时随身带着铁匠："如果一个出身于哥塞特（gesith）的人移住他处，那么他可以随身带着管家、铁匠和孩子的奶妈。"[3] 盎格鲁-撒克逊后期，奴隶铁匠被授予小块土地，成为农村工匠。达比指出，《末日审判书》中仅在几处提到铁匠（fabri）[4]，但数量并不大，没有反映出实际情况。可能的解释是，许多铁匠和炼铁工被登记为维兰和保达的名称。[5] 11世纪中期，许多工业品可能在庄园和修道院领主的府邸生产，余者则由村庄个体工匠生产。[6]

中世纪工业主要从农村开始。《末日审判书》表明，大多数"工业"与城市无关，盎格鲁-撒克逊时期大多数工匠确系农民。从诺曼征服到黑死病流行期间英格兰的农村工业继续发展，更多的村庄和农民依赖工业为生。财产调查或税收报告反映了农村存在大量工业姓氏，对认识中世纪农村工业的发展水平具有重要参考价值。贝利指出工业姓氏与工业职业的对应关系是值得信赖的，姓氏主要是

---

[1] "The Laws of Ethelbert", in Whitelock, D., ed., *English Historical Documents*, Vol. I, c. 500–1042, p.391.

[2] Loyn, H. R., *Anglo-Saxon England and the Norman Conquest*, p.107.

[3] "The Laws of Ine", in Whitelock, D., ed., *English Historical Documents*, Vol. I, c. 500–1042, p.406.

[4] Smith的含义有所不同。一是拉丁文faber的用法，仅指铁匠。另一个用法包括金匠、银匠和铁匠（Loyn, H. R., *Anglo-Saxon England and the Norman Conquest*, p.107）。

[5] Darby, H. C., ed., *A New Historical Geography of England before 1600*, Cambridge: Cambridge University Press, 1973, p.62.

[6] Miller, E. and Hatcher, J., *Medieval England: Towns, Commerce and Crafts*, pp.4, 10.

在15世纪早期变成世袭的，而之前则是灵活变动的，可以作为探寻工业职业的合理指南。[1]农村工业的范围一定程度上可以从《百户区档案》的姓氏范围得到反映。纺织业的姓氏包括德雷珀（Draper，布商、服装商）、库默（Comber，梳毛匠）、富勒（Fuller，漂洗工）、韦弗（Weaver，织工）、泰勒（Tailor，裁缝）和戴尔（Dyer，染工）；制革业的姓氏有坦纳（Tanner，制革工人）和考比勒（Cobbler，制鞋匠或修鞋匠）；金属加工业的姓氏有史密斯（Smith，铁匠）和艾恩芒格（Ironmonger，五金商）；木材加工和建筑业的姓氏包括卡彭特（Carpenter，木匠）、库珀（Cooper，制桶匠或修桶匠）、特纳（Turner，旋工）、梅森（Mason，石匠）和撒切尔（Thatcher，屋顶匠）；食品加工业姓氏包括布鲁尔（Brewer，酿酒者）、贝克（Baker，面包师傅）、布彻（Butcher，屠夫或肉贩）等。[2]

税收等材料显示农村工业姓氏遍布各地。1327年萨福克郡的税收报告列举了大量的姓氏来源于各种工业的农村纳税者，包括普劳怀特（Ploughwright，造犁工）、罗普马克尔（Ropemaker，制绳工）、尤尔马克尔（Ewermaker，制壶工）和波特（Potter，制陶工）等。最突出的来自纺织业的姓氏，如韦弗、富勒、查洛纳（Chaloner，制毯匠）、希尔曼（Shearman，剪布者）、戴尔和德雷珀等。实际上，早在半个世纪前，在伯里圣埃德蒙兹修道院北部的一些村庄就有叫“富勒”或“韦弗”的纳税人。在1332年的威尔特郡，当那些以磨坊主、铁匠和织工为名的纳税者被忽视的时候，大约250名其他人的姓氏表明他们

[1] Bailey, M., *A Marginal Economy? East Anglian Breckland in the Later Middle Ages,* Cambridge: Cambridge University Press, 1986, p.159.

[2] Rigby, S. H., *English Society in the Later Middle Ages: Class, Status and Gender*, New York: St. Martin's Press, 1995, p.40.

从事了40种其他工业职业。1296年诺森伯里亚郡的税收报告也表明了农村工业职业的多样性。铁匠是农村工匠中数量最多的，紧随其后的是木匠和酿酒者。此外还有金属、皮革和建筑工匠，以及食品生产者和数量不等的织工。据1279年的《百户区档案》，剑桥郡村民中的工匠和拥有工业姓氏者总共近450人，其中还不包括被省略的酿酒者和磨坊主。中世纪的剑桥郡制造业较少，不以工业闻名。即使这样，当地农村的非农业职业的种类仍相当丰富。粗木匠（多从事建筑业）是木工中人数最多的，铁匠在金属工人中占据绝对优势，鞋匠是皮革业的突出代表，而裁缝的数量远胜于织工。[1]

村庄普遍拥有10种上下的工业产业。麦克法兰认为，13—15世纪的英格兰已非典型的农民社会的表征之一是，“即使在村庄一级也（存在）相当明显的分工和职业专门化”[2]。1522年，萨福克郡巴伯（Barber）百户区对所属村庄和市镇的职业调查显示，27个村庄拥有2—14种非农业职业，而小城市有18—27种，其中最重要的市镇萨德伯里（Sadbury）有49种非农业职业。[3]少数村庄工业的分工已经超出平均值，与小城市相差无几。据埃塞克斯郡的哈维灵（Havering）庄园的统计，1450年前每半个世纪大约有30种非农业职业，每十年大约有18种，类似于中世纪晚期其他小城市。[4]村庄存在多种工业产业不容置疑，诚如波斯坦所言，“在普通的农村村庄，也能看到拥有很少地产的小商人和工匠聚居区，到处都有铁匠、木匠、砖瓦匠、磨坊帮工和小商小贩；大多数村庄还有纺纱工人或纺织女工；另一些村

[1] Miller, E. and Hatcher, J., *Medieval England: Towns, Commerce and Crafts*, pp.130–132.
[2] [英] 艾伦·麦克法兰：《英国个人主义的起源：家庭、财产权和社会转型》，第214页。
[3] Wrightson, K., *Earthly Necessities: Economic lives in Early Modern Britain* , p.94.
[4] McIntosh, M. K., *Autonomy and Community: The Royal Manor of Havering, 1200–1500*, p.152.

庄有漂洗工和编织工。此外，小农户还可以作为公社的雇员，即村庄的牧羊人、养牛者或牧猪人。一些家族通过妇女酿造淡啤酒来弥补收入的不足。通过对违反淡啤酒法令的罚金支付来看，酿酒女工的人数是很多的”[1]。村庄工匠占有相当大的比例。贝利在对1379年和1381年的《人头税报告》中的工业姓氏研究后证实，萨福克郡的布雷克兰（Breckland）农村不仅拥有多种工业产业，而且从事非农业职业的人占总人口的将近1/4，该郡有些地方这一比例高达30%—45%。[2]

农村工匠都是兼职的农夫工匠。除了某些农民作为渔民、矿工或煮盐工（salt-boilers）离家从事季节性工作外，更多的人长期从至少一种工业职业中获得部分收入，甚至自己的姓名也取自这种职业，此外还从事少量的农业生产。[3]小持有者构成农村工匠的主要来源。尽管偶尔可以见到维尔格特持有者或码地持有者涉足村庄工业（尤其在黑死病之后），但典型的农村工匠仍然是小持有者。在萨福克郡，1283年阿什菲尔德马格纳（Ashfield Magna）庄园的吉尔伯特·休梅克（Shoemaker，鞋匠）是做鞋的，他做的鞋子占其纳税品价值的1/3。此外，他还饲养了4只母羊，并种植少量谷物。在该郡的斯坦顿（Stanton）庄园，富勒·亚当（Fuller，漂洗工）作为一个二佃农承租了两英亩土地，1283年他拥有少量谷物、1头挽畜和1只母羊。[4]贝利也证实，在1251年伊利主教的地产调查报告中，职业姓氏很少出现在持有全份地（40英亩）或半份地的农民中间，它们在小持有者中更常

---

[1] [英] M. M. 波斯坦、H. J. 哈巴库克主编：《剑桥欧洲经济史·第一卷·中世纪的农业生活》，第532—533页。

[2] Bailey, M., *A Marginal Economy? East Anglian Breckland in the Later Middle Ages*, Cambridge: Cambridge University Press, 1989, pp.190–191.

[3] Miller, E. and Hatcher, J., *Medieval England: Towns, Commerce and Crafts*, pp.2, 7.

[4] Miller, E. and Hatcher, J., *Medieval England: Towns, Commerce and Crafts*, pp. 128, 130–131.

见。例如布里奇汉姆（Bridgham）有2个铁匠、2个羊倌、1个车把式、1个木匠和1个剥皮匠，他们都是宅地持有者（toft holders）。[1] 麦金托什在研究了埃塞克斯郡的哈维灵（Havering）庄园后认为，1380—1410年，“因为几乎没有工匠和生意人持有13.5英亩以上的土地，因而大约1/5或1/6的小持有者主要依靠工业和零售业谋生”[2]。

中世纪农村工匠的劳动主要有两种形式，一是庄仆工匠，其中铁匠的材料较为详细。作为特殊服役的土地持有者，他们必须为庄园制造和修理犁铧、马掌、刀剪等。例如在奇切斯特主教位于萨塞克斯郡的安伯利（Amberley）庄园，贝内·史密斯的铁匠铺只有4英亩土地，为此他需承担以下义务：“他用领主提供的铁，修理两条犁的铁铧，无须打制新的铁铧。用领主提供的铁，为两匹马钉马掌，还要为领主随从的马匹钉马掌，没有任何报酬——在为领主割草时，他应该磨好所有的镰刀，在为领主的羊剪毛时，应磨好所有的剪刀，等等。”[3] 作为庄仆，铁匠从领主那里持有小块土地，享受领主给予的优待，在履行了对于领主的特定义务后可以出售工业品或服务。据奇切斯特主教属下的位于萨塞克斯郡的奥尔丁伯恩（Aldingbourne）庄园的地租簿记载：铁匠的寡妇持有4英亩土地，一年向领主的宅邸提供100个马掌，其中8个孔和6个孔的各50个，没有钉子，由此她获得25便士。每当大总管前来，如果需要她为其乘用马钉马掌，4个马掌1便士。她自备马掌全年为警役和车把式的马钉马掌，同样是4个马掌1便士。她用领主的铁全年修理和磨快两张犁的铁制犁头，没有任何报酬；她在需要时修理其他两张犁的铁制犁头，领主付给她工钱。她在三次协

[1] Bailey, M., *A Marginal Economy? East Anglian Breckland in the Later Middle Ages*, pp.187–188.
[2] McIntosh, M. K., *Autonomy and Community: The Royal Manor of Havering, 1200–1500*, p.152.
[3] [英]亨利·斯坦利·贝内特：《英国庄园生活：1150—1400年农民生活状况》，第50—51页。

商下从领主的森林获得木炭，当领主在庄园时她可以在那里用餐。领主在播种时为她耕犁全部土地。如果她去世，领主获得她家中最好的挽畜。[1]此外，库克斯汉姆庄园有1个铁匠，按年获得报酬。石匠、木匠、砖瓦匠和其他工匠则收到计件工资。[2]

二是相对独立的个体工匠，他们或来自以前的庄仆工匠，或是兼职的农民工匠。不少乡村工匠没有享受庄仆减免租税的优待，更像兼营工业的小佃农。例如木匠亚历山大·卡彭特，他持有一间茅屋和半英亩土地，每年只需缴纳6便士。在萨塞克斯的一个庄园里，磨坊主罗伯特·米勒持有磨坊周围的3英亩土地，还新垦了1英亩土地，为此他每年要缴纳一笔现金，并在收获季节的布恩工中充当监工。[3]有些铁匠甚至是流动性的，据1270—1307年黑尔索温教区的法庭案卷记载，两个铁匠随身带着他们的铁匠炉，而非在村庄铁匠铺劳动。也许他们是流动的金属工匠，像该案卷中提到的唯一的补锅匠为赚钱而修理或制造产品。[4]在伍斯特主教地产所属的怀特斯通（Whitstones）庄园，1444年车轮匠（wheelwright）答应制作一副车轮，充抵他的1/4码持有地的部分进入税。1462年，砖瓦匠（tiler）将1000块瓦片作为让渡他的1/4码土地的继承捐。[5]不仅某些乡村工匠成为较独立的个体专业户，还有些开始雇工生产，像上层农民那样从普通工匠中分化出来。里格比认为，中世纪晚期的农村工匠已不是清一色的自营地雇工，有些人已经转变为独立工匠。他们拥有自己的少量雇工，磨坊主、铁匠、木匠、屋顶匠、石板匠等均在这个为领主和共同体的需

[1] Homans, G. C., *English Villagers of the Thirteenth Century*, pp.286–287.
[2] Rigby, S. H., *English Society in the Later Middle Ages: Class, Status and Gender*, p.40.
[3] [英]亨利·斯坦利·贝内特：《英国庄园生活：1150—1400年农民生活状况》，第50—51页。
[4] Miller, E. and Hatcher, J., *Medieval England: Towns, Commerce and Crafts*, p.130.
[5] Dyer, C., *Making a Living in the Middle Ages: The People of Britain 850–1520*, p.345.

要提供服务的群体之中。[1]罗杰斯甚至将这种铁匠直呼为“资本家”。[2]此外，还有酿酒者、裁缝、屠夫、面包师傅和皮匠等，也都属于农村个体工匠，其中一些人（例如少数酿酒者）也雇工生产。

乡村工匠的演进与分化表明，中世纪英国农户出现了农业和家庭副业的分离。以往认为农业和工业的分离主要发生在城乡之间，由此中世纪城市成长为工商业的中心，城乡经济呈现工商业与农业的二元结构。实际上，中世纪的农业与工业的分离不独发生在城乡之间。在中世纪广大的乡村社会，农业和工业经历了两次分离。农村工匠首先从农民中分离出来，成为兼职工匠。在购买农村工匠的产品和劳务的过程中，农民家庭中曾经紧密结合在一起的农业和家庭副业又日益分离。如哈纳沃特所说的，中世纪农妇没有将大部分时间用于生产家庭的全部生活必需品，相反，大部分家庭在纺织、制衣甚至酿酒和烤面包上依靠工匠。[3]由此，农民将主要精力集中于农业生产，并用出售剩余农产品的收入向面包师傅、酿酒者、屠夫、裁缝、磨坊主、铁匠和木匠等购买商品或服务，由此进一步促进了中世纪晚期农村工业和农业生产的专业化趋势。

综上所述，中世纪英格兰的小持有者起源于奴隶和被释放的奴隶，以及缺少土地的自由和非自由佃农的孩子。11—16世纪早期，小持有者一直占据英格兰人口的大约1/3—1/2，是农民中一个不容忽视的重要阶层。尽管小持有者在经济地位上属于下层农民，然而他们却成为农业雇佣劳动者和乡村工匠的主力军，在中世纪英格兰的农村经

[1] Rigby, S. H., *English Society in the Later Middle Ages: Class, Status and Gender*, p.40.

[2] Rogers, J. E. T., *A History of Agriculture and Prices in England: From the Year after the Oxford Parliament (1259) to the Commencement of the Continental War (1793)*, Vol.1., 1259–1400, p.281.

[3] Hanawalt, B. A., *The Ties that Bound: Peasant Families in Medieval England*, Oxford: Oxford University Press, 1986, p.146.

济中发挥了不可或缺的作用。在此过程中，他们不仅法律和社会地位逐步提高，收入和生活水平显著改善，而且还推动了农村经济的专业化，成为促进中世纪英格兰农村变革的一支重要力量。

第十章
工匠

中世纪人对工匠（craftsman/artisan）非常重视，在中世纪早期有关祈祷者、保护者和劳动者的三等级理论中，劳动者就包括了农夫和工匠两个群体。中世纪晚期以来等级秩序逐渐衰落，财富和职业成为划分社会结构的主要标准，新的社会阶层相继涌现，例如人头税报告中工匠、雇工、仆人与贵族、乡绅、约曼、农夫等一起成为纳税阶层。应该说，中世纪西欧工匠绝非无足轻重，他们分布在城市和乡村，是仅次于农民的第二大劳动者群体，理应引起高度重视。但以往对他们的专门研究却相对较少，其中尤以农村工匠为甚（在许多情况下他们并不被认为是工匠），以至于许多问题至今仍模糊不清，妨碍人们对中世纪西欧工业乃至经济和社会的认识。中世纪西欧工匠存在许多需要探讨的问题，但限于史料和已有研究较为缺乏和分散，本章拟就他们的法律身份、人口比例和收入水平进行讨论，以便在现有基础上对中世纪西欧的工匠群体的认识有所增加。

一、法律身份

狭义上，工匠系指中世纪西欧城乡工业熟练个体劳动者，不熟练或半熟练的工业雇佣劳动者则称为雇工（labourers）。工匠一般为雇主（employers），其雇员通常包括超过14岁的年轻男学徒（apprentices），以及学徒期满获得工匠资格但没有自己的雇工和作坊的帮工（journeymen）。[1]广义上，工匠泛指城乡所有的工业劳动者，包括师傅、雇工、帮工、学徒和仆人等。

工匠的法律身份有不自由和自由之分，不自由工匠包括奴隶、庄仆或农奴，主要分布在农村。中世纪初期，奴隶制在基督教世界经历了短暂复兴。中世纪初期的奴隶部分来自日耳曼各部落和罗马帝国晚期奴隶的后裔，部分来自战俘、债务人、违法犯罪者和奴隶贸易等。中世纪奴隶承担各种体力工作，“许多奴隶在他们主人的家中服务，但是，大多数都是在田里劳动”[2]。此外，也有少数奴隶在大地产上从事工业劳动。《撒利克法》《勃艮第法》《阿勒曼尼法》均提到奴隶身份的金匠、铁匠、木匠、马具匠、鞋匠和武器匠。法兰克王国的奴隶在主人的自营地作坊做工，在修道院作坊受到修道士的监督。[3]肯特国王埃塞尔伯特的法律是迄今所知英国最早的法律，其中第7条对杀死国王的铁匠做了规定：“如果（任何人）杀死国王自己的铁匠或信使，他必须支付偿命金。”[4]该法条没有说明王室铁匠的法律身份，但当时王室的许多劳动均由奴隶承担，他们被分成若干等级。铁匠是一

[1] Lilley, K. D., *Urban Life in the Middle Ages 1000–1450*, Basingstoke: Palgrave, 2002, pp.214–215.
[2] [美]哈罗德·J. 伯尔曼：《法律与革命——西方法律传统的形成》，第386页。
[3] Doehaerd, R., *The Early Middle Ages in the West: Economy and Society*, pp.128, 133.
[4] “The Laws of Ethelbert”, in Whitelock, D., ed., *English Historical Documents*, Vol. I, c.500–1042, p.391.

等奴隶，也是该法律提到的唯一工匠。[1]威塞克斯国王伊尼的法典多处提及贵族领地的工匠，其中第63条规定：“如果一个出身于哥塞特的人移住他处，那么他可以随身带着管家、铁匠和孩子的奶妈。”[2]研究表明，铁匠和管家、奶妈都是贵族家里的仆人（servant）。[3]伊尼的法典禁止奴隶携带武器，同时又规定任何人将武器借给仆人都属于违法行为，据此推测身为贵族家庭仆人的铁匠很可能是奴隶。[4]查理曼时期的庄园作坊由主人建造和招募工匠，这些工匠实际上也是生产工业品的庄园仆人。

大约8世纪起，战俘减少导致奴隶价格上升，奴隶劳动得不偿失，教会反对奴役基督徒，奴隶的主人们开始将奴隶佃农化。9世纪时，“大地产上的奴隶群体一年年日益缩小，主要就是因为他们的主人总把他们变成佃农，给他们‘盖上小屋’，就像书上写的，让他们每个人都有属于自己的、挡风遮雨的栖身之所，以及必要的赖以生存的土地”[5]。在此过程中，某些庄园的工匠也可以居住在自己的房子里，铁匠、武器匠和盐工纷纷持有自己的份地。大地产主授予工匠一块土地和工业生产必需的设备，这些工匠像其他佃农一样为大地产主承担工业劳役或缴纳工业品地租，开始向个体工匠转变。在布瓦西恩德鲁埃斯（Boissy-en-Drouais）修道院地产，佃户安东尼持有半芒斯土地，为此向修道院缴纳6支投枪。佃户厄迈纳夫（Ermenulf）是一个铁匠，

---

[1] Bridbury, A. R., *The English Economy from Bede to the Reformation*, Woodbridge: The Boydell Press, 1992, pp.69, 72.

[2] “The Laws of Ine”, in Whitelock, D.,ed., *English Historical Documents*, Vol. I, c. 500–1042, p.406.

[3] Loyn, H. R., *Anglo-Saxon England and the Norman Conquest*, p.107.

[4] Bridbury, A. R., *The English Economy from Bede to the Reformation*, p.68.

[5] ［英］M. M. 波斯坦、H. J. 哈巴库克主编：《剑桥欧洲经济史·第一卷·中世纪的农业生活》，第221页。

同样持有半芒斯土地，缴纳6支矛。此外，主人还将大地产的磨坊、酿酒房、麦芽作坊和客栈租给工匠，以小麦作为租金。这些工匠可以同时为领主和村庄农民服务。[1]尽管中世纪中期庄园作坊解散了，但自营地上从事工业生产的仆人并未全部遣散。波斯坦认为，中世纪中期以来仆人在庄园自营地劳动中承担重要角色。总的来说，季节性的、非连续的和需要大量人手的劳动，例如除草、收割、拆建栅栏、建堤坝和围墙以及季节性运输等大多由维兰劳役承担。而那些需要专门技术的劳动，例如铁匠、木匠、石匠和砖瓦匠，某些连续性的工作，例如需要长期任职的官职——管事、警役、家畜围篱管理员和森林管理员，照管牲畜的雇工——羊倌、猪倌和牛倌，负责生产奶制品和酿酒的男女工人等，均为长期至少是季节性雇用的庄园仆人。[2]

12世纪几乎每个较大的村庄都有自己的铁匠、木匠、砖瓦匠、磨坊主的助手乃至于小商小贩。大多数13世纪的村庄还包括纺纱工，有些村庄还有几个漂洗工和织工。在14世纪下半叶，织工和其他呢布工人在新兴工业区迅速增加。[3]这些村庄工匠一般来自农民中的小土地持有者，他们几乎摆脱了僵化的共同犁耕与其他强制的劳役义务，他们不服劳役或仅有较少的劳役，在庄园中积累起自己的财富。他们在公共土地上没有自己的份地，但这同时使他们比其伙伴拥有更多的自由，并可以用多种方式来支配这种自由。一部分人通过为邻居提供无暇顾及的需求来谋取生计：充当乡村木匠、铁匠、织工、磨坊主助手

---

[1] Doehaerd, R., *The Early Middle Ages in the West: Economy and Society*, pp.133–135.

[2] Postan, M. M., "The Famulus: The Estate Labourer in the Ⅻ and ⅩⅢ Centuries", *The Economic History Review*, Supplement 2, Cambridge, 1954, p.2.

[3] Postan, M. M., *The Medieval Economy and Society: An Economic History of Britain in the Middle Ages*, p.148.

等。[1]可以说，村庄工匠是农村中最早摆脱劳役制的群体，即使充当农业雇工的小持有者在当时也无法做到这一点。

中世纪西欧也存在较多的自由工匠，诚如韦伯所言，“在南欧，早在6世纪就提到了自由手艺人，北欧则在8世纪，并且从加洛林王朝起就变得比较普遍了”[2]。农村的自由工匠相对较少，主要来源于没有农奴化的自由农民，因为“欧洲农奴的数量是否曾经超过了整个农民人数的二分之一至三分之二，是存在疑问的”[3]。13世纪时，一些没有农奴化的自由持有农有时成为磨坊主或铁匠，在英国牛津郡的斯佩尔斯伯里庄园，磨坊主科尔特赫恩的威廉拥有一个磨坊和6英亩自由持有地，每年交纳地租20先令4便士，除了每年参加2天的十户联保组检查外没有其他劳役。此外，铁匠有时也是一个自由持有农，持有1码土地。但在许多地方，他是一个维兰，持有的土地要少得多。[4]除农村外，中世纪早期城市也拥有自由工匠。多普施认为工业生产的目的在于出售，因而从业者主要是自由人。中世纪西欧的自由工匠可以追溯到6—7世纪，他们包括饭馆服务员、磨坊主、金匠、裁缝、建筑工人、流动工匠、锻工和铸币工人等，主要见于法兰克、东哥特、伦巴德等日耳曼王国。[5]洛佩兹也指出，中世纪早期许多工匠与大多数自由人一样被迫委身于一个有势力的领主，但其他人继续保持着自己的独立地位，某些人还进入更高的社会阶层，最突出的例子是铸币

[1]［英］亨利·斯坦利·贝内特：《英国庄园生活：1150—1400年农民生活状况》，第50页。

[2]［德］马克斯·维贝尔：《世界经济通史》，姚曾廙译，上海译文出版社1981年版，第93页。马克斯·维贝尔系译者当时对马克斯·韦伯名字的一种译法。

[3]［美］哈罗德·J. 伯尔曼：《法律与革命——西方法律传统的形成》，第387页。

[4] Homans, G. C., *English Villagers of the Thirteenth Century*, pp.225, 286.

[5] Dopsch, A., *The Economic and Social Foundations of European Civilization*, London: Routledge, 2010, pp.333–336.

者，他们从罗马帝国铸币厂从事繁重体力劳动的工人上升为独立的企业家或蛮族政府的高级官员。[1] 8世纪伦巴德王国文献记载了相当多的城市工匠，包括珠宝匠、油漆匠、铜匠、鞋匠、裁缝和肥皂匠等。“他们在法律身份上几乎肯定是自由的。”[2]他们可能居住在市场附近，接受顾客的委托生产工业品。当时最著名的自由工匠当属流动的建筑工人和石匠，分成师傅和学徒，法律规定了他们各自的报酬。10世纪意大利城市工匠继续存在，但史料对他们的记载没有骑士、贵族和商人那样丰富。在市场周围，许多街道以不同行业命名。米兰自由工匠的史料较多，表明他们在10世纪比9世纪拥有了更高的地位。常见的自由工匠有铸币工人，他们有时将这门手艺传给儿子。铁匠也为数较多，有些人在城市外还持有土地。不同行业的工匠居住在不同的街道。961年，米兰有5名面包师傅。他们与主教签订协议，以固定的重量和价格向市民出售面包。[3]

公元1000年以前，西欧城市和城市工匠没有特殊地位与权利。当时的城市在经济上仍以农业或地租收入为主，“在政治和法律方面，城镇也没有成为一个独立的单位，它的居民也不享有一种将他们本身与其在乡村的邻居区分开来的特殊身份或特殊权利。城镇是没有它自己的行政或司法机构的，除非它在地域上碰巧与一个百户区、一个庄园或一个主教管区或一座修道院或某个其他的政治单位相重合。就法律身份而言，城镇居民不是公民，而是骑士、自由农民、农奴、奴隶、僧侣和商人。如果他们持有土地，那么这种持有所依照的是与城

[1] Lopez, R. S., *The Commercial Revolution of the Middle Ages 950–1350*, p.21.

[2] Luzzatto, G., *An Economic History of Italy: From the Fall of the Roman Empire to the Beginning of the Sixteenth Century*, p.29.

[3] Nicholas, D., *The Growth of the Medieval City: From Late Antiquity to the Early Fourteenth Century*, p.75.

镇外边盛行的同样的土地占有制度”[1]。布瓦松纳也认为，中世纪早期尽管存在城市，“但是大多数城市居民——工匠、商人、园丁、耕种者——的一般情况与他们周围的乡民没有什么区别。他们像后者一样，沦落到了贱农和农奴的地位，并负有同样的义务，农业经济，使都市经济削弱到足以使它窒息的地步，要不然就迫使都市经济在它的规律下呆滞地生长”[2]。我们不一定同意她对中世纪早期城市经济的估计，但认为这个时期的城市居民与周围农民相比没有特殊地位与权利的观点是可信的。上述情况的根本改变来自中世纪中期以来的城市革命以及城市自治。11—15世纪，欧洲诞生了大约5000个新兴的城市和城镇，生产者而非商人构成了那个时代大部分城镇里的居民的大约4/5，这些生产者主要是工匠和手艺人，大多来自11世纪农业生产力迅速增长所造成的过剩农业人口。[3]《末日审判书》时期大多数英国城市仍存在一定数量的农业，但农业已经不是市民的主要职业，他们以自由农役保有权（scoage tenure），即后来的市民保有权（burgage tenurn）持有他们的住房和小块土地。12世纪城市通常有与农村不同的独特习惯或特权，例如固定租金12便士是一处市民租户最常见的租金，市民保有权允许自由出售或转让财产，特许状允许市民免交贸易税，出席国王和城市法庭，商业和民事诉讼以城市法裁判等。[4]中世纪中期城市以其工商业中心和自治共同体的独特地位在经济和法律上

[1] [美]哈罗德·J. 伯尔曼：《法律与革命——西方法律传统的形成》，第435-436页。

[2] [法]P. 布瓦松纳：《中世纪欧洲生活和劳动（五至十五世纪）》，潘源来译，商务印书馆1985年版，第116页。

[3] [美]哈罗德·J. 伯尔曼：《法律与革命——西方法律传统的形成》，第436、438页。

[4] Poole, A. L., *From Domesday Book to Magna Carta, 1087-1216*, pp.66, 67. 希尔顿认为，市民交给国王或领主的租金一般每份财产每年不超过6便士（Hilton, R. H., *English and French Towns in Feudal Society: A Comparative Study*, p.44）。

独树一帜，成为农村强有力的竞争者。在11—12世纪的意大利，早已遭受自营地肢解和转让重创的庄园经济完全解体，城市市场扩大了服务范围和重要性，庄园作坊消失或衰落，甚至农民都要到城市购买家里无法生产的商品。城乡对工业品不断增长的需求吸引了农村大量移民从事城市工业，奴隶和农奴在很短时间转变为自由工匠。这一过程至少在较为重要的地方导致农村和城市间明确的劳动分工。农村主要负责生产食物和工业原材料，而城市则成为工商业中心。[1]

除了分布在农村和城市的自由工匠外，某些流动性行业的工匠也拥有较多的自由，像英国德文郡和康沃尔郡锡矿区的锡矿工人，迪恩森林（Forest of Dean）的自由矿工，以及拥有自己法庭（assemblies）的自由石匠等。[2] 在上述流动工匠中，锡矿工人独立的共同体最为著名。领主的锡矿收入与产量密切相关，因此他们迫切希望通过授予矿工特权的方法增加产量。14世纪30年代国王的锡矿收入一年增加到近3000英镑，当时和更早时期锡矿工人曾获得许多特许状，准予他们建立独立的共同体，免除领主和王室的大量租税。最早的特许状出现在1201年，准许锡矿工人在任何人土地上挖掘锡矿甚至为此改变河道的方向，同时也免除了他们作为维兰的所有负担。锡矿工人仅隶属于锡矿矿长（Warden of the Stannaries）的司法权，后来独立的锡矿法庭行使了这项权力。1305年，锡矿工人被免除大部分税收以及在整个西南部的通行税和市场税。[3]

除了锡矿外，在英国德比郡、奥尔斯顿沼泽（Alston Moor）和门

---

[1] Luzzatto, G., *An Economic History of Italy: From the Fall of the Roman Empire to the Beginning of the Sixteenth Century*, p.81.

[2] Harvey, J., *Medieval Craftsmen*, p.24.

[3] Miller, E. & Hatcher, J., *Medieval England: Towns, Commerce and Crafts, 1086–1348*, p.70.

迪普山区（Mendip Hills）几个较大的铅矿中心，在王室的德文银矿，在迪恩森林的铁产区都存在采矿法庭。矿工被免除普通捐税和交易税、军役等，他们在必要时可以获得土地建筑自己的茅舍。他们还有权在土地上寻找矿石，这些特权的收益是永久性的、可转让的和可继承的。德国封建主让矿工经营矿山，他们拥有自己的法庭，12—14个矿工作为法官主持审判，这样可以阻止地方政府插手采矿争端，以免停产和减少收入。除了上述权利外，德国矿工还可以获得更高的荣誉。如果一群矿工获得成功，当地很快便兴起一座“矿山城市”，如弗莱堡、戈斯拉尔（Goslar）、伊赫拉瓦（Iglau）、库特纳霍拉（Kutna Hora）和加辛托（Joachimstal）等。当矿山城市的矿工摆脱了封建法的束缚时，这种共同体便获得了一个自治城市的地位。居民，至少是当地的矿工享有所有城市和矿山的特权，包括自由酿酒和烤面包，自由运输商品，免除所有妨碍矿工劳动的讨厌的行会章程，免除所有军役等。通常认为，最古老的采矿法典是1249年在波希米亚颁发的《伊赫拉瓦法典》（*Code of Iglau*），弗莱堡、库特纳霍拉和塞姆利兹（Schemnitz）等地也拥有采矿法典。这些法律的原型最早出现在戈斯拉尔，后来向北传播到瑞典，向东传播到弗莱堡附近的萨克森，并从那里向南，从伊赫拉瓦传播到匈牙利的矿山。而实际上，这些古老的德国矿山法典受惠于英国德文郡和康沃尔郡锡矿的自由矿工（1241年康沃尔矿工发现德国锡矿），同时影响了某些意大利和法国的矿山法。[1]

自由或独立的石匠拥有市行会或会馆。属于石匠的市行会数量较少，克拉潘认为，城市石匠行会相对来说不甚重要，因为只有经常需

[1] Gimpel, J., *The Medieval Machine: The Industrial Revolution of the Middle Ages*, p.95.

要兴建或修缮礼拜堂或公共建筑物的城市才会有一个长期居留的重要的石匠团体，但这种情况并不多见。英格兰这类城市有约克、诺里季和牛津等，在14世纪各有12名左右常住的石匠，考文垂在1450年左右有7名石匠。[1]在此情况下，石匠通常与其他建筑工人共同组成一个行会，例如15世纪安特卫普的库图尔科罗纳蒂行会除了石匠外还包括盖瓦工人和铺路工人，布鲁日的行会还包括泥水匠和制砖工人。只有个别大城市存在单独的石匠行会，例如1356—1376年伦敦成立了石匠行会。在中世纪的巴黎，建筑工人的数量极大，石匠和木匠都有单独的行会。[2]比市行会存在更广泛的是石匠的会馆（lodge）。萨尔兹曼认为，会馆最早是石匠的主要作坊，也被作为就餐和午休的场所。因此，该建筑成为建筑工人的"生活中心"和"会馆"。[3]承揽大型建筑工程的石匠至少有一个会馆，不管在农村还是在城市，每个会馆都拥有比市行会更多的石匠。会馆除了作为石匠的作坊、食堂和休息场所外，无疑也会讨论他们的报酬和困难，逐渐培养起团结的意识，如果某人对外人泄露他们的开会内容会被视为不忠行为。会馆一般有某些规则或习惯，例如1352年、1370年和1408—1409年约克会馆的规章。[4]

二、人口比例

中世纪西欧工匠广泛分布于农村和城市，由于缺少全面的统计资

---

[1] [英]约翰·克拉潘：《简明不列颠经济史：从最早时期到1750年》，第189页。

[2] [英]M. M. 波斯坦、爱德华·米勒主编：《剑桥欧洲经济史·第二卷·中世纪的贸易和工业》，第651页。

[3] Salzman, L. F., *English Industries of the Middle Ages*, p.116.

[4] [英]M. M. 波斯坦、爱德华·米勒主编：《剑桥欧洲经济史·第二卷·中世纪的贸易和工业》，第652页。

料，因而他们的总数难以确切估计。但各种各样间接的和零散的证据还是存在的，它们从不同角度反映了中世纪工匠数量的变化。

中世纪西欧工匠人口比例的上升经历了一个长期过程。中世纪初期工匠数量较少，在法兰克人那里，“开始只有少数几种手艺人存在；在萨利（即萨利克。——引者注）法典上只见到工匠一词，它可能是铁匠或木匠或其他任何一种手艺人”[1]。波梁斯基认为，“萨利克法典”表明法兰克人的经济几乎完全为农业，“在它的各个条文中，一直是在谈论乡村和农业。它证明工匠在当时是非常稀少的，并且是很受重视的。例如，根据第10条的记载，拐窃一个女奴隶课以35个索立达的罚金，但如果拐窃铁匠、木匠，则罚金达到85个索立达。因此，奴隶手工业者正如专门的种葡萄人一样，被认为是比普通奴隶更宝贵的财产，而受到法律的更严格的保护”[2]。

得益于奴隶被授予小块的土地，中世纪中期工匠数量大幅度增加。英国《末日审判书》中的小持有者保达占当时农村人口的30%以上，12世纪时他们与茅舍农完全融合在一起。茅舍农在村庄通常持有5英亩左右的土地，每周为领主服一天劳役，农忙季节或许增加到两天，此外还有少量的布恩工。由于持有地和劳役较少，茅舍农有大量时间充当工资劳动者，或者从事某种特定职业。庄园自营地的牛倌、羊倌、猪倌无不从茅舍农中招募，村庄的铁匠、车轮匠或木匠也多是他们。[3] 中世纪中期工匠数量继续攀升，原因是“由于人口增长，造成农民持有的土地面积减少，这样，这些农村工业往往由土地最少的

[1] [德]马克斯·维贝尔：《世界经济通史》，第93页。

[2] [苏]波梁斯基：《外国经济史（封建主义时代）》，北京大学经济史经济学说史教研室译，生活·读书·新知三联书店1958年版，第43页。

[3] Poole, A. L., *From Domesday Book to Magna Carta, 1087–1216*, p.43.

农民家庭经营”[1]。12世纪左右，几乎每个村庄都有自己的工匠。福西耶认为，铁匠、屠夫、水泥匠和屋顶匠等都是村里的一流人才，他们的数量不是太多，“占村里人口总数的10%—15%”[2]。1300年左右，农村的铁匠、马具匠以及磨坊主在某种程度上都属于庄园仆人，依附于大的庄园地产，后者不仅是他们的主要顾客，还经常付给他们固定薪水。这些农村工匠几乎总是从领主那里持有作坊、磨坊、炼铁炉，交纳租金。农村工匠阶层的涌现扩大了村庄除务农外的其他就业机会，为许多无法养家糊口的小持有者提供了一种工作和生存手段。[3]

农村工匠主要集中在大约10个行业。12世纪和13世纪早期，林肯大教堂的特许状保留下来大约40个村庄70位拥有工业姓氏的男子的记录，数量最多的是卡彭特（Carpenter，木匠），然后是史密斯（Smith，铁匠），也包括贝克（Baker，面包师傅）、库克（Cook，厨师）、布彻（Butcher，屠夫）和泰勒（Tailor，裁缝），偶尔还有几个艾恩芒格（Ironmonger，五金商）、1个格莱齐尔（Glazier，玻璃工人）、1个坦纳（Tanner，制革工人）、1个惠尔莱特（Wheelwright，车轮匠）、1个波特（Potter，陶匠）、1个特纳（Turner，车工）和至少2个韦弗（Weaver，织工）。[4]波斯坦认为，从13世纪早期以来，英国农村的任何地方，史密斯都是最普遍的职业姓氏，其次是与建筑相关的各种职业姓氏，如卡彭特、泰勒（Tyler，同于tiler，砖瓦匠）、撒切尔（Thatcher，茅屋匠）、梅森（Mason，石匠）在档案中数量较多，表明这些工匠在13世纪广泛存在。从庄园账簿上也可以看出，大多数庄园

[1] [意]卡洛·M. 奇波拉主编：《欧洲经济史·第一卷·中世纪时期》，徐璇译，吴良健校，商务印书馆1988年版，第174页。

[2] [法]罗贝尔·福西耶：《中世纪劳动史》，陈青瑶译，上海人民出版社2007年版，第55—56页。

[3] Duby, G., *Rural Economy and Country Life in the Medieval West*, p.154.

[4] Miller, E. & Hatcher, J., *Medieval England: Towns, Commerce and Crafts, 1086–1348*, p.133.

雇用木匠和其他建筑工人，在大的主教和修道院地产的总部所在地，他们的数量甚至超过自营地上的仆人。如果将建筑业所雇用的雇工和车把式也包括在内，再加上15世纪末兴起的制砖工人，那么建筑业无疑是农村最重要的非农业职业。第三大职业姓氏为织布业和制革业。除了纺织业，皮革业也有各种姓氏，如斯金纳（Skinner，剥皮工人）、陶沃（Tawyer，同于tawer，盐硝皮工人）和萨德勒（Saddler，马鞍匠）等，它们成为大姓的原因，在于农村饲养了大量的羊和存在大量可以制造各种皮革产品的毛皮（羊皮、马皮和牛皮等）。[1]职业姓氏完全可以作为村庄工业存在的证据。如贝内特所言，1279年的《百户区档案》表明："村民的名字和绰号说明他们并不都以种地为生。""这些名字所代表的职业表明，这些职业已经成为乡村生活中不可或缺的一部分，而且在不断地吸纳着庄园剩余人口。"[2]黑死病后村庄工匠的重要性不仅没有下降，反而还有所上升，人头税报告将工匠和工资劳动者作为纳税人。此外，"1381年英格兰爆发的农民反抗，起义者中许多人是年轻的手艺工匠"[3]。

中世纪晚期，纺织、采矿、捕鱼和航海等专业化的工业村庄大量涌现，如14世纪和15世纪早期科茨沃尔德（Cotswolds）和萨福克拥有大量织工和漂洗工的织布村庄，约克郡西赖丁（West Riding）、兰开夏伯爵的煤矿和铁矿村庄，埃平森林（Epping Forst）北部和东部边缘的矿工村庄，康沃尔西部的锡矿村庄，萨福克、诺福克或西南部各

---

[1] Postan, M. M., *The Medieval Economy and Society: An Economic History of Britain in the Middle Ages*, pp.226–227.

[2] [英]亨利·斯坦利·贝内特：《英国庄园生活：1150—1400年农民生活状况》，第51页。

[3] [意]卡洛·M.奇波拉主编：《欧洲经济史·第一卷·中世纪时期》，第215页。

郡沿海的捕鱼和航海村庄等。[1]无疑，这些专业化的工业村庄中工匠的人口比例比普通村庄要高得多。希尔顿对西米德兰的研究表明，某些工业村庄中农民和工匠的数量各占一半，以至于工业村庄成为中世纪英国与市镇并列的小城市发展的另一种模式。[2]他后来进一步指出，中世纪末期，另一种小城市崭露头角，这些城市从农业聚落转变为工业化村庄，由于市场机会、农村工业发展、城市经济衰落时期城市工匠迁徙到村庄等各种原因，东盎格利亚、米德兰和其他地区都出现了工业村庄。刺激这种发展的工业通常是毛纺织业，金属工业尤其是餐具制造业也占有一席之地。专业生产者的大量聚集吸引了许多的服务行业，特别是食品加工和制衣业。在这种类型的城市中，人们很少能看到农民。这些地方远离受到严密控制的城市中心，成为新的工业发展的节点，代表了制造业向工厂制的资本主义的转型。[3]不过戴尔认为，尽管有些村庄具有城市的特点，如建立了周市场，拥有屠夫、铁匠和木匠等工匠，工业村庄从事纺织和采矿，但其非农业职业的分工缺乏多样性，因此它们并非真正意义上的市镇或小城市。[4]

中世纪晚期农村工匠的人口比例是多少？据庞兹估计，中世纪晚期，农村采矿业和其他工业的雇佣人数极有可能与城市工匠人数相差无几。这表明，在从西班牙北部到德意志中部、从意大利中部到波罗的海等欧洲发达地区，5%—10%的农村人口从事采矿业、金属业和

---

[1] Postan, M. M., *The Medieval Economy and Society: An Economic History of Britain in the Middle Ages*, pp.125–126.

[2] Hilton, R. H., *The English Peasantry in the Later Middle Ages*, pp.85–86.

[3] Hilton, R., *Class Conflict and the Crisis of Feudalism: Essays in Medieval Social History*, pp.175–176.

[4] Dyer, C., *Making a Living in the Middle Ages: The People of Britain 850–1520*, p.190; Dyer, C., "Small Towns 1270–1540", in Clark, P., general ed., *The Cambridge Urban History of Britain*, Vol. I 600–1540, p.511.

其他工业。[1]当然，这只是一个平均数，因为有些地方达不到这个比例，另一些则远远超过。1435年，伦巴德的洛米罗（Lomello）村人口为五六百人，至少有2个裁缝、1个织工、1个学校教师以及其他工匠。1541年，伦巴德的蒙扎（Monza）地区各村庄都不足200人，其中75%的人口从事农业，25%的人口为工匠、商人、车把式、船夫等。16世纪中叶，英格兰绍普郡的米德勒（Myddle）教区人口总计约350人，大约11%的成年男性为工匠，如铁匠、木匠、铜匠、裁缝、鞋匠，他们同时也是小土地持有者。1599年，英格兰米德尔塞克斯郡的伊灵（Ealing）教区有426人，其中有3名裁缝、1名铁匠、1名木匠、1名车轮匠和4名教士。[2]

中世纪时，城市是工匠最为集中的地方，但早期的城市却以农业人口为主。"在社会和经济方面，1000年以前的城镇主要是由以种田为生的人们构成。虽然也有生活在城镇贸易据点（通常就在城堡或其他堡垒的城墙外边）的商人以及生活在城堡土地上的骑士和贵族，但是，这些阶层往往只占城镇人口的少数，同时，工匠和手艺人只占一小部分。通常，一个城镇只不过是一个大村庄，其居民中有一些商人家庭和军人家庭。"[3]中世纪中晚期以来，城市聚集了大量非农业人口，其中绝大部分居民从事工业生产。"城里的手艺人几乎包下所有形式的城市经济活动，同时招揽城墙内外绝大部分的人，包括师傅和伙计在内。"[4]佛兰德尔以纺织业闻名，织工至少占根特（Ghent）和伊普尔（Ypres）城市人口的50%。13世纪中期，普罗文斯（Provins）

[1] Pounds, N. J. G., *An Economic History of Medieval Europe*, p.338.

[2] Cipolla, C. M., *Before the Industrial Revolution: European Society and Economy, 1000–1700*, Second Edition, London: Methuen, 1980, p.89.

[3] [美]哈罗德·J. 伯尔曼：《法律与革命——西方法律传统的形成》，第435页。

[4] [法]罗贝尔·福西耶：《中世纪劳动史》，第56页。

城约有2000户，将近一半的家庭以毛纺织业和麻纺织业为生。[1]从不同时间和史料来源看，中世纪中期英国城市中工匠占有较大比例。温切斯特（1300—1339）、诺威奇（1285—1311）和约克（1307—1319）等较大城市居民中的制造业人口分别占49%、34%和46%，这没有包括食品加工业中的屠夫、面包师傅和酿酒者以及服务业中的建筑工人。纽瓦克（Newark，1175）、坎特伯雷（1153—1206）、牛津（1160—1330）、什鲁斯伯里（Shrewsbury）、埃塞克特（1286—1348）、剑桥（1298—约1320）、科尔切斯特（1301）和莱斯特（1300—1349）等中等城市，2/5的居民为贸易者，将近50%的居民从事制造业，大约12%的人口从事服务业（包括运输和建筑）。[2]16世纪早期莱斯特略多于1/2的工匠受雇于制造业，另外1/4的工匠生产食品和饮料，10%的人主要是贸易者和商人，5%的城市人口是建筑工人。[3]中世纪城市工匠主要分布在几种行业，食品加工业和农业、纺织业和服装业、建筑业是城市最重要的职业，通常吸引了一半以上的市民就业。意大利的城市维罗纳（Verona，1409）、科摩（Como，1439）、蒙札（1541）、佛罗伦萨（1552）、威尼斯（1660）分别有62%、55%、65%、60%、64%，德国法兰克福（1440）有59%的居民从事上述三种职业。[4]

以上所说的主要是中等以上规模的城市，但它们在中世纪的分布并不平衡，其中意大利北部和佛兰德尔以大中型城市为主，而阿尔卑

[1] Nicholas, D., *The Growth of the Medieval City: From Late Antiquity to the Early Fourteenth Century*, p.174.

[2] Miller, E. & Hatcher, J., *Medieval England: Towns, Commerce and Crafts, 1086–1348*, pp.326–328.

[3] Hohenberg, P. M. and Lees, L. H., *The Making of Europe 1000–1950*, Cambridge, Massachusetts, and London, England: Harvard University Press, 1985, p.25.

[4] Cipolla, C. M., *Before the Industrial Revolution: European Society and Economy, 1000–1700*, p.77.

斯山和多瑙河以北的北欧地区则遍布着2000人以下的小城市。14世纪早期小城市在法国占3/4，在德国超过90%，瑞士的200个城市中只有13个为中等城市，其他都是人口不足2000人的小城市。1330年，北欧共有3267个城市，总人口达425万，其中不足2000人的小城市有3000个，人口为225万人。[1]小城市中工匠的人口比例要稍微复杂些。例如法国小城市有两种类型，11—13世纪诺曼底建立了140个左右的小城市，其中一半是“纯农业的”，另一半是“市镇”。市镇中许多农民在城市里从事农业和葡萄种植，还有部分人充当雇工。城市人口中的大部分为手工业者，生产呢绒、麻布和帆布。此外还有制革业，其中鞋匠非常重要。最后还有石匠和其他建筑工匠，如木匠和铁匠。屠夫也较重要，他们本人有时就是牲畜所有者。[2]13世纪晚期和14世纪早期，英国的市镇在功能上明显不同于农村。市镇人口为500—1000人，市民拥有20—30种非农业职业，并以此谋生。工匠和商人肯定是少量耕地、牧场、花园和自留地的佃户，但非农业职业是他们可任意支配的收入的主要来源。这种小城市中也有一两个农民，但他们是极少数。13世纪末，英国2/3或3/4的城市属于小城市，包括了一半以上的城市人口。[3]英国小城市较高的工商业人口比例绝不是个别现象，庞兹认为，中世纪晚期欧洲所有城市的农业人口都逐渐减少，从至少超过50%降至至多不足5%，表明工商业人口比例得到相应增长。[4]

城乡工匠的人口比例似乎没有统一的估计，如果按照庞兹上面的说法，中世纪晚期西欧农村有5%—10%的人口从事工业，而城市

[1] Pounds, N. J. G., *An Historical Geography of Europe, 450B. C.–A. D.1330*, pp.351, 352, 358–359.
[2] Hilton, R. H., *English and French Towns in Feudal Society: A Comparative Study*, p.54.
[3] Hilton, R., *Class Conflict and the Crisis of Feudalism:Essays in Medieval Social History*, pp.175,180.
[4] Pounds, N. J. G., *An Historical Geography of Europe, 450B. C.–A. D.1330*, p.354.

人口则主要从事工商业，此类人口所占全国总人口的比例各国之间差异较大。以英国为例，据布里特奈尔估计，14世纪早期，英国城市人口大约占总人口的15%，加上村庄共同体存在的大量工匠和贸易者，也许1/5的人口部分或全部依靠生产和交换商品和服务维持自己的生计。[1]

三、收入水平

中世纪大多数时期，工匠是独立的作坊主或工资劳动者。因而工匠获得工业收入主要通过两个途径，一是作为独立的作坊主向顾客出售自己的工业产品，二是作为工资劳动者向雇主出卖自己的劳动力。在第一种情况下，独立的作坊主同时也是小商人，他们前店后厂，独立生产和出售自己的工业品。但中世纪的城乡工匠并没有留下任何账簿，后人无从直接了解他们销售的工业品的价格和收入。不过，工业品价格变化是考察作坊主收入增减的重要参照。英国是中世纪经济数据保存较好的国家，至少13世纪以来，庄园账簿中留下了大量工业品的价格记录。以1350年前后两个时期英国部分工业品为例，1261—1350年，马蹄铁每百只4先令5.75便士，马蹄铁钉每千个15.25便士，犁铧每打9先令9便士，1匹优质呢绒（长24码）3英镑19先令8便士，1匹普通呢绒1英镑13先令2.75便士。1351—1400年，马蹄铁每百只9先令9.25便士，马蹄铁钉每千个33.25便士，犁铧每打18先令1.75便士，1匹优质呢绒4英镑3先令2便士，1匹普通呢绒2英镑6先

[1] Britnell, R. H., *The Commercialisation of English Society 1000–1500*, p.115.

令6.5便士。[1] 上述数据表明，黑死病前，工业品价格大体保持稳定，之后除优质呢绒外其他工业品价格上涨都在一倍左右，因而作坊主的收入也经历了一个从停滞不前到快速增长的过程。考虑到中世纪中期和晚期农产品价格分别出现上涨和下降，作坊主的生活水平也会随之相应恶化和得到改善。米斯基明也持有类似的看法。他在《早期文艺复兴时期的经济：1300—1460年》一书中指出，中世纪晚期整个欧洲的工业品价格快速上涨，工匠的工资也随之增加。以英格兰为例，若1261—1350年的平均价格为100，那么1351—1400年的价格水平如下：铅、锡、焊料、白蜡和黄铜等金属的指数上升到176，帆布、亚麻布和两种呢绒等纺织品指数是160，平头钉、两种车轮、绳索、大钉、围栏、马蹄铁、马蹄铁钉、犁托和犁铧等农具的价格指数攀升到235。相反，14世纪下半叶大麦、豌豆、小麦和黑麦等农产品价格指数只有99，建筑工人的工资上涨了将近50%。[2]

工资劳动者是工匠的另一群体，他们的报酬包括实物和货币混合工资或货币工资两种。混合工资在部分学徒、仆人中间十分流行，建筑工人也可以获得食物，有时还有手套、服装等劳保用品。货币工资通常按日计算，少数情况下也实行计件工资。一对锯木匠常常获得日工资，但也经常按照一对木匠一天的平均工作量100英尺木板计算。13世纪不同技术水平的木匠报酬也不一样，手艺最好的木匠一天获得3.5便士，普通木匠3便士。伦敦工匠的工资还要高出20%—60%，达到4便士和5便士。一对锯木匠一天得到7便士，或者锯100英尺木板

---

[1] Rogers, J. E. T., *A History of Agriculture and Prices in England: From the Year after the Oxford Parliament (1259) to the Commencement of the Continental War (1793),* Vol.1., 1259–1400, pp.560, table Ⅱ, 593, table Ⅱ.

[2] Miskimin, H. A., *The Economy of Early Renaissance Europe 1300–1460*, Cambridge: Cambridge University Press,1975, p.89.

获得7—8便士。农村手艺高超的工匠也可获得4便士甚至5便士。石匠师傅和木匠师傅的工资还要高，除了每周的报酬外有时还有每年的小费。1281年在建设纽盖特监狱（Newgate Gaol）时，有的木匠的工资一天为5.5便士，有的为5便士，还有的为4便士。一对锯木匠一天获得9.5便士，石匠5便士。工匠每年工作天数没有准确数据，如果按300天计算，根据技术水平不同，每人可以获得3英镑15先令至4英镑7先令6便士，有的甚至多达5英镑，伦敦工匠一年可以获得6英镑5先令到6英镑17先令。[1]

除了技术、区域外，季节也是造成工资差别的原因之一。金佩尔认为，中世纪工匠夏天工作12.25小时，冬天8.75小时，劳动时间的较大差别导致夏天和冬天的工资不同，后者一般为前者的2/3。在某些情况下还存在夏天、秋天、冬天和春天四种工资率。[2]有证据表明，中世纪的工资在一年中随季节的不同而变化，以户外劳动为主的建筑业特别明显。在1228年的维罗纳，由于冬天工作时间短，石匠师傅在夏天每天工资是4索尔多（soldi，意大利铜币），冬天降至3索尔多。在1300年贝扬附近的达克斯（Dax），木匠的工资在3月1日至11月1日每天为12德涅尔，而从11月2日到3月1日为10德涅尔。在克桑滕的圣威多克，冬季从11月11日至2月22日，工资只有夏天的2/3。1356年一个熟练工匠夏天每天工资12—14德涅尔，冬天是9—10德涅尔。1436年和1437年，该地工匠夏天每天工资为36.5德涅尔，冬天则为24.3德涅尔。根据1275—1296年制定的条例，伦敦石匠师傅每年从复活节到米迦勒节每天工资为5便士，从米迦勒节到11月11日每天工

[1] Rogers, J. E. T., *Six Centuries of Work and Wages: The History of English Labour*, pp.180, 182.
[2] Gimpel, J., *The Medieval Machine: The Industrial Revolution of the Middle Ages*, p.109.

资为4便士，从11月11日到转年的2月2日每天工资为3便士，此后到复活节每天工资为4便士。[1]

黑死病爆发前，工匠的名义工资一直变化不大。13世纪30年代温切斯特各庄园的木匠每天收到3.5便士，后来几十年工资下降，直到黑死病结束后每十年的平均工资才恢复到相同水平。而瓦匠或铺瓦工及其助手13世纪50年代比后来任何时期的工资都要高，直到1356年才重新开始上升。13世纪和14世纪早期农业工人工资上升，而工匠的工资却减少了，致使他们实际工资下降。13世纪头10年木匠购买1夸脱大麦必须工作11天，14世纪头10年却多达22天，即使在1347—1356年也需要16天。13世纪50年代，一个瓦匠或铺瓦工及其助手不到6天可以购买1夸脱大麦，14世纪头10年上升到12天，黑死病流行期间降至9.5天。类似的还有屋顶匠，13世纪和14世纪上半叶他们的名义工资大体上处于缓慢上升态势，13世纪50年代和60年代屋顶匠及其助手每天工资约为2.5便士，1280—1310年期间一天收入约为3.5便士，14世纪头10年上升到一天4便士以上，之后几十年日工资降至3.75便士，而1347—1356年上涨到4.75便士。但名义工资赶不上物价的上涨，实际工资反而下降了。13世纪60年代，他们购买1夸脱大麦需要工作13天，14世纪头10年却延长到17天，1347—1356年才降至12天。但直到14世纪50年代，工匠的实际工资只相当于农业雇工的一半。以购买家庭必需品为例，黑死病结束之后农业雇工仅需要花费13世纪70年代一半的时间，而建筑工人14世纪50年代为此所花费的工作时间却接近于13世纪70年代。[2]

---

[1] ［英］M. M. 波斯坦、爱德华·米勒主编：《剑桥欧洲经济史·第二卷·中世纪的贸易和工业》，第647—648页。

[2] Hallam, H. E., ed., *The Agrarian History of England and Wales*, Volume Ⅱ, 1042–1350, pp.769, 775.

黑死病结束后工匠的名义工资上升较快，尤以1360年和1370年之间最为显著。[1]约克的工资早在14世纪60年代经历了大幅上升。一位不熟练雇工每年工作250天，强制性的假日有100天或更多。冬天每日工资为3便士，夏天为4便士，一年收入3英镑10先令。熟练的建筑工人冬季每天工资为5便士，夏天为6便士，一年挣5英镑10先令。与黑死病爆发前相比，普通工匠的工资有了大幅增加，生活水平得到较大改善。[2]14世纪60年代约克的教区长唱诗班（Vicars Choral）的用工记录表明，木匠的周工资从2先令6便士到3先令，或者每天5—6便士。[3]15世纪和16世纪的第一个25年，工匠一天挣6便士。木匠常常修理农具和修建住宅，日工资为6便士。水管工受雇机会不太多，或者受雇距离较远，平均一天挣6.5便士。石匠在冬天和坏天气不能工作，只获得平均工资。细木匠从事工艺高超的木工劳动，工资高于木匠的平均值。由于行会控制导致雇工短缺以及物价较高，伦敦的工资高于其他地方25%—30%。礼拜日和圣日等必须停止工作，工匠每年至多只能收到300天左右的工资，但为国王工作的工匠有时可以获得全年工资。例如1408年温莎的4个木匠一天挣6便士，另外6个木匠挣5便士，按一年365天计算，前者全年获得9英镑2先令6便士，后者获得7英镑12先令1便士。教会机构也较为慷慨，在约克主教堂，有6个石匠一年各收入8英镑8先令，其他6人分别收入7英镑16先令，还有6个石匠收入6英镑3先令，1个木匠获得7英镑5先令4便士。[4]法默汇总了1300—1500年英格兰工匠和农业雇工的工资率，表明14世纪第一个

[1] Postan, M. M., *The Medieval Economy and Society: An Economic History of Britain in the Middle Ages*, p.274.
[2] Swanson, H., *Medieval Artisans: An Urban Class in Late Medieval England*, pp.152, 155.
[3] Swanson, H., *Medieval Artisans: An Urban Class in Late Medieval England*, p.84.
[4] Rogers, J. E. T., *Six Centuries of Work and Wages: The History of English Labour*, pp.327, 328.

十年每个工匠每天工资超过2便士，14世纪一二十年代至五六十年代超过3便士，14世纪六七十年代至15世纪二三十年代超过4便士，15世纪三四十年代至15世纪结束超过5便士，也就是说15世纪相比14世纪初工匠的日工资涨幅约为一倍，详见表10—1。其他国家工匠的工资在黑死病结束后也迅速增长，比如在克桑滕的圣威克多，熟练石匠的工资从1350—1359年的14德涅尔上升到1360—1369年的21德涅尔，再到1370—1389年的36德涅尔，1390—1399年的42德涅尔，1401—1409年攀升至50德涅尔的高峰。但此后这里的工资出现大幅下降，以至于1510—1519年每天工资仅有25德涅尔，这与英格兰14世纪五六十年代工资达到顶峰后一直维持到16世纪初有所不同。[1]

与中世纪中期不同的是，在名义工资上升的同时，中世纪晚期尤其是15世纪工匠的实际工资或工资购买力也在增长。以购买谷物为例，14世纪头10年一个木匠为购买1夸脱大麦需要工作22天，15世纪初只需要11天，15世纪末需要8天或更少的时间。在15世纪后期屋顶匠及其助手购买1夸脱大麦只需花14世纪头10年1/4的时间，砖瓦匠与其伙伴需要花1/3的时间。[2] 15世纪的实际工资或工资购买力上升与物价下降有关，可以满足一个成年人一年口粮的1夸脱小麦在12世纪售价2先令，1300年上升到6先令，15世纪降为5先令，1520年以后再次上升。与此相应，13世纪晚期一个非熟练工人需要花48天的工资购买1夸脱小麦，15世纪仅需要花15天。[3] 其他研究也表明，1350—1510年英格兰建筑工人的货币工资提高大约42%，而食品价格

---

[1] ［英］M. M. 波斯坦、爱德华·米勒主编：《剑桥欧洲经济史·第二卷·中世纪的贸易和工业》，第648—649页。

[2] Miller, E., ed., *The Agrarian History of England and Wales*, Volume Ⅲ, 1348–1500, p.493.

[3] Astill, G. and Grant, A., eds., *The Countryside of Medieval England*, Oxford: Basil Blackwell, 1988, p.34.

表10—1　1300—1500年的工资　（单位：便士）

	木匠（单独）/天	屋顶匠与助手/天	制盐者、砖瓦匠与助手/天	石匠（单独）/天	割草和捆绑/英亩	脱粒和扬场/3混合蒲式耳	割草/英亩
1300—1310	2.89	3.55	5.17		5.45	4.73	4.97
1310—1320	3.10	4.06	5.82		6.65	4.82	5.46
1320—1330	3.12	3.70	5.04		6.40	5.27	5.82
1330—1340	3.20	3.83	5.38		6.16	5.32	5.56
1340—1350	3.03	3.60	5.22		5.87	5.38	4.95
1350—1360	3.74	4.64	6.05	3.97	7.22	6.00	6.32
1360—1370	4.26	5.51	6.77	4.27	8.17	6.46	6.96
1370—1380	4.20	5.98	7.36	4.60	9.22	7.56	7.58
1380—1390	4.26	6.15	7.50	4.50	9.14	7.77	7.60
1390—1400	4.27	6.28	7.28	4.46	8.73	7.69	6.79
1400—1410	4.69	6.70	7.93	4.80	9.54	8.59	7.04
1410—1420	4.47	6.72	8.06	5.08	9.95	8.37	6.85
1420—1430	4.82	6.92	8.30	5.37	9.21	8.27	6.95
1430—1440	5.11	8.10	8.23	5.38	9.48	9.16	6.35
1440—1450	5.17	8.74	8.23	5.38	10.45	9.16	6.35
1450—1460	5.45	9.41	9.63	5.54	9.93	9.95	6.72
1460—1470	5.42	9.00	9.75	5.73	10.00	10.59	6.58
1470—1480	5.83	8.92	9.82	5.92		10.92	6.25
1480—1490	5.71	10.00	9.17	5.49	10.00	10.92	6.13
1490—1500	5.25	9.58	9.00	5.64			

资料来源：Miller, E., ed., *The Agrarian History of England and Wales,* Volume Ⅲ, 1348–1500, p.471, table 5.8.

仅上升了33%，由此可以证明在此期间英格兰建筑工人的实际工资是上升的。中世纪晚期的实际工资甚至还超过16—17世纪，16世纪由于名义工资没有像食品价格一样大幅上升，实际工资出现明显逆转。如果以1500—1510年十年间石匠每周实际收入作为100，那么1541—1592年降为61.2%，1593—1662年仅有45.3%。换言之，17世纪石匠的实际工资仅有14—15世纪的一半，详见表10—2。[1]

黑死病结束后各类工资劳动者名义工资的上升速度不尽相同，一般来说收入较低的工资劳动者的收入增加更快，工匠与助手的工资差距在缩小。黑死病爆发前工匠及其助手的工资差距较大，庄园档案卷通常没有规定建筑工人中工匠及其助手各自的工资标准，而《雇工立法》规定工匠的工资两倍于其助手，这在13世纪和14世纪早期得到证实。当时如果屋顶匠每天工资为3便士，他的助手通常获得1.5便士。如果瓦匠获得4便士，其助手通常得到2便士。14世纪头10年，也许由于气候异常增加了对熟练建筑工人的需求，工匠及其助手的工资差距进一步拉大。在之后的几十年，两者之间的差距再次缩小，但在黑死病刚结束的那些年，工匠的工资高于其助手近2.5倍。[2]然而，中世纪晚期，助手工资的增长快于师傅。贝弗里奇通过对黑死病爆发前后170年间温切斯特各庄园工匠及其助手工资增长速度的比较获得这一结论。从该时期开始时的1280—1289年到其结束时的1450—1453年，除陶顿（Taunton）以外的其他温切斯特庄园，木匠的平均日工资从3.12便士上升为5.23便士，即上升将近70%。同一时期，助手的日工资从1.63便士上升到4.03便士，即增加147%，或者说超过工匠的2倍以上。贝弗里奇认为，形成上述差距的原因在于同样数量的工匠需要更多的助手，或者降低技术要求后工匠增加了供给。[3]布朗和霍斯金斯对1264—1954年7个世纪英格兰南部建筑工人及其助手

[1] Gimpel, J., *The Medieval Machine: The Industrial Revolution of the Middle Ages*, pp.112, 113.

[2] Hallam, H. E., ed., *The Agrarian History of England and Wales*, Volume Ⅱ, 1042–1350, p.771.

[3] Beveridge, W.,"Wages in Winchester Manors", *The Economic History Review*, Vol.7, No.1 (Nov., 1936), p.32.

表10—2 1300—1700年的工资、价格和石匠的收入

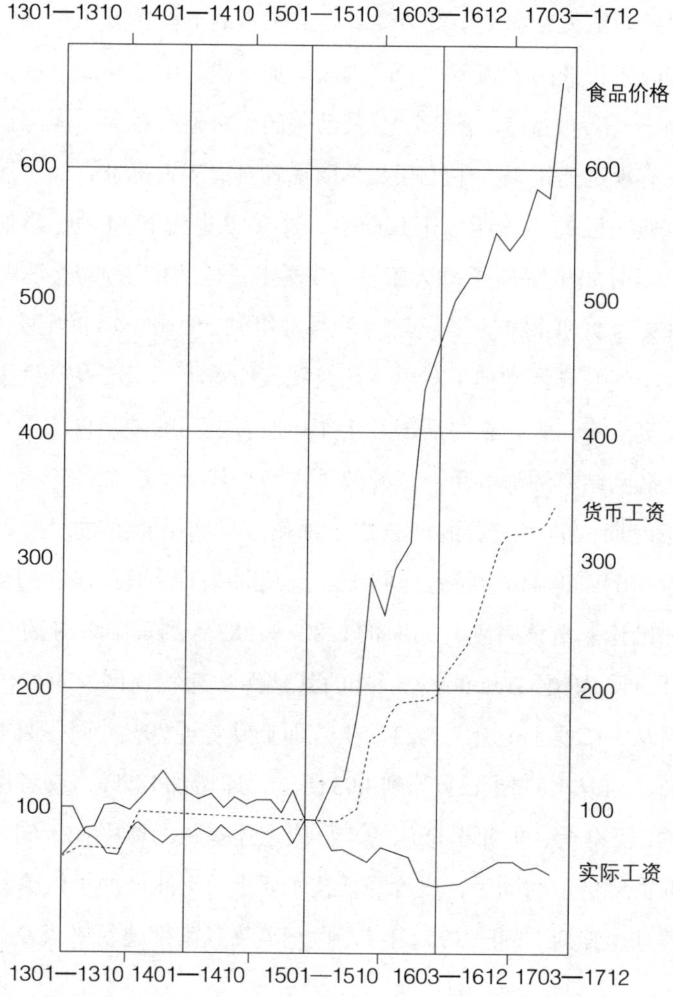

注：1301—1510年的工资、价格和收入为100。

的工资统计也得出类似结论。[1] 13世纪60年代—14世纪50年代的开始和结束时期工匠的日工资均为3便士，没有增长。但中间长期波动，有些年份上升到3.5便士和4便士，分别增加了16.7和33.3%。14世纪50年代—16世纪30年代工匠的日工资在4—6便士之间，增加了50%。相比而言，1301—1350年助手的日工资为1.5便士或2便士，增加了33.3%。1350—1545年从2便士上升到4便士，增加了100%。

法默认为，助手工资快速上升部分由于非熟练工人也供不应求，但这并不能解释为什么这种变化在15世纪更加显著。也许随着时间的推移，助手的技术和地位也得到了改善。15世纪屋顶匠的助手技术熟练，堪比城市工业中的帮工。因此，这样的组合比使用妇女和习惯佃农或庄园仆人一天可以完成更多的工作。统计显示，1347—1356年工匠与其助手的工资差距最大，如果助手工资为100，该时期木匠工资为245。此后，两者的收入差距持续下降。1356—1360年工匠与其助手的工资差距下降到196，1390—1400年下降为184。15世纪初木匠的工资比自己的助手仅高出70%，15世纪40年代两者差距不足50%。[2]

不仅如此，黑死病结束后茅屋匠、木匠、石匠、砖瓦匠等建筑工人工资的增长还明显快于农业雇工。在所统计的7种计件和日工资当中，6种在黑死病结束后大幅度上升，其中茅屋匠的工资上升最快，然后是脱粒工人和扬场工人、木匠、瓦匠和铺瓦匠、收获工人和石匠，而割草工人的工资仅稍有上升，甚至没有恢复到14世纪70年代

---

[1] Brown, E. H. P. and Hopkins, S. V., "Seven Centuries of Building Wages", *Economica*, New Series, Vol.22, No.87 (Aug., 1955), p.205, Table 1.

[2] Miller, E., ed., *The Agrarian History of England and Wales*, Volume Ⅲ, 1348–1500, pp.435 fig.5.2, 479–480.

的工资水平。尽管农业雇工有时也过得不错，但黑死病结束后建筑工人的工资通常比农场雇工增加得更多，根本扭转了黑死病前工匠工资一直比农业工人增长缓慢的态势。由此，建筑工人和农业雇工为购买相同价值的消费品所花费的劳动力正在接近，农业和工业领域工资劳动者的生活水平相差无几。[1]

上述研究表明，中世纪西欧工匠是一个非常重要的劳动者群体。他们包括自由人和非自由人，后者在中世纪较早摆脱了奴役，成为半自由人和自由人；他们的人口比例不断上升，布里特奈尔称14世纪早期英国城市人口大约占总人口的15%，加上村庄工匠等在内，也许20%的人口部分或全部依靠生产和出售商品或服务为生；随着中世纪中期和晚期工业品价格和工资从缓慢增长到快速上升，以及粮食价格下降，工匠收入的购买力也相应经历了从下降到提高的过程，工匠的生活水平得到明显改善。

[1] Miller, E., ed., *The Agrarian History of England and Wales*, Volume Ⅲ, 1348–1500, pp.479–480, 491.

第十一章 工业组织

在英语世界，自从坎宁安提出将不同类型的工业组织（industrial organisms of different types）纳入经济史的研究范围以来，工业组织便被视为工业史的研究对象，由此包括中世纪在内的几乎所有工业组织的演变得到了不同程度的研究。[1]研究表明，在工业组织的演变中，中世纪承上启下，具有明显的时代特点。大体说，中世纪西欧工业组织主要是建立在工匠（craftsmen，artisan）专业化和商业化基础上的制造业或加工业的基本生产经营单位，它们伴随着生产和销售的不同而经历了各种变化。那么，工业组织在中世纪西欧经历了哪些重要变化？这些变化在城乡都有哪些表现？如何分析城乡工业组织变化的原因？目前为止，这些问题还缺少系统深入的考察梳理，本章试图回答这些问题。

[1] Cunningham, W., *The Growth of English Industry and Commerce: During the Early and Middle Ages,* Introductory Essay, Chapter Ⅱ, *The Scope of Economic History*; Unwin, G., *Industrial Organization in the Sixteenth and Seventeenth Centuries,* Oxford: Clarendon Press, 1904, Introduction; Ashley, W., *The Economic Organization of England: An Outline History*, Kila, Mont.: Kessinger Publishing, L L C, Chs.ii and v; Usher, A.P., *An Introduction to the Industrial History of England*, Boston: Houghton Mifflin Company, 1920, Chs. i; Gras, N. S. B., *Industrial Evolution*, London: Oxford University Press, 1930, Chs i–viii; Pounds, N. J. G., *An Economic History of Medieval Europe*, pp.285–288.

一、庄园工场

自晚期罗马帝国以来，城市工商业衰落，工业向农村转移，大领地上建立起农业和手工业生产合二为一的庄园组织，并延续到中世纪早期。中世纪的第一个工业组织是庄园工场（villa or manorial workshop），那里的依附工匠（奴隶或奴仆）主要为国王、贵族或修道院等生产消费品，不以销售为目的，基于此，经济史学家格拉斯将其称为自给自足手工业（usufacture）。[1]不过，它们是否在庄园作坊存在过，20世纪上半叶国外学者曾有不同意见。个别经济史学家完全否认中世纪早期西欧存在过庄园工场。奥地利经济史学家多普施认为，加洛林王朝早期的几份文献都不能证明庄园工场的存在，例如“在《庄园法典》中，就提到了大量的手工业者被留存在皇室的领地上，而较早期的学者们则被该陈述完全地误导了。同一时期的《简要案例》（*Brevium Exempla*）已经指出，在实际操作中，即使在皇室领地上，这些规则也没有被遵守。——在‘圣高尔规划图’中，我们曾发现了大量的来自各个行业的劳动者的营房宿舍，但是这份圣高尔规划图的重要性到如今已经被大大削减了，因为我们知道，该规划仅仅是一个大体上的计划方案，是一幅理想中的图景，它与历史现实是大相径庭的。该规划从来就没有被实施过，而且它仅仅是一份与816年亚琛（Aachen）改革相关而发布出的咨询性文件”[2]。在指出庄园诏令未被遵守和圣高尔规划图没有实施后，多普施进一步得出结论说：

---

[1] Gras, H. S. B., *Industrial Evolution*, ChapterⅠ. 庄园作坊由专业工匠为他人（领主等）生产，已经不同于农户的家庭副业，属于工业范畴。但其生产目的主要为了庄园消费而非出售，尚有别于中世纪中期普遍化的为市场生产的手工业，可视为从家庭副业到市场化手工业的中间或过渡阶段。

[2] ［奥］阿方斯·多普施：《欧洲文明的经济与社会基础》，第527页。

“诸如此类的这些事实例证，现在既然能够证明从加洛林王朝开始的中世纪早期时代里的情况，那么也必然能够用来证明在前加洛林时期的情况——换句话说，那些大庄园地产，并没有自给自足地提供给自身各种制造业的必需品，而是从市场上采购回来了这些必需物品。”[1]

然而，与多普施同时代或稍晚的经济史学家大都主张中世纪早期存在庄园工场。皮朗认为，由于加洛林王朝时期城市完全丧失工商业职能，商人阶级消失，因而在中世纪早期的大地产上，“领主不仅依靠自己的保有地与农民的租税过活，还要在自己家里生产耕种土地所需的农具，以及奴仆所需要的衣服，因为他无处购买这些东西。因此，成为中世纪早期大地产特征的作坊或‘家庭作坊’的建立，就是为了补充商业与工业的缺乏”[2]。如果说皮朗对加洛林王朝时期大地产自给自足的论述因受其夸大阿拉伯人扩张和北欧人入侵的消极影响而并不可信，那么同时代的其他经济史学家也一起为庄园工场的存在背书，就不是偶然的了。例如法国经济史学家布瓦松纳指出，中世纪早期的工业生产主要为了自给自足，无论农户和大领地莫不如是，所不同的是后者存在着“劳动的分工与专业化”。具体来说，加洛林王朝时期的“每一个大领地都有全班的工人，在查理曼的有名的法规汇编《庄园法规》（*De Villis*）中以及在寺院的许可状和规章中都将其名称一一列举出来。这些工匠都分配在男人作坊（camerae）和女人作坊（gynaecia/sereonae）中组成若干队，受各级工头（ministeriales 和 magistri）的指挥、监督，后者也像他们一样出身于奴隶。在一个皇家领地上，他们可能有几百人，在这里，一切工业上的劳务应有尽

[1]［奥］阿方斯·多普施：《欧洲文明的经济与社会基础》，第529页。
[2]［比利时］亨利·皮朗：《中世纪欧洲经济社会史》，第8页。

有——每一领地，不管怎样小，通常都有它的看守炉灶的人、制面包的人、屠宰的人、酿酒的人、纺织的人、漂洗的人及染色的人，以及少数金匠尤其是铁工（在这种农村环境中他们是不可缺少的）、制鞋的人和做针线的女工。这种组织在寺院领地上达到了它的顶峰，在那里，负责每一项劳务的僧侣，指导各级工人责成他们提供生活必需品。主教的领地也配备有同样的全班人手”[1]。庄园工场主要为消费生产，但剩余产品也会送到市场上出售。[2]此外，汤普逊认为庄园工场也存在于10世纪和11世纪的德意志，他指出：“在教会的大庄园上，或在大领主的有些大庄园上，设立了‘工场’，由职工来制造东西，这些职工与其说是农奴，不如说是手艺奴隶。这些制品的剩余部分，是拿到市场上去出售的。”[3]

还有的历史学家主张中世纪早期庄园通过双轨制，即庄园作坊生产和农户缴纳工业品地租来满足对工业品的需要。布洛克认为，中世纪早期领主需要的工业品分别在农民家庭和庄园工场进行生产，例如庄园纺织品的加工有时在农民家里，“有时领主为了防止浪费与偷盗……叫农民在领主手工工场里进行。尽管男女混杂，同在一处做工，人们还是借用晚期罗马帝国的一个常用词把这种工场称为‘gynécée’（闺房，后指妇女们聚集做工的场所）。所以采地作为雇佣劳动力的来源既有工业生产的部分又有农业生产的部分。从这个意义上可以说庄园是一个大的农业与手工业的综合体，当然主要成分是农业，只是综合体不是以工资而是以土地作为劳动酬报”[4]。很久之后，

[1] ［法］P. 布瓦松纳：《中世纪欧洲生活和劳动（五至十五世纪）》，第104页。
[2] ［法］P. 布瓦松纳：《中世纪欧洲生活和劳动（五至十五世纪）》，第105页。
[3] ［美］汤普逊：《中世纪经济社会史》，上册，第365页。
[4] ［法］马克·布洛赫：《法国农村史》，第88—89页。

斯拉普也持有类似观点，她认为，中世纪早期庄园工业品生产采取分散和集中两种形式，前者在村庄工匠自己的作坊进行，作为持有小块土地的报酬向领主缴纳工业品地租；后者则因军事急需或地处偏僻无法购买而不得不在庄园工场完成。[1]可见，20世纪上半叶的经济史学家大都主张王国、贵族或修道院等不同程度地依赖庄园工场。领主有时可能会将庄园工场生产和农奴缴纳工业品实物地租结合起来满足消费，但全然不设庄园工场是比较罕见的。

20世纪下半叶，经济社会史学家几乎一致主张中世纪早期存在庄园工场。庞兹认为，中世纪早期庄园工场的历史可以追溯到罗马帝国晚期。当时的田庄（villa）不只是农业生产单位，还是工业生产的中心。[2]杜哈德也认为，古罗马的农学家对于如何满足庄园各种工业品的供给有两种不同意见，加图（公元前234—前149）坚持向城市或附近村庄的工匠直接购买，而瓦罗（公元前116—前27）和4世纪的农学家则力主在庄园中生产。因此，庄园建立起生产各种工业品的工场，从事织布、制陶、冶金、制革、建造战车和船舶等劳动，生产者全部由奴隶担任。奴隶甚至提供运输劳役，奴隶身份的兽医和医生为牲畜和人治病。所有这一切都是为了降低庄园开支，以低廉的价格按时生产更多的产品，决不让奴隶进城购买庄园所需的工业品。罗马帝国晚期的田庄和墨洛温王朝、加洛林王朝时期的领地仍提供这种类型的工业生产。[3]

20世纪下半叶的经济社会史学家比其前辈发现了更多中世纪早期存在庄园工场的证据。墨洛温王朝时期的文献除了提到各种工匠外，

[1] ［意］卡洛·M. 奇波拉主编：《欧洲经济史·第一卷·中世纪时期》，第180页。
[2] Pounds, N. J. G., *An Economic History of Medieval Europe*, p.64.
[3] Doehaerd, R., *The Early Middle Ages in the West: Economy and Society*, pp.127–128.

还明确提到大地产上的庄园工场。例如罗萨里（伦巴德国王，636—654年在位）的敕令（*Edict of Rothari*）规定，任何与奴隶结婚的自由妇女，在双方共同生活期间必须在王室妇女工场中劳动。[1] 杜哈德指出，5世纪在阿维塔坎姆（Avitacum）存在的一个织布作坊（weaving-shop/textrinum）属于一处地产。诗人福图纳图斯（Fortunatus）曾提及6世纪在特里尔主教的某个设防领地上存在一个制造武器的作坊。图尔的格雷戈里曾提到王室田庄的磨坊为织布作坊（weaving-shop, gynaeceum）的妇女磨面。7世纪圣埃利吉乌斯（St. Eligius）要求在利穆赞的索利尼亚克修道院中的作坊配备从事各种手工业的工匠。有鉴于此，杜哈德认为，罗马帝国的田庄工场在中世纪早期之所以延续下来，究其原因是，罗马帝国灭亡后，古代城市作为工业生产和交换的中心衰落了，而中世纪早期低下的农业生产力水平限制了所有农场主大量出售剩余产品，鼓励了工业在农民中的发展。这种形势导致大农场主招募专业化的奴隶劳动力。这种农场主是役使家庭仆人、士兵和奴隶等大批员工的一个大家族的族长，或者是修道院院长，于是人们能够容易理解何以这些作坊发展得如此广泛和多样化。[2]

加洛林王朝时期的庄园承袭了以往的工业生产活动，主要工业品的供应不再通过市场。庞兹主张："加洛林的田庄继承了（罗马田庄工场的）这些活动。田庄不需要市场供给它手工业品——曾经在城市进行的制造业活动除了在意大利有部分例外以外，统统转移到了农村。在之后的两三个世纪，城市的发展又将工业吸引到城市。"[3] 庄园工场的普遍化使工业的地理分布发生显著变化。在墨洛温王朝时期，

[1] Doehaerd, R., *The Early Middle Ages in the West: Economy and Society*, p.133.

[2] Doehaerd, R., *The Early Middle Ages in the West: Economy and Society*, pp.128–129.

[3] Pounds, N. J. G., *An Economic History of Medieval Europe*, p.64.

纺织品、工具、武器、铁制与木制品、玻璃、陶器和盐的生产还主要集中在城镇范围。到加洛林王朝时期，上述工业生产已经在庄园和广袤的农村得到推广。[1] 20世纪下半叶，尽管王室庄园工场研究由于史料匮乏没有新进展，但是贵族特别是修道院地产上的庄园工场研究却大有推进。修道院一般建立在定居点附近，这些定居点或在城市，或在农村。在前一种情况下，小城市往往附属于或融入了大修道院，这些小城市居住着多种行业的工匠，他们必须满足大修道院所需要的各种工业品。在后一种情况下，修道院就要建立庄园工场。圣加尔修道院825—830年绘制的平面图中，各种工业以及酿酒和磨面活动集中在一个大的工场，此外还有一个漂洗工的工场和其他工场。如果像多普施所说的，圣高尔规划图从未施工，那么其他修道院工场的存在仍可资为证。在圣里基耶修道院，按照区域和街道分布形成聚落，工匠按行业分别集中居住，他们是修道院不自由或半自由的奴隶（familia）。桑樊尚修道院的新工场生产各种奢侈品，产品不仅可以满足修道院自身的需要，也供应它所属的地产和修道院捐赠者家庭。迄今这里发掘了4个工场，分别制造各种搪瓷制品、骑士装备和玻璃器皿，而陶器、皮革制品、日常金属设备，以及象牙和骨制品则在其他工场生产。822年，阿达尔哈德修道院院长坦承，阔比修道院中有数名裁缝、1名漂洗工、6名铁匠、2名金匠、2名制矛匠、1名羊皮纸工、2名鞋匠、3名冶炼工、4名木匠、4名石匠——他们应该集中在自营地工场中从事生产。鲍比欧修道院的庄园账册表明，该修道院的一个管家（chamberlain）负责管理毛皮匠、鞋匠、裁缝的劳动，提供他们所需

[1] Verhulst, A., *The Carolingian Economy*, p.72; Pounds, N. J. G., *An Economic History of Medieval Europe*, p.64.

要的原料；另一个管家负责向铁匠、制盾者、鞍工、旋床匠、羊皮纸匠等供应原料，分发铁制工具；还有一个年轻僧侣监控其他工匠的生产。中世纪早期庄园工场仍大量使用奴隶劳动。事实上，不独工业和庄园主，当时农业和农民家庭也依赖奴隶。少则几人，多则几十人，尤以家内奴隶最为普遍。[1]

尽管修道院集中了多种行业的庄园工场，但以纺织、金属加工、玻璃制造、制陶和制盐等行业的工场为要。罗马帝国时期和墨洛温王朝时期均存在妇女工场，8世纪以来西欧各地也大多设有专门的妇女织布工场（gynaecea）。作为一种与男性在自营地的农业劳役地租相应的强迫义务，无持有地的女奴隶和处于奴役地位、但拥有持有地的半自由妇女必须到那里承担纺织劳役。查理曼的庄园诏令中有如下证明妇女工场生产活动的条文："为使朕的妇女工作，应按照所指定的适当时间，来给予她们材料，如亚麻、羊毛、大青染料、朱红、茜草根制的颜料、理羊毛梳、起绒草、肥皂、润滑油、器皿及其他必需的东西。"[2]在王室地产上，妇女工场是独立建筑，用篱笆和大门与外界隔开。但这些织女究竟是在一个大建筑的不同房间还是在几个独立的半地下茅屋从事劳动，尚不清楚。在后一种情况下，庄园自营地妇女织布工场的面积很小，一般仅有2.5—2.7平方米，深0.5—1米，只能容纳1—3个人在其中工作。中世纪早期织布是典型的妇女劳动，修道院中的僧侣从来不亲自织布而选择建立妇女工场，其规模可达几十人。巴伐利亚小修道院有24人，缪巴赫修道院有40人，菲尔达修道院的

[1] Duby, G., *Rural Economy and Country Life in the Medieval West*, translated by Postan, C., London: Arnold, 1968, pp.37–38.

[2] ［美］汤普逊：《中世纪经济社会史》，上册，第288页。

一个庄园有55人。[1]

金属加工的庄园工场也很重要。领地下面的矿产属于土地所有者，不经他的同意其他人不能随意采矿。考古发掘证明在修道院地产上存在8—10世纪铁矿石的采矿遗址，炼铁设备建造于加洛林王朝时期，许多地区发现了冶铁炉（forge或 furnace）。查理曼曾命人起草王室领地铁矿和铅矿的年度生产报告，是庄园金属工场存在的重要证据。[2] 庄园武器制造工场确实存在。随着武器需求数量日益增长，某些修道院设立了为服军役的附庸生产武器的工场。这些工场所生产的武器只能分配给自己的附庸使用，法令明令禁止将它们卖给其他人，特别是商人。圣加尔等不少修道院都设立了生产武器的庄园工场，并且与军事装备有关的皮革加工设置于同处。玻璃制造和制陶在墨洛温王朝是城市范围的工业生产活动，到加洛林王朝时期进入农村。这种转移与能够就近取得原材料相关，不过它们的生产单位主要是庄园工场，农民缺少生产这些产品的必要条件。除了在修道院建设工场生产窗户玻璃外，庄园工场还在庄园自营地为主人生产薄如圣饼的碗、碟和灯罩等各种器皿。[3] 制盐也是重要的农村工业，庄园从事部分生产活动。许多教会领主在自己的领地上拥有盐矿（salt-works）、煮盐炉（furnaces）和煮盐锅（salt-pans），相关的例子不胜枚举。8世纪初，巴伐利亚公爵泰奥多不仅将自己在瑞辰霍尔1/3的盐矿送给萨尔茨堡教堂，同时还赠送了用于煮盐的20个炉子和同样数量的平底锅。[4]

中世纪早期的工业组织在中期发生转变的前提是庄园工场的解

[1] Verhulst, A., *The Carolingian Economy*, p.75.
[2] Doehaerd, R., *The Early Middle Ages in the West: Economy and Society*, p.132.
[3] Verhulst, A., *The Carolingian Economy*, pp.72–83.
[4] Doehaerd, R., *The Early Middle Ages in the West: Economy and Society*, p.287.

体。杜比认为，9—10世纪本尼狄克修道院的庄园是西欧工业生产的中心，12世纪时西多会修道院的庄园是中东欧工业生产的中心，而此时西欧和南欧的制造业已经转移到城市工匠的手中。[1]庄园工场的存在在商业不发达的状态下是必要的，但“随着商业的再起，庄园中的很多设施就成为多余的了；在每个重要庄园的家庭作坊里，总是有几十个农奴在制造纺织品和农具，但是这种家庭作坊现在还有什么用呢？其产物还不如邻近城市里的工匠们所制造的一半好。在12世纪，几乎各地方的作坊都没有了，人们也就让它们这样消失下去”[2]。这种消失不一定是由于具有农奴身份的工匠逃亡了，领主可能主动实行了部分改革。城市工业的迅速发展明显发生在12世纪，而当时庄园工场的工匠已经拥有一定的支配自己劳动的自由度，向外面的顾客供应自己生产的部分产品。如原来属于领主的面包炉、炼铁炉、制革场和织布小屋将生产的剩余产品出售给外面的顾客。1109年，在马孔（Mâcon）某桥梁附近的面包师傅主要为主教家庭烤制面包，同时也向旅行者出售。当道路上的人越来越多时，他的生意也日益兴隆，与此同时在经济上的独立性也随之增强。当然，城市工业的兴起是领主放弃庄园工场的主要原因。至11世纪，当时的市场税单（toll-lists）显示，城市手工业已经随处可见。阿拉斯（Arras）的市场税单提到了食品行业（victualling trades），面包师傅和屠夫为这个行业的扩大铺平了道路。此外该记录还提到了呢布和铁匠在市场上销售的金属制品。诚然，庄园工场的解体又促进了城市工业的发展。12世纪迎来城市手工业的快速增长阶段，当时工匠冲破了庄园工场的牢笼。1109年，弗

[1] Pounds, N. J. G., *An Economic History of Medieval Europe*, pp.50, 61.

[2] [比利时]亨利·皮朗：《中世纪欧洲经济社会史》，第73—74页。

里茨拉尔（Fritzlar）的修道院院长允许庄园工匠在市场出售自己生产的任何工业品。根据1170年在斯特拉斯堡发布的规章，教会庄园的任何工匠在城市出售他自己生产的工业品时无须缴税。在此阶段，面包、鲜肉、铁和皮革行业都在为地方市场生产，12世纪周围的农村物质文明的进步也加速了城市工业的发展进程。[1]可见，这种转换是领主在作为工商业中心的城市兴起的背景下自行调整生产关系的结果，并为中世纪中期工匠在村庄和城市的小作坊的普及创造了条件。

二、工匠作坊

中世纪欧洲的第二种工业组织是城乡个体工匠作坊（crafts workshop），不过工匠作坊并没有像庄园作坊那样留下直接证据，因而这里主要以间接证据加以说明。与庄园工场主要为满足领主消费而生产不同，家庭作坊通常为市场而生产，生产者也是商人，直接将产品卖给消费者。如格拉斯所说，这是一个城市或农村工匠在其作坊或住宅生产其产品的阶段。工匠生产的产品为附近的人们所使用，这种工业类型以往被称为行会制度、手工劳动（handwork）和手工业（handicraft），不过格拉斯认为这些术语的意思不够明确（例如行会制度并非一种生产组织），因此应将这种工匠作坊称为“零售手工业”（retail handicraft）。[2]

零售手工业的出现离不开中世纪早期最后几个世纪出现的农业革

[1] Duby, G., *The Early Growth of the European Economy: Warriors and Peasants from the Seventh to the Twelfth Century*, p.236.

[2] Gras, H. S. B., *Industrial Evolution*, p.13.

命。[1] 技术史学家怀特认为，6—9世纪西欧北部产生了一种适合该地区土质状况的崭新的农业耕作制度。新制度的各种因素（重犁、敞田制、农业与畜牧业新的结合、三圃轮作制、现代挽具、马蹄铁以及车前横木）相继出现，集合成一个新的耕作模式，为查理大帝时期将欧洲文化中心从地中海沿岸转移到北方平原奠定了物质基础，其影响持续至今。然而，9—10世纪北欧人的第二次入侵，致使中世纪早期农业革命的效果不能进一步发挥，因此，"大约到公元1000年时，我们开始看到人口的稳定和迅速的增加，在西欧许多地区的城市和商业的兴起，如果没有粮食的增长和农民生产力的提高则是难以理解的，只有农业的发展才能允许大部分（城市）人口脱离耕作从事其他事业"[2]。实际上，中世纪早中期的农业革命不仅为城乡非农业人口生产更多的口粮和原材料，而且也为工业品提供了日益广阔的消费市场。

至少中世纪中期以来西欧农民和领主越来越依赖购买工业品，这种新的需求是城乡工业走向专业化和商业化的必要条件。在此之前，无论农民还是领主基本上都是自己或由其依附者生产几乎所有的手工业品。就像杜比所说的，中世纪早期每个农民还必须是工匠，他们不得不亲手生产所有家庭用品，从住房、服装到厨房用品和农业工具无所不包。领主的手工业品则来自庄园工场和农民缴纳手工业地租。为此，农民除了为自己还要为领主家庭生产手工业品，定期缴纳某些手工业制品，例如男人生产的木瓦板（shingles）、葡萄架立柱（vineprops）、吊杆（battens），妻女生产的羊毛和亚麻布匹等不一而足。[3]

---

[1] ［意］卡洛·M. 奇波拉主编:《欧洲经济史·第一卷·中世纪时期》，第112—118页。
[2] ［意］卡洛·M. 奇波拉主编:《欧洲经济史·第一卷·中世纪时期》，第109—135页。
[3] Duby, G., *The Early Growth of the European Economy: Warriors and Peasants from the Seventh to the Twelfth Century*, p.153.

然而，中世纪中期以来，上述情况发生了根本变化。波斯坦认为，中世纪中期以来存在着村庄内部工匠与农民的交换，以及村庄、庄园或城镇的家庭之间的基础性地方交换网络（infra-local network of exchange）。他指出，在讨论一个典型农户的生产和消费时，历史学家和社会学家总是强调其自给自足。典型的农户在自己的土地上利用家庭劳动力生产大部分自己所需的物品，没有或很少依赖外部供给。然而，我们不必夸大农户自给自足的程度。在大多数村庄很多农户的手工业品全部或大部分依赖购买或从其他人那里获得。即使那些持有地和家庭劳动力可以生产大部分家庭需要的农户也通过购买获得某些物品。例如农户通常购买盐、铁制品，大部分农户也购买少量树脂（pitch）、焦油（tar），偶尔甚至还购买胡椒和纺织服装（textile fineries）等准奢侈品。有些对外界的依赖由于领主垄断权所致，例如大部分农民被迫将自己的谷物拿到村庄磨坊（village mill）磨成面粉或煮粥原料，再按一定比例缴纳磨坊捐或货币。英国村庄面包炉（village oven）没有像大陆一样普及，领主很少垄断烘焙。但当或在村庄面包炉存在的时候或地方，它们为购买面包提供了机会。[1]

晚近以来，经济史学家倾向于至少从中世纪中期以来农民家庭更多地依赖购买工业品或工业服务。比如哈那瓦尔特指出，现代历史学家错误地假定，农民像是拓荒者一样，每家都自己织布、做衣服、制造工具、酿酒、烤面包和盖房子。但正如卡彭特（Carpenter，木匠）、史密斯（Smith，铁匠）、布鲁斯特（Brewster，酿酒者）、富勒（Fuller，漂洗工）和泰勒（Tailor，裁缝）等常见姓氏表明的那样，

[1] Postan, M. M., *The Medieval Economy and Society: An Economic History of Britain in the Middle Ages*, p.223.

该社会实际上严重依赖专业化的服务。农民没有试图自己动手建造复杂的曲木构架的房屋，而是雇用木匠。许多农妇自己并不烤面包，而是从拥有大面包炉、专门制作面包的邻居那里购买。在多数时候，服装是由裁缝做的，唯有粗布是自己家织的。[1]因此，那种“流行的看法认为农民只购买铁器农具和盐，而依赖他们的妻子制造他们所需要的其他东西，鉴于上面例子和其他理由，这种说法不再站得住了”[2]。研究表明，普通农民家庭用于购买消费品的支出，占全年现金收入的22%，购买厨房器皿、各种用具、蜡烛、衣服、鞋子、盐等。[3]英格兰中世纪中期农民住房主要是土木结构，而法国部分地区和意大利农民居住石头房屋。无论是土木（但有石头地基）还是完全的石头结构建筑，都不可缺少木匠和石匠。英格兰农民住房的建筑模式和面积整齐划一，说明在关键的工艺上离不开木匠、石匠和葺屋顶匠。[4]

与此相同，领主也越来越依靠城市工业品，为此他们不仅关闭了庄园工场，还取消农民缴纳手工业品地租。从此，“人们看不到那种聚集成群的佃农集体制造木制工具、木板、布匹或服装的现象了。只有零星的铁匠仍然交付镰刀和长矛等武器。妇女集体劳动的工场也关闭了。”[5]手工业品的实物地租在意大利消失得较早，1100年前它们与庄园财产清单一起不复存在。法国的手工业品地租的取消可以追溯到12世纪上半叶。[6]领主关闭庄园工场和取消手工业品实物地租的原因

[1] Hanawalt, B. A., *The Ties that Bound: Peasant Families in Medieval England*, p.113.

[2] [意]卡洛·M. 奇波拉主编:《欧洲经济史·第一卷·中世纪时期》，第181页。.

[3] Kitsikopoulos, H., “Standards of Living and Capital Formation in Pre-plague England: A Peasant Budget Model”, *The Economic History Review*, Volume Ⅲ, No.2, May 2000, pp.237-261.

[4] Dyer, C., *Making a Living in the Middle Ages: The People of Britain 850-1520*, pp.169, 172.

[5] [法]马克·布洛赫:《法国农村史》，第108页。

[6] Duby, G., *The Early Growth of the European Economy: Warriors and Peasants from the Seventh to the Twelfth Century*, p.153.

在于，中世纪中期以来城市成为工商业中心，生产物美价廉的物品的小作坊在城市市场附近大批涌现。生活标准提高了，顾客也变得越来越挑剔。对工业品的需求现在由新城市地区和在市集、市场周围成长的小自治市满足。城市工匠作坊开始的顾客是领主，后来农民也加入其中，后者在有钱时毫不迟疑地购买好用的犁铧或质量优良的鞋子。[1]

由于农民和领主中存在工业品消费市场，因而中世纪中期以来的法庭和税收档案的姓名中可以见到大量工匠的职业姓氏。波斯坦认为，村庄工匠大量存在的证据是工商业职业姓氏的广泛传播。在中世纪后期，这些姓氏在子孙几代人中流传，失去了它们作为职业证据的价值。然而，13世纪早期工商业职业姓氏的第一次普遍使用，可以较为精确地反映使用人的实际职业和每种职业的相对重要性。据此而论，史密斯（Smiths，村庄铁匠）是最普遍的职业姓氏，建筑业姓氏的人数最多，包括卡彭特（Carpenters，木匠）、泰勒（Tylers，瓦匠）、撒切尔（Thatchers，屋顶匠）、梅森（Masons，石匠）。此外，庄园档案也表明庄园雇用大量的木匠和其他建筑工人，据此波斯坦认为，13世纪建筑业在农村是最重要的非农业职业，重要性处在第二位的是织工和皮匠等。[2]米勒和哈彻也认为，拥有手工业姓氏（craft surnames）村民的分布可以表明村庄工匠存在的事实。某些手工业姓氏当然成为世袭的，所以不是每个叫贝克（Baker）的男人都烤面包，或者所有的米勒（Miller）都磨面粉。但即使如此，祖先可能从事过该行业，

[1] Duby, G., *The Early Growth of the European Economy: Warriors and Peasants from the Seventh to the Twelfth Century*, p.153.

[2] Postan, M. M., *The Medieval Economy and Society: An Economic History of Britain in the Middle Ages*, pp.226–227.

其子孙们才使用了这个姓氏。因此，手工业姓氏为农村手工业的多样性提供了指南。例如1270—1307年黑尔斯欧文的法庭案卷提供了该教区工业活动多样性的较为完整的画面。其中，食品行业（面包师傅、厨师、盐商）16人，占工匠总数的19%；木工行业（木匠、马车匠、烧炭工、旋工、造箭者、水车匠）15人，占18%；建筑业（石匠、石板瓦匠）5人，占6%；织布业（查隆薄呢工、亚麻敲打工、纺线工、染工、织工）14人，占16%；服装行业（裁缝）1人，占1%；金属制造业（铁匠、金匠、五金商、补锅匠）25人，占29%；皮革业（剥皮工人、鞋匠和制革匠）9人，占11%，与波斯坦对村庄工业职业及其重要性的估计大致相符。[1]除了手工业姓氏外，中世纪档案中随处可见村庄工匠的身影。例如，1256年绍普郡的国王法庭档案表明，该郡存在众多的村庄铁匠、磨坊主、食品商、木匠、车工（turner）、烧炭工、石匠、瓦匠、采石匠、裁缝、金匠、皮革匠、鞋匠和制陶匠等。更早时候，甚至更随机的抽样也是如此。13世纪早期圣三一女修道院庄园中有1个厨师、2个车工、1个铜匠、1个漂洗工、1个织工、3个铁匠、1个皮革匠、1个马具匠、2个鞋匠。大约1170年在诺福克郡的霍斯特德（Horstead）和格洛斯特郡的埃维宁（Avening）、明钦汉普顿（Minchinhampton）修道院的其他庄园也有类似的职业。[2]法国村庄工匠也普遍存在，即使在最小的村庄也可以遇见他们。14世纪初，在勃艮第的乌热（Ouges），面包师傅、制鞋匠和水车匠都在营业中，13世纪的名字如萨巴捷（Sabatier，制刀匠）和舒马赫

[1] Miller, E. and Hatcher, J., *Medieval England: Towns, Commerce and Crafts, 1086–1348*, pp.128–130.

[2] Miller, E. and Hatcher, J., *Medieval England: Towns, Commerce and Crafts, 1086–1348*, pp.132–133.

（Schuhmacher，鞋匠）的快速增长表明，庄园档案的农民名单中与专业技术相关的姓氏值得研究。它们既是村庄工匠存在的直接证据，也间接证明了中世纪中期村庄存在着工匠作坊。[1]

中世纪晚期农村工匠方兴未艾。例如斯科菲尔德认为，中世纪中晚期供给制成品和劳务的生机勃勃的工业在村庄共同体中随处可见。村民姓氏和职业名称经常表明他们在村庄中所属的职业，例如酿酒者、面包师傅和屠夫等。在萨福克郡这样市场密集的地区，博茨代尔（Botesdale）是一个有市场的村庄（market villages），这里的手工业者和交易者的名单还会更长，不但木匠、厨师、食物供应者、屋顶匠、铁匠和制桶匠无所不在，还有医生和教师。中世纪结束时，村庄旅馆和客栈成为农村的永久建筑。实际上，早在15世纪以前，无论是消费品如麦酒和面包，还是耐用品如家庭和农业建筑等，领主和农民经常依赖村庄工匠。“中世纪晚期，农民早已准备好向工匠支付大笔款项，如同保留至今的15世纪乡村住宅中质量尚好的木制品所表明的那样。”[2]由于中世纪中期以来村庄工匠数量迅速增长，1381年时，有些地区的人头税报告已经将工匠（artisan）和农场主、雇工和仆人三个农村阶层并称，[3]充分显示了他们在中世纪晚期农村社会的重要性。

村庄工匠通常都持有小块土地和作坊。苏塞克斯郡属于奇切斯特（Chichester）主教地产的村庄铁匠拥有附属于铁匠铺（smithies）的4英亩持有地，需要缴纳手工业品地租，包括为领主的马匹钉马掌，为领主的犁修理犁铧，磨快领主的长柄大镰刀和羊毛剪刀。与农业劳

---

[1] Duby, G., *Rural Economy and Country Life in the Medieval West*, p.154.

[2] Schofield, P. R., *Peasant and Community in Medieval England, 1200–1500*, New York: Palgrave Macmillan, 2003, pp.142–143.

[3] Bailey, M., *A Marginal Economy? East Anglian Breckland in the Later Middle Ages*, p.189.

动关系密切的其他工匠经常持有小持有地。矿工、熔炼工、烧炭工、玻璃工等在森林中劳动的工匠也拥有耕地，供其在生产淡季补贴生计。[1] 由于需要经常修理农具、水车并磨面等，有些村庄工匠直属于庄园，如杜比认为至少到12世纪第一批村庄工匠都是绝对依附于领主的奴仆（slaves），他们开始时为自营地工作，后来逐渐也被允许为他人劳动。大约1300年，铁匠、马具匠和磨坊主在某种程度上属于庄园仆人，与庄园联系密切，后者为其主要顾客，并向其支付固定薪水。[2] 贝内特也认为："当时所有的记账簿中几乎都有一个科目，用于记录铁匠与木匠的劳动报酬。"[3] 磨坊主和铁匠几乎总是持有从领主那里租来的磨坊或熔铁炉等作坊和生产设备，拓宽了村庄中的就业范围，给许多小土地持有者提供了一种职业和谋生手段。[4] 其他工匠，例如面包师傅、裁缝、酿酒者以及织工和漂洗工等，与村民和市场的关系更加密切。村庄纺纱工为城市生产纱线，中世纪晚期乡村中的织布和漂洗市场扩大，以至于东盎格利亚、低地国家、南德意志和北意大利等地的农村毛纺织品可以远销国际市场。[5]

尽管乡村存在采矿等农村工业和农民日常依赖的村庄工业，但中世纪中期开始制造业中心已经从农村转移到城市，类似的转移也发生在古代晚期（从城市转移到农村）、早期现代（从城市转移到农村）和工业革命（从农村转移到城市）。10—12世纪期间，制造业逐渐从

[1] Hilton, R. H., *Bond Men Made Free Medieval Peasant Movements and the English Rising of 1381*, London: Temple Smith, 1973, pp.36, 37.

[2] Duby, G., *Rural Economy and Country Life in the Medieval West*, p.154.

[3] [英]亨利·斯坦利·贝内特:《英国庄园生活：1150—1400年农民生活状况》，第50—51页。

[4] Duby, G., *Rural Economy and Country Life in the Medieval West*, p.154.

[5] Hilton, R. H., *Bond Men Made Free Medieval Peasant Movements and the English Rising of 1381*, p.37.

修道院和乡村地区转移到正在扩大的城市中心。与此同时，制造业从非专业的农民手中转移到专业工匠手中。[1]尽管中世纪中期城市仍有某些农业特征，但工商业是城市经济的主要成分。米勒和哈彻认为："农业和家畜饲养业远非大多数城镇的大多数城市居民生计的主要来源，城镇主要是制造业和贸易中心，吸引需要的物品进入城市，销售城市工匠生产的或者商人为城市居民或周围农村消费者买进的物品，可能也作为销往更远方的市场的集散地。"[2]庞兹也认为，手工业和贸易是城市最重要的功能。尽管城市的其他功能在城市生活中也发挥作用，但手工业和商业贸易是城市始终都有的功能，没有它们就不会有城市。在工商业中，商业贸易不能与专业化的手工业相分离，因为任何工匠都得卖掉自己的产品来换取手工业原料和生活必需品。[3]

中世纪中期人口、收入和需求的扩大，推动了村庄以小城市、小城市以较大城市作为商业中心，内陆城市又以沿海城市作为贸易枢纽。城市规模在一定程度上体现了市场力量，而繁荣的市场又吸引了工匠的迁徙。随着城市人口的增加，"从前满足城镇和城堡有限需要的少数工匠，显然不能满足新来者日益增多的要求。因此最不可少的行业的工人（面包师、酿酒师、屠夫、铁匠等等）从农村迁移到城市"[4]。随着城市对工业品需求的增加，其他行业的工匠也接踵而至。因此，"举凡农村进行工业生产的地方，商业首先把工业吸引过来，然后很快把工业集中到城市"[5]。城市通常比村庄拥有更多的手工业种类，并且城市手工业种类与城市规模成正比。小城市大约有20多种手

[1] Pounds, N. J. G., *An Economic History of Medieval Europe*, p.287.
[2] Miller, E. and Hatcher, J., *Medieval England: Towns, Commerce and Crafts, 1086–1348*, pp.258–259.
[3] [英]诺尔曼·庞兹：《中世纪城市》，第119页。
[4] [比利时]亨利·皮雷纳：《中世纪的城市》，第94页。
[5] [比利时]亨利·皮雷纳：《中世纪的城市》，第94页。

工业行业，更典型的中等城镇拥有几十种。在中世纪的奥斯陆和乌普萨拉（Uppsala，瑞典东南部），常见的手工业行业包括面包师傅、腰带匠（belt-makers）、弓弩匠（crossbow-makers）、裁缝（joiner）、金匠、石匠、制鞋匠、铁匠等。较大城市通常有更多的手工业行业，中世纪中期的伦敦至少拥有175种不同职业。[1]不仅如此，与村庄相比，城市工匠占城市人口的比例也会更高。对12世纪下半叶至14世纪上半叶英国郡城居民职业结构的研究表明，各种商人占2/5，将近50%的居民从事制造业，12%的人口从事服务业（包括运输和建筑）。换言之，工匠占城市人口的比例超过1/2。[2]应该说，郡城属于较大的城市，商人所占比例应高于中小城市。有鉴于此，中小城市尤其是小城市的工匠比例会更高。

中世纪中期，工匠作坊同样是城市的典型工业组织。行会工业的基本生产单位是师傅（craft master）的作坊，成员包括师傅夫妇、一个或多个居住在一起的仆人（living in servants）和师傅数量不定的未成年子女。除师傅的儿子外，成年亲属一般不留在作坊内。普罗旺斯的卡彭拉斯城的家庭平均规模为5.2人，法国南部某些城市的家庭平均规模是7—8.5人。但英国考文垂城1377年的人头税册表明，工匠的家庭规模为3.91—4.58人，只有一个教区的户均人口超过5人。[3]决定中世纪中期城市工匠作坊规模的因素在于是否雇工以及雇工数量，由于商人比工匠、富裕工匠比一般工匠雇用更多的仆人，所以家庭规模相应更大。哈维对1377年约克市圣马丁教区人头税档案的研究表

[1] Clark, P., *European Cities and Towns 400–2000*, p.49.
[2] Miller, E. and Hatcher, J., *Medieval England: Towns, Commerce and Crafts, 1086–1348*, p.328.
[3] Swanson, H., *Medieval Artisans: An Urban Class in Late Medieval England*, Oxford: Basil Blackwell, 1989, pp.7–8.

明，该教区的91户家庭中61户共雇用了135名仆人（servants），换言之，2/3的家庭拥有雇工，而1/3的家庭只有夫妻和14岁以下的子女。在61个拥有雇工的家庭中，27个家庭雇用1人，34个家庭雇用2名或更多的仆人，其中最多的雇用了13人，雇主为托马斯·德·马尔顿（Thomas de Malton），1335年作为厨师被授予市民权，他经营着约克一家知名的旅馆。制造业工匠雇工最多的是染工，雇用3个仆人。哈维认为，证据表明，雇工最多的雇主是旅店老板或商人，而不是制造业工匠。[1]斯旺森女士也认为，家庭规模（富裕和贫困工匠之间略有差距）不依赖于家庭子女数量，而是仆人数量。已婚夫妇很少与另一个成年亲属住在一起。大部分家庭包括住在家里的仆人（living-in servants），由此工匠的平均家庭规模与收入水平成正比。中世纪晚期城市雇工非常普遍，甚至在16世纪初考文垂的茅舍农中，13%的家庭包括仆人。在1524—1525年的世俗赞助金中估价财产不足2英镑的人中将近50%雇工，财产在3—5英镑的人雇工比例上升到73%。据此，夫妻和一个或更多的仆人以及不确定数量的未成年子女所组成的作坊，成为城市工业的主力。[2]

像商人阶层一样，城市工匠也构成一个阶层。不过，工匠阶层并不是一个地位相同的群体，而是贫富悬殊。它既包括富裕和有声望的锡匠（pewterers）和金匠（goldsmiths），也有不富裕甚至贫困的纺织业和建筑业工匠。处在工匠底层的半熟练和未充分就业的工匠融入城市穷人队伍，而声望卓著的工匠渴望跻身商人阶级行列。当然，城市工匠也具有共性，他们都属于熟练工人，为出售而生产。某些人拥有

[1] Harvey, J., *Medieval Craftsmen*, London & Sydney: B. T. Batsford, 1975, pp.27–28.
[2] Swanson, H., *Medieval Artisans: An Urban Class in Late Medieval England*, p.7.

自己的作坊，其他人则接受雇用获得计件工资或日薪。[1]

三、家内制工场

一般来说，作坊是独立的生产和销售单位。但实际情况是，部分工匠在生产和市场方面不得不受制于商人，致使工匠与商人形成经济依附关系。部分城市工业需要可观的固定资本，在某些情况下还需要较大的流动资本。织工的织机和补鞋匠、木匠的工具花费不多。但也有例外，制革匠、面包师傅和金属工则需要更大的工作场所和价格不菲的设备。商人从生产设备上控制工匠最早从这些行业开始。1303年伦敦调查的53个面包师傅中，只有7人拥有自己的面包房，大多数人的面包房租自批发商。[2]承租固定资本只是工匠依附商人的一个原因，在拥有区域和海外市场的城市工业中，商人还会通过控制销售达到使工匠依附于自己的目的。工匠对商人的经济依附是逐渐加强的，毛纺织由于不限于本地市场和繁多的制造工序而比其他行业更早地依赖商人。至少从12世纪起，商人已经全面控制工匠的产销过程。制定于1200年左右的某些“织工和漂洗工的法律”清楚地表明城市的纺织业工匠在经济上是如何依附于商人的。在牛津、贝弗利、马尔堡、温切斯特和林肯等城市，织工和漂洗工被禁止涉足布匹生产的最后阶段，不许批发和零售布匹。在牛津，不经城市权贵（prudhommes）的同意，工匠甚至不能织布和漂洗。经济依附还使他们在法律上成为其所在城市的二等公民。例如他们不能充当不利于自由人（即享有市民权

[1] Swanson, H., *Medieval Artisans: An Urban Class in Late Medieval England*, p.2.
[2] Pounds, N. J. G., *An Economic History of Medieval Europe*, pp.291–293.

的人）的证人，他们没有资格享受他们所在城市的权利，正如林肯的判决所说的那样，他们"不能与自由人一样拥有法律和共同体"。为了成为温切斯特和马尔堡的自由人，漂洗工和织工必须放弃自己的手艺，温切斯特市民说这是他们从伦敦学来的一个规则。大约在1190年，诺桑普顿的织工不能解除他们的合约，或者在感到愤怒和憎恶时辞工。[1]

这些纺织业的管理规则的经济影响显然在马尔堡出现了。纺织工人只可以织布或为该城市权贵工作，不能出城贸易，只能将自己的产品卖给该城市的商人。换言之，布匹生产和市场销售受到商人团体的控制。该团体可能包括某些染工，他们经常负责毛纺织业的最后生产过程从而处于营销制成品的有利地位。例如莱斯特的亨利·科斯坦由于进口靛蓝，是商人行会的重要成员，见证了伯爵和伯爵夫人颁布的特许状。诚然，染工不可能是正在发展中的企业家阶级的唯一成员。在温切斯特和马尔堡，习惯法注意到织工和漂洗工兴旺到如此程度，以至于他们可以放弃自己的手艺，开始从事呢布贸易，成为呢布经销商（dealers）。他们唯利是图，哪里能赚钱就去哪里做生意。来自林肯的科尔切斯特的罗伯特·考斯和拉尔夫都是布匹经销商，12世纪70年代，拉尔夫是该城的首席行政司法官（bailiff），两人都是著名的和富有的林肯犹太人亚伦的债务者的担保人，在12世纪80年代他们都能完成来自国王的大宗呢布订单。有理由假设，为了满足这种要求，他们需要把工作分配给织工和漂洗工，然后购买这些独立工匠生产的呢布。[2]

---

[1] Miller, E. and Hatcher, J., *Medieval England: Towns, Commerce and Crafts, 1086–1348*, p.104.

[2] Miller, E. and Hatcher, J., *Medieval England: Towns, Commerce and Crafts, 1086–1348*, pp.105–106.

13世纪商人对城市工业的控制当然更加广泛，莱斯特保存下来的史料充分说明了这一点。13世纪中叶莱斯特的企业家亨利·霍希尔和理查德·希尔顿控制了织布过程。他们购买羊毛、进行洗涤和染色，将原料分配给梳毛工和纺线工；在全城雇用织工和漂洗工，严格监督生产并支付计件工资，最后这些企业家负责在东英格兰的几个大市集上销售成品。工匠在法律上的无权地位加强了这种经济依附。未经商人行会的许可，织工不能为陌生人织布；如果没有莱斯特人让他们工作，他们才可以为陌生人劳动。织工制定的纺织业章程，不得损害商人行会的共同利益，否则会遭到废除。当漂洗工在没有商人行会成员参加而召开会议时，他们被视为做了违法的事情。制造业工匠还被排斥在商人行会之外，1264年尼古拉·夏伦纳在成为商人行会会员后由于没有放弃织布而被处罚。最晚在1276年，他仍继续织布，被命令永远失去商人行会会员资格。[1]此外，尽管伦敦织工拥有行会组织，但一个企业家团体主要出现在伦敦商人——比雷尔布商（bureller）当中。1225年，他们被描写为“织比雷尔布（burels）的伦敦人”。在面对这些准雇主和主张自己权利的伦敦市政府时，制造业工匠维护自我管理的权利极为困难。1298年发布的漂洗章程区分了呢布的所有者和织工、漂洗工、染工，表明后面这些工匠主要以外放制（put out）为基础受雇于人，重要的是，颁布这些章程的最大团体是伦敦商人 。1300年开始整个过程事实上已经建立在外放制基础上。伦敦商人敦促市政府责成有关部门修订同业行会章程，规定当织工与呢绒商发生纠纷时不能停工，取消织40码长的呢绒至少需要4天的规定，将圣诞节

[1] Miller, E. and Hatcher, J., *Medieval England: Towns, Commerce and Crafts, 1086–1348*, pp.111–112.

假日的结束时间从2月2日提前到1月6日，将工匠的经济依附以规章制度来强制执行。[1]

1275年温切斯特的漂洗工和织工也被剥夺了城市特权，成为城市的二等公民。尽管手工业行会成员垄断城市生产，但在英国的马尔堡，他们只能为城市的商人劳动，不许出城贸易，所生产的产品只可卖给本城商人。在失去贸易权后，工匠被迫依附于作为商人的染工。染色一般是布匹生产的最后工序，染工在购买染料和销售成品布时都可能与外商打交道，有机会上升为商人公会的会员和城市统治阶级。在温切斯特和马尔伯勒等城市，富裕起来的织工和漂洗工放弃自己的手艺，成为专营布匹贸易的呢布经销商（dealer）。他们可以成为商人公会的会员，但是必须停止生产活动，否则就要被罚款直至失去商人公会的会员资格。工匠一旦成为呢布经销商，其经济地位就会有大幅提升，1282年伊普斯威奇的呢布经销商休·戈尔丁的库存布料价值76英镑。[2]

不仅如此，商人或资本主义企业家（merchant或capitalist entrepreneur）和呢绒商（clothier）还涉足毛纺织业，他们所控制的纺织业作坊不再是独立的产销单位，而以家内制或外放制（domestic or putting out system）整合了布匹的生产和销售，从而使中世纪晚期的工业组织在毛纺织业中率先进入第三个发展阶段。家内制控制下的纺织业各行业及其顾客不再通过市场发生联系，商人切断了这些关系。商人拥有较多的生产资本，主要用于垫付羊毛、纱线、半成品布的开支，垄断了

[1] Miller, E. and Hatcher, J., *Medieval England: Towns, Commerce and Crafts, 1086–1348*, pp.112–113.

[2] Bolton, J. L., *The Medieval English Economy 1150–1500*, p.156; Miller, E. and Hatcher, J., *Medieval England: Towns, Commerce and Crafts, 1086–1348*, pp.95, 104–105, 112–115, 117.

主要产品的贸易权，资本优势使13世纪的商人控制了城市纺织业。13世纪英国既有生产规模、生产单位和地理分布范围很大的工业，也有虽然广泛分布，但生产单位很小的工业。大规模工业包括织布、石头建筑、金属和非金属矿石的开采和金属冶炼、制盐、海洋渔业，其中高度组织化并具有资本主义性质的行业有织布业、建筑业和采矿业的某些部门。在城市织布业中，大规模的资本主义企业家与每年生产和销售少量布匹的织工并存，而两者的社会地位和生产组织截然不同。[1]

城市布商控制毛纺织业生产和销售不是英国的特殊情况，西欧其他国家也大抵如此。从13世纪起，在佛兰德尔的圣奥默，织工、漂洗工、剪毛工和染工几乎完全处于布商（drapers）的控制下，向被雇佣者发放计件工资。1300年佛罗伦萨的染工、剪毛工和整理工（finishers）失去了经济独立和与消费者的直接联系。杜埃（Douai）是佛兰德尔著名的毛纺织业城市，格拉斯以吉安·博伊纳布鲁克为例说明了商人对织工的控制。此人主要活跃于1270—1300年，是杜埃的富裕贵族和有影响的地方官，尽管也经营贷款业务并在城市和农村拥有大量不动产，但其主要业务是生产和销售呢布。他从国内和海外购买原材料，羊毛主要来自英格兰的林肯郡、坎伯兰郡（Cumberland）和威斯特摩兰郡（Westmoreland），靛蓝和明矾也主要依靠进口。吉安的毛纺织生产主要通过分散的手工工场进行，他的工场主要作为办公室和原材料及成品布的仓库，而不是实际的生产车间。毛纺织业的各个生产环节由那些将自己住宅作为作坊的师傅逐一完成，至少涉及9种不同的工序，在他晚年时大约有40个不同的师傅为他工作。通过提供厂房和贷款等，吉安使这些师傅失去了经济独立性。杜埃是资本主义

[1] Bolton, J. L., *The Medieval English Economy 1150–1500*, p.153.

工业的沃土，那里没有小师傅组成的行会以及帮工组织等阻碍手工工场这一新的工业组织的发展。[1]

14世纪意大利城市毛纺织业进入鼎盛时期，佛罗伦萨、伦巴第城市和部分威尼西亚（Venetia）城市生产高档呢布，商人逐步控制了毛纺织业的生产。这里的呢布生产过程大约需要15道工序，每道工序都交付给一群特定的工匠负责。除了纺纱工外，其他工匠不能出售自己的产品，只能将其交给负责下一道工序的工匠。这种安排使企业家应运而生，他们购买原材料，为各阶段的产品支付报酬。不过，某些生产过程需要复杂的组织和大量的预付资本，例如成品布的整理就是如此，包括清洁（cleaning）、漂洗（fulling）、拉幅（tentering）、起绒（raising）、剪毛（shearing）、梳理（dressing）和染色（dyeing）等诸多环节。在主要生产出口布的大城市，从购买原材料到完成制成品的生产过程需要很长时间，因而生产过程不可避免地依附于资本主义性质的企业家。他们预付所有或大部分开支，负责出售布匹。尽管这些人可以是织工或染工等工匠，但大部分是商人，即所谓的布商（drapers）或毛织品制造商（wool manufacturers），他们除了出售布匹外也从事出口贸易。[2]

城市商人控制毛纺织业产销过程的终极标志是呢绒商的出现。利普森较早研究了城市呢绒商的产生。14世纪晚期在向城市织布业供应原料的羊毛贩子，以及剪绒、织布、漂洗和染色等工序的师傅中，某些人转变为统管呢绒生产与销售整个过程的呢绒商，呢绒商与师傅形

[1] N. S. B. Gras, *Industrial Evolution*, pp.39–41.

[2] Luzzatto, G., *An Economic History of Italy: From the Fall of the Roman Empire to the Beginning of the Sixteenth Century*, Translated from the Italian by Jones, London: Routledge & Kegan Paul, 1961, pp.106–107.

成家内制的雇佣关系。呢绒商供应羊毛和收购布匹，以前的师傅仍然在自己的作坊用自己的工具进行生产，但他已经丧失了对原材料和销售的控制权，沦为出卖自己劳动力的计件工资劳动者。呢绒商的地位上升，曾从事织布业的坎特伯雷市长活得像一个绅士。在英格兰西部，呢绒商被称为“绅士呢绒商”。[1]从此，商人与工匠形成真正的雇佣关系。工匠在家庭作坊中从事劳动，这种雇佣关系具有“家庭”（domestic）性质，因而也被称为“家内制”（domestic system）。在其中居核心地位的商人负责收购工匠的产品，被称为“包买商”（verleger），因而它在德国名为“包买商制度”（verlags system）。包买商和包买商制度很难译成法文、意大利文或西班牙文，英文译成“外包工制度”或“外放制”（putout system）。这种家内制或外放制毛纺织业属于呢绒商雇工规模生产和批量销售，有鉴于此，格拉斯称之为“依附阶段的批发手工业”（whole sale handicraft-the in dependent phase）。[2]

呢绒商的产生，标志着家内制或外包工制最早在城市工业生产组织中形成，但它的更大发展却是在农村。卡勒斯-威尔逊认为漂洗水车是毛纺织业从城市向农村转移的催化剂，但反对意见像英国13世纪的水车一样多。[3]该论点的问题是将迁徙原因过于简单化。工匠向农村迁徙最早发生在12世纪末和13世纪初，漂洗水车不是主要原因。当时越来越多的城市交不起承包金（farm），拖欠和逃税现象愈演愈烈。城市织工既要拼命维护他们在城市工业中的垄断权，又不堪忍受国王和城市政府像奶牛一样在经济上对他们的榨取。当亨利二世提高

[1] Lipson, E., *A Short History of Wool and Its Manufacture (Mainly in England)*, pp.49–50, 56, 68–73.
[2] Gras, H. S. B., *Industrial Evolution*, p.37.
[3] Bolton, J. L., *The Medieval English Economy 1150–1500*, pp.157–158.

承包金时，温切斯特城的织工便迁徙到农村或该城主教的郊区。商人在迁徙问题上持积极态度。城市的商人和工匠对农村工业的态度经常是对立的：工匠捍卫自己垄断城市工业的权利，以避免农村工业的竞争；商人更关注如何使利润最大化，而产品由谁生产并不重要。从13世纪90年代拉利哈姆庄园染色布的生产成本看，漂洗和整饰占20%，织布占35%，是原料准备和纺线（占45%）以外成本支出最多的部分。[1]因此，商人对农村织布业采取利用和鼓励的实用主义态度，甚至将部分生产环节转移到农村。1275年在牛津城附近某些地方的织工确认，该城商人已经将织机发给他们。1260年莱斯特城的商人在城外建立了漂洗水车，1300年林肯城购买农村布匹染色，1298年和1310年伦敦由于使用异地漂洗水车而引起纠纷。城市资本家一方面与城市手工业行会进行斗争，企图打破它们对工资和劳动条件的控制；另一方面他们不仅在漂洗也在纺线和织布上使用廉价的农村劳动力，以最大限度地降低生产成本。[2]无论城市工业向农村的扩张还是迁徙，它们在15世纪以前还只是初步的，不过推动力与后来一样都来自转变为企业家的城市商人。[3]

15世纪外包工工场向农村的推广主要是对呢布新的需求与供给形势决定的。在需求上，中世纪晚期由于城市中产阶级的成长和农村富裕农民阶层的形成，廉价织物的消费市场迅速扩大。这种新织物（new draperies）增加需求后，可以大规模生产，为新型工业组织在农村的推广提供了契机。在供给上，15世纪城市人口下降和经济困难，造

---

[1] 纺织业各工种的成本比例详见：Miller, E. and Hatcher, J., *Medieval England: Towns, Commerce and Crafts, 1086–1348*, p.96, table 2.1。

[2] Bolton, J. L., *The Medieval English Economy 1150–1500*, pp.158–159.

[3] Miller, E. and Hatcher, J., *Medieval England: Towns, Commerce and Crafts, 1086–1348*, p.107.

成手工业行会的垄断性进一步加强，促使城市工业向自由的农村迁徙。而农村新兴纺织业中心拥有丰富的劳动力资源，当地的地方共同体的社会结构和将工业与农村相结合的能力至关重要。这些地区的畜牧业和森林业较为发达，加之可分割继承制度盛行，比农业区有更多的剩余劳动力。[1]在城市生产高档呢绒前，农村拥有长期生产廉价织物的历史，中世纪晚期这类织物的生产规模可以迅速扩大。以往在城市生产高档布的商人现在将羊毛分发给农村的织工。由于使用普通羊毛作为原料，简化了布匹的后期工序，加之在纺织上低廉的劳动力价格，因此这种布价格便宜，在市场上极具竞争力。可见，中世纪晚期对呢布的需求和供给都有利于城市工业向农村转移，促进了新的制造业中心的崛起。

诚然，由于为远方市场大量生产，农户在市场销售方面处于劣势，缺乏资金购买大量原材料，商人资本家解决了这个难题。虽然商人阶级在村庄工匠作坊时期没有存在的必要，但此时商人成为农村工匠与区域或海外市场的桥梁。他们定期向纺纱工提供羊毛，为织工提供纱线，收集前面工作阶段的产品，同时经常自己控制着资本密集型的布匹的后期整饰过程。农村家内制是15世纪商人为摆脱城市手工业行会对工业的限制政策而建立的，农村织工不能像城市工匠那样有效地联合，前者事实上成为商人资本家的仆人（servant）。没有商人供应原料，他们就不能工作；没有商人提供市场，他们就无法销售自己的产品。[2]表面来看小土地持有者重新从事织布业是一种轮回，但市场扩大了，工业组织也从独立生产的工匠作坊，转变成由商人控制

[1] Bolton, J. L., *The Medieval English Economy 1150–1500*, pp.264–265, 269–270.
[2] Pounds, N. J. G., *An Economic History of Medieval Europe*, pp.284, 288–289.

的、失去独立经营权的“分散的手工工场”。布罗代尔称之为“分散的制造厂”，认为它是适应工业资本主义要求的一种原始形态。[1]应该说，家内制是传统和现代生产组织的结合。阿什顿认为，家内制不同于随后的工厂制（factory system），“其制造过程在工匠自己家里进行，无论我们如何称呼，很显然它们应被视为拥有独立手工业师傅的行会和工人聚集在一起的工厂之间的中间或过渡阶段。以前在贸易中积累的资本现在又返回工业领域，开始控制制造业”[2]。有鉴于此，家内制不同于行会制和工厂制，如利普森所言，家内制肯定是不同于作为工业组织第三种形式的工厂制，因为工厂工人既不像在行会制下拥有原材料，也不像家内制下拥有生产工具。工厂工人集中在一个雇主的屋顶下，遵守工厂纪律，只为一个主人劳动。然而，家内制在一个关键方面类似于工厂制，即被组织在资本主义的基础上，工业管理掌握在雇主手里，他们（除了约克郡外）不属于工匠阶层。而在行会制度下，工业管理则掌握在工匠手里，他们借助于行东大会、市议会和自己选举的官员行使管理权。[3]正如较早研究工业组织问题的英国学者阿什利所说，商人资本家的这些分散的手工工场就是剩余劳动力极其丰富的畜牧区和森林区等地的广大农户，工业组织的数量和性质前所未有地得到扩大、转换，从而启动了西欧原始工业化的进程。

综上所论，可以认为，中世纪工业组织发生了翻天覆地的变化：从庄园作坊到城乡工匠作坊，再到家内制或外放制的手工市场。工业

[1] [法]费尔南·布罗代尔：《法兰西的特性：人与物（下）》，顾良、张泽乾译，商务印书馆1997年版，第258页。

[2] Ashley, W. J., *The Economic Organisation of England: An Outline History*, London: Longmans, Green and Co., 1919, pp.93–94.需要指出，行会不是中世纪的工业组织，只是城市相同工业行业或工序的行东的自治组织，而相应时期的工业组织当属城市个体工匠作坊。

[3] Lipson, E., *A Short History of Wool and Its Manufacture (Mainly in England)*, pp.68–69.

组织的变化表明：在生产关系上，工匠经历了从庄园作坊的封建集体劳役制下的农奴，到城乡家庭作坊下交纳产品或货币租税的独立个体劳动者，再到在生产和销售上完全依附于商人企业家的雇佣工资劳动者的变化；在生产方式上，工业组织从中世纪早期直接生产使用价值的小生产者、中世纪中期的城乡工匠作坊转变为小商品生产者，到中世纪晚期再转变为商人主导的、具有资本主义性质的城乡外包制的商品生产者。值得注意的是，所有这些变化都是在城乡协调、互动与分工下完成的，从而导致中世纪城市和农村经济与社会的共同进步，城乡生产专业化、商业化的扩大和城乡中产阶级群体的涌现即是这种共同进步的绝佳体现。

第十二章 工业生产

西方工业史研究始于19世纪晚期，坎宁安的《早期和中世纪英国工商业的增长》成为该领域的奠基之作。[1]不过，更重要的研究出现在20世纪以后。1913年萨尔兹曼出版的《中世纪英国工业》，[2]成为引领中世纪工业史研究的重要文献。一个世纪以来，经过工业史、经济史、技术史和经济社会史等不同领域学者的努力，中世纪西欧工业史研究获得长足进步，取得了令人瞩目的成绩，[3]揭示出某些具有深远影响的历史发展趋势。这里拟从技术、资本和利润三个方面探讨中世

[1] Cunningham, W., *The Growth of English Industry and Commerce: During the Early and Middle Ages*.

[2] Salzman, L. F., *English Industries of the Middle Ages*.

[3] 重要的工业史论著有Lipson, E., *A Short History of Wool and Its Manufacture (Mainly in England)*; Carus-Wilson, E. M., "An Industrial Revolution of the Thirteenth Century", *The Economic History Review*, Vol.11, No.1 (1941)。经济史著作有［英］M. M. 波斯坦、爱德华·米勒主编：《剑桥欧洲经济史·第二卷·中世纪的贸易和工业》；［英］M. M. 波斯坦、爱德华·米勒、E. E. 里奇主编：《剑桥欧洲经济史·第三卷·中世纪的经济组织和经济政策》；［意］卡洛·M. 奇波拉主编：《欧洲经济史·第一卷·中世纪时期》。技术史论著有Bloch, M., "The Advent and Triumph in the Watermill", *Land and Work in Mediaeval Europe: Selected Papers*, translated from the French by J. E. Anderson, London: Routledge & K. Paul, 1967; White, L. Jr., "Technology and Invention in the Middle Ages", *Speculum*, Vol.15, No.2 (Apr., 1940)；小林恩·怀特：《500—1500年技术的扩展》，见［意］卡洛·M. 奇波拉主编：《欧洲经济史·第一卷·中世纪时期》；［接下页］

纪西欧工业生产的变化，旨在揭示中世纪西欧工业的某些进步过程。

一、技术普及与创新

中世纪西欧推广和发明了许多节省劳动力的技术，为此，各种自然能源（包括牲畜、水力和风力）被用来代替人的劳动。如布洛克所言，中世纪所有技术进步都体现出向着更有效地使用有生命或无生命的自然力的进步，因此节省了人的劳动或得到更多回报。[1]怀特也指出，从12世纪甚至11世纪起，在需要大量动力或者所需要的操作非常简单和单调以至于人力可以被机器取代的地方，非人工能源迅速代替了人力。中世纪后半期的主要成就并非主教堂及其叙事诗或经院哲学：中世纪在历史上最早建立起这样一种复杂文明，它依靠的不是汗流浃背的奴隶或苦力的脊背，而主要是非人工动力。[2]与牲畜动力（主要是马，如马拉磨、马拉车）相比，水力和风力在中世纪工业中的使用更加广泛，涉及碾磨、漂洗和冶铁等行业或工序，被视为中世纪工业技术进步的象征，布罗代尔对此评价道："西方于十二和十三世纪经历了第一次机械革命。这里所说的革命是指由水磨和风磨的增多而导致的一系列革命。这些'初级动力'显然功率很低，每个水轮

［接上页］Gimpel, J., *The Medieval Machine: The Industrial Revolution of the Middle Ages*。经济社会史著作有Miller, E. & Hatcher, J., *Medieval England:Towns, Commerce and Crafts, 1086–1348*; Holt, R., *The Mills of Medieval England,* Oxford: Basil Blackwell, 1988; Langdon, J., *Mills in Medieval Economy: England 1300–1540,* Oxford: Oxford University Press, 2004; Swanson, H., *Medieval Artisans: An Urban Class in Late Medieval England*。

[1] Bloch, M., "Medieval 'Inventions'", in *Land and Work in Mediaeval Europe: Selected Papers*, pp.181–182.

[2] White, L. Jr., "Technology and Invention in the Middle Ages", *Speculum*, Vol.15, No.2 (Apr., 1940), p.156.

仅二至五马力；风磨有时达五马力，至多为十马力。但在能源供应不足的经济中，它们已是一种重要的辅助动力，并对欧洲最初的发展起着一定的作用。”[1]

利用水力和风力来节省劳动力的工业技术是从水力磨坊（water mill）开始的，于中世纪开始普及。“尽管水力磨坊的发明出现在古代，但它的真正扩张直到中世纪才发生。”[2]研究表明，罗马帝国后期已经家喻户晓的水力碾磨技术在中世纪早期得到广泛传播，水力磨坊取代了人力推动的磨盘（即手推磨）磨面。如果说日耳曼人在民族大迁徙中还用马车拉着磨面用的石头，那么他们定居后颁布的法律表明，他们娴熟地使用水力磨坊，禁止在建筑磨坊时改变河道，保护磨坊免遭蓄意破坏和洪水冲毁。墨洛温王朝时期水力磨坊在西欧各地传播开来，例如洛什（Loches）修道院的修道士在厄修斯院长时修复了安德尔河（Indre）上的一座水力磨坊，建设了大坝、水闸和泄洪道，引起一个富裕的西哥特人的嫉妒。后者也建造了一座水力磨坊，改变了用来为该修道院磨坊提供动力的河道。墨洛温王朝的宫廷诗人图纳图斯描写了位于摩泽尔河（Moselle）上的尼塞乌斯主教庄园的水力磨坊：水流沿着沟渠从山上流淌下来，为水力磨坊提供动力，为当地居民碾磨小麦。634年起草的有钱人格里莫的遗嘱表明，他在克吕纳河（Crusne）上拥有4座水力磨坊。[3]加洛林王朝时期修道院是磨坊建设的主要发起人和建设者，在8—9世纪不少修道院拥有十几座至

[1]［法］费尔南·布罗代尔：《15—18世纪的物质文明、经济和资本主义（第一卷）：日常生活的结构：可能和不可能》，顾良、施康强译，生活·读书·新知三联书店1992年版，第417页。

[2] Bloch, M., “The Advent and Triumph in the Watermill”, in *Land and Work in Mediaeval Europe: Selected Papers*, p.143.

[3] Doehaerd, R., *The Early Middle Ages in the West: Economy and Society*, p.21.

几十座水力磨坊。[1]圣日耳曼德佩修道院（St. Germain-des-Prés）的财产清单在加洛林王朝时期列举了三分之一的地产拥有水磨，其中一些是修道院院长在世时安装的。[2]不过，加洛林王朝时期水力磨坊总的来说为数尚少，杜哈德反对过高估计当时水力磨坊的传播，因为直到10世纪初圣伯林修道院所属的圣奥默地产的修道士看见水力磨坊时仍感到惊奇，10世纪时德意志的谷物尚由手工碾磨。[3]圣西奎耶（St. Riquier）修道院获赠的30余个村庄中只有12个拥有水力磨坊。[4]不列颠的情况更糟，盎格鲁-撒克逊人的入侵导致水力磨坊一度消失。埃塞尔伯特的法律表明，肯特的国王们让女奴隶磨面，他们的臣民也是如此。直到8世纪奴隶供应减少，价格攀升，水力磨坊作为补救措施才开始逐步代替人力磨面。762年坎特伯雷修道院的一份特许状记录了位于查特（Chart）的一座水力磨坊，这是目前所知英格兰最早的中世纪水力磨坊。814年该地的同一座或者另一座水力磨坊也被记录在案。此后水力磨坊成为肯特王国大地产的常用设施，并从东南部传播到英格兰各地。[5]盎格鲁-撒克逊后期迎来水力磨坊的建设高潮："在《末日审判书》中所登记的磨坊有五千多个——其中诺福克有五百三十七个，林肯有四百三十六个，甚至在那荒芜落后的约克郡也有一百零四个。因此，我们可以推想在每一个百户村中或在英格兰北部各郡的每一个小村庄中都有制磨匠一帮人所做的工作。"[6]克拉潘

---

[1] Verhulst, A., *The Carolingian Economy*, p.72.

[2] Lopez, R., *The Commercial Revolution of the Middle Ages 950–1350*, p.43.

[3] Doehaerd, R., *The Early Middle Ages in the West: Economy and Society*, p.21.

[4] Duby, G., *The Early Growth of the European Economy: Warriors and Peasants from the Seventh to the Twelfth Century*, p.187.

[5] Finberg, H. P. R., ed., *The Agrarian History of England and Wales*, Volume Ⅰ, A. D. 43–1042, pp.498, 499.

[6] ［英］约翰·克拉潘：《简明不列颠经济史：从最早时期到1750年》，第97页。

认为水力磨坊的快速增长是盎格鲁-撒克逊后期几个世纪中最辉煌的经济成就之一。后经达比研究，《末日审判书》中记录的水力磨坊总数约有6082个。[1]

中世纪中期磨坊普及开来。金佩尔认为，11—14世纪初水力磨坊出现惊人增长，令古代社会望尘莫及。例如在罗贝克河（Robec）两岸，10世纪只有2座磨坊，11世纪有4座，13世纪有10座，14世纪初达到12座。法国的奥布省（the department of I’Aube）11世纪时有14座水力磨坊，12世纪有60座，13世纪达到200余座。[2]此外，9世纪中期和1080年，法国北部的皮卡第建设了40座新磨坊，1080—1125年又兴建了另外40座新磨坊。此后，该地区的新磨坊增长更快，50年内达到245座。[3]此外，在那些自然条件不适宜建造水力磨坊的地方，12世纪时又发明了风力磨坊（windmill）。与水力磨坊不同，风力磨坊可以在寒冷的冬季照常工作，因而在北欧平原分布极广。13世纪佛兰德尔西部城市伊普尔拥有120座风力磨坊。[4]南欧的河流夏季水量较小，风力磨坊也较为流行。[5]1300年，英格兰已建成4000座风力磨坊。风力磨坊在英格兰东部十分流行，当地适宜为水力磨坊提供动力的河流较为匮乏。相反，在水利资源十分丰富的北部和西部则较少建设风力磨坊。[6]风力磨坊的发明刺激了新一轮的磨坊建设热潮，以英格兰为例，1300年，英格兰的水力和风力磨坊总数大概超过10000座，

---

[1] Darby, H. C., *Domesday England*, p.361.

[2] Gimpel, J., *The Medieval Machine: The Industrial Revolution of the Middle Ages*, p.10.

[3] Duby, G., *The Early Growth of the European Economy: Warriors and Peasants from the Seventh to the Twelfth Century*, p.187.

[4] Gimpel, J., *The Medieval Machine: The Industrial Revolution of the Middle Ages*, pp.24, 25.

[5] Pounds, N. J. G., *An Economic History of Medieval Europe*, p.187.

[6] Langdon, J. and Watts, M., "Tower Windmills in Medieval England: A Case of Arrested Development?", *Technology and Culture*, 2005, Vol.46 (4), pp.697, 698.

增加的部分中既有水力磨坊，也有12世纪后期引进的风力磨坊和漂洗机。[1] 由此，12世纪末到13世纪，磨坊基本得到普及，诚如贝内特所说："我们有把握认为，当时每个村庄（以及几乎每个庄园）都有一个或多个碾磨各种谷物的磨坊，除非是领主为了私利，都要求将谷物集中在一个磨坊里碾磨，以此来减少成本。"[2] 怀特也证实："在整个中世纪里水车比教堂更加普遍。"[3]1300年，英格兰仅有20%的谷物继续依赖手推磨和马拉磨碾磨，而水力磨坊和风力磨坊则完成80%。[4] 换言之，13世纪时机器磨面已经取得压倒性优势，4/5的谷物由机器碾磨。

水力和风力磨坊的普及离不开领主的提倡甚至强迫，但主要是经济和社会因素所致。机器碾磨可以节省劳动力。西罗马帝国灭亡后，奴隶制虽然继续存在，但9世纪后人力成本上涨，水力从此变得重要起来。[5] 布洛克早已指出，中世纪早期更有效地使用畜力和水力的技术并驾齐驱，两者都是为了节省劳动力。因此，奴隶制的衰落更可能是导致技术革命的原因，这些技术反过来又对社会结构产生强烈影响，即加速了从奴隶制向农役制的转变。[6] 中世纪中期，磨坊在西欧各地迅速得到普及，农民消费需求的变化功不可没。例如11世纪末以后越来越多的农民从事非农业劳动，没有足够时间使用手推磨磨面。农民住房条件得到改善，他们拥有了更好的储存设施存放较多的面粉。机器磨面也提高了面粉质量，有利于健康等。因而与手推磨相

[1] Dyer, C., *Making a Living in the Middle Ages: The People of Britain 850–1520*, p.131.
[2] ［英］亨利·斯坦利·贝内特：《英国庄园生活：1150—1400年农民生活状况》，第106页。
[3] ［意］卡洛·M. 奇波拉主编：《欧洲经济史·第一卷·中世纪时期》，第120页。
[4] Langdon, J., *Mills in Medieval Economy: England 1300–1540*, pp.19, 24–25.
[5] Gimpel, J., *The Medieval Machine: The Industrial Revolution of the Middle Ages*, p.10.
[6] "Medieval 'Inventions'", in *Land and Work in Mediaeval Europe: Selected Papers*, p.182.

比，农民更愿意选择商业性碾磨。[1]

除此之外，水力还可以用于其他工业生产，漂洗无疑是应用水力最广的工业之一。990年和1040年，在法国东南部城市格勒诺布尔（Grenoble）和勒兰（Lérin）最早出现了漂洗机（fulling mill）。11世纪这项新技术传播到诺曼底，不久后又传播到欧洲其他地区。1161年瑞典的斯科纳（Skŏna），至少1185年的英格兰，1223年、1246年德意志的斯比尔（Spier）和特里尔（Trier）都使用了漂洗机。[2]漂洗是呢布生产中的一个重要工序，当离开织布机后，呢布需要在水中捶打达到冲洗、清洁和缩紧的目的。[3]起初这项工作由在水槽中踩布的男子进行。漂洗机的作用在于"人的双脚被两个锤子代替。在倾斜的落锤系统中，通过转动连接水轮的纺锤盘，锤子交替地上升与下降，击打在布上。因此通过简单的设计，水力代替了人力，并且运转一系列的锤子，只需要一个人站在上面照看布，并保证它在槽中正确地运动就可以了"[4]。13世纪前后漂洗机在英格兰农村最为普遍，引起那里的纺织业爆发了一场工业革命，正如卡勒斯-威尔逊所言，"显然，12世纪末和14世纪初，漂洗机已经广泛用于整个英格兰和威尔士的边界地区。漂洗机注定要几乎全部取代原始的脚踏漂洗，尽管它的最后胜利还无法确定，然而在纺织业的主要生产工序中一场名副其实的革命

[1] Langdon, J., "Lordship and Peasant Consumerism in the Milling Industry of Early Fourteenth-Century England", *Past and Present*, No.145 (Nov., 1994), p.40.

[2] Cipolla, C. M., *Before the Industrial Revolution: European Society and Economy, 1000–1700*, p.171. 伦纳德认为，林肯郡贝恩河畔的柯克比（Kirkby-on-Bain）和威尔特郡的海克罗夫特（Heycroft）分别在1154年和1174年提到漂洗机，因而英国可能最早在12世纪80年代前的几十年已建造了漂洗机（Carus-Wilson, E. M., "An Industrial Revolution of the Thirteenth Century", *The Economic History Review*, Vol.11, No.1 [1941], pp.49–51）。

[3] Gimpel, J., *The Medieval Machine: The Industrial Revolution of the Middle Ages*, p.15.

[4] ［英］M. M. 波斯坦、爱德华·米勒主编：《剑桥欧洲经济史·第二卷·中世纪的贸易和工业》，第560页。

正在进行”[1]。

另一个比较广泛使用水车的行业是冶铁。冶铁需要捣碎矿石和高温，水车不仅可以代替矿工抡锤碎石，还可以拉动风箱提高炉温。“1028年在德意志南部的一个名叫施米德米伦的地方出现的情况表明，那里的铁匠已用水轮来带动熔铁炉的铁锤和风箱。”[2]1135年奥地利东南部的施第里尔（Styria）、1204年的诺曼底、1224年瑞典南部等地也记载了用于冶铁的水车。[3]这种改进增加了熔铁炉（forge）的产量和矿石的出铁量，导致约克郡某些熔铁炉租金上涨。13世纪布鲁伯豪斯（Blubberhouses）的一个熔铁炉一年的租金为25英镑，在亨克斯坦克（Henkstank）的其他熔铁炉一年中部分时间的租金为10英镑和17英镑18先令。14世纪韦克菲尔德（Wakefield）地区，鼓风风箱肯定已经使用，熔铁炉每周租金为14先令和15先令，索沃比森林（Sowerby Forest）的一个熔铁炉一年租金为9英镑12先令。[4]15世纪中期法国东部或德国西部的莱茵兰地区还出现了鼓风炉（blast-furnace），增大了传统熔铁炉的尺寸，通过使用更强大的水力气流提高温度，让金属熔化得更加彻底。鼓风炉可以生产生铁，用磨具铸造大炮。1500年该

[1] Carus-Wilson, E. M.,“An Industrial Revolution of the Thirteenth Century”, *The Economic History Review*, Vol.11, No.1 (1941), p.51. 卡勒斯-威尔逊基于英格兰漂洗机的普及提出13世纪的工业革命，金佩尔进一步提出中世纪工业革命的概念，她认为“中世纪是人类伟大的发明时代之一，并应当被称为欧洲第一次工业革命”（Gimpel, J., *The Medieval Machine:The Industrial Revolution of the Middle Ages*, Preface, p.15）。近年来，有些学者对中世纪工业革命提出质疑。例如霍尔特和卢卡斯等认为，中世纪谷物磨坊以外的其他工业磨坊数量少，行业分布极为不均，因而中世纪工业革命之说缺乏充足证据（Gimpel, J., *The Medieval Machine:The Industrial Revolution of the Middle Ages*, Chaper 9, “The Industrial Revolution of the Middle Ages?”; Lucas, A.R., “Industrial Milling in the Ancient and Medieval Worlds: A Survey of the Evidence for a Industrial Revolution in Medieval Europe”, *Technology and Culture*, Vol.46, No.1 [Jan., 2005], pp.23–24）。

[2] [意] 卡洛·M. 奇波拉主编:《欧洲经济史·第一卷·中世纪时期》，第121页。

[3] Cipolla, C. M., *Before the Industrial Revolution: European Society and Economy, 1000–1700*, p.172.

[4] Langdon, J., *Mills in Medieval Economy: England 1300–1540*, p.69.

项技术传播到英国及德意志的其他地区。16世纪初西阿尔卑斯山地区开始使用鼓风炉，后来又传播到东阿尔卑斯山和东欧。鼓风炉的产量比熔铁炉提高许多倍。14世纪英国1个熔铁炉每年产量不足3吨，15世纪也增加不多，而最早的鼓风炉每天产量就达1吨以上。[1]

二、资本投资

在经济学意义上，资本指的是用于生产的基本生产要素，即资金、厂房、设备、材料等物质资源。资本又分为固定资本和流动资本。前者指某些自然资源、机器、设备、工具、厂房等耐用的劳动资料，后者指原料、燃料、辅助材料等快速消耗的劳动资料。

水车和风车无疑是中世纪西欧工业生产中重要的固定资本。1208—1209年温切斯特的大主教在布莱特威尔庄园花了9英镑多建了一座漂洗磨坊，在汤顿花了16英镑，还给他的新自治市唐顿和威特尼各提供了一台机器。[2]1210—1211年，搬迁一座汉普郡的磨坊花费50先令，后来牛津郡库克斯汉姆建筑磨坊的抹灰篱笆墙支出2英镑。风力磨坊的建筑费用低于水力磨坊，但通常也要花费10—20英镑。此外，领主经常在磨坊上投入大笔费用。1210—1211年温切斯特主教在萨瑟克（Southwark）城花费114英镑建造了几座新磨坊。爱德华一世为赫尔城水力磨坊提供的木材产自舍伍德森林，价值61英镑。领主还要承担磨坊维修费用，尽管佃户可以提供劳动力，但更换磨盘需要由领主负担费用。13世纪早期和黑死病流行期间，磨盘价格上涨一倍，

---

[1] Pounds, N. J. G., *An Economic History of Medieval Europe*, pp.323–325.

[2] [英]M. M. 波斯坦、爱德华·米勒主编：《剑桥欧洲经济史·第二卷·中世纪的贸易和工业》，第561页。

这些支出花费了1283年温切斯特主教在比滕尼（Bitterne，亨廷顿郡）庄园磨坊收入的约24%，唐顿庄园磨坊收入的14%。[1]

兰登对1300年英格兰磨坊投资总额及其占磨坊收入的比例作过估算。建造一个水力磨坊平均至少要花费20英镑，风力磨坊要10英镑，如果水力磨坊数量比风力磨坊多1倍，10000个水力和风力磨坊的建设费用为166667英镑。而实际上建设费用需要翻番，因为水力磨坊比风力磨坊的建设费用要多2倍，10000个水力和风力磨坊的建设费用应为35万英镑。换言之，1300年英国水力和风力磨坊的建设投资超过30万英镑，而其中至少20万英镑由领主投资。如果雇工经营水力和风力磨坊，领主还需要支付日常维护和大修的费用，以及磨坊主的工资，上述费用一般占水力和风力磨坊收入的20%以上，有时接近50%或更多，大大超过领主在农业上的投资。[2]

除领主外，市民、行会和商人也是固定资产的重要投资者和所有者。在法国，1300年以前大部分在北部城镇运转的水力磨坊都是由教会或世俗领主建的，而南方却逐渐形成由公民团体共同集资兴办水力磨坊的制度。12世纪图卢兹的磨坊所有者都是股东，他们继承或购买了自己的股份。13世纪初期以来，资本和劳动分离。磨坊主是雇工，对公民团体的决定没有发言权。股东是图卢兹城的富裕市民，除了收取利润外对碾磨经营没有专业知识和兴趣。这些市民成为剥削他人劳动的小资本家。[3]行会也将集体拥有的工业设备出租给会员，在14世纪的锡耶纳，牛皮制革行会将公共大桶出租给会员使用只收7英镑，而对外人则收50英镑。列日的皮革行会拥有机械的树皮压榨磨坊，会

[1] Miller, E. & Hatcher, J., *Medieval England: Towns, Commerce and Crafts, 1086–1348*, pp.77–78.
[2] Langdon, J., *Mills in Medieval Economy: England 1300–1540*, pp.178–182.
[3] Gimpel, J., *The Medieval Machine: The Industrial Revolution of the Middle Ages*, p.20.

员分享了对磨坊的世袭所有权。[1] 商人有时也是面包房和磨坊等固定资产的所有者，伦敦绝大多数面包师傅没有自己的面包房。1303年调查的53个面包师傅中仅7人（占13.2%）拥有自己的面包房，大多数人从批发商那里承租，这些批发商还与鱼贩子共同拥有城市附近14个水力磨坊。大多数城市工匠需要大量固定资本，有时需要运营资本，虽然织工的织布机和补鞋匠或木匠的工具价值不高，但制革工人、面包师傅、金属工人等却需要更大的工作场所和昂贵的设备。工匠一般缺乏资本，鉴于大量城市财产掌握在教会和商业资本家手中，工匠很少拥有属于自己的住房和店铺，往往需通过租赁获得。[2] 然而，承租的工匠不一定自己生产经营，很可能另择他人专事其事。约克工匠的遗嘱显示，富裕的屠夫约翰·陶斯鲁普死于1481年，在海沃斯沼泽承租了市长和市议会的风力磨坊。皮匠或鞋匠马修·柯特斯承租了克莱门索普女修道院（nunnery of Clementhorpe）的一个风力磨坊。[3]

工匠有时也购买固定资产，但通常需要向商人借钱。13世纪城市工业设备的目录中最贵重的东西也许是熔铁炉、铸钟匠与其他金属工人使用的铸模、面包房的烤炉和酿酒厂的发芽窑以及一套不同容积的酒桶。其他设备包括织布机、存储大箱和可移动的加热、浸泡和冲洗设备。“安放在与住房相连接的狭小工场里和零乱的庭院中的这些细小的资本就是个体匠师或其合伙人的大部分财产了。这些东西与手工用具一起，都是由对家庭储蓄的精心筹划和得到商人借款资助才凑集起来的。”[4]

---

[1] ［英］M. M. 波斯坦、爱德华·米勒、E. E. 里奇主编：《剑桥欧洲经济史·第三卷·中世纪的经济组织和经济政策》，第213页。

[2] Pounds, N. J. G., *An Economic History of Medieval Europe*, pp.292–293.

[3] Swanson, H., *Medieval Artisans: An Urban Class in Late Medieval England*, p.161.

[4] ［意］卡洛·M. 奇波拉主编：《欧洲经济史·第一卷·中世纪时期》，第192页。

中世纪中期绝大多数工匠承租或借钱购买固定资产，其原因主要是他们的经济状况较为窘迫。城市税收评估中包括了财产清单和个人拥有的动产价值，表明中世纪中期工匠只拥有微薄的财产。1296年和1301年英国科尔切斯特的税收评估册表明，该市的手艺人和工匠通常是拥有财产较少的人。1301年他们中间没有人的动产价值超过10英镑，只有7人拥有5英镑以上的动产，大约2/3的人的动产价值为1英镑或更少。不仅如此，在家庭财产中，工业设备和原材料通常只占很小的部分。吉尔伯特·阿戈特从事毛纺织业，但他的羊毛库存、漂洗剪切机（fulling shears）和梳毛机（wool cards）仅值10先令，而他的动产总值为8英镑13先令8便士。他的家庭财产中最值钱的部分为谷物，尤其是1匹马、1头猪、2头奶牛、4头小公牛和60只羊。此外，1个面包师傅的水槽（trough）和器皿（utensil）仅值1先令10便士，而其全部财产估计为2英镑4先令8便士。理发师刮脸用的大碗仅值3先令6便士，他的财产为3英镑4先令4便士。屠夫的刀和斧头价值分别为6便士和9便士，但屠夫威廉·普罗维尔的生产工具价值为1先令4便士，此外他还有一个价值为1先令3便士的腌肉桶。一个木匠的斧子、扁斧、直角尺和刨子仅值1先令，染工的大桶价值高者为2先令6便士，低者只有9便士。一个铁匠的工具和原料库存价值1英镑，另一个仅值2先令6便士。很少有工匠拥有值钱的工具和设备。[1]

工匠流动资本的价值常常超过固定资本。这种情况在生产周期较长的制革业中尤其如此。在制革工人的制革作坊中，兽皮和用来硝皮的橡树皮的价值为1英镑13先令4便士，另一个制革作坊的为1英镑3先令，其他人的分别为16先令和1英镑10先令。在亨利·帕克曼的制

[1] Miller, E. & Hatcher, J., *Medieval England: Towns, Commerce and Crafts, 1086–1348*, pp.53–54.

革作坊中原料价值高达4英镑6先令8便士。相反，亨利的大桶和水槽仅值10先令，其他制革工人生产工具的价值在3先令和6先令8便士之间。类似现象在其他工业行业中也很明显。一个面包师傅的面粉库存在价值上超过其生产工具，染工的染色桶的价值为1先令5便士，而他的呢布和草木炭却值16先令8便士。屠夫威廉·普罗维尔的刀、斧头和腌肉桶的价值不足3先令，而其商店中的肉、牛脂、猪脂和荤油却值3英镑10先令。为纺织工人制造梳毛机的工匠，其生产工具几乎没有任何价值，而木材、铁和制成的梳毛机的价值却高达15先令8便士。[1]

黑死病结束后工匠的经济地位不断上升，一批富裕工匠应运而生，他们的资本数量已非昔日可比，可以依靠自己的财力购买某些固定资产。在食品加工方面，较为富裕的面包师傅拥有面包炉，此外其他行业的富裕工匠可以拥有面包炉，尤其是旅店老板和磨坊主这两种工匠，常常自己烤面包。什鲁斯伯里（Shrewsbury）的屠夫的妻子在成为寡妇以后还常常从事该职业，而继续从事屠宰业的前提是拥有一定的财富和手艺。这种富裕的屠夫家庭并不少见。许多屠夫拥有牲畜，多数大概是买来育肥后出售。来自约克1/3的屠夫遗嘱包括遗赠牲畜，或者立遗嘱者拥有牧场。15世纪末，屠夫显然拥有更多的牧场，以至于垄断了城市附近的牧场，损害了其他市民的利益。这种屠夫—牧场主在其他地方也财源滚滚。像沃里克的本尼迪克特·李承租土地育肥牲畜，考文垂和莱斯特的屠夫—牧场主在16世纪的城市精英中日益举足轻重。富裕的酿酒者也拥有昂贵的设备，石匠休·格兰瑟姆死于1409年，将各种酿酒容器和用具留给他的妻子爱丽丝，其中包

[1] Miller, E. & Hatcher, J., *Medieval England: Towns, Commerce and Crafts, 1086–1348*, p.54.

括价值9英镑的酿酒设备。在纺织业方面，来自遗嘱的证据表明，尽管织工作为一个群体并不富裕，但是该行业经常存在大量富裕工匠。他们拥有1台以上的织布机，生产数量可观的呢布。1413年织工托马斯·卡顿去世时，尽管他的事业并不特别成功，但却是一个典型的富裕工匠。在偿还债务后，他的动产价值为30英镑。他租了一个四居室的住宅，其中的一间房屋摆放了2台织布机。在其财产清单所列举的动产中，羊毛值95先令，1部纺车、梳毛机和1把梳毛梳子，2部织布机，已染色和未染色的呢布价值总计为76先令。显然，卡顿自己是一位师傅，购买羊毛，在自己家里管理各道工序的生产。织布机价值16—18先令，对于富裕工匠来说并不是一笔很大的投资。呢绒商一般拥有更多的固定资产，即使是富裕工匠也无法比拟。16世纪时呢绒商的集中手工工场已较为普遍，他们拥有厂房和机器设备。例如约翰·温什科姆不仅有厂房，还有200台织布机，以及染坊和漂洗机等。[1]部分工匠还投资建造漂洗机，例如13世纪最后十年位于格洛斯特郡的珀肖尔（Pershore）修道院院长的庄园法庭经常描述佃户使用自己而非领主的漂洗机漂布，表明非领主的漂洗机已经很多。不过，总体而言，只有少数工匠有财力自己建造漂洗机，如1418年和1445年兰开夏公爵的斯塔福德地产上的尤托克西特（Uttoxeter）和塔伯里（Tutbury）庄园分别建造了两个新漂洗机，费用来自承租人。这些漂洗机的具体建造费用不得而知，但肯定数额较大。因为1437年肯特郡查塞姆（Chartham）庄园建造了一个漂洗机，根据坎特伯雷大教堂的小修道院院长与两个水车木匠签署的协议，除了材料开销外，雇工工资为22马克（合14英镑13先令4便士），但显然在许多情况下领主大

[1] Lipson, E., *A Short History of Wool and Its Manufacture (Mainly in England)*, pp.74–75.

概继续从租金收入中提供部分建造经费。[1]

尽管中世纪晚期产生了一批富裕工匠，但其工具的价值仍然较低。锡匠罗伯特·福塞特死于1460年，其全部的不动产价值为17英镑9先令8.5便士，而工具仅值30先令。工匠威廉·斯威特是一个殷实的铸工，于1512年去世，家产价值36英镑10先令。他的劳动工具、铸板和铸模使用的泥土价值刚刚超过4英镑，而大多数工匠的工具价值远不及此。例如1个鞋匠的工具为8先令11便士，1个木匠的工具为5先令等。与此同时，工匠把更多资本用来购买原材料，遗嘱表明，威廉·斯威特在去世时作坊里金属的库存在7英镑以上，裁缝约翰·卡特死于1485年，店里的工具值11先令，而呢布的价值却高达28英镑8先令9便士。[2]

三、利润扩大

利润通常指企业的总收入扣除总支出后的余额。中世纪时小生产占绝对优势，它们以家庭劳动力为主进行生产，没有或极少雇工，收入扣除各项支出后所剩无几。除了这种为谋生而进行的工业生产外，中世纪工业还有牟利成分，那些投资工业固定资产的庄园领主，雇用较多工人的作坊主，以及从事外包工的呢绒商等都属于这个范畴。这些富有进取心的领主、富裕工匠和包买商不同程度地成为中世纪的企业家，他们通过出租工业固定资产或雇用工人进行工业生产等方式获得可观的利润。

[1] Hilton, R. H., *The English Peasantry in the Later Middle Ages*, pp.206–207.

[2] Swanson, H., *Medieval Artisans:An Urban Class in Late Medieval England*, pp.12, 15, 22, 32–33, 129.

固定资产出租是中世纪工业利润的来源之一。13世纪英国漂洗机为领主带来了可观的收入，许多领主不仅建造了新漂洗机，还将谷物磨坊改成漂洗机。他们要求佃户使用庄园漂洗机漂洗呢布，如同他们对谷物磨坊的义务一样。[1]谷物磨坊也是如此。据庄园管事账簿记载，诺福克伯爵凯尔塞尔（Kelsale）庄园的风力磨坊建于1294年，建设成本8—9英镑，出租后第一年的租金3英镑4先令，1301年、1303年和1306年也是如此。第一年庄园没有支出修理费，1301年支出2英镑8先令3.5便士，1303年6先令6便士，1306年2英镑1先令10便士，主要用来购买新磨石。归纳起来，该庄园四年维修费为4英镑16先令7.5便士，占12英镑16先令租金的38%。萨福克郡索哈姆（Soham）庄园的风力磨坊建于1295年，翌年收到租金3英镑6先令8便士，1301年和1304年分别为2英镑13先令4便士。三年中庄园支出的维修费分别为4先令3便士、10先令4便士和2英镑6先令8便士，占租金的35%。[2]格拉斯顿伯里大修道院在萨默塞特的地产管理机构，同意在沃尔顿（Walton）庄园投资建造一个新的风力磨坊，并将其出租给磨坊主，因为他们认为这样做比自己经营更有利可图。1342—1343年的建设费总计11英镑12先令11便士，租约规定租金每年3英镑、新租户交纳的进入费为1英镑。承租人威廉·派特尔以前积累了一小笔资本，愿意接受上述租佃条件，与修道院签订了终生租期（life tenancy）。格拉斯顿伯里此项投资较为明智，年回报率为25.75%。[3]一般说来，水力磨坊的维修费用通常低于风力磨坊，投资者可以获得较多的利润。伊利主教的大谢尔福德（Great Shelford）庄园，1320—

[1] Gimpel, J., *The Medieval Machine: The Industrial Revolution of the Middle Ages*, p.15.
[2] Holt, R., *The Mills of Medieval England*, p.86.
[3] Gimpel, J., *The Medieval Machine:The Industrial Revolution of the Middle Ages*, p.27.

1348年期间支出14英镑16先令的维修费，占119英镑6先令8便士租金的12%。不过，水力磨坊依赖水利，修筑闸坝也会压缩利润空间。[1]城市商人也拥有和出租磨坊，而法国南部城市图卢兹的磨坊所有者为所有出资的市民，他们成为磨坊的股东。磨坊股份可以买卖与继承，市场价格根据经济形势和磨坊经营状况差别很大。例如1350年之后的几年股价攀升到较高水平，而当大坝和磨坊被加仑河洪水严重损毁时股价迅速下跌。平均而言，股份每年的回报率为10%—25%。[2]

漂洗机等工业磨坊因使用者相对较少，故而利润要低于谷物磨坊。1337年，英国伍德霍尔（Wood Hall）的一个漂洗机每年租金3英镑6先令8便士，而2个水力磨坊和1个风力磨坊的租金为73.5夸脱小麦，26夸脱小麦和黑麦等的混合粉（maslin）。当时每夸脱小麦售价5先令或5先令8便士，每夸脱混合粉售价4先令，二者总计近25英镑。如此算来，谷物磨坊的平均收入超过8英镑，明显高出漂洗机的利润。彼得伯勒大修道院在诺桑普顿郡凯特灵（Kettering）庄园的一个漂洗机，1281年的租金仅1英镑，而庄园谷物磨坊的租金为6英镑。在亨廷顿郡南尼河畔的埃尔顿（Elton on the River Nene）庄园，截至1267年拉姆齐修道院只建有1个漂洗机，其利润比庄园谷物磨坊少许多。这里的所有谷物磨坊和漂洗机都由自营地仆人管理。1297年，2个谷物磨坊的磨坊捐收到的小麦、混合粉和麦芽折合6英镑4先令，而漂洗机的收入仅为1英镑7先令3便士。1304年漂洗机收入为18先令，而谷物磨坊出售的磨坊捐价值为9英镑。尽管后来漂洗机获得过2英镑或更多的收入，但从长期看仍低于谷物磨坊的利润。庄园随机

[1] Holt, R., *The Mills of Medieval England*, p.86.

[2] Gimpel, J., *The Medieval Machine: The Industrial Revolution of the Middle Ages*, p.20.

样本表明，在任何拥有漂洗机的地方，它们给所有者带来的利润都低于谷物磨坊，这也是它们分布相对较少的主要原因。在水力充足的庄园，领主将漂洗机作为有利可图的投资。而在英国东部等水源不足的庄园，领主一般都将谷物磨坊作为投资的首选对象。[1]

领主磨坊利润的巅峰期在13世纪至黑死病爆发前这段时期。与1086年相比，这一时期磨坊租金经历了快速增长。1251年前伊利主教获得的大谢尔福德庄园的水力磨坊，1299年以每年5英镑出租，1322—1326年的租金上涨到10英镑，尽管1327年又回落到6英镑13先令4便士。即使如此，租金数量仍高于1299年的水平，并且是1086年大、小两个谢尔福德磨坊租金的3倍。[2] 13世纪和14世纪上半叶，尽管磨坊收入在每个领主的租金或总收入中所占比例并不一样，但一般都达到各自历史的最高水平。13世纪下半叶，达勒姆主教地产上的磨坊每年收到554英镑9先令4便士的租金，占其全部租金收入的1/4，或者总收入的10%。同一时期，伍斯特主教地产磨坊在其全部租金和劳役收入中占6%，诺福克伯爵在诺福克郡、萨福克郡和埃塞克斯郡13个庄园磨坊的收入为58英镑9先令9.25便士，占其全部租金、劳役和相关支付的15%。然而，黑死病的爆发导致领主磨坊收入大幅减少。在修道院解散前夕，英国60个修道院的收入表明，磨坊税收仅占这些修道院世俗收入的2.25%，或者不足两个世纪前领主磨坊收入的一半。[3]

出租冶炼设备和煤矿也是领主获取工业收入的重要途径。铁可以用来制作马蹄铁、各种工具和武器，是用途最为广泛的金属。1271年，

[1] Holt, R., *The Mills of Medieval England*, pp.156–157.
[2] Miller, E. & Hatcher, J., *Medieval England: Towns, Commerce and Crafts, 1086–1348*, p.80.
[3] Holt, R., *The Mills of Medieval England*, pp.82–83.

彼得·德·布鲁斯的土地上拥有5个小熔铁炉，每个收租金10先令，而2个较大的熔铁炉每个收租金4英镑。这笔收入似乎并不大，但该地区最好的土地1英亩产值只有1先令。20年后，佛尼斯大修道院（Furness Abbey）的几个熔铁炉获得6英镑13先令4便士的租金，而其牲畜的收益只有3英镑11先令3便士。当时该修道院的地产上可能至少拥有40个熔铁炉。1257年，德比郡达菲尔德弗斯城的贝尔珀区（Belper ward），4个或5个熔铁炉每年各收入10英镑，1314年该地2个熔铁炉在34周收入63英镑6先令8便士，1/3的熔铁炉11周收入近7英镑10先令。[1]煤矿的租金相对较少，1356年达勒姆主教在惠克哈姆（Whickham）和盖茨黑德（Gateshead）5个煤矿的租金为333英镑6先令8便士，但这种情况纯属例外，大部分煤矿的租金只有几英镑甚或不足1英镑。例如1291年泰恩茅斯小修道院（Tynemouth priory）从诺桑伯兰郡几个煤矿获得的收入刚刚超过3英镑。13世纪后期，该小修道院在哈特利（Hartley）的几个煤矿每年仅得到13先令4便士，1315年考彭（Cowpen）煤矿的租金为1英镑13先令4便士。有些煤矿的价值更低，1296年兰开夏郡特拉登（Trawden）的一个煤矿租金仅为10先令，1291年斯塔福德郡和1321年约克郡南部的一个煤矿的租金均为5先令。[2]

雇佣劳动则是租金以外工业利润的另一个重要来源。中世纪西欧城市工业的雇工数量肯定受制于各种法规契约，但决定因素还是市场需求，不同的市场规模导致雇工数量相差悬殊。中世纪许多工匠作坊属于“一个男人或夫妻二人的手工作坊”[3]。此外也存在雇工作坊，不过“大多数工匠似乎除了他们的妻子儿女外拥有的帮工人数都不超过

---

［1］ Salzman, L. F., *English Industries of the Middle Ages*, pp.25–26.

［2］ Miller, E. & Hatcher, J., *Medieval England: Towns, Commerce and Crafts, 1086–1348*, p.66.

［3］［意］卡洛·M. 奇波拉主编:《欧洲经济史·第一卷·中世纪时期》，第198页。

两个”[1]。阿什利也认为，中世纪工业生产都是小规模的，一般由1—4人在小作坊劳动。“为本地市场生产的工匠中，只有极少数人经常雇用的人数超过5个成人和孩子。”[2]史料记载了这种极少数人的较大的独立的工场，例如一个男修道士在1288年的著作中提到，米兰制造装在马具上丁零作响小铃的黄铜铸工，每人有“许多”助手。根据13世纪70年代的一项命令，伦敦使用科尔多瓦皮（产于西班牙南部科尔多瓦城附近地区用作皮鞋的珍贵皮料）进行制革品生产的工场，每家只能雇用8个工人。在佛兰德尔的纺织业城市，一个织布业主限有三张织机，为此他需要5个助手，另外还需要妇女帮着从一个织房到另一个织房随时把经线扎牢。那里的染工被允许最多可有18个染色大缸，如果18个接连工作，至少需雇用20个工人。[3]

学徒也是一种形式的雇工，“它是小作坊主能够找到廉价的劳动力帮助补充家庭劳动力最简单的方式”[4]。约克的某些织工拥有较多学徒。一个约克织工行会的学徒名册记载了15世纪下半叶（约1450—约1506）的相关信息。在1450—1460年间，一个师傅拥有两个学徒相当普通，在招收多名学徒的77个师傅中，15人有2个学徒。当时很少有师傅有2个以上的学徒，尽管3个师傅有3个学徒，1个师傅有4个学徒，1个师傅有5个学徒。大约1464年，约翰·巴伦与6个学徒签订协议。在该学徒登记册所涉及的时期，375个学徒有详细记载，78个学徒被10个师傅招收。约翰·金拥有大量织布机，招收了至少6个

[1] [英] M. M. 波斯坦、爱德华·米勒、E. E. 里奇主编：《剑桥欧洲经济史·第三卷·中世纪的经济组织和经济政策》，第223页。

[2] Ashley, S. W., *The Economic Organisation of England: An Outline History*, p.34.

[3] [意] 卡洛·M. 奇波拉主编：《欧洲经济史·第一卷·中世纪时期》，第195、198—199页。

[4] [英] M. M. 波斯坦、爱德华·米勒、E. E. 里奇主编：《剑桥欧洲经济史·第三卷·中世纪的经济组织和经济政策》，第223页。

男孩作为学徒。这些人本身均是小企业家（small-scale entrepreneur），因为两个织布机一年可以生产80匹呢绒。[1]

建筑业雇用大量工匠，当13世纪伦敦只有35000人时，建筑博马里斯（Beaumaris）城堡使用了400个石匠、30个铁匠和木匠、1000个非熟练工人和200个车把式。[2] 1295年夏卡那封城堡的制衣工匠在一周中上升到528人，1344年春温莎城堡的制衣工匠达到710人。[3] 建筑城堡的国王或贵族虽然雇工，但他们只是消费者，利润由木匠师傅、建筑师或石匠师傅获得。中世纪也存在雇工较多的工业企业，尤以王室直接经营的采矿业为典型。英国王室在德文郡的矿山包括银矿和铅矿，产量最大的矿床位于贝雷阿尔斯顿（Bere Alston）。但该矿床埋藏较深，1300年政府为了获得大量金银，不惜投入巨资进行开采。矿山鼎盛时期雇用700多名矿工、司泵工、木匠、铁匠、制蜡商、锯木匠、洗矿石者、煅炉工、冶炼工、烧煤者和车把式。除了生产铅以外，1292—1297年每年产银价值大约800英镑，1305年上升到1773英镑，但1347年降至70英镑。[4] 还有些较大的民间采矿企业，14世纪，锡矿工亚伯拉罕雇用了300多名工人。工人每天挣1便士，而他们挖掘的锡矿的价值却超过20便士。[5]

此外，更多的"富人趋向于（特别是如果任何地区有可供开发的出口市场的话）拥有超过官方允许他们所拥有的雇工人数"[6]。为区域

---

[1] Swanson, H., *Medieval Artisans:An Urban Class in Late Medieval England*, p.33.

[2] Cipolla, C. M., *Before the Industrial Revolution: European Society and Economy, 1000–1700*, p.129.

[3] Miller, E. & Hatcher, J., *Medieval England: Towns, Commerce and Crafts, 1086–1348*, p.87.

[4] Miller, E. & Hatcher, J., *Medieval England: Towns, Commerce and Crafts, 1086–1348*, pp.67–68.

[5] Lipson, E., *The Economic History of England*, Volume Ⅰ, *The Middle Ages*, p.508.

[6] [英] M. M. 波斯坦、爱德华·米勒、E. E. 里奇主编：《剑桥欧洲经济史·第三卷·中世纪的经济组织和经济政策》，第223页。

和国际市场生产的毛纺织业就是如此，因而羊毛商比工匠雇用更多的工人。13世纪的佛兰德尔和14世纪的佛罗伦萨等纺织业城市盛行集中的手工工场。“据估计，大约在13世纪，在杜埃有150个布商，每人都雇用了100人左右。”[1] 14世纪初佛罗伦萨的毛纺织业每年生产80000匹布，雇用约30000人口。“按照维兰尼的说法，在佛罗伦萨1338年有200个这样的羊毛加工企业，每个企业平均雇用了150个劳动力，如果我们按维兰尼所说的总数的话。”[2] 通常，制造业利润低于商业利润，来自佛罗伦萨的数据恰好说明了这一点。“仔细地分析弗朗切斯科·达蒂尼和他的佛罗伦萨合作者的账本，他们在14世纪90年代用西班牙羊毛织呢，这一时期一般的商业利润高达12%以上，而制造业的利润只有8.9%——在此后二十年间，一个佛罗伦萨的丝绸企业家从30张织机的产品上可获得8%的利润。斯特罗奇家族的一个成员，在这一段时间中从事毛纺织业取得17.6%的利润，以后利润下降到略高于10%。梅迪奇家族在15世纪30年代和40年代在丝织业上平均获得15%的利润，但从两个羊毛作坊中只得到6%的利润。”[3]

14世纪英国织工、染工等工匠中兴起了早期的资本家阶级，个别人甚至过上绅士般的生活。该世纪末较大的呢绒商已经存在，一部分企业可以大量生产呢绒。[4] 都铎王朝时代，约翰·温什科姆和威廉·斯顿普都是呢绒商中的佼佼者。16世纪最著名的呢绒商是约翰·温什科姆，被称为“纽伯里的杰克”（Jack of Newbury），富勒称赞他是“英国曾经出现过的最重要的呢绒商”，在一处工场里所有雇

---

[1] ［意］卡洛·M. 奇波拉主编：《欧洲经济史·第一卷·中世纪时期》，第195、197页。

[2] ［英］M. M. 波斯坦、爱德华·米勒主编：《剑桥欧洲经济史·第二卷·中世纪的贸易和工业》，第546页。

[3] ［意］卡洛·M. 奇波拉主编：《欧洲经济史·第一卷·中世纪时期》，第209页。

[4] Lipson, E., *The Economic History of England*, Volume Ⅰ, *The Middle Ages*, pp.466–470.

工加在一起至少有880人。约翰·温什科姆不是16世纪唯一建立起工厂并将工人和织布机聚集在一个屋顶下的呢绒商。由于圈地运动，大量工业雇工失去工作，资本雄厚的呢绒商招募他们从事呢布生产，有时将修道院变为工厂。1546年马姆斯伯里（Malmesbury）的呢绒商威廉·斯顿普承租了奥斯尼大修道院（Osney Abbey），雇用2000名工人织布，他们连续织布，为牛津市生产救助物品。斯顿普也接管了马姆斯伯里修道院，古物学家兰利提到该修道院所有出租房屋都期待斯顿普，这个非常富有的呢绒商从国王那里买到了它。当时修道院所有房间的每一个角落都摆满了织布机，马姆斯伯里每年可织3000匹呢布。伯福德（Burford）的呢绒商塔卡（Tuckar）计划租借阿宾顿大修道院（Abbey of Abingdon）织窗帘布（drape cloth）。如果修道院将土地和漂洗机租给他，他承诺在他有生之年每周向该城织工支付100马克的工资。16世纪早期英国北部的呢绒商肯德尔的卡斯伯特、哈里法克斯的霍金斯和曼彻斯特的马丁·布莱恩都分别雇用大量工人。呢绒商雇工数量相差悬殊，有些人雇用150个甚或200个织工，此外他们还雇用梳毛工人、纺纱工人、修呢工人、剪毛工人和其他人。一个富裕呢绒商总共可以雇用800人或者更多。因此，早在工业革命前，资本家雇主已经是纺织业中的重要人物。[1]

工业利润从遗赠和财产清单中也可窥一斑。遗赠并非立遗嘱人的全部财产，因为按照习惯，有孩子的立遗嘱者的动产分为三份，其中1/3平均分配给孩子，1/3留给妻子，1/3自由处置。没有孩子的立遗嘱人的动产分为两份，一份留给妻子，一份自由处置。可见，遗赠的动

[1] 参见《一首关于16世纪英国手工工场的歌谣（1597）》，刘启戈、李雅书选译：《中世纪晚期的西欧》，商务印书馆1962年版，第232页，尤其是编者对该诗文的介绍。另可参考Lipson, E., *A Short History of Wool and Its Manufacture (Mainly in England)*, pp.74–78。

产大约是立遗嘱人的1/3—1/2的财产。在约克，皮匠约翰·沃代尔死于1395年，留下的遗赠超过54英镑。他的妻子5年后去世，留下34英镑的现金遗赠。金匠理查德·沃特瑞在遗嘱中列下的遗赠超过500英镑。约克32个留存下来的财产清单涉及时间直到1534年。其中1个始于14世纪90年代，13个始于15世纪，8个从16世纪早期直到1534年。1410年富裕石匠休·格兰瑟姆留下的财产价值207英镑15先令3便士，以及60英镑19先令8便士的债权，无望收回。他的债务为58英镑13先令5便士，还债后留下149英镑1先令10便士，葬礼和其他支出46英镑11先令10便士。除此之外，没有任何工匠财产清单上的剩余超过42英镑，12—30英镑较为普通，留下30英镑或许可以视为16世纪早期富裕工匠的代表。例如死于1525年的手套匠（glover）约翰·格里尼，1528年去世的制袜匠（hosier）托马斯·利斯塔，1512年逝世的翻砂工（founder）威廉·思韦特莫不如此。[1]

呢绒商的财产大大超过这个水平。英国富裕呢绒商彼得·布兰德尔1520年生于德文郡的蒂弗顿市（Tiverton），早年家境贫寒，依靠跑运输维持生计。后来他赚了一些钱，将克尔赛（kersey）呢布运到伦敦市场出售，并逐渐垄断了伦敦市场上克尔赛呢布的贸易。后来他用挣的钱在蒂弗顿市建立起大型企业生产克尔赛呢布，当他在81岁去世时，留下40000英镑的财富。他将其中很大一部分用于慈善事业，建立了弗里语法学校。一个世纪后，笛福（Defoe）称赞它为“蒂弗顿市的美景”。16世纪最著名的呢绒商约翰·温什科姆，在遗嘱中赠予纽伯里教区教堂40英镑，遗产给予其仆人。托马斯·斯普林号称富裕呢绒商，在宗教改革前夕去世时遗赠200英镑用来完成拉文纳姆教堂

[1] Swanson, H., *Medieval Artisans: An Urban Class in Late Medieval England*, pp.158–159.

的塔尖，资助了1000人，他的女儿嫁给了牛津伯爵的儿子。[1]

综上所述，中世纪西欧工业生产经历了一系列重大变化。水力和风力能源代替人力，促进碾磨、漂洗和冶铁等工业行业或工序的机械化，节省了劳动力，增加了产量。大量的资本投入促进了中世纪工业的扩张，投资主体不断变化，从领主、行会和商人逐渐过渡到富裕工匠和制造商。固定资本出租和雇工生产是中世纪工业利润的主要来源，中世纪中期和晚期领主和富裕工匠、呢绒商的利润此消彼长，企业家逐步登上历史舞台。

[1] Lipson, E., *A Short History of Wool and Its Manufacture(Mainly in England)*, pp.74, 76, 77.

第十三章 工业管理

在商业化浪潮的推动下，中世纪中期以来西欧庄园作坊让位于城乡的工匠作坊，以交换为目的的工业逐渐取代了以消费为目的的工业。[1] 在此过程中，越来越多的消费者购买工匠的产品与劳务，工业也吸引了越来越多的雇主和雇工就业。当工业越来越面向市场，工业生产越来越具有竞争性和营利目的时，工业管理特别是其中的民生必需品的管理便成为重要的政治和社会问题。有鉴于此，本章拟从消费者、雇主和雇工三方入手，对中世纪西欧国家、城市和行会的工业管理问题进行初步讨论。

一、保护消费者

城乡的工匠作坊为他人生产工业品，其中民生必需品的价格、质量和数量成为至关重要的政治和社会问题，因而受到管理者的高度重视。中世纪西欧的工业立法主要针对面包、麦酒和呢布等几种民生必

[1] 徐浩：《浅析西欧中世纪工业组织的变化》，载《世界历史》，2005年第4期。

需品。面包和麦酒是中世纪西北欧人们每天的生活必需品，由于缺乏面包炉或必要的时间和场地等条件，绝大多数家庭需要向面包师傅和酿酒者购买，因而面包和麦酒成为政府监管的对象。诺曼征服后，英国王权得到加强，在食品管理上也有突出表现。坎宁安认为，794年查理曼颁布的《法兰克福敕令》（*Frankfort Capitulare*）是中世纪面包价格管理的最早尝试，影响了英国的面包立法。查理曼的法令旨在限制谷物和食品的价格，无论任何季节都不能超过政府规定的最高限价。[1]英国的食品立法没有限定面包的最高价格，而是将一条面包的重量与生产成本特别是粮食价格紧密联系在一起。如阿什利所说，“在限制面包价格上，法令不打算确立一个固定标准，而只是设立一个浮动比例。据此，一法新（farthing，等于1/4便士）购买的一条面包的重量依据每夸脱小麦价格的变化而不同”[2]。麦酒的价格更是直接与谷物价格挂钩，因此利普森将该方法概括为“根据小麦的价格管理面包的重量，根据小麦、大麦和燕麦的价格管理麦酒的价格”[3]。除此之外，英国政府也对出售食品的质量和数量实施严格的管理，在此方面最早进行尝试的是城市等地方政府。据1086年编纂的《末日审判书》记载，在切斯特，凡是使用虚假度量衡或酿造劣质麦酒者，无论男女，都要缴纳4先令的罚金或被罚坐“马桶椅”（Cucking-stool，中世纪的一种刑具，将受罚者绑在椅子上任人嘲笑和责骂）。[4]

英国政府的面包和麦酒立法不晚于理查德一世时期（1189—

[1] Cunningham, W., *The Growth of English Industry and Commerce: During the Early and Middle Ages*, p.567.《法兰克福敕令》的具体内容详见Cave, R. C. and Coulson, H. H., eds., *A Source Book for Medieval Economic History*, p.130。

[2] Ashley, W. J., *An Introduction to English Economic History and Theory*, part I, *The Middle Ages*, p.188.

[3] Lipson, E., *The Economic History of England*, Volume I, *The Middle Ages*, pp.293–294.

[4] Lipson, E., *The Economic History of England*, Volume I, *The Middle Ages*, p.296.

1199）。[1]理查德一世统治时期颁布了《面包和麦酒法令》（*Assize of Bread and Ale*）。此前的食品管理尚属于地方和私人行为，同时面包法令和麦酒法令也是分开制定的。1193—1199年间，英国将较早的地方和私人制定的章程汇集在一起成为《面包和麦酒法令》，并在坎特伯雷大主教、温切斯特主教和全体英国人的见证下予以颁布，以表明它是全国性法律。不过，12世纪90年代的《面包和麦酒法令》缺少对违法者的惩罚措施，直到编年史家马修·帕里斯（Matthew Paris，1200—1259）所记录的1202年颁布的另一个《面包法令》中才有了对违法者使用颈手枷（pillory，一种将颈和双手固定在木板上示众的刑具）的处罚措施，并得到英国高等法院法官杰弗里·菲茨·彼得和面包师傅罗伯特·德·特南的批准。约翰王统治时期《面包和麦酒法令》的另一个版本大概出现在1202年，对不同小麦价格下1法新面包和1便士麦酒的重量做了规定。13世纪时各城市等地方政府相继因地制宜地实行《面包和麦酒法令》。[2]然而，在这些法令中最重要的当属亨利三世51年（1266年）颁布的《面包和麦酒法令》，它详细规定了

[1] 毋庸置疑，亨利二世（1154—1189）时期曾颁布过《面包法令》（*Assize of Bread*）。例如坎宁安认为，尽管不是第一次尝试，但该法令肯定是在亨利二世时期成形的（Cunningham, W., *The Growth of English Industry and Commerce: During the Early and Middle Ages*, p.250）。有学者将其称为“英国政府最早、最持久和最完整的有关面包质量、重量和公平价格的立法”（“Assize of Bread”, in Cave, R. C. and Coulson, H. H., eds., *A Source Book for Medieval Economic History*, pp.141–142）。然而，本文没有将其作为《面包和麦酒法令》的开端是因为：其一，它只是面包法令，不包括麦酒法令；其二，它是否属于国家立法尚存争论，因为有学者认为该法令并非国家立法，如布里特奈尔指出，亨利二世时的面包法令主要适用于宫廷附近地区，没有在全国实行，因而属于私人而非中央政府的法律。此外，1176年，亨利二世还发布了葡萄酒法令（Britnell, R. H., *The Commercialisation of English Society 1000–1500*, pp.26, 94），但其重要性无法与麦酒法令相提并论。

[2] Britnell, R. H., *The Commercialisation of English Society 1000–1500*, pp.94–95.

面包价格、生产成本和对违法者的处罚措施。[1]

国家的《面包和麦酒法令》只规定了生产、销售和处罚的原则，地方则根据当地谷物价格制定地方性的面包和麦酒销售办法，国家于是将执行《面包和麦酒法令》的权力授予地方，因而“召开面包和麦酒法庭的权力成为城市和庄园法庭拥有的最早的法律特权之一”[2]。城市法庭要定期审理违反《面包和麦酒法令》者，通常每月一次，每年不少于四次。行政官和其他官员受命调查该法令是否被正确地遵守，所有不法行为务必受到严惩，违法者受到罚款、戴颈手枷、收监或禁止从事该职业的惩罚。[3]庄园法庭一般每两周开庭一次，解决佃户纠纷和轻微冒犯案件。除此之外，领主还审理违反国家法律和破坏国王和平的轻微犯罪，每年两次召集十户联保组督察（view of frankpledge）审理相关诉讼。庄园领主也经常获得执行麦酒法令的权利，检查麦酒是否质量良好，是否按照规定价格出售等，但未见涉及面包法令。

12世纪毛纺织业成为英国重要的城市工业，作为中世纪人们主要服装面料的呢布（woollen cloths）开始大规模地成为商品，同样亟待国家制定统一的生产标准。1197年英王理查德一世颁布《量器法令》（*Assize of Measures*），对呢布生产和销售制定一系列严格规范。第一，任何地方生产的呢布均应织成同样的宽度，即布边内不少于两厄尔（ell，约为1码），并且中间和两边质量相同。第二，厄尔在整个王国应该统一，具有同样的长度，用铁来制作。第三，禁

[1] Ashley, W. J., *An Introduction to English Economic History and Theory*, Part I, *The Middle Ages*, pp.188–189, 190–191.

[2] Salzman, L. F., *English Industries of the Middle Ages*, p.286.

[3] Ross, A. S. C., “The Assize of Bread”, *The Economic History Review*, New Series, Vol.9, No.2 (1956), p.334.

止英国商人在商店前方悬挂红色、黑色的呢布或盾牌及任何其他商品，借此以次充好欺骗顾客。第四，除了黑色染料外，禁止在王国内的任何地方生产用于出售的其他染料，拥有主教大教堂的城市或大自治市不包括在内。此外，法令还规定每个主教城市或自治市依据不同规模遴选4—6人，会同郡守或管事维护该法令，检查和确保在所有商品的买卖中使用相同的度量衡。如果有人作奸犯科，违法者将被判入狱并被没收全部动产，未经国王或首席法官批准不得释放。[1]由于《量器法令》对商业性呢布生产标准做出了具体规定，因而也被称作《呢布法令》(*Assize of Cloth*)。[2]该法在相当长的时间里影响着英国的呢布管理，1215年签署的《大宪章》第6条进一步明确和重申了上述法律："全国应有统一之度量衡。酒类、烈性麦酒与谷物之量器，以伦敦夸尔（即夸脱）为标准；染色布、土布、锁子甲布之宽度应以织边之下两码为标准；其他衡器亦如量器之规定。"[3]1291年爱德华一世任命了毛织品检验官（alnager），检查在英国销售的呢布是否执行了上述法令。不过，随着14世纪下半叶大批佛兰德尔织工迁入英国，城市生产的呢布种类增加，两厄尔幅宽的统一标准不再适用。尽管国家后来放弃了对商品布宽度的统一要求，但没有放松对呢布质量的管理。[4]

行会章程和城市法规也对工业生产提出明确的质量要求。布里斯

[1] "Assize of Measures", in Bland, A. E., Brown, P. A. and Tawney, R. H., eds, *English Economic History Select Documents*, p.154.

[2] Lipson, E., *The Economic History of England*, Volume I, *The Middle Ages*, p.446.

[3] 锁子甲布（hauber/hawbark）为一种以小铁环织入布中或密缝于布面之布，专供制甲之用。当时所织之布的边较今日稍宽，故所规定之两码宽度系不连边计算。刘启戈、李雅书选译：《中世纪中期的西欧》，第75页。

[4] W. J. Ashley, *An Introduction to English Economic History and Theory,* partⅡ, *The End of the Middle Ages*, Fourth Edition, London: Longmans, Green and Co., 1906, pp.180-181.

托尔的织工行会条例规定：如果布匹上的纱线过稀或空隙过大，那么该呢布和织布机应予焚毁；如果呢布中间的质量比两边差，那么该呢布和织布机应予焚毁，织工也要被处以罚款。[1]诺威奇的皮革行会章程规定，用草木灰而非橡树皮鞣制兽皮将受到民事法庭的罚款。莱斯特的所有金匠必须向行会提交他们的产品，以接受制作工艺的检查。莱斯特的织工行会规定，只有质量良好的纱线才可以织布，禁止中间使用劣质纱线、两头使用优质纱线的欺骗行为。城市法规还禁止染色行会将染成蓝色的羊毛再放入茜草和麦麸中加重颜色。1263年城市法规规定深色呢布（蓝灰色）必须使用蓝靛和粗酒石染成的羊毛织造，严禁使用茜草和明矾染成的黑灰色羊毛织造。[2]

对生产劣质产品的工匠，行会章程则规定了十分严厉的惩罚措施。伦敦锡匠行会规定：工匠第一次出现质量问题时被罚没收残次品，出现第二次时予以同样的处罚，出现第三次时被永远开除出该行业——因为他玷污了该行会的声誉，损害了其在公众心目中的良好形象，而这正是工匠销售产品时不可或缺的。1429年切斯特的一批鞋匠因为销售质量不佳的鞋而被处以10英镑的重罚，理由是他们损害了鞋匠公会的利益。在布里斯托尔、约克、埃克塞特和普利茅斯的裁缝和切斯特的漂洗工，由于自己的责任而使呢布损坏的任何人，都要向布料所有者进行赔偿。布里斯托尔的任何裁缝由于失职而丢失或损坏顾客的呢布或服装，顾客可以向师傅或行会会长投诉，后者调查属实后，顾客将获得赔偿。布里斯托尔的染工因染色不当导致的任何损失都必须自己赔偿。诺丁汉的铸钟匠罗伯特·梅勒斯在圣诞节聚餐中给

[1] "Ordinances of the Weavers of Bristol, 1346", in A. R. Myers, ed., *English Historical Documents*, Vol. Ⅳ, 1327–1485, London: Eyre & Spottiswoode, 1969, p.1053.

[2] Bolton, J. L., *The Medieval English Economy 1150–1500*, p.140.

了漂洗工威廉·尼科尔森一块白呢布去漂洗，三周后梅勒斯收到呢布时发现染色工艺存在瑕疵。漂洗工行会会长和师傅调查后决定，尼科尔森操作失误，不应收取梅勒斯任何报酬。[1]

为了有效监管生产质量问题，中世纪行会还建立了工业品的社会监督与行业检查制度。一般来说，商业性的工业生产不应在卧室、地窖和密室进行，而只能在人们视线所及的大厅和临街的店铺进行，以便师傅和会长能够调查违法行为。为了便于找到问题产品的来源，某些行会在自己的产品上加盖图案、印章、大厅标记或师傅的头像，对违法者予以没收伪劣产品、罚款、斥责、销毁劣质产品生产工具、戴颈手枷示众和驱逐出该行业等惩罚。[2] 布里斯托尔的织工必须在街道上可以看到的织布机前织布，禁止在地窖和楼梯间织布。等级上好的毛皮也必须当众加工。行会的重要功能在于监督行会成员生产的产品，确保质量和工艺达到较高的水平。行会为此建立起严格的对所属手工业作坊的检查制度。当然，检查频率存在较大差异。布里斯托尔的漂洗工行会会长每个星期检查两次，锡匠行会师傅每个星期检查一次。伦敦织工行会会长每六个星期检查一次，而诺威奇的行会会长每三个月检查一次，必要时也会增加检查次数。1518年，考文垂的呢布行会每两天检查一次，检查出来的残次品提交市长，生产者有时被戴颈手枷示众，有时被从该行业除名，但一般是处以罚款。不服裁决的工匠可以向市长申诉，妨碍检查的工匠则会受到重罚。[3]

行会还设立专人负责检查产品质量，约克通常每个行会任命两名检验官。为了检查产品质量，他们在任何时候有权进入私人住宅检查

[1] Ashley, S. W., *The Economic Organisation of England: An Outline History*, p.333.
[2] Heaton, H., *Economic History of Europe*, pp.216–217.
[3] Lipson, E., *The Economic History of England*, Volume I, *The Middle Ages*, pp.351–353.

所有产品，违抗检验官的命令将会面临重罚，3先令4便士或6先令8便士的罚金非常普遍。[1] 检验官还可以在工匠制作或销售时检查各种物品，没收任何劣质产品。被没收的物品予以焚烧或者分给穷人，违法工匠被予以罚款和戴颈手枷示众的处罚，屡教不改者则被驱逐出城。为了追究劣质产品的责任，织工、漂洗工、制帽匠、金属匠、制砖瓦匠和其他工匠，包括面包师傅在内，都必须在自己的产品上贴上商标。[2]

中世纪行会维护产品质量的另一举措是禁止在夜晚工作，阿什利认为这样做不是为了保护工人，而是为了维护消费者的利益。[3] 阿什利的说法表面看来似乎有些绝对化，但确实在很大程度上表明了该禁令的主旨。行会章程对禁止在夜晚或天黑以后工作的解释是：第一，没有人在夜晚能像白天一样反应灵敏；第二，在许多行业中夜晚工作的噪音会影响邻居休息；第三，在烛光下工作难以保障产品质量；第四，夜晚工作规避监督，容易造假。[4] 哈维也从保证产品质量的角度分析了中世纪禁止夜间生产的原因。在他看来，中世纪人认为，上乘的生产只能在充足的日光下进行，并且通过严厉的惩罚禁止生产劣质产品。当工匠兼店主出售自己的产品时，夜间工作的另一个缺点是昏暗的光线容易误导购买者买到残次品。[5] 有鉴于此，14世纪期间，伦敦的制弓匠、制帽匠和锡匠行会通过管理条例完全禁止在夜间工作。[6]

---

[1] Swanson, H., *Medieval Artisans: An Urban Class in Late Medieval England*, p.116.
[2] Salzman, L. F., *English Industries of the Middle Ages*, pp.323–326.
[3] Ashley, S. W., *The Economic Organisation of England: An Outline History*, p.40.
[4] Salzman, L. F., *English Industries of the Middle Ages*, p.323.
[5] Harvey, J., *Medieval Craftsmen*, p.58.
[6] Harvey, J., *Medieval Craftsmen*, p.60.

二、雇主的权益

中世纪中期以来，为满足他人的需要而进行的工业生产扩展到面包、麦酒、呢布和其他行业。在上述行业中，雇主是工业投资的主体，在促进生产和提供就业方面发挥了重要作用。中世纪中晚期越来越多的工匠招收学徒、帮工和无望成为雇主的成年雇工，而学徒契约、行会章程和议会法令等文献都有保护雇主权益的具体规定。例如中世纪的学徒制提供了一种寄宿制的职业教育，但年轻人必须在学徒契约中承诺举止良好、勤劳、诚实、遵守纪律、服从命令和忠诚雇主。学徒必须服从雇主命令，保护其财产不受偷盗、浪费和损失，为其保守商业秘密；尽量少去酒馆和赌馆，学徒期间不缔结婚约。此外，学徒不能逃跑或犯有任何伤害其师傅的过失。只有履行上述义务，学徒才能得到师傅提供的住宿、饮食、衣物、文化教育和管束。学徒的有些过失会受到法庭的审判，有的城市专门设有学徒监狱。[1]

国家和行会保护雇主劳动力的稳定性，严惩违约者。13世纪巴黎羊毛织工行会章程第12条规定："如果学徒由于轻率鲁莽，从其匠师处逃走，他必须偿还匠师因他的过失所遭受的一切开支与损失，要使他回到这个匠师的而非别人的工场，如果匠师不愿放弃的话。"[2]议会法令规定了雇工最短的受雇时间，1563年英国议会"关于各业工匠、工人、农业仆人和徒工的立法"第2条规定："自九月的最后一日起，任何手工艺部门雇人劳动的期限都不得短于一年。"[3]法律也保护雇主和雇工双方的权利，严禁在无故、合同未到期或事先未告知的情况下

[1] Heaton, H., *Economic History of Europe*, pp.214–215.
[2] 耿淡如、黄瑞章译注：《世界中世纪史原始资料选辑》，第98页。
[3] 刘启戈、李雅书选译：《中世纪晚期的西欧》，第208页。

单方面采取行动。如该法令第4条规定："任何雇用仆人的人都不得辞退他的仆人，受人雇用者根据本法令亦不得在服役满期以前向主人、女主人告退，违者要受下述处分。如有合理理由，得向两个治安推事或至少要向一个治安推事申请，经其允许，双方的任何一方得向雇主的居住地的市长，城市、自治市、自治镇的其他长官提出控告。该治安推事或长官必须受理他们的控告，并且要对主仆间的纠纷，依据情形，进行处理。雇主若在其仆人服役期末辞退仆人，仆人若在其服役期末向其雇主告退，必须在一季以前即向对方提出，违者要受下述处分。"[1]具体处分见于第6条："凡雇主无故辞退仆人者，课以四十英镑罚款，凡仆人无故离职或拒绝服役者，逮捕入狱。"[2]该法令还对不履行合同的工匠提出处罚措施，如第10条规定："凡手工匠人违背与雇主所订合同者，处以禁闭并课以五英镑的罚金。"[3]此外，师傅也希望招收人品和技术俱佳的帮工，为此，考文垂拟录取的帮工必须接受八天的公示。行会对于录用了技术较差的帮工也有相应的补救措施，如伦敦翻砂工行会规定，一个未来的帮工必须让师傅们认可其技术水平。如果他的技术不能令师傅们满意，那么他要么继续做学徒，要么离开这个行业。[4]

中世纪国家、城市和行会维护雇主利益的重要举措，是动用法律手段规定雇工的最高工资，限制工资过快增长。早在黑死病爆发前有些行会就试图确定帮工的最高工资，并由城市监督执行。1298年伦敦城市官员将某些制桶匠投入监狱，理由是他们决定提高桶箍的价格。

[1] 刘启戈、李雅书选译：《中世纪晚期的西欧》，第208页。
[2] 刘启戈、李雅书选译：《中世纪晚期的西欧》，第209页。
[3] 刘启戈、李雅书选译：《中世纪晚期的西欧》，第210页。
[4] Salzman, L. F., *English Industries of the Middle Ages*, p.343.

同年晚些时候，他们谴责木匠在议会中聚集并发誓不遵守市长和长老制定的涉及他们行业和日工资的某一法令的行为。[1]黑死病导致劳动力短缺，雇工工资上涨过快损害了雇主利益。1349年英王爱德华三世颁布《雇工法令》，规定所有60岁以下的雇工都要为需要劳动力的雇主工作，并接受黑死病爆发前的工资、制服。[2]毫无疑问，《雇工法令》主要针对农业雇工，但并未将工匠排除在外。由于没有收到预期的效果，1351年英国议会又通过第二次《雇工立法》，要求木匠、石匠、砖瓦匠及其他建筑工人不按上涨后的标准获得他们的劳动报酬，而是参照以往习惯，也就是说，一个木匠师傅每天3便士，其他木匠2便士；一个自由石匠4便士，其他石匠3便士；他们的仆人1.5便士。如果任何仆人、雇工、工人或工匠在宣誓后违反该法令，他将在治安法官裁定后被处以罚金、缴纳赎金和监禁。[3]

没有理由认为《雇工法令》和《雇工立法》没有得到有力执行，但由于劳动力供不应求，因而工匠工资仍大大超过黑死病爆发前的水平，只是不同技术水平、工种和性别的工资劳动者的工资增长速度存在较大差异而已。1350—1400年间，普通木匠和最好木匠的工资分别增长了48%和42%，石匠增长了60%，砖瓦匠及其助手分别增长了34%和90%，一对锯木匠夫妇增长了70%。平均而言，工匠工资增长了50%，女工匠的工资上涨了100%。[4]尽管如此，国家干预仍然降低了工资正常的增长速度，在劳动力市场和雇主利益之间寻求某种平

[1] Heaton, H., *Economic History of Europe*, pp.217–218.

[2] Salzman, L. F., *English Industries of the Middle Ages*, p.306.

[3] “The Statute of Labourers,1349” “The Second Statute of Labourers, 1351”, in Davies, R. T., ed., *Documents Illustrating the History of Civilization in Medieval England(1066–1500)*, London: Methuen & Co. Ltd., 1926, pp.268–273.

[4] Rogers, J. E. T., *Six Centuries of Work and Wages: The History of English Labour*, pp.236–237.

衡。由于国家立法对抑制雇工工资快速增长起到一定作用，因此这种做法在后来得以反复使用。据统计，在1349年和1351年后的150年间，即截止到大约1500年，为了调查那些要求“令人吃惊的和过分的工资”的行为，英国通过了六部法律。1351年法国王室也颁布法令试图将工资和价格增长比例限制在1/3以内，但无论英国还是法国，国家、城市和行会的努力都没有达到预期目标。[1]

15世纪中叶，英国政府放弃将工资限制在黑死病爆发前水平的做法，承认工资上涨，将评定工资作为最高工资。例如1444—1445年英国议会通过《劳动法规》，除了禁止雇工在不事先告知的情况下在雇工期结束时突然离开雇主外，还规定仆人、雇工和工匠的工资不能超过以下评定标准：从复活节到米迦勒节期间，任何从雇主那里获得食物的自由石匠或木匠师傅的工资不得超过每天4便士，没有食物的每天5.5便士；获得食物的砖瓦匠师傅或石板瓦工、粗石匠、普通木匠和其他建筑工人的日工资为3便士，没有食物的每天4.5便士；获得食物的其他雇工每天工资2便士，没有食物的每天3.5便士。从米迦勒节到复活节期间，获得食物的自由石匠和木匠师傅每天3便士，没有食物的每天4.5便士；获得食物的砖瓦匠、普通木匠、粗石匠和上述其他工匠每天2.5便士，没有食物的每天4便士。获得食物的任何其他工人和雇工每天1.5便士，没有食物的每天3便士。法令还对违法工匠处以监禁，对违法的雇工和雇主分别处以20先令罚金，对执法不力的治安法官罚款3先令4便士。[2]

黑死病结束后大量行会章程也规定雇工的最高工资，以及对违反

[1] Heaton, H., *Economic History of Europe*, p.218.

[2] “Labour Legislation; A Bill in Partment, 23 Henry Ⅵ, 1444–1445”, in Bland, A. E., Brown, P. A. and Tawney, R. H., eds, *English Economic History Select Documents*, pp.177–178.

最高工资规定的雇工和师傅的惩罚。在工资标准上帮工经常与雇主存在矛盾。雇主宣称帮工索要过多的工资，指责他们拒绝按照习惯的工资标准工作，这些抱怨在黑死病结束后越来越多。黑死病结束后的二三十年中生活成本上升，农业雇工物质生活有了改善，这些因素导致雇工要求增加工资。1364年，布里斯托尔的补鞋匠抱怨他们现在几乎处于贫困状态，因为工资上升很快，仆人不愿意受雇于该行业，除非获得高于《雇工法令》的工资。14世纪农民起义以后，城市雇主同样遭遇到劳动力短缺问题。行会支持议会限制工人工资增长的举措，约克各行会不断颁布条例抑制工资上涨，雇主被禁止支付高于《雇工法令》许可的工资，否则将被罚款。这种阻止工资上涨的措施逐渐成为趋势。1420年约克的船首锚行会将计件工资和周薪固定下来，计件工匠制作100个锚挣16便士，而帮工一周挣12便士外加半年食物，或8便士外加全年食物。约克的皮匠、剪绒匠和织工行会，伦敦的织工行会，布里斯托尔的漂洗工行会，考文垂的制帽匠行会，均将工匠工资固定下来。莱斯特的行会也规定了女卷线工的工资。行会还按照工匠的业务能力确定工资水平，如伦敦行会根据能力决定帮工的工资。1487年，任何外地工匠要得到雇用，需先由行会官员检查他们能做什么，他们拿的工资是师傅和行会会长认为物有所值的。[1] 1512年，沃姆斯、法兰克福和阿沙芬堡的帽匠师傅制定了反对帮工的同盟条约，其中第1条规定："帮工每周应得6阿尔布斯。付给帮工超过6阿尔布斯的师傅，罚款6古尔敦。"[2]

在制定最高工资的同时，为保护雇主权益，中世纪行会还尽量延

[1] Lipson, E., *The Economic History of England*, Volume I, *The Middle Ages*, pp.335–337.

[2] 北京师范大学历史系世界古代史教研室编：《世界古代及中古史资料选集》，第474页。

长雇工白天的劳动时间，增加产量。工匠和店主的工作日都规定为从黎明到黄昏，但不同季节白天长度不同，为方便起见，许多行业习惯上将一年划分成短工时的冬季和长工时的夏季，具体劳动时间也有明确规定。14世纪伦敦铁匠在11月至转年1月的工作时间是从早晨6点到晚上8点，其余时间是从黎明到晚上9点。希顿认为，行会在城市和国家的支持下规定劳动时间，所有白天的时间必须充分利用，这意味着夏季的工作时间为从早上4点或5点到晚上7点或8点，冬季从黎明到黄昏。[1]如此长的工作时间中当然也包含了用餐和休息时间——夏季近3小时，冬季近2小时。以15世纪约克郡的贝福利（Beverley）建筑业为例，雇工夏季（复活节到8月15日）从早上4点开始工作到晚上7点，其中早上6点至6点25分为茶点时间，8点至8点半为早餐时间，11点至12点半为午餐和午休时间，下午3点至3点半为第二次茶点时间；冬季从黎明工作到黄昏，早上9点至9点半为早餐时间，中午有1小时午餐时间，下午3点至3点25分为休息时间。14世纪末伦敦的铁匠从黎明一直工作到晚上9点，11月至次年1月从早上6点工作到晚上8点，其中肯定包含了用餐和休息时间。[2]

15世纪末和16世纪英国制定了全国性的劳动时间标准。1495年议会法案规定：3月中旬至9月中旬，每个工匠和雇工早晨5点前开始工作，其间有半小时早餐时间，以及有午休时一个半小时的正餐时间（没有午休时一小时的正餐时间或半小时的午餐时间），晚上7—8点下班。9月中旬到次年3月中旬，每个工匠和雇工天亮开始工作，晚上下班，没有午休。5月至8月中旬可以午休。[3]16世纪的血腥立法强

[1] Heaton, H., *Economic History of Europe*, p.218.

[2] Salzman, L. F., *English Industries of the Middle Ages*, p.318.

[3] Lipson, E., *The Economic History of England*, Volume I, *The Middle Ages*, p.396, n.2.

迫雇工从事农业和工业劳动。1563年英国议会《关于各业工匠、工人、农业仆人和徒工的立法》第9条对工匠劳动时间规定如下："凡按日计算工资或按周计算工资，受人雇用的手工匠和工人，从三月起到九月止，在这些月份内，早上要在五点钟或五时以前开始工作，一直干到晚上七八点钟，早饭、午饭及喝水的时间除外，但这些时间每天最多不得超过两个半小时——上述的一切手工匠和工人从九月到次年三月的这些月份间，要在一清早就开始干活直到晚上，早饭和午饭的时间除外。违者每旷工一小时，即从他的工资中扣除一个便士。"[1] 仅从日均劳动时间而言，中世纪雇工每天工作时间平均在10小时以上，远超过现在的日工作时间。

在中世纪晚期的有些地方，雇主担任公职的权利还被行会明确规定了下来，成为城市权力产生与分配的新规则。奥格斯堡属神圣罗马帝国统治下的城市，1368年12月16日通过的该市第二次行会文告重申继续组织市议会，"使它在将来具有最大的权威和力量"。文告规定市议员从本城18个工业行会中产生，每个工业行会应有一个会长代表参加议会。而那些组织庞大、历史悠久的行会除会长外还可以推选一个代表和会长一起参加议会。这样，18个行会共计29个代表参加议会，然后这29人从市民中选出最有声望和最贤明的15个人共同组成市议会。此后，这29个人从自己和市民代表中间选出2个他们认为最好的人来担任市长：一个代表市民，另一个代表行会。此外，这29人还须从自己和市民代表中间选出4个副市长、2个监印官和6个征税员。[2]

[1] 刘启戈、李雅书选译：《中世纪晚期的西欧》，第210页。
[2] 耿淡如、黄瑞章译注：《世界中世纪史原始资料选辑》，第104页。

三、雇工的权益

广义上的雇工包括学徒、帮工、仆人和没有机会成为雇主的成年雇工等，他们对雇主既承担义务，同时也享有权利。以学徒为例，学徒契约几乎无一例外地要求师傅向学徒毫无保留地传授本行业的一切技术，其他条件则存在较大差异。学徒可从师傅那里获得住宿、食物、服装、工具、工资和文化学习的机会等，但具体条件以学徒契约为准。有些学徒契约约定学徒只获得住处，佛兰德尔的阿拉斯的一份织工学徒契约规定，师傅马修·海马特在四年学徒期间教授学徒迈克尔织布手艺，迈克尔得到住处，但不能获得食物。有些学徒契约约定学徒可以同时获得住处、食物与服装，马赛的织工师傅彼得·费萨克承诺在四年的学徒期间中为学徒彼得·博雷提供食物和服装，并允许他住在自己家里。[1]可见，不同城市间相同行业学徒的待遇并不一样。此外，爱泼斯坦根据马赛的学徒契约认为，即使在同一城市，不同行业的学徒待遇也不一样。越是高端行业，一个外来者将自己的子女送入该行业的难度越大，学徒条件越有利于雇主，学徒的议价能力越差。例如1248年让·德·圣马克西曼送他的儿子吉约姆到货币兑换商让·科尔迪耶那里做学徒，并同意为两年的学徒期向让·科尔迪耶支付50索里达，也为其子的膳食提供一定数量的小麦。在一个类似的协议中，一位父亲答应为儿子提供衣物，他的儿子也是一位货币兑换商的学徒。相反，皮埃尔·布瓦尔送其子艾蒂安去学习纺织帆布，其师傅向艾蒂安提供食物、服装和其他开销。当然，影响学

[1] "Apprenticeship in the Weaving Industry", in Cave, R. C. and Coulson, H. H., eds., *A Source Book for Medieval Economic History*, pp.256–257.

徒待遇的还有许多因素，例如学徒期限的长短。博洛尼亚的剑销商（sword dealer）宣布，他们的学徒自费应学习五年，也可以由师傅承担费用学习七年。尽管有如此多的差别，但一般来说，食物和衣物是师傅为学徒提供的最低补偿，而大多数提供食物和衣物的师傅也会向学徒提供住宿。[1]

学徒在此期间有时还可以获得少量工资，热那亚的一份1180年4月7日签订的学徒契约规定，乔万尼跟随车工（turner）古列尔莫·巴斯卡罗纳学习五年，后者承诺向乔万尼提供食物、衣服和每年12索里达的薪水。[2] 1248年法国塞斯特雷（Sestri）的一份理发匠学徒契约规定，学徒期限仅为两年。在此期间，师傅阿曼德向学徒威廉每年支付40索里达的工资，以及食物和服装。[3]英国学徒期限一般在七年左右，雇主从始至终一直发给学徒少量工资。1480年的一份皮匠学徒契约，对八年学徒期间的待遇做了规定：头七年学徒仅有少量的零花钱，第一年3便士，第二年6便士，如此每年增加3便士，直至第八年可达10先令。[4]石匠在学徒期间也可以拿工资，技术熟练后可以增加到初级石匠的工资标准。例如，据1331年威斯敏斯特宫的圣斯蒂芬小礼拜堂的建筑账簿记载，石匠学徒约翰·勒贝克里日薪为2便士，石匠师傅每周工资为6先令，普通石匠每天可以挣5.5便士，而年轻的初级石匠每天只能拿到3便士。石匠学徒和石匠的工资标准是不一样的。

---

[1] Epstein, S. A., *Wage Labour & Guilds in Medieval Europe*, Chapel, Hill and London: The University of North Carolina Press, 1991, pp.76, 109, 110.

[2] Epstein, S. A., *Wage Labour & Guilds in Medieval Europe*, p.75.

[3] "Apprenticeship to a Barber", in Cave, R. C. and Coulson, H. H., eds., *A Source Book for Medieval Economic History*, p.249.

[4] Ashley, W. J., *An Introduction to English Economic History and Theory*, Part Ⅱ, *The End of the Middle Ages*, pp.87–88.

1364—1365年石匠们在威斯敏斯特修道院修建医院时，作为学徒的第四等石匠收到13周的报酬共计13先令4便士，“以前作为四等石匠中的一员他没有获得任何报酬，因为他正在当学徒”[1]。不过，也有的雇主在学徒期即将结束或结束时才付给学徒工资。1451年的床单匠学徒契约则没有规定任何零花钱，学徒期为七年，最后一年师傅付给学徒工资9先令4便士，期满后继续为同一个师傅工作的学徒第一年的工资为20先令。[2] 1459年康沃尔郡彭赞斯（Penzance）的一份捕鱼学徒契约规定：师傅约翰·吉布斯及妻子艾格尼丝向学徒约翰·戈夫传授捕鱼技能，提供充足的食物、亚麻和呢绒服装及鞋子。在学徒结束时，如无任何欺骗行为，学徒将从师傅及其妻子那里得到20先令。[3]

学徒有时还拥有其他权利。有的行会章程规定，除了技术训练，学徒契约中师傅还应提供一定的文化课学习时间。1462年，一个14岁男孩学习男服经销商的手艺，学徒期为12年。师傅让他去学校学习两年，前一年半学习语法，最后半年学习写字。1494年一个金匠的学徒同意跟师傅学习10年而不是9年，条件是师傅送他到小学学习一年。萨默塞特郡汤顿（Taunton）的一个织工同意教授他的学徒布列塔尼语。肖像制造者穆得和丈夫约翰·德·麦米斯在黑死病流行期间去世，穆得在遗嘱中给学徒留下各种遗赠，包括委托柏孟塞小修道院（Bermondsey Priory）的托马斯·德·阿尔斯汉姆兄弟照料和教育他三年。[4] 哈维认为，学徒期间的文化学习不仅是师徒之间的私人约

---

[1] Harvey, J., *Medieval Craftsmen*, p.47.

[2] Ashley, W. J., *An Introduction to English Economic History and Theory*, Part Ⅱ, *The End of the Middle Ages*, pp.87–88.

[3] “Indenture of Apprenticeship (Ancient Deeds, A, 10022), 1459”, in Bland, A. E., Brown, P. A. and Tawney, R. H., eds., *English Economic History Select Documents*, p.147.

[4] Salzman, L. F., *English Industries of the Middle Ages*, pp.340–341.

定，有时属于某些行会的强制要求。例如有记载说，有的金匠因为没有让学徒们学习读写而被罚款。显然，这意味着习惯规定，如果需要的话，学徒们应该接受读写教育。[1]学徒有时可以在学徒期结束时得到雇主赠予的工具、其他物品甚至财产。爱泼斯坦认为，送工具做礼物只是部分行会的习惯，1214年，一位车工师傅答应给予学徒能够正常工作的全部工具。1226年一位师傅在学徒结束时也提供了各种工具和一小笔现金。其他行业也有类似赠送工具的习惯，但仍有某些行业从未将赠送工具作为学徒待遇的组成部分。[2]英国有些行会也有赠予工具的习惯。1548—1562年诺福克的一份学徒契约规定：托马斯·赖斯布鲁克教授罗伯特·纽克粗石匠技艺，并为其提供食物、饮料等，在学徒结束时给其3英镑、2套服装以及1把劈砖斧、1把锤斧、1把镐和1把抹子。双方一致同意，在学徒期间托马斯享有罗伯特在克朗索普（Crown Thorpe）拥有的住宅及其附属物一半的收入。[3]

为使上述规定落到实处，行会赋予学徒投诉不履行义务的师傅的权利。13世纪巴黎羊毛织工行会章程第13条规定："如果学徒由于匠师的过失而离开其匠师，他自己或他的朋友应到织工行会会长面前，说明这件事的情由；会长在两周之内应召唤学徒的匠师，对他训诫说，对于学徒他应该供应适当膳食，像对上等人的儿子一样，并应给予衣履。倘使他不遵照办理，学徒可以找寻别的匠师。"[4]英国学徒也拥有向本行会会长申诉的权利。1520年考文垂的制帽匠师傅们必须每年到该城所有作坊巡视一次，将学徒唤到他们跟前，如果有学徒三次

---

[1] Harvey, J., *Medieval Craftsmen*, p.46.
[2] Epstein, S. A., *Wage Labour & Guilds in Medieval Europe*, pp.76–77.
[3] Lipson, E., *The Economic History of England*, Volume I, *The Middle Ages*, pp.310–311.
[4] 耿淡如、黄瑞章译注：《世界中世纪史原始资料选辑》，第98页。

投诉师傅没有提供充足的生活必需品，那么他们有权将他带走，安排他到另一个师傅那里当学徒。[1]为防止误人子弟，行会对招收学徒的师傅还进行资格审查，如13世纪巴黎羊毛织工行会章程第17条规定："会长与两个或三个或四个陪审员必须调查：匠师是否有充分的财产与房屋可招收学徒。如果会长与陪审员发现那要招收学徒的匠师缺少维持学徒的必要条件，他们可向他收取适当而足够的押金，要使他能履行对学徒的一切责任；这样，学徒不致浪费时间，而其父亲也不致浪费金钱。"[2]

对于不履行义务的师傅，学徒还可以请求解除师徒契约。1369年英国雷丁的约翰·卡托提交了一份起诉书，控告他的女儿艾丽丝的师傅——伦敦绣花工埃利斯·明皮，因为明皮打艾丽丝，虐待她，不给她饭吃。5月3日，当事双方被传唤出庭，这时，双方声称已达成协议，条件是由被告付给原告13先令4便士，双方解除学徒契约。被告还被问及本为五年学徒期为何占用这个女孩近七年，为什么不按照该市的习惯法和他自己的誓约履行师徒契约。市长和市政官们判决解除艾丽丝的学徒契约，明皮没有异议。按照法庭命令，该师徒契约交出作废。[3]1562年埃克塞特的一个师傅被指控拒绝履行义务教授和供养自己的学徒，该学徒因而解除了与他的契约。1570年一名伦敦学徒向木匠法庭控告"他的师傅没有向他传授木匠手艺"，法庭判决他另寻新的师傅。[4]

帮工和仆人也是雇工的重要群体，前者既可以与自己的师傅一起

---

[1] Salzman, L. F., *English Industries of the Middle Ages*, pp.342–343.
[2] 耿淡如、黄瑞章译注：《世界中世纪史原始资料选辑》，第98页。
[3] 北京师范大学历史系世界古代史教研室编：《世界古代及中古史资料选集》，第468页。
[4] Lipson, E., *The Economic History of England*, Volume I, *The Middle Ages*, p.310.

工作，也可以在自己家里工作，按日计算工资；后者则按年受雇，住在师傅家里。帮工（journeyman）这个词与旅游和初级工匠的漫游年（wander years）毫无联系，仅指那些为日薪工作的人。[1]帮工构成工业组织中的流动群体，他们部分为已经出师但尚无资金或独立创业的学徒，部分为短期学徒或通过其他途径习得工业技艺的人。黑死病结束后，帮工反对接受习惯法的或古代的工资标准，要求提高工资。根据1350年伦敦剪绒匠行会的陈述，他们习惯于按照以下标准雇用工人，即除了提供食物外，从圣诞节到复活节每天付给工资3便士，复活节到圣约翰节（6月24日）每天付给4便士，圣约翰节到圣巴塞洛缪节（8月24日）每天付给4便士。但现在工人们不再愿意按照这种工资标准工作，要求实行计件工资。师傅们呼吁仆人们应该"根据古代的习惯"工作，接受他们以前的工资标准。1396年伦敦马鞍匠行会抱怨帮工的工资大幅攀升，师傅们曾经一年花40先令或5马克外加提供食物就能雇到工人，而现在一年需要支付10马克、12马克甚或10英镑。帮工在工资标准上常与雇主进行抗争。1424年当考文垂织工行会将帮工的不满提交仲裁时，得到的判决为帮工必须"像过去那样获得织工1/3的工资"。这表明帮工提高工资的罢工失败了，但却成功地阻止了师傅降低他们工资的企图。切斯特的水车木匠和石板瓦匠剥削帮工，付给他们的"工资不能为生"。他们的雇主被责令"按照市长指定的数额支付工资"[2]。中世纪晚期帮工为增加工资而进行的罢工此起彼伏，当一个师傅拒绝帮工的要求时，其他作坊的帮工纷纷站出来罢工声援，直到争端得到解决为止。[3]帮工为提高工资还成立了中世

[1] Harvey, J., *Medieval Craftsmen*, p.39.
[2] Lipson, E., *The Economic History of England*, Volume I, *The Middle Ages*, pp.393–396.
[3] Salzman, L. F., *English Industries of the Middle Ages*, pp.345–346.

纪的工会组织——约曼行会（yeomen gilds），参加者均为工资劳动者。雇主将约曼行会视作加薪联盟，1430年约克的行会师傅们抱怨说，当他们打算“按照现存习惯和古代规定”向帮工支付工资时，这些工人却为此成立了非法联盟。1441年伦敦的面包师傅行会声称，他们的仆人建立了兄弟会并穿着相同的制服，索要比过去更高的工资。[1]

帮工的工资体现为多劳多得，如日薪与劳动时间长度成正比，白天长的季节可以比白天短的季节获得更高的日薪。1275年和1296年行会章程显示铁匠的工资与工作时间挂钩：11月至次年2月间每天工资为3便士（没有食物），从复活节到9月29日每天为5便士，春天和秋天每天为4便士。1495年的一项法律规定夏季工作时间为早晨5点之前到晚上7—8点；冬季工作时间为从天亮到傍晚。[2]13世纪英国建筑工人夏季工作12.25小时，冬季工作8.75小时，后者的工资仅为前者的2/3。[3]尽管如此，帮工还是反对雇主进一步延长劳动时间的企图。1496年考文垂铜匠行会规定，帮工的工作时间为早上6点到晚上6点，但1520年起劳动时间被延长，冬季从早上6点到晚上7点，夏季从早上5点到晚上7点。1526年，帮工要求雇主维持行会规定的劳动时间，但雇主可以“根据帮工缺勤时间”减少他们的工资。[4]

无望成为雇主的成年雇工，包括纺织工人、建筑工人等，其中建筑工人最具代表性。他们比其他雇工更加自由，也更能维护自己的

---

[1] Lipson, E., *The Economic History of England*, Volume I, *The Middle Ages*, pp.393–396. 约曼行会也称帮工行会（yeomen or journeymen gilds），是手工业行会内部形成的工资劳动者的团体（associations），但在可能情况下独立存在。约曼行会兴起的根本原因在于，帮工日益陷入永久性的工资劳动者的境地，很难成为师傅。伴随着人口增长和工业资本家的发展，他们经济发展的前景越来越不好。

[2] Harvey, J., *Medieval Craftsmen*, pp.58–59.

[3] Gimpel, J., *The Medieval Machine: The Industrial Revolution of the Middle Ages*, p.109.

[4] Lipson, E., *The Economic History of England*, Volume I, *The Middle Ages*, pp.394, 396.

利益。建筑工人有时为抗议雇主拖欠工资举行小规模罢工。1331年1月，威斯敏斯特的石匠没有在星期一或星期二工作，因为雇主从圣诞节以来一直拖欠他们的工资，他们认为不会再拿到他们的工资了。直到王室司库答应他们将如数收到拖欠的工资，他们才在星期三开始工作。建筑工人禁止任何工匠接受低于平均水平的工资，为此不惜采用暴力手段，直至酿成命案。1339年，四名木匠受到指控，恐吓在伦敦工作的几个愿意接受6便士以下工资和正餐后饮料的外地木匠。他们殴打了其中的一位木匠约翰·德·查尔方特，因为他接受了较低的工资。除伦敦等大城市外，石匠没有建立行会组织，因而不能像其他行业那样控制雇工的工资。石匠经常根据自己的技术水平向雇主提出自己期望的工资，雇主也可以拒绝石匠的要求。由于采用雇工和雇主个别协商工资的方法，石匠的工资呈现出巨大差异。1304年在卡那封城堡的建筑工地上，工资册上的53个石匠按照17种工资水平领取了工资。尽管石匠在雇主面前无法形成统一战线，但他们的报酬相对较高。石匠是紧缺的高技术工人，雇主不得不支付优厚的报酬。平均而言，早在黑死病爆发前石匠每天挣4便士，砌石匠每天挣3.5便士，凿石匠每天挣4便士，沙石石匠可能每天挣4.5便士。此外，石匠中也有较低工资和较高工资的，如挖地基和运石头的雇工每天仅挣1.5便士或2便士，但石匠师傅或建筑师每天能挣12便士，或在某种情况下高达2先令。[1]

建筑工人还有其他权利，例如有的建筑工人可以在雇主家用餐、居住。1267年汉普郡的西克尔斯特德（Silkstead）庄园建造一个大厅，为此石匠约翰·威瑟得到6英镑2先令1便士，他和他的仆人还在雇主

[1] Gimpel, J., *The Medieval Machine: The Industrial Revolution of the Middle Ages*, pp.106, 109.

家里用餐，雇主为提供肉和面包等食品支出15先令6便士，包括8蒲式耳小麦、48块咸肉、21块奶酪、6桶苹果酒。建筑围墙的石匠获得8先令8便士现金，铺屋顶的计件工资为2英镑13先令4便士。雇主不仅提供膳食，而且还免费提供住处。有的石匠可以获得手套和服装。砌墙石匠常常获得手套，但师傅、工程负责人，有时还有领班可得到制服，通常是一整套外衣，上述做法常见于王室和较大的教堂。1311年诺威奇大教堂管理人为雕刻匠威廉和约翰的制服支付了1英镑16先令，为石匠亚历山大的一件大衣支付了6先令8便士。著名的建筑师、艺术家、内科医师和其他专业人士可以获得更好的服装。例如1398—1399年冬，理查德二世发给石匠师傅和总建筑师亨利·耶维利一笔费用以购买一块呢布和一块白色羊羔皮来制作冬季制服。[1]

全年休息天数也是雇工的重要权益。受基督教礼拜日和节日禁止工作的影响，13世纪的英国工匠比20世纪70年代的工人拥有更多的休息日，因而全年劳动天数并不很多。例如中世纪工匠有时在圣诞节放假两周，复活节放假一周，圣灵降临节（Whitsun）放假几天，此外还要加上那个时期众多的宗教节日。14世纪约克大教堂（York Minster）章程甚至规定，宗教节日的前一天和星期六休假半天，从中午开始停止工作。在全年当中，人们每周平均工作大约5.5天。[2]哈维也认为，在星期六和宗教节日的前一天夜晚，习惯上在下午4点前停止工作，但也有许多整个下午放假的证据，说明人们在中午12点便停止工作了。似乎就是这个习惯，导致后来出现“英国的周末”。[3]总之，星期六和宗教节日前一天的半天假期，以及星期日和各地方数

[1] Harvey, J., *Medieval Craftsmen*, pp.68–70.
[2] Gimpel, J., *The Medieval Machine: The Industrial Revolution of the Middle Ages*, p.109.
[3] Harvey, J., *Medieval Craftsmen*, p.60.

量不等的宗教节日叠加起来，减少了全年劳动天数。类似的做法在西欧其他国家同样如此，正如斯拉普所言："不管生意是兴隆或是疲沓，每个人的工作时间一年中有四分之一以上被教会指为神圣时间而减少。从这个角度观察，中世纪的工作习惯显得即使不是悠闲，至少也插入许多休息阶段。第一有周末休息。为了做好礼拜天的准备，星期六中午打钟停止工作，按照教士们的想法，这是一种宗教责任。——同样的准则适用于每一个圣徒节的前夕，也就是在节日的前一天。关于这方面的实际行事习惯还不甚清楚，遵守圣徒节的天数各个地方和各个行业之间都有不同。四个重要的圣母节、使徒和福音传教士的神圣节日、圣诞节一周和复活节一周（最后一个节理论上是两周）是最主要的假期。再加上一些当地的圣徒节和每一个行业又各有一天它自己保护圣徒的节日，即使除去周末和节日与这些周末同在一天的日子，一年中的工作日子也减少不少。在纳尔榜，城内的工场，一年工作265天，在图卢兹是281天；1320年巴黎教堂建造工程一年开工275天。"[1] 由于全年假期较多，在一定程度上抵消了漫长的工作日的劳动强度，劳动者能得到休息以恢复体力。

习惯法对休息日的报酬也有相关规定。双周或更长时间领取报酬的人肯定能收到全周的报酬，即使某些天的部分时间没有工作也是如此。而宗教节日的带薪休假则仅仅是某些师傅才能够享有的特权。为王室干活的师傅一年中每天的报酬是固定的，星期天也包括在内。如果在其他时间请假，他们的报酬有时要被扣除。例如1310—1311年，威斯敏斯特的油漆匠师傅托马斯收到全年365天每天7.5便士的报酬，但需要减去他休假的21天。此外，有的地方还实行其他宗教节日带

[1] [意] 卡洛·M.奇波拉主编：《欧洲经济史·第一卷·中世纪时期》，第201—202页。

薪休假的办法。在1329年威斯敏斯特的账簿中有一段对古老习惯的陈述。当任何地位的工匠按照双周、三周、一个月或更长时间为国王工作时，如果在此期间（星期天永远不包括在内）出现两天的宗教节日，国王拥有第一天，即这一天不付工资，而工人在第二天将得到全天工资。哈维认为，宗教节日经常超过40天，在1535—1536年修建伦敦塔时甚至高达51天。自由石匠有时可以拿到其中一半以上天数的报酬，但粗石匠和其他人只能拿到四五天的报酬。此外，在14世纪下半叶，周薪或日薪工匠也可享有宗教节日的带薪休假权利。例如，1360年在威斯敏斯特和伦敦塔工作的书记员威廉·德·拉姆比特对古老习惯重新做出界定，新办法明确规定，在一周内只有一天宗教节日时工资照常支付，但如果宗教节日的第二天也在同一周内则没有报酬。约克大主教堂除了坚持上述做法外，还规定如果一周内赶上三天宗教节日，只支付半周的报酬。1380—1381年在埃克塞特主教堂，习惯法没有宗教节日的规定，但按照一个特别约定，工匠在两天宗教节日中收到一天报酬；复活节放假周工匠收到4.5天报酬。伦敦桥的工匠甚至在圣诞节、新年、复活节和圣灵降临节时也可以获得整周的工资。[1]可见，中世纪西欧工匠不仅可以拥有星期六和宗教节日前一天的半天假日、星期天以及四五十天的宗教节日休息日，而且这些休息日相当部分是带薪的，这在中世纪晚期发展成为受法律保护的工人权利的组成部分。

综上所述，中世纪中期以来西欧工业突破了以往庄园作坊那种使用价值为主的生产模式，形成以工匠作坊为主体、以交换为目的的生产模式。当工业生产越来越面向市场时，工业管理特别是其中的民生

[1] Harvey, J., *Medieval Craftsmen*, p.60.

必需品的管理成为重要的政治和社会问题。国家、城市（或庄园）和行会为此承担了大量的工业立法和监管工作，保护消费者、雇主和雇工权益。如对面包、麦酒和呢布等民生必需品的生产与销售进行立法，惩罚不法行为，保护消费者的利益；制定保护雇主利益的法令，包括确定学徒的各项义务，制定雇工最高工资，延长雇工劳动时间，严禁学徒和帮工擅自脱离雇主，规定雇主担任公职的权利等，为雇主营造了较为有利的经营环境；而惩罚不履行学徒契约的师傅，提高雇工的习惯工资标准和物质待遇，规定其有权控告不法雇主，每年享受约四分之一时间的休假等规定，则保护了雇工利益。这些做法在一定程度上协调了消费者、雇主和雇工三者的利益，客观上有利于中世纪交换型工业健康有序地发展。

第十四章 妇女与工业生产

中世纪西欧城乡妇女的工业劳动是一个有待专门研究的课题，目前经济史讨论的工匠主要是男性，妇女史对妇女劳动的探讨失于笼统。近年来有人研究乡村妇女的农业劳动问题，但对城乡妇女的工业劳动还未见有人做过专门讨论。大量研究表明，妇女是中世纪城乡工业生产中的特定群体，在许多方面与男性工匠有所不同。有鉴于此，本章拟对中世纪城乡妇女的工业劳动进行初步考察，希望对认识这个问题有所帮助。

一、纺纱女

纺纱女（spinster）并非中世纪开始时就大量存在的，而是城市毛纺织业生产中性别分工的结果。中世纪早期，妇女承担了呢布的全部生产过程。她们首先将羊毛纺成纱线，“在茅屋废墟里发掘出来的石秤和石制纺锤车清楚地表明，纺纱在当时妇女生活中所占的重要地位。这从词汇中也可以感觉到，因为那时人们把放有羊毛包的纺纱杆当作农妇的代名词，英语spinster一词也是如此，它既表示纺纱女，也指老姑娘”[1]。然后，她们再将纱线织成呢布，“妻子”（wife）一词可能在语源上与“织布”（weave）有关，在古英语或盎格鲁-撒克逊语中，词尾“-ster”代表女性，表示职业的词汇“webster”或“Brewster”分别指女织工和酿酒女。在现代英语中，唯有“spinster”（纺纱女）还保留着这种古代用法。[2]盎格鲁-撒克逊时期的妇女墓葬中经常有线盒、纺轮和织布杆等与纺织有关的物品，表明妇女被公认为呢布的纺织者。[3]

加洛林王朝时期，不自由妇女承担庄园中的纺织劳役。789年查理曼向其臣民颁布《通告》，列举了他们在礼拜日不能从事的“奴役性劳动”。如男性被明确禁止从事“农业劳动”，“妇女不要在礼拜日进行纺织，不应裁剪和缝制衣服，不应公开洗衣服或剪羊毛”[4]。妇女作坊（gynaeceum）是主人驱使不自由妇女生产纺织品的场所，查理曼在《庄园诏令》第43条中这样指示庄园管理人：“依照规定，应按时发给朕的妇女房内所用劳动材料，就是：亚麻、羊毛、大青染料、鲜红和红色颜料、理羊毛的梳子、起绒草、肥皂、油、器皿及其他那里需要的小东西。”[5]供给妇女作坊的物品表明，妇女纺织亚麻和羊毛，她们梳毛、洗毛、织布和染色等，控制了呢布生产的全部过程。[6]妇女作坊的纺织品生产主要为了自给自足，缺乏劳动

[1] [法]罗贝尔·福西耶：《中世纪劳动史》，第208页。

[2] Herlihy, D., *Opera Muliebria: Women and Work in Medieval Europe*, New York and London: McGraw-Hill, 1990, p.33.

[3] Mate, M. E., *Women in Medieval English Society*, Cambridge: Cambridge University Press, 1999, p.14.

[4] Herlihy, D., *Opera Muliebria: Women and Work in Medieval Europe*, p.34.

[5] 查理大帝关于管理庄园的诏令，见耿淡如、黄瑞章译注：《世界中世纪史原始资料选辑》，第16页。

[6] Herlihy, D., *Opera Muliebria: Women and Work in Medieval Europe*, p.37.

分工。查理曼的《庄园诏令》在第43条、第49条中均提到妇女作坊中的妇女，但对她们的劳动分工却未置一词。第45条要求庄园管理人配备庄园需要的各行各业的工匠，但没有提及纺纱女、织工、漂洗工和染工等纺织工人，似乎当时庄园呢布生产没有分工，纺线织布均为典型的妇女劳动。

如果说中世纪早期呢布生产完全掌握在妇女手里，那么中世纪中期纺织工具的进步以及城市毛纺织业的兴起，成为妇女与织布等工序分离的契机。尼古拉斯认为，11世纪中叶，法国城市特鲁瓦（Troyes）出现了脚踏卧式织布机（treadle horizontal loom），随后其他城市又出现了笨重的卧式宽幅织布机（heavy horizontal broadloom），需要两人或三人方可操作。这些织布机织造更加厚重的毛纺织品——在12世纪是有钱人喜爱的布匹。高档毛纺织品的织造需要许多工匠劳动力，他们主要集中在城市。那些需要较高技术的纺织工序，例如织布和染色等几乎被男性和城市垄断，而其他工序特别是纺纱则留在了农村。[1] 当然，对城市毛纺织业各工序中的性别分工描写最详细的恐怕还是卡勒斯-威尔逊，她在书中不厌其烦地谈到了13世纪时佛兰德尔的情况。

染色可以在羊毛、毛线或呢布等每个阶段进行。染色工人分为使用靛蓝的染工和使用红色和其他颜色的染工，各自需要大量的圆染缸，染工或他的助手在染缸的周围，手持长木棍翻转羊毛或呢布。"这是很重的活，往往由男人做。"纺纱的预备工作如羊毛的分类、拍打、洗羊毛无须太多技巧，分别由专门工人负责。接下来是纺羊毛的

---

[1] Nicholas, D., *The Growth of the Medieval City: From Late Antiquity to the Early Fourteenth Century*, p.106.

准备工作，如果是短羊毛就用抓的办法，如果是长羊毛就细细地梳理。“这些工作通常由女人来做。”效率受到木制设备的影响，它们有的是短金属钩（用来抓的），有的是长金属齿（用来梳理的）。羊毛需要适当加油，然后纺成纱。“这差不多无一例外是由女人做的，她们有的仍然使用老式的拉线棒或是纺锤——每种情况都要来回走动，边纺纱边照看自己的瓦罐或是自家的羊群——也有用新近发明的纺轮。”纺轮可能是13世纪引入的，或许更早。它是纺织业中的一个重大发明，但目前我们对此知道不多。纺纱之后是织布，织的准备工作常由与织工完全不同的工人来做，整经工人首先给经线上浆和固定，排列纺织长度所需的纱线数。卷轴工人将经线绕在筒上以插到梭里。出口的全幅布大约有两三千根经线。“纺织宽幅布，比如织这些约2码宽的细布，需要由两个工人来操作，通常是男人，他们肩并肩地坐在一台很宽的双人织布机上——比已知的加洛林时代织布机要复杂得多，因为已经沿用了2000多年的垂直经编织机这时已被踏板织布机所代替——踏板机是增加产量的又一项重大发明。”漂洗是最累、技巧性稍低的工作之一。在13世纪的绝大部分时间内，纺织业城市的漂洗工作仍使用古罗马的方法，即在槽中用脚踩的办法，尽管此时已经发明了漂洗机。“因此，漂洗工通常是男人，并且是强壮的男人，按照阿拉斯规则一块布要3个人。”最后一道工序是起绒与剪毛，多由男子承担。“剪完之后，布就被刷干净、压平整、折整齐。不同的生产阶段要求不同的辅助工作，如修补纺织时的缺陷，去掉纽节与杂质；这些也是专门的手艺，通常由妇女来做。”[1]

---

[1] 本段主要参考［英］M. M. 波斯坦、爱德华·米勒主编：《剑桥欧洲经济史·第二卷·中世纪的贸易和工业》，第534—535页。

除此之外，其他欧洲国家的城市毛纺织业也出现了性别分工。1292年巴黎有73个男织工，仅有9个女织工，她们大概是丝绸和亚麻布织工。1313年该城市男织工为63人，仅有4个女织工。在染工当中，性别分工更不平衡。1292年巴黎有15个男染工和1个女染工，1313年有25个男染工和1个女染工。15世纪巴塞罗那的妇女只能从事毛纺织业中报酬和技术较低的纺纱工作，在呢布的织造、染色、漂洗和整饰工序中，妇女既不能作为师傅和学徒，也不能作为工人。除纺纱外，毛纺织业几乎被男性垄断。[1]在意大利的佛罗伦萨和维罗纳，女户主有时也织布，但她们多为寡妇，从亡夫那里继承了织布作坊。1427年，在受雇为呢布织工的269名佛罗伦萨户主中有12名妇女，受雇为亚麻和丝绸织工的65名户主中有8名妇女。在这20名女织工中，17名是寡妇，1名可能是妻子或寡妇，2名婚姻状况不详。尽管佛罗伦萨的寡妇可以作为织工继续经营亡夫的作坊，但在92名裁缝、46名染工或21名呢绒商和布商等更有威望的职业中却没有寡妇的身影。[2]

妇女从城市毛纺织业的几个重要工序中退出后，纺纱成为她们中某些人获取收入的重要渠道。至少在13世纪，纺纱已成为重要的女性职业。在《工业指南》列举的中世纪巴黎的500种工业中，妇女至少垄断了5种，尤其是酿造啤酒和纺纱，因为它们都可以在家里进行。在佛罗伦萨、尼德兰、英国等所有重要的呢布产区，毛纺织业的准备工序均由妇女承担，纺纱几乎成为所有妇女的经常性职业，以及未婚

[1] Herlihy, D., *Opera Muliebria: Women and Work in Medieval Europe*, pp.148, 169.

[2] Bardsley, S., *Women's Roles in the Middle Ages*, Westport, CT and London: Greenwood Press, 2007, p.74.

妇女习以为常的谋生手段。[1] 纺纱成为女性行业与中世纪妇女经济和家庭地位较低不无关系，染色、漂洗、整饰和织布属于资本密集型工序，而纺纱只需要卷线杆和纺锤等原始工具，资金投入较少，因而特别适合妇女特别是未婚妇女和寡妇。此外，中世纪妇女承担繁重的家务劳动，卷线杆和纺锤可以随身携带，容易将家务劳动和纺纱工作很好地结合起来。

黑死病结束后英国逐渐成为西欧毛纺织业的中心，在此前后某些生产工序转移到农村，促进了农村毛纺织业的快速发展。纺纱女频繁出现在法庭案卷和税收记录中，表明越来越多的妇女通过纺纱挣钱为生或补贴家用。1358—1360年萨默塞特郡雇工法官案卷表明，在121名违反雇工法的妇女中，72人（占59.5%）从事纺织业。1355—1356年赫特福德郡的法庭案卷中包含了全郡许多小城市和村庄妇女的职业信息。显而易见，她们主要作为纺纱女和织工。例如来自诺顿（Norton）的7名纺纱工人均为妇女，她们由于收取超过黑死病爆发前标准的工资而被罚款。在彭布里奇（Pembridge）的47名出庭者中，10人是妇女，所有人都是织工、纺纱女或仆人。同样，来自布罗伯里（Brobury）附近的4名纺纱工和织工也都是妇女。[2] 人头税记录也包含了大量的职业信息。德比的绝大部分女纳税者都是按照职业名

[1] Power, E., "The Position of Women", *The Legacy of the Middle Ages*, eds. by Crump, C. G., & Jacob, E. F., Oxford: Clarendon Press, 1926, pp.411-412. 鲍尔在她后来出版的《中世纪妇女》中认为，在纺织业的准备工序中，妇女承担了几乎所有的梳毛劳动，纺线则全部掌握在妇女手中。这门工业主要由单身妇女进行，她们中的很多人以此为生，因而纺纱女（spinster）一词成为未婚女人的同义词（Power, E., *Medieval Women*, p.67）。不过，也有学者认为，鲍尔有关中世纪晚期纺纱女主要是未婚妇女的观点似乎有误，据考证，14—16世纪纺纱女仅指已婚妇女，17世纪以来才增加了未婚妇女的含义（Beattie, C., *Medieval Single Women: The Politics of Social Classification in Late Medieval England*, Oxford: Oxford University Press, 2007, pp.141-143）。

[2] Penn, S. A. C., "Female Wage-Earners in Late Fourteenth-Century England", *Agricultural History Review*, Vol. 35, No. 1 (1987), pp.6-7.

称分类的，在64名具有明确职业的妇女中，2人为染工，5人为雇工，57人使用中世纪英语或拉丁语标明为纺纱工人。[1]

中世纪纺纱产量较低，平均而言，5个纺纱女才能供应1个织工对纱线的需求。[2]直到16世纪，一个纺纱女一天只能将1磅羊毛纺成纱线，因而一个纺纱女每周工作6天，85天或90天（14周）生产的纱线才能织造1匹肯特粗呢（重19—20磅，长16—17码），织造重呢（重至少86磅，长不低于28码）所需的纱线则无疑需要花费更长的时间。在肯特郡的主要毛纺织品生产区威尔德（Weald），呢绒商通常将原材料分发给纺纱工、织工、漂洗工和剪毛工，由其使用自己的工具在家里生产，少数较大的呢绒商通常每人雇用几百个这样的"外包工"。根据16世纪60年代的呢布产量估计，在25个教区中有20%以上的人口从事纺纱工作。[3]

纺纱成为制约织布的主要瓶颈。一般来说，除了自己养羊外，呢绒商主要通过三种途径获得原材料供应，即购自养羊者、中间商或者纺纱者。富裕的呢绒商从畜牧区的牧场主那里购买羊毛，普通的呢绒商依赖中间商获得羊毛，而贫困的呢绒商通常购买纱线。[4]纺纱工人可以为自己和某个企业家工作。在15世纪的诺福克郡，纺纱女购买羊毛，进行梳毛和纺纱，然后出售给纱线商贩，后者再将纱线卖给织工。15世纪中期，1磅纱线售价仅2便士，因而全部依赖纺纱为生的妇女生活比较贫困。纺纱女也可以从呢绒商那里获得羊毛，所纺纱线

[1] Beattie, C., *Medieval Single Women: The Politics of Social Classification in Late Medieval England*, p.89.

[2] Cosman, M. P., *Women at Work in Medieval Europe*, New York: Facts On File, Inc., 2000, p.78.

[3] Zell, M., *Industry in the Countryside Wealden Society in the Sixteenth Century*, Cambridge: Cambridge University Press, 1994, pp.154, 166.

[4] Lipson, E., *A Short History of Wool and Its Manufacture (Mainly in England)*, p.14.

由呢绒商现金收购。[1]

无论采取哪种方式，纺纱女均在自己家里工作。已婚纺纱女一般将纺纱收入用来补贴家庭开支，但同时还有其他工作。凯瑟琳是詹姆斯·萨德勒的妻子，主要帮助丈夫工作，也从事抓毛或梳毛工作。玛莉安·德·沃尔德嫁给约克的一个制陶工人，平时从事纺纱工作。许多未婚妇女或寡妇仅仅依靠纺纱和梳毛等维持生计，生活陷于贫困。几个约克企业家的遗嘱表明，这些人经常雇用大量贫困的纺纱女。染工威廉·克罗斯比在遗嘱中没有忘记为他工作的那些纺纱女和梳毛工，决定把20先令分给她们。死于1439年的托马斯·克莱特、死于1466年的某商人的寡妇爱丽斯·切洛，都在遗嘱中赠予每个纺纱女4便士。[2]

其他原因也导致某些纺纱女陷于贫困状态。纺纱女的工资每天只有2便士或3便士，这在所有成年人的工资中几乎是最低的，但即使如此呢绒商还经常拖欠她们的工资。例如克兰布鲁克（Cranbrook）的呢绒商的寡妇，要求宽限偿还自己已故丈夫的大量债务，其中包括拖欠索顿的妻子、史密斯的妻子和身为织工的亚历山大·谢菲的妻子纺纱报酬各11先令1便士。如果以每天工资2便士计算，这笔钱超过了50天的工资。霍斯蒙登（Horsmonden）的呢绒商约翰·鲍登在其遗嘱中注明，他拖欠马瑟·理查德纺纱工资2英镑10先令。即使按照每天3便士工资计算，理查德也有200天没有收到工资。[3]有些雇主经常欺骗计件付酬的纺纱女，他们在为羊毛称重时缺斤短两，或以实物工资

[1] Ward, J., *Women in England in the Middle Ages*, London: Hambledon Continuum, 2006, p.90.

[2] Goldberg, P. J. P., *Women, Work, and Life Cycle in a Medieval Economy Women in York and Yorkshire c.1300–1520*, Oxford: Clarendon Press, 1992, pp.118–119.

[3] Zell, M., *Industry in the Countryside Wealden Society in the Sixteenth Century*, p.167.

代替货币工资等，导致纺纱女处境艰难。[1]

二、酿酒女

酿酒女（brewster）通常指酿制和出售啤酒或麦酒的妇女。中世纪啤酒是没有添加啤酒花（hops）的麦芽饮品，英国称之为麦酒（ale）。啤酒是中世纪的一种重要饮品（葡萄酒也是），在欧洲北部非葡萄产区尤其流行，目前所知英国最早的麦酒消费量的记载来自12世纪。当时修道士每人每天可以获得1加仑（约合4.5升）的优等麦酒（good ale），第二加仑常常是次等麦酒（weak ale）。[2]爱德华一世时期（1236—1307）每天为士兵提供1加仑麦酒。[3]14世纪早期，乡绅和中等教士以上的教俗封建主每人每天消费2—3磅小麦面包、1加仑麦酒。[4]14世纪以来几乎每个家庭需要大量且稳定地供给麦酒。平均而论，一个五口之家一天至少需要消费1.25加仑麦酒，一周共计消费8.75加仑。[5]

日耳曼人很早就开始酿酒，塔西佗曾提到“他们的饮料是用大麦和其他谷类酿造的，发酵以后，和酒颇为相似”[6]，指的就是这种啤酒或麦酒。中世纪早期王室庄园有啤酒酿造的记载，查理曼的《庄园诏

[1] Goldberg, P. J. P., *Women, Work ,and Life Cycle in a Medieval Economy Women in York and Yorkshire c.1300–1520*, pp.119–120.

[2] Salzman, L. F., *English Industries of the Middle Ages*, pp.285, 286.

[3] Bennett, J. M., *Ale, Beer, and Brewsters in England:Women's Work in a Changing World 1300–1600*, New York and Oxford: Oxford University Press, 1996, p.17.

[4] Dyer, C., “English Diet in the Later Middle Ages”, in *Social Relations and Ideas: Essays in Honour of R. H. Hilton*, Cambridge: Cambridge University Press, 1983, pp.192–193.

[5] Bennett, J. M., *Ale, Beer, and Brewsters in England: Women's Work in a Changing World 1300–1600*, p.19.

[6] [古罗马] 塔西佗：《日耳曼尼亚志》，马雍、傅正元译，商务印书馆1985年版，第66—67页。

令》第34款规定，王庄管理人“应尽力监制一切制备的或用手做成的东西”，包括麦芽、啤酒。在第45款中查理曼要求“各管理人应有受其支配的优良工匠”，其中包括啤酒工，“就是熟悉制备啤酒、苹果、梨子及其他各种饮料的工人”。[1]尽管这里没有提到啤酒是否由妇女酿制，但王室庄园上依附佃农的妻子被要求“制造麦芽”。庄园的依附土地经常以啤酒的形式缴纳地租，地产调查册没有特别提及该啤酒是妇女酿制的，但它们很可能出自农家主妇之手。[2]大量研究表明，中世纪的酿酒业控制在妇女手里，如鲍尔所说：“妇女从事大量制作和销售食品的工作，例如酿酒业虽非全部但大部分掌握在妇女手中，它们是已婚妇女喜欢的职业。”[3]萨哈认为：“在英国城乡，家庭酿酒主要由妇女们完成，许多法庭记录中保留着因为违反啤酒法被起诉的妇女的名字。城市中有关制造啤酒的法规主要针对妇女。”[4]中世纪妇女控制了酿酒业的最主要原因是缺少男性竞争者。直至1300年，酿酒女尚未遇到男酿酒者的竞争。作为低地位、低技术和低报酬的工作，酿酒不能吸引男性就业，特别适合妇女在家里工作。[5]

中世纪早期，酿酒基本上是为自给自足，11世纪和12世纪，佛兰德尔、英格兰和德意志北部的城市化为商业酿酒创造了崭新的机遇。城市人口稠密，市民相比农民的住宅缺少酿酒空间，一些酿酒者遂将

[1] 查理大帝关于管理庄园的诏令，见耿淡如、黄瑞章译注：《世界中世纪史原始资料选辑》，第14、16页。

[2] Herlihy, D., *Opera Muliebria: Women and Work in Medieval Europe*, p.34.

[3] Power, E., *Medieval Women*, ed., By Postan, M. M.,Cambridge: Cambridge University Press, 1975, p.67.

[4] [以色列]苏拉密斯·萨哈：《第四等级：中世纪西欧妇女史》，林英译，广东人民出版社2003年版，第213页。

[5] Bennett, J. M., *Ale, Beer, and Brewsters in England: Women's Work in a Changing World 1300–1600*, p.7.

剩余产品卖给有需要的邻居。专业化酿造使酿酒者获得更多的经验，购买更多更好的设备，例如铜制啤酒壶等，因而可以酿制质量更好的啤酒，成为自给自足的家庭酿酒的竞争者。英国税收记录表明，商业酿酒几乎遍及全国各地。《面包和麦酒法令》产生于13世纪，国王亨利三世时期农村大量家庭每当违反麦酒法令遭受罚款时都要缴纳酿酒税。低地国家和莱茵河谷的啤酒使用以香杨梅为主料的干香料（gruit）酿制。由于这种香料配方不易获得，因而政府向酿酒者征收使用税。德国皇帝经常授予修道院干香料的使用权，但收取一定的费用。13世纪，干香料的使用权不仅授予修道院，也授予俗人和城市政府。[1]

酿酒是城市妇女较为常见的工作。在什鲁斯伯里（Shrewsbury），酿造、零售麦酒和开设酒馆的都是妇女。1400年3月，48名妇女因为酿酒和售酒而被罚款。诺威奇有大量酿酒女。1288—1289年57人被科内斯福德民事法庭（Conesford leet）记录在案，84人在曼克罗夫特民事法庭（Mancroft leet）、81人在怀默（Wymer）民事法庭、64人在奥卓阿奎姆民事法庭（leet of Ultra Aquam）留下案底。科尔切斯特的麦酒酿造掌握在妇女手中，她们缴纳小笔罚金以获准酿酒。1311年，麦酒妻（ale-wife）的数量为112名，达到该城历史最高水平。14世纪晚期，城市的发展引起酿酒业的扩张，1405年科尔切斯特拥有235名酿酒女，包括市长和市议员等重要人物的妻子。[2] 小农业城市豪顿（Howden）的人头税报告描述了大量没有丈夫参与的以酿酒为业的已婚妇女。这些妇女嫁给了经营食品业的男子，其中2人是屠夫，1人

[1] Unger, R., "Technical Change in the Brewing Industry in Germany,The Low Countries and England in the Late Middle Ages", *Journal of European Economic History*, Vol.21(1992), pp.282–283.

[2] Ward, J., *Women in England in the Middle Ages*, pp.86–87.

为鱼贩子，1人是调料商或杂货商。在女主人为活跃的酿酒女的家庭，女仆人通常是必不可少的帮手，11个此类家庭中只有2个没有女仆。酿酒女中单身女性或寡妇数量很少。诺威奇民事法庭案卷包括大量违反麦酒法令者的名单，已婚妇女一般由丈夫代为缴纳罚款，很少有妇女使用自己的名字接受处罚。最早的案卷出自1288—1289年，在其中所列的500人中，仅44人（占8.8%）是单身女性，8人是寡妇。此外，妇女馈赠酿酒设备的遗嘱不仅说明妇女在酿酒业中处于主导地位，而且进一步表明酿酒不是贫困的女性和寡妇的职业。较为富裕的工匠和商人的妻子常常酿酒，并雇用一个或几个仆人帮忙。[1]

农村则有更多的妇女从事商业酿酒。在诺桑普顿郡的布里格斯托克（Brigstock）庄园，黑死病爆发前超过300名妇女（约占该庄园妇女的1/3）为销售而酿酒。斯塔福德郡的阿里瓦斯（Alrewas）村庄有120户农民，14世纪30年代和40年代每年都有52—76名酿酒者销售麦酒。约克郡的韦克菲尔德（Wakefield）庄园，1348—1350年间，有185名妇女（几乎占全部妇女的1/3）为销售而酿酒。相比之下，城市的商业酿酒者数量较少，14世纪早期，牛津有115名酿酒者，为10000人生产麦酒。与此同时，诺威奇市有250名酿酒者，向17000人销售麦酒。简言之，农村有1/2、城市有1/15的家庭从事商业酿酒。[2]大多数农民家庭都备有酿酒所需要的各种用具，甚至在最穷的家庭也可以找到大盆、罐、大桶、长柄勺和滤浆布等。酿酒过程需要大量时

[1] Goldberg, P. J. P., *Women, Work, and Life Cycle in a Medieval Economy: Women in York and Yorkshire c.1300–1520*, pp.111, 112, 113.

[2] Bennett, J. M., *Ale, Beer, and Brewsters in England: Women's Work in a Changing World 1300–1600*, pp.18–19.

间，谷物（通常是大麦[1]）必须浸泡数日，然后去除多余水分，使其发芽成为麦芽。在麦芽晾干和碾磨后，酿酒者将其放在热水中发酵。从这种混合物中，酿酒者过滤出麦芽汁，最后加入香草或酵母。中世纪啤酒或麦酒不耐贮存，直到14世纪晚期啤酒花从西欧大陆引进英格兰以前，英格兰的麦酒在几天内就会变酸，无法饮用。[2]总之，制造啤酒花费大量时间，涉及各种生产环节，需要经常酿制，与持有地的农业生产相矛盾。有鉴于此，少数农村妇女生产更多的啤酒，将剩余部分卖给她们的邻居。如果她们拥有更多的时间、仆人的帮助、良好的设备或专门技能，那么她们可以建立家庭工业。[3]

商业酿酒者既包括偶尔酿酒者（occasional brewer），也包括副业型酿酒者（by-industrial brewer）。研究表明，黑死病爆发前，诺桑普顿郡的布里格斯托克庄园273个酿酒女不经常售酒，销售该庄园1/3的麦酒；而38个酿酒女经常酿酒，占该庄园售酒量的2/3。副业型酿酒者并不终生从事商业酿酒，而是根据家庭经济的需要时断时续。理查德·吉贝尔的妻子酿酒近10年，她在某些年头一直售酒，在其他年份仅售1—2次。在职业生涯中期，她曾连续5年完全放弃了商业酿酒。理查德·吉贝尔的妻子没有把酿酒作为主要职业，而是副业。尽管人数较少，但这些副业酿酒者在14世纪早期的布里格斯托克、阿里瓦

---

[1] 大麦在16世纪才成为最好的酿酒谷物，14世纪早期时许多酿酒者使用的是燕麦而非大麦，有时也用小麦和混合谷物（dredge，燕麦和大麦的混合物）制作麦芽。西部的酿酒者常常使用燕麦酿酒，伦敦人也是如此（Bennett, J. M., *Ale, Beer, and Brewsters in England: Women's Work in a Changing World 1300–1600*, p.17）。

[2] 麦酒的保存时间似乎没有统一说法，但伍斯特郡埃尔姆利堡（Elmley Castle）庄园在1446年禁止酿酒者销售超过四天的麦酒（Ault, W. O., "Open-Field Husbandry and the Village Community", *Transactions of American Philosophical Society*, n. s., 55, part 7 [1965], pp.77–78）。

[3] Unger, R., *Beer in the Middle Ages and the Renaissance*, Philadelphia: University of Pennsylvania Press, 2004, p.38.

斯、韦克菲尔德和其他农业共同体出售了大部分麦酒。[1]黑死病爆发前，副业型酿酒者称为麦酒妻，这意味着她们不是单身女性和寡妇，而是有丈夫的妻子。尽管布里格斯托克酿酒者中包括几个寡妇，但是这些妇女在其丈夫去世前已经开始销售麦酒，在守寡期间几次停止售酒。同样，没有任何单身妇女或未成年的女性被视为布里格斯托克的主要商业酿酒者，她们缺少资金和家人的协助，不具备从事酿酒的条件。大部分麦酒妻一生从事二十余年的商业酿酒，但在此期间，她们不定期酿酒，经常长时间停止酿造。[2]

酿酒女每次的酿酒量并不大，一般仅为十几加仑或几十加仑。1281—1282年，小罗伯特·西比勒在莱斯特郡基比沃斯哈考特（Kibworth Harcourt）庄园法庭因酿造4蒲式耳麦芽并高价出售麦酒而被罚款（可能代其妻子接受处罚）。以每蒲式耳谷物酿造10加仑麦酒计算，西比勒生产了40加仑，他大概实际上通过不适量加水后获得了更多淡麦酒。丹尼丝·马勒里最大的酒桶可以装12加仑麦酒，如果她一次酿造3蒲式耳谷物，可以生产36加仑淡麦酒。某些酿酒者生产得更少，1324年7月，牛津市麦酒检察官编制的名单显示，大多数酿酒者仅生产1/4夸脱麦酒（或17.5加仑）。即使黑死病结束后一个世纪，许多酿酒者每次也最多生产几十加仑麦酒。1454年，亨廷顿郡埃尔顿（Elton）的酿酒者被要求每次至少酿造2蒲式耳谷物（产量为20加仑）。此外，酿酒的利润依据出酒率和价格等因素而有所不同，例如1310年11月，琼·德·贝德福德在牛津市场上分别购买了1蒲式耳的

---

[1] Bennett, J. M., *Ale, Beer, and Brewsters in England: Women's Work in a Changing World 1300–1600*, pp.19–20.

[2] Bennett, J. M., "The Village Ale-Wife: Women and Brewing in Fourteenth-Century England", in *Women and Work in Preindustrial Europe*, Bloomington:Indiana University Press, 1986, pp.24–25.

小麦、大麦和燕麦，每蒲式耳麦芽酿造7.5加仑的优等麦酒，并以每加仑1.25便士出售，共收入2先令8便士。扣除成本（谷物1先令10.5便士，燃料至少超过3.5便士）后，她勉强获利5便士。考虑到当时非熟练工人每天挣1.5便士，妇女每天有望挣0.75便士或1便士，因而一次酿酒的收入并非微不足道，大体相当于女雇工的工资水平。[1]

黑死病结束以后，商业酿酒发生新变化，副业型酿酒者向职业酿酒者（professional brewer）转变。转变的原因是多方面的。人口减少意味着麦酒市场变小，少数生产者完全可以满足消费需求。名义工资上升，工资劳动者拥有更多的货币用于消费。较低的谷物价格使不占用大量资金购买酿酒谷物成为可能。15世纪中叶雇工有了更多的闲暇时间，他们乐于与伙伴一起饮酒，交流思想和信息。由于上述原因，酒馆成为村庄的社交中心，在此过程中许多妇女失去了这一重要的家庭副业，少数人通过公共酿酒者的工作或开酒馆获得谋生机会。城市也经历了类似过程。在约克和埃塞克特，大多数酿酒女是已婚妇女，来自中产阶级。她们的丈夫在城市拥有财产，经常是屠夫或面包师傅。酿酒业是这些酿酒女的固定职业，玛格利·戈特利1460—1481年连续工作21年，伊丽莎白·鲍尔连续酿酒15年。[2]萨塞克斯郡巴特尔（Battle）的面包师傅伊丽莎白在丈夫1460年去世后作为酿酒女连续工作了22年，有时得到已婚女儿玛格丽特的帮助。后者也是一个土地持有者，从事乳品业和养牛业，出售亚麻布。在埃塞克斯郡的黑弗灵（Havering），1420—1449年期间开始酿酒的78名妇女平均连续酿

[1] Bennett, J. M., *Ale, Beer, and Brewsters in England: Women's Work in a Changing World 1300–1600*, pp.20–24.

[2] Mate, M. E., *Daughters, Wives, and Widows after the Black Death: Women in Sussex, 1350–1535*, Woodbridge, Suffolk, UK; Rochester, NY: Boydell Press, 1998, p.62.

酒11.3年。然而，16世纪早期，英国妇女不再酿造麦酒。[1]

农村生产的麦酒浓度低，口味淡，保质期短。使用啤酒花代替香料不仅使啤酒口感好，而且延长了保质期。13世纪西欧大陆的酿酒者使用啤酒花酿造啤酒，14世纪晚期啤酒花酿造的啤酒进口到萨塞克斯郡的温切尔西（Winchelswa），并于15世纪在部分地方得以推广。16世纪早期，啤酒花啤酒在东萨塞克斯已经随处可见。新啤酒不适合家庭生产，因为新啤酒的保质期长，便于长途运输，大规模生产更为经济。大规模生产需要使用大型的和昂贵的设备，包括双层底的麦芽浆桶。新啤酒必须煮更长时间，需要使用封闭的炉子而非明火，从而增加了投资。新啤酒酿造者需要购买大量燃料、啤酒花和谷物。啤酒生产需要更多的劳动力，酿酒者必须雇用更多的仆人。有鉴于此，只有资金较多的人方能从事新啤酒的生产。16世纪以来，新啤酒酿造者大部分是男性，妇女成为这场转变的牺牲者——从酿酒者沦为售酒者，酿酒女成为了历史。[2]

酿酒者的性别变化也反映在词汇中，14世纪当妇女已经在大多数地方从事酿酒业时，拉丁语、盎格鲁诺曼语和英语中都有专门词汇指称酿酒女。其中“酿酒女”（brewster）在英语中的使用越来越频繁。此后两个世纪，“酿酒女”一词的重要性下降乃至消失，如15世纪酿酒女经常与英语中的新流行词“酿酒者”（brewer）同时存在。直到1500年，“酿酒女”和“酿酒者”两个词的性别区分完全消失，在英语和其他语言中，两个词都可以泛指两种性别的酿酒者，但最终“酿酒者”成为唯一称谓，“酿酒女”作为姓氏（布鲁斯特）、历史和法律

[1] Ward, J., *Women in England in the Middle Ages*, p.87.

[2] Mate, M. E., *Daughters, Wives, and Widows after the Black Death: Women in Sussex, 1350–1535*, p.63.

词汇只在有限范围内使用。[1]

三、妇女与其他工业劳动

纺织业是中世纪妇女就业的主要部门，尽管她们在城市毛纺织业中处于附属地位，但在丝绸业却举足轻重，巴黎、伦敦和科隆等城市成为丝绸业的重镇。这些城市的丝绸原料主要由伦巴第和犹太商人从南欧进口，妇女基本上垄断了丝绸生产。1292年巴黎税收档案卷中只有1个男丝绸纺纱工，却有8个女丝绸纺纱工。1270年艾蒂安·波瓦洛搜集的巴黎行会章程汇编中有5个丝绸行会，其成员似乎主要是妇女。这五个行会分别为：使用大卷线杆的丝绸纺纱工行会，使用小卷线杆的丝绸纺纱工行会，丝织品工人行会（似乎主要是织布），丝绸织工行会，丝帽制作工行会。1313年的税收登记中大量简称为织工的妇女均在丝绸业工作。这些妇女丝绸行会与男性主导的行会别无二致，品行端正的妇女监督行会章程的执行。纺纱工不能雇用3个以上的女学徒，学徒期至少7年，后者凭自己的实力有朝一日可以成为女师傅。巴黎的妇女也积极从事高档织物和服装的生产，她们为服装刺绣（1291年有8人），制作花边（6人）、钱包（4人）、枕套和祭坛布（20人），以及缎带、头巾和帽子等。[2]

英国从事丝绸业的妇女地位更高，集中在14世纪和15世纪的伦敦。伦敦从事丝绸业的妇女通常出身于布商家庭，或者嫁给布商。她们生产缝纫丝线、缎带和花边、丝带和丝边等。尽管伦敦从事丝绸业

---

[1] Bennett, J. M., *Ale, Beer, and Brewsters in England: Women's Work in a Changing World 1300–1600*, pp.3–5.

[2] Herlihy, D., *Opera Muliebria: Women and Work in Medieval Europe*, p.147.

的妇女没有自己的行会，但她们有权培养学徒。该行业有4份女学徒契约保留下来，包括2个捻丝工、1个丝绸纺织妇女和1个帷幔制造者的学徒契约。丝绸业的女学徒来自约克郡、林肯郡、白金汉郡、沃里克郡和诺福克郡。[1]学徒期限为7—15年，如果女师傅是已婚妇女，学徒契约以她或她和丈夫的名义起草，但通常规定培养学徒是她而非她丈夫的工作。[2]伦敦从事丝绸业的妇女多次进行请愿活动。1368年她们向市长请愿，控告意大利卢卡商人尼古拉斯·萨道奇收购伦敦所有的丝绸，导致价格上升。尼古拉斯被处以200英镑的巨额罚款。15世纪中期和晚期，伦敦从事丝绸业的妇女还多次向议会请愿，反对进口国外丝织品。1455年的请愿反对伦巴第和其他城市进口质量低劣的缎带、花边、丝带和加捻丝，这些产品在之后5年被停止进口，1483年科隆的加捻丝也不能出口到英国。[3]有些从事丝绸业的妇女有着良好的经济和社会地位。例如丝绸和羊毛可以混合织成挂毯和小地毯，中世纪妇女控制了这一赚钱行业，许多领主和乡绅成员让女儿在丝绸业做学徒，提升了丝绸业的社会地位。许多城市的行会档案中有乡绅妇女成为丝绸业学徒的记录。[4]

科隆从事丝绸业的妇女建立了自己的行会。1437年和1461年，科隆的丝织业妇女行会先后制定了两个章程，可惜失传。1469年、1470年和1480年又分别制定了三个章程，其中1469年的章程凡25款，对师傅资格、学徒办法、报酬形式和会长选举等均有明确规定。例如关

[1] Ward, J., *Women in England in the Middle Ages*, pp.90–91

[2] Cosma, M. P., *Women at Work in Medieval Europe*, pp.98–99.

[3] Ward, J., *Women in England in the Middle Ages*, pp.90–91; Lipson, E., *The Economic History of England*, Volume I, *The Middle Ages*, pp.362–363; Philiphs, K. M., *Medieval Maidens Young Women and Gender in England, 1270–1540*, Manchester: Manchester University Press, 2003, p.133.

[4] Cosma, M. P., *Women at Work in Medieval Europe*, p.79.

于师傅资格，第1条和第2条分别规定："本行会任何一个妇女，未曾出师和在本行会干满三年，无权担任丝织生产的领工师傅。""在本行会干满三年者，不论她是婚生还是非婚生，均可担任丝织生产的领工师傅。"对于学徒办法，第4款规定："纺织女工只能在自己的家里教女学徒；学徒的生活费用自理，学不合格则永远驱逐出行会。"第17款规定了丝织业妇女的报酬形式："凡从事纺丝、织浮花锦或丝带，或参与织造丝织品的任何妇女，其工钱应按惯例付给科隆通用的货币，而不得用其他任何货物代替。违反本条者，处以与生产该商品所付工钱数目相等的罚款。"第23款对会长选举规定："每年由全体领工师傅共同选出两位男子负责蚕丝交易，并从本行会的妇女中遴选两人担任行会会长——行会会长只有在卸任满两年后，才能再度当选这一职务。"[1]

女性行业只占中世纪工业的一小部分，除此之外妇女还要协助父亲或丈夫从事其他行业，只有守寡期间才能获得独立经营权。除酿酒外，食品加工业大部分是男性行业，但有时也能见到妇女的身影。屠夫是食品加工业中的重要工匠，妇女当屠夫的证据极为稀少。英国诺威奇市场的屠夫摊位全部属于男性，但托马斯·科尔的妻子爱丽斯在丈夫死后短时间经营过肉摊。1496年，一位被称为家庭主妇的诺丁汉妇女伊丽莎白·斯塔福因销售劣质肉类而出庭受审，但她本身可能不是屠夫。女面包师傅的数量肯定要多于女屠夫。中世纪城市存在大量的职业面包师傅，大多数为男性。1275—1302年圣艾夫斯市集有60个面包师傅摆摊销售面包，仅有17个是女性。1329年牛津30个拒绝缴

[1]《科隆丝织妇女行会章程（1469年）》，见北京师范大学历史系世界古代史教研室编：《世界古代及中古史资料选集》，第448—450页。

纳每周1便士租金的面包师傅中，仅提到1个单身妇女和2个已婚妇女及其丈夫。1378年诺丁汉一个名为爱丽斯·巴克斯特的女面包师傅的铜盆被没收以充抵租金。这些女面包师傅（bakeresses）烤面包有些是为了补贴丈夫的收入，有些是赖此为生（比如寡妇）。约克的马具匠托马斯·米尔纳的妻子因销售的面包分量不足而被罚款，另一个因类似原因被罚款的妇女可能是剪毛工的寡妇。[1] 12—15世纪做生意的面包师傅、厨师、酿酒者、家禽贩和女工匠的孩子们的名字出现在中世纪档案中，旁边都标注母亲的职业，例如乔纳森、伊丽莎白·莱·巴克斯特的儿子，玛蒂尔德、琼·布鲁斯特的女儿，路易斯、爱娃·韦伯斯特的儿子。这里的巴克斯特即女面包师傅，布鲁斯特为酿酒女，韦伯斯特是女织工，这些姓氏表明了母亲所从事的职业。[2]

中世纪晚期毛纺织业也有女织工，但主要分布在农村或小城市。在英国赖丁（Riding）的人头税报告中，199个织工可以通过职业认定，他们既有男性也有女性，全部来自赖丁农村。在赖丁女织工最多的地区，男性织工也最普遍。大约72个可以通过职业或名字认定的女织工主要集中在约克西北部的克拉洛镇（Claro Wapentake）。在以农业为主的豪登郡（Howdenshire），人头税报告记录了24个女织工，6个生活在沼泽地区的巴姆比村（village of Barmby on the Marsh）。不过，大量女织工仅与成年孩子生活在一起，这种情形再次表明许多女织工是寡妇，接手亡夫的职业。霍伊兰（Hoyland）的玛格丽特·德·斯克莱斯的家里甚至有2个儿子和2个女儿。有时女儿被登记为"女织工"（webster or textrix），例如伊莎贝拉，亨辛戈尔（Hunsingore）的

---

[1] Goldberg, P. J. P., *Women, Work, and Life Cycle in a Medieval Economy: Women in York and Yorkshire c.1300–1520*, pp.108–110.

[2] Cosman, M. P., *Women at Work in Medieval Europe*, p.93.

埃琳娜·瓦利的女儿；伊索尔达，波顿伦纳德（Burton Leonard）的理查德·布龙尼和他的妻子的女儿。大量女织工雇用仆人。伊丽莎白·德·斯内斯家的财产估价为11先令，家中有她的女儿、1个女亲属和1个男仆人。城市规模与女织工的数量成反比，在1381年的人头税报告中，庞特佛雷特（Pontefract）、里彭（Ripon）和蒂克希尔（Tickhill）有19名女织工，而约克只有2名。这种情况表明，女织工通常分布在农村或小城市而非大城市。不过，考虑到人头税报告偏向记载男织工，没有将所有女织工统计在内，因而农村和小城市中实际女织工的数量可能还要多。[1]

妇女还从事金属加工业和建筑业。1379年的人头税报告显示，西赖丁农村有27名女铁匠和女石匠被登记在案，城市地区有9名。女铁匠和女石匠经常可以通过名字辨认，但她们还被特别标明为工匠，缴纳较高税率的人头税。几个女铁匠是寡妇，她们的工作得到孩子的帮助。例如铁匠爱丽丝·沃德有一双超过16岁的儿女，与她一起生活在斯坦克罗斯镇的希恩德利（Hiendley）。克拉洛镇的制革工威廉·布雷姆的妻子被描述为一位铁匠，夫妇财产估价为1先令。在同一村庄，鞋匠尼古拉·哈芒德的妻子被特别注明是一位石匠。在克拉洛的其他地方，伊莎贝拉·梅森与她的儿子和一个女仆人被一起征税。有的单身妇女名为“莱特”（Wright），但没有该姓氏妇女缴纳更多税收的例证，水车木匠等经常借助自己女儿的劳动。[2]

工匠的职业生涯往往从学徒开始，家境好的女孩经常像男孩一样

[1] Goldberg, P. J. P., *Women, Work, and Life Cycle in a Medieval Economy: Women in York and Yorkshire c.1300–1520*, pp.146–147.

[2] Goldberg, P. J. P., *Women, Work, and Life Cycle in a Medieval Economy: Women in York and Yorkshire c.1300–1520*, pp.147–148.

通过当学徒学习各种手艺。1407年英王颁布法律，只允许每年收入20先令的男女从事工业，收入不足该数量的人禁止送孩子做学徒，该法令特别提到儿子或女儿。伦敦市民的遗嘱常常将部分财产留给女儿或儿子作为学徒费用。尽管行会反对学徒年龄过小，但14世纪发生的一个伦敦刀匠违反协议的诉讼显示，霍尔本（Holborn）的威廉·布鲁尔和他的妻子艾琳娜声称，做他们学徒的女孩从7岁起当学徒，已经离开他们回到她父母家里。法庭发现协议已经签署3年。1388年的《雇工立法》允许男孩和女孩在12岁前从事农业劳动，然后当学徒掌握一门手艺。但如果12岁以前开始当学徒，该孩子可继续当下去。女孩可以跟男人和女人当学徒，但女学徒更多地由师傅的妻子指导。1364年几个担保人为伦敦刀匠的妻子艾格尼丝作保说，她将向学徒贾西玛传授技艺，给她提供食物和衣服，不用棍棒或刀子伤害她。有的女孩学徒期较长，被破例允许在当学徒期间结婚。据1376年的一份档案记载，鉴于艾格尼丝·库克给威廉·卡利和他的妻子乔安娜当学徒8年，威廉和乔安娜在法庭呼吁，艾格尼丝如果愿意，可以在学徒期间结婚，并依据其意愿继续当学徒或交纳4马克后离开。不过，一般来说，在学徒期间学徒都会郑重发誓不得结婚、不常去酒馆、不泄露师傅的秘密，一年内不得偷盗师傅的钱超过6便士。[1]

迁徙到城市的农村女孩经常从当仆人（servant）开始自己的职业生涯。“servant”一词主要指年轻的、未婚的和居住在雇主家里的人。[2]女孩经常在十多岁或更小的年龄就开始做仆人，直到20岁左右。她们经常从一个雇主家换到另一个雇主家，15世纪的佛罗伦萨需

---

[1] Power, E., *Medieval Women*, pp.57–59.

[2] Mate, M. E., *Women in Medieval English Society*, p.47.

要大量的仆人，许多仆人只在雇主家工作几个月便离开了。由于居住在雇主家里，女仆人受到性侵和殴打的事情时有发生。但有些女仆人与雇主建立了良好的工作关系，后者在遗嘱中赠予其少量的财富。约克的鱼贩子威廉·农豪斯在1444年的遗嘱中将一些财物遗赠给了他的仆人：他的仆人玛格丽特得到1个普鲁士衣柜、1只铜壶、1条床单和1条毯子等物品，条件是玛格丽特在仆人的雇佣期满前不离开其妻子的作坊。威廉的其他女仆人收到一笔现金。富裕的寡妇经常在遗嘱中对仆人十分慷慨。埃奇科特（Edgcott）的琼·巴克兰保证，她的几件睡袍分给她的几个女仆人，在她去世时待在她身边的那个妇女将收到100先令、1个银碗、2把勺子和1件睡袍。仆人承担的工作通常是家务劳动，但也在雇主的作坊帮忙。例如一个鞋匠的作坊与住宅毗邻，当他白天大部分时间做鞋时，学徒会协助他工作。他的妻子和仆人接待顾客、取来原料、跑腿、照看炉火、给工人做饭。如果得到适当的训练，她们也可在生产过程中进行协助，如切割皮革和缝鞋等。[1]仆人获得食物、住宿以及现金工资——但数量差别很大，一年从2先令到13先令4便士不等。如果农村的父母不需要她们的钱，她们可以攒着这些钱做嫁资或用以交纳婚姻捐。[2]

已婚妇女多与丈夫一起在作坊中工作。鲍尔认为，在工业中帮助男子的妻子、女儿和女仆也许明显多于独立经营的妇女，即使禁止妇女加入某一行业的行会规章，也将这种非职业的劳动视作理所当然的事情，对男子的妻子和女儿网开一面，不限制她们在自家作坊里工作。1372年，在针对伦敦的皮革销售者、烟袋制造者和为这些行业工

[1] Bardsley, S., *Women's Roles in the Middle Ages*, p.70.
[2] Mate, M. E., *Women in Medieval English Society*, p.34.

作的染工起草的行会规章中，制革业中染工的妻子与其丈夫宣誓一起从事自己的职业。在工厂出现前，工匠在家里从事生产，他们自然需要获得妻子及学徒和帮工的帮助。妻子成为丈夫从事工业生产的帮手的事实，也许可以解释整个中世纪晚期大量寡妇继续从事亡夫职业的现象。有时行会章程特别允许她们这样做。丈夫也经常期望妻子在他们死后接续自己的职业，他们在遗嘱中规定，他们的学徒应该跟着他们的妻子完成自己的学徒期限，或者给予他们的妻子本行业所需要的工具。[1]

已婚妇女有时也可以独立从事工业生产。荷兰、英国和德国等北欧国家存在一些女企业家。荷兰女企业家斯希丹的利德维纳经营毛纺织业，她熟悉业务，雇用工人，找商人代销产品，用金币结清账目，显然是一个呢绒商（drapière），大多数情况下还是一位成功的呢绒商。英国的玛格利·肯普第一个在国王的林恩从事酿酒，她声称在3年或4年的时间里曾是该城最大的酿酒者之一，后因向麦酒添加酵母不当而遭受严重损失。她后来又经营一座两匹马拉的谷物磨坊，但不久也失败了。值得注意的是，玛格利是已婚妇女，但她的丈夫没有给她任何帮助。她是一个独立的生意人，尽管并不成功。科隆的女企业家雇用工人，进口原材料，出口制成品。例如格里特根·范·比利时在1469—1476年间是一名丝绸织造商，雇用10名女孩作为学徒。她嫁给了出身葡萄酒进口商家庭的雅各布·范·比利时。法根·吕岑布格尔是活跃于1474—1496年间的一个丝绸织造商，招收了25名学徒，她的丈夫是进口商。相反，女企业家很少出现在南欧，意大利可能没

[1] Power, E., *Medieval Women*, pp.55–56.

有女企业家。[1]不过，中世纪时已婚妇女没有独立的法律地位，这意味着丈夫必须对妻子发生的任何债务承担责任，并且通过法庭追索别人对妻子欠下的债务。为了独立从事工业生产，已婚妇女必须享有法律上的独立地位。在某些地方，已婚妇女可以宣布自己在经济上独立于自己的丈夫，具有“单身妇女”（femme sole）的地位。这种做法尽管也出现在西欧大陆，但在英国特别是伦敦最为突出。接受单身妇女地位的已婚妇女可以招收学徒，不用对丈夫的债务负责。同时，她们也不能获得丈夫在经济或其他方面的帮助。[2]

中世纪晚期城市妇女的就业形势并未因为黑死病爆发后劳动力短缺和生活水平改善而变得更加乐观，相反行会章程和城市法规对她们增加了许多限制，导致她们的就业机会减少。1461年布里斯托尔市政府禁止织工雇用他们的妻子、女儿或女仆织布，原因在于“担心有望为国王服务的人将失去工作”。1374年在佛兰德尔的根特（Ghent），漂洗工的妻子（实际上是所有妇女）不能漂洗任何种类的呢布。1421年科隆的亚麻织工和贝居安女修会的修女发生争执，市政府允许后者最多使用6张织布机，1437年减少到3张，15世纪下半叶该修道院不能织任何布匹。早在1330年斯特拉斯堡市长允许麻布和丝绸业的妇女织工独立工作，但如果织羊毛或棉花，或者雇用助手，那么她们必须服从男性织工。毛纺织业是斯特拉斯堡最大的纺织业，妇女沦为助手和辅助人员。在其他工业行业，男师傅的妻子和女儿在行会章程中受到更多的注意。在吕内堡（Lüneburg），鞋匠的妻子在一年中可以继续从事亡夫的职业，但如果她没有孩子或仅有女儿，那么她必须出售

[1] Herlihy, D., *Opera Muliebria: Women and Work in Medieval Europe*, pp.171–173.
[2] Bardsley, S., *Women's Roles in the Middle Ages*, p.77.

她的此项权利。男工匠死后，其妻子和女儿在几乎任何地方都拥有某些权利，如娶其女儿的男子通常可以减少入会费或享受其他优待，其妻子通常也可以继续从事亡夫的行业，但她们不能招收学徒，除非嫁给另一个男师傅。行会章程允许寡妇继续经营亡夫的职业自食其力，但不能与男师傅竞争。[1]克拉克认为，中世纪中期经济上升时期行会政策可能更加开放和减少限制，而在中世纪晚期经济形势不稳定和竞争加剧的情况下则会相反。15世纪行会强化限制措施的新举措之一，是将女性排除在行会以外，或者减少她们加入行会的人数，因此削弱了她们在主要行业中的地位。[2]

综上所述，妇女是中世纪西欧工业生产中的特定群体，许多人独立从事纺纱、酿酒和丝织等女性行业。她们通常在自己家中生产，将操持家务和赚取现金收入结合起来。在非女性行业，女性协助丈夫或父亲经营作坊，寡妇可以继承亡夫的职业。也有些女孩在青少年阶段外出当学徒或充当女仆，少数已婚妇女独立从事工业生产，获得一定程度的独立性和自主性，个别妇女甚至成长为企业家。尽管中世纪晚期小城市和农村的毛纺织业中出现了女织工，但酿酒和丝绸等传统的中世纪女性行业逐渐让位于男性，城市工业为减少竞争也加大了对女性就业的限制力度，妇女从事工业生产的空间受到挤压。

[1] Herlihy, D., *Opera Muliebria: Women and Work in Medieval Europe*, pp.178–179.
[2] Clark, P., *European Cities and Towns 400–2000*, p.57.

第十五章
工业机械化

工业革命以前，人类生产活动主要依赖人力、畜力、水力和风力等自然力。但不同时期或不同地区上述几种能量的使用并不平衡，中世纪英格兰不仅将畜力从军事活动和运输业推广到农业，而且对自然力的利用也达到了前所未有的水平。美国著名技术史学家林恩·怀特的研究表明，中世纪发生过一场动力革命。如他所言，从12世纪甚至11世纪起，在需要大量动力和人的劳动可以被替代的地方，畜力、水力和风力等非人类动力迅速取代了人力。[1]中世纪英格兰工业机械化以水力和风力为主要动力，数以万计的水车和风车既是重要的地貌景观，也像工业时代的烟囱一样成为工业机械化的独特标志。不过，中世纪英格兰工业机械化的行业发展并不平衡，经营方式的变革也起步较晚，过分乐观或简单化的评判并不符合历史实际。有鉴于此，本章试图系统全面地考察中世纪英格兰工业中水力和风力机械的应用状况和经营方式，客观评估它们的发展成就与历史局限。

---

[1] White, L. Jr., "Technology and Invention in the Middle Ages", *Speculum*, Vol.15, No.2 (Apr., 1940), p.156.

一、水力磨坊和风力磨坊的推广

磨面的历史非常悠久。史前时代，磨面属于妇女的家务劳动，使用十分简陋的工具，如杵、臼和石碾子等。公元前2世纪或3世纪，地中海流域（可能在意大利）发明了旋转磨盘，使用人工转动（即手推磨）。尽管后来古罗马有大量奴隶劳动，但这种新发明第一次让畜力（通常为马或驴，因而古罗马同时存在马拉磨和驴拉磨）替代人力磨面成为可能。水力磨坊起源于公元前1世纪的东地中海地区，后经希腊人传入意大利。[1]水力磨坊中的磨盘依靠水车提供动力，水车分为卧式和立式两种，后者又有下冲式和上冲式之分，动力一般可达3马力，是驴拉磨的6倍。[2]水力磨坊的出现促进了工匠的分工，磨坊主应运而生。罗马城的磨坊主成为拥有自己行会和作坊的工匠，表明磨面成为工业。[3]

最新研究表明，古代和中世纪早期水力磨坊在西欧广为使用。据考古发掘，罗马帝国时期水力磨坊已推广开来。公元3世纪或更早，罗马帝国西部水力磨坊的数量超过其他地区。中世纪英格兰的水力磨坊出现于罗马不列颠时期，肯特郡、埃塞克斯郡、汉普郡、威尔特郡和哈德良长城确认或发掘出八座罗马统治时期的水力磨坊。然而，与早期法兰克王国水力磨坊的延续和发展不同，长达一个半世纪的盎格

[1] Bloch, M., "The Advent and Triumph in the Watermill", in *Land and Work in Mediaeval Europe: Selected Papers*, pp.136–137.

[2] 斯拉普：《第六章 100—1500年 中世纪的工业》，见［意］卡洛·M. 奇波拉主编：《欧洲经济史·第一卷·中世纪时期》，第182—183页；Gimpel, J., *The Medieval Machine: The Industrial Revolution of the Middle Ages*, p.7.

[3] Bloch, M., "The Advent and Triumph in the Watermill", in *Land and Work in Mediaeval Europe: Selected Papers*, p.140.

鲁-撒克逊人的征服战争导致水力磨坊在不列颠消失。埃塞尔伯特法律表明，肯特的国王们使用女奴隶磨面，其臣民们也是如此。中世纪英格兰最早的水力磨坊出现在肯特王国（可能由大陆传入）。肯特国王埃塞尔伯特于762年发布的一份特许状提到查特村（Chart）一处已经存在的水力磨坊，后来的特许状经常提及水力磨坊。肯特王国的水力磨坊首先在英格兰东南部推广使用，而后又从东南部推广到英格兰各地。[1]

水力磨坊的推广可以说是1086年以前四个世纪英格兰“最辉煌的经济成就之一”，“但是它完全没有被记载下来”。[2]后世学者只能根据《末日审判书》的记载去估计盎格鲁-撒克逊后期水力磨坊的数量。玛格丽特·T.霍金认为，《末日审判书》记录了5624座水力磨坊。[3]伦纳德不满意霍金的估计，他认为《末日审判书》中经常提到水力磨坊，可以说它在英格兰大多数地区随处可见。在那些具备水力资源的地方，一个村庄拥有一座或更多的磨坊，因而该数据“几乎肯定太低了”[4]。达比的研究证实了伦纳德的看法，不过他认为，由于《末日审判书》经常记载某某人持有几分之一的水力磨坊，即许多磨坊由两个或更多人持有，因而我们无法确切地知道水力磨坊的数量。尽管如此，根据它们的价值，《末日审判书》中水力磨坊的总数已经超过6000座（具体数字为6082座）。据统计，当时英格兰超过1/4的定居点拥有一座或几座水力磨坊，平均而言，英格兰每千户拥有25座（即每50户使用1座）。当然，各地水力磨坊的分布并不平衡，康沃尔郡

---

［1］ Holt, R., The Mills of Medieval England, p.2; Finberg, H. P. R. ed., *The Agrarian History of England and Wales*, Volume Ⅰ, A. D. 43–1042, p.499.

［2］［英］约翰·克拉潘:《简明不列颠经济史：从最早时期到1750年》，第97页。

［3］ Hodgen, M. T., “Domesday Water Mills”, *Antiquity*, xiii (1939), pp.261–279.

［4］ Lennard, R., *Rural England 1086–1135—A Study of Social and Agrarian Conditions*, p.278.

每千人只有1座，德文郡有7座，而萨默塞特郡每千户则有34座，多塞特郡有43座，威尔特郡有50座。和古罗马水力磨坊一样，中世纪水力磨坊磨面也需要专业人员操作。不过，《末日审判书》中只有几个郡记录了磨坊主或磨坊管理者，其他郡可能将他们列入了其他人群。[1] 盎格鲁-撒克逊中后期磨坊的大量涌现和磨坊主的产生标志着碾磨业的专业化，妇女垄断磨面的传统在11世纪已经消失，从此妇女有了更多的时间从事生产性的家庭和农业劳动，如饲养牲畜，酿造啤酒和麦酒。[2]

并非所有地方都可以建设水力磨坊，12世纪晚期风车的发明解决了自然条件不适宜建设水力磨坊的地区的机械化磨面需求。1185年英格兰的文献同时记录了两座风车，一座是约克郡东赖丁的威德利（Weedley）庄园的风车，另一座是奇切斯特主教西弗里德三世1180年后在安伯利（Amberley）庄园建造的风车。第三座风车出现在约1187年白金汉郡的丁顿（Dinton）庄园，此后风车的数量迅速增加，12世纪90年代的文献记录了20余座风车。现有证据表明，风车出现在12世纪80年代。鉴于从12世纪60年代开始的拉姆齐修道院各庄园的地产调查，以及1189年格拉斯顿伯里修道院的庄园调查中都没有风车的记载，因而英格兰第一座风车的建造时间可能不会早于1185年。风车的发明地点也尚无定论，1200年前，北海和英吉利海峡两岸（英格兰南部和东部沿岸，佛兰德尔和法国北部）均发现了风车。这些地方的风车起源于当地，而非南欧、东欧或亚洲。不仅如此，西北欧风车的起源地也不在大陆，而很可能是英格兰缺少水力资源的东盎格利亚地

[1] Darby, H. C., *Domesday England*, pp.270–275, 361.

[2] Hunt, E. S. and Murray, J. M., *A History of Business in Medieval Europe, 1200–1550*, Cambridge: Cambridge University Press, 1999, p.19.

区。[1]13世纪风车的建设风起云涌，如火如荼，截至1300年，英格兰已建成4000座风车，缓解了水力资源缺乏地区无法使用机械化磨面的困境。风车在英格兰东部十分流行，当地适宜为水车提供动力的河流较为匮乏。相反，在水利资源十分丰富的北部和西部则较少建造风车。[2]风车造价低廉，一般10—20英镑，只及水车的一半，这也是其快速推广的重要原因。

1300年英格兰的人口和经济处于中世纪的峰值，受上述需求的拉动，水力和风力磨坊数量也达到历史最高水平。霍尔特认为，1300年，英格兰磨坊数量在10000—12000座之间。[3]戴尔认为，1300年，英格兰的水车和风车数量总数大概超过10000座，增加的部分中既有水力磨坊，也有12世纪末引进的风力磨坊和漂洗机（fulling mill）。[4]兰登在对西米德兰水车和风车数量进行研究后认为下限为10000座，上限可达15000座。[5]但后来他在广泛比较后又改变了看法，认为1300年英格兰水车和风车的数量约为10000座。他还特别强调，10000座水车和风车这个数据更可靠，而决非他曾提出的上限15000座，甚或霍尔特的最高估计12000座。[6]由此，12世纪末到13世纪，磨坊在英格兰基本上得到普及，诚如贝内特所说："我们有把握认为，当时每个村庄（以及几乎每个庄园）都有一个或多个碾磨各种谷物的磨坊，除非是领主为了私利，要求将谷物集中在一个磨坊里碾磨，以此来减少

[1] Holt, R., *The Mills of Medieval England*, p.20.

[2] Langdon, J. and Watts, M., "Tower Windmills in Medieval England: A Case of Arrested Development?", *Technology and Culture*, 2005, Vol.46 (4), pp.697–698.

[3] Holt, R., *The Mills of Medieval England*, p.116.

[4] Dyer, C., *Making a Living in the Middle Ages: The People of Britain 850–1520*, p.131.

[5] Langdon, J., "Water-Mills and Windmills in West Midlands,1086–1500", *The Economic History Review*, 2nd ser., 44 (1991), pp.440–441.

[6] Langdon, J., *Mills in Medieval Economy: England 1300–1540*, pp.14–15.

成本。”[1] 怀特也认为：“在整个中世纪里水车比教堂更加普遍。”[2] 诚然，直到中世纪晚期手推磨也没有完全消失，但其重要性已明显下降。1300年，英格兰仅有20%的谷物继续依赖手推磨和马拉磨碾磨，而水力磨坊和风力磨坊则完成80%的份额。[3] 换言之，机器磨面取得了压倒性优势，4/5的谷物由机器碾磨。

水力和风力磨坊得到推广的原因是多方面的，不能再像以往那样完全归因于领主为了索取磨坊捐而强制农奴到领主磨坊磨面的政策。首先，水力、风力磨坊的劳动生产率相比手推磨具有明显优势，可以极大地节省劳动力。水力磨坊一天（按24小时计算）碾磨量的记录存在较大差异。1342—1343年德文郡卢芬科特（Luffincott）庄园法庭审理了一桩破坏水力磨坊的诉讼，原告声称该磨坊“经常一昼夜碾磨各类谷物8夸脱（以每夸脱8蒲式耳计算为64蒲式耳）”。1449年该郡泰维斯托克（Tavistock）的水力磨坊据说也可以在24小时内碾磨8夸脱谷物。另据军队伙食账簿记载，1296—1346年11处水力磨坊和风力磨坊一天的碾磨量从1.33夸脱到13夸脱不等，平均而论4—6夸脱可能是一个磨坊一天的合理碾磨量。[4] 如果按5夸脱计算，一个磨坊每天大致可以碾磨谷物40蒲式耳，大约为小麦1088.64千克（按每蒲式耳等于27.216千克小麦计算），大麦907.2千克（按每蒲式耳等于22.68千克大麦计算）。中世纪手推磨一天的碾磨量没有记录，如果以古罗马2个奴隶1小时碾磨7千克谷物计算，每人1小时碾磨3.5千克，24小时大约为

---

[1]［英］亨利·斯坦利·贝内特：《英国庄园生活：1150—1400年农民生活状况》，第106页。

[2] 怀特（小）：《第四章　500—1500年　技术的扩展》，见［意］卡洛·M.奇波拉主编：《欧洲经济史·第一卷·中世纪时期》，第120页。

[3] Langdon, J., *Mills in Medieval Economy: England 1300–1540*, pp.19, 24–25.

[4] Langdon, J., *Mills in Medieval Economy: England 1300–1540*, pp.136–138.

84千克，不足磨坊碾磨量的1/10。[1]其次，11世纪末以来农民消费需求的变化也功不可没。例如越来越多的人从事非农业劳动，没有足够的时间用手推磨磨面。农民住房条件得到改善，拥有了更好的设施存放较多面粉。此外，机器磨面也使面粉质量得到改善，有助于消化和健康等。有鉴于此，与手推磨相比，农民有时更愿意选择商业性碾磨。[2]

14世纪上半叶人口和经济形势出现逆转，但黑死病爆发前水车和风车数量似乎没有多少变化。黑死病爆发后人口下降，水车和风车的数量也逐渐减少。例如在黑死病爆发的第一个十年，水车和风车比14世纪初减少了10%。谷物磨坊对消费需求的下降十分敏感，14世纪70年代它们的数量下降了15%。14世纪60—90年代，水车和风车的数量保持稳定，这得益于领主采取了一系列措施（例如将水力磨坊改为漂洗机等），以及农业和其他大部分经济领域形势的恢复。之后，伴随人口的持续下降，水车和风车数量继续减少。但就1300—1540年整体而言，如果以1300年作为100，那么1439—1447年和1481—1489年水车和风车指数降至78，谷物磨坊指数下降到73，但仍然比黑死病所造成的50%的死亡率低了许多。[3]换言之，中世纪晚期磨坊与人口相比非但没有下降，反而还有所上升。

二、工业磨坊的应用范围和普及程度

中世纪的风车只能用于磨面，直到17世纪末，英格兰才开始在锯

[1] Gimpel, J., *The Medieval Machine:The Industrial Revolution of the Middle Ages*, pp.7–9.

[2] Langdon, J., "Lordship and Peasant Consumerism in the Milling Industry of Early Fourteenth-Century England", *Past and Present*, No.145 (Nov., 1994), p.40.

[3] Langdon, J., *Mills in Medieval Economy: England 1300–1540*, pp.26–31.

木和造纸方面使用风力机械。[1] 中世纪水车的优越性在于它除了磨面外还可以用于其他工业。为方便起见，国外学者一般将用于磨面的水车称为谷物磨坊（grain mill或corn mill，其中也包括风力磨坊），将用于其他用途的水车称为工业磨坊（industrial mill）。当然，工业磨坊中机器的运动方式不再像谷物磨坊那样水平旋转，而是上下捶打、前后推拉或压榨等，一般称为某某机器。

工业磨坊同样经历了漫长曲折的发展过程。古罗马诗人奥索尼乌斯曾提到4世纪晚期摩泽尔河上切割大理石的切割机（saw mill）。罗马人还使用水力锻造机（waterpowered forge mill），因为在伊比利亚、英格兰和高卢出土的铁砧是用机器生产的，表明罗马人使用凸轮转动卧式或立式锤锻造铁器。[2] 中世纪早期水力磨坊主要用于磨面，《末日审判书》中没有确凿证据表明工业磨坊的存在。达比认为当时许多水力磨坊也缴纳实物租金——包括鳗鱼、蜂蜜、盐、麦芽、黑麦、小麦、铁和混合租金（例如45先令现金和2头猪）等——代替货币。[3] 11—13世纪，以漂洗机为代表的工业磨坊迅速发展。中世纪晚期，谷物磨坊（包括水力磨坊、风力磨坊和马拉磨）和工业磨坊（主要用于漂洗、锻铁、清洗和冶炼矿石等）的变化更加显著。黑死病结束后谷物磨坊降至1300年数量的75%，相反，1350—1540年工业磨坊的数量急剧增加，指数相比1300年增至231。这种增加又分成两个阶段，第一个阶段发生在黑死病结束后半个世纪，比1300年增长50%。第二个阶段出现在15世纪晚期和16世纪早期，数量增长很快。

---

[1] Langdon, J., *Mills in Medieval Economy: England 1300–1540*, p.40, note 52.

[2] Lucas, A. R., "Industrial Mulling in the Ancient and Medieval Worlds: A Survey of the Evidence for a Industrial Revolution in Medieval Europe", *Technology and Culture*, Vol.46, No.1 (Jan., 2005), pp.7–8.

[3] Darby, H. C., *Domesday England*, pp.270–271.

第一阶段主要依赖将效益不好的谷物磨坊转换为工业磨坊（例如漂洗机），第二阶段则是通过直接建立新的工业磨坊实现的。工业磨坊占全部磨坊的比例，1300—1310年仅为6%，1390—1400年升至11.8%，1490—1500年增长到15.1%，1520—1530年达到20.7%。从数量上说，1300年工业磨坊约有600座，1540年达到2000座或更多。[1]

中世纪工业磨坊总共可进行二三十种工业生产，常见的也有十几种，但主要集中在少数几个行业。据卢卡斯统计，在770—1600年欧洲1092座工业磨坊中，漂洗机和锻造机（forge mill）大约占80%，制革机（tanning mill）、切割机和锐磨机（sharpening mill）仅占12%。[2]最早的工业磨坊当属麦芽机（malt mill），用来粉碎麦芽。822年和861年，法国北部的皮卡第地区出现两个用水车碾磨麦芽制造啤酒的例子。"这件事十分重要，因为我们有理由相信在这中间涉及一个新的机械装置问题：一组垂直的捣击器由水车轴心上的凸轮带动运转。"[3]不过，中世纪的麦芽机数量很少。在所统计的770—1600年欧洲1092座工业磨坊中，麦芽机仅有23座，表明麦芽机的使用非常有限。[4]另一种观点则认为，中世纪水力磨坊和麦芽机属于同一种机器，或者说单独的麦芽机并不存在。因为英格兰的水力磨坊除了磨面外还碾磨麦芽，庄园磨坊捐的收入显示，英格兰各地的庄园磨坊同时

---

[1] Langdon, J., *Mills in Medieval Economy: England 1300–1540*, pp.35,40–41,46.

[2] Lucas, A. R., "Industrial Mulling in the Ancient and Medieval Worlds: A Survey of the Evidence for a Industrial Revolution in Medieval Europe", *Technology and Culture*, Vol.46, No.1 (Jan., 2005), pp.15, 18.

[3] 怀特（小）:《第四章　500—1500年　技术的扩展》，见［意］卡洛·M. 奇波拉主编:《欧洲经济史·第一卷·中世纪时期》，第120页。

[4] Lucas, A. R., "Industrial Mulling in the Ancient and Medieval Worlds: A Survey of the Evidence for a Industrial Revolution in Medieval Europe", *Technology and Culture*, Vol.46, No.1 (Jan., 2005), pp.15–16.

碾磨面粉和麦芽。在拥有一座或两座以上磨坊的共同体，这两种功能才被分开。例如埃文河畔的斯特拉福德有三座磨坊，两座用于磨面，一座用于碾磨麦芽。有鉴于此，中世纪文献中经常见到的麦芽机或啤酒机（beer mill）很可能不是9世纪的发明，而是20世纪历史学家头脑中杜撰的。[1]

如果前述的麦芽机果真不是一种单独的机器，那么中世纪工业机械的应用则始于中世纪中期。皮革在中世纪用途广泛，可以制作鞋、手套、帽子和甲胄等。为了提取加工兽皮需要的鞣酸（又称单宁酸），含有这种物质的树皮需要用石头压碎后取出汁液，该工序只能在改进的水力磨坊上进行。新机器又名鞣料机（tan mill），按照实际用途来说应该叫树皮机（bark mill）。自1138年起树皮压碎机（bark-crushing mill）出现在巴黎地区，13世纪时欧洲许多地方都可以见到，但它们是否被普遍使用却不得而知。尽管文献表明它们经常被使用，英格兰的树皮压碎机仍较为稀少。英格兰最早的树皮压碎机出现在1165年的坎伯兰郡。它们只是偶尔出现，且经常是教会财产。1288年柯克斯托修道院（Kirkstall Abbey）、14世纪巴特尔修道院（Battle Abbey）都有树皮压碎机，15世纪早期泰维斯托修道院（Tavistock Abbey）将两座树皮压碎机改成了漂洗机。树皮压碎机似乎也没有普及，因为中世纪英格兰除此以外没有见到更多的记载。13世纪和14世纪正是庄园账簿和庄园调查等地产档案十分常见的时期，谷物磨坊几乎随处可见，如果领主建造和出租树皮压碎机必定会在庄园账簿中留下记录。[2]欧洲大陆的情况亦如是，在所统计的770—1600年

[1] Holt, R., *The Mills of Medieval England*, p.148.

[2] Holt, R., *The Mills of Medieval England*, pp.148-149.

的1096座工业磨坊中，树皮压碎机仅有58座，从数量上看似乎也未得到普遍应用。[1]

水力也被用于冶铁，此类记载相对较多，但主要集中在中世纪晚期。在中世纪末期发明鼓风炉（blast furnace，又称高炉）以前，锻铁炉（bloomery）所生产的粗铁需要连续加热和锤打以除去杂质，这是一项繁重的劳动，为此人们发明了打铁机（hammer mill）以代替人的劳动。1116年的法国伊苏登（Issoudun）、1138年的加泰罗尼亚、13世纪初的瑞典对此项发明都有记载。至1400年，欧洲到处可以见到这种机器。英格兰肯特郡钦利（Chingley）锤打铁坯的水力锻铁炉出现在14世纪上半叶，而有确切日期的最早的水力锻铁炉是1349年约克郡西赖丁韦勒的打铁机。其他早期的例子同样来自北部，例如，1395年在克雷斯克德（Creskeld）、15世纪在约克郡的其他三个地方。1400年左右位于达拉姆郡韦尔戴尔的伯克诺特（Byrkeknott）是达拉姆主教的炼铁厂（iron work），1408—1409年锻铁炉的账簿档案卷表明，尽管水力是用于驱动击打锤、风箱还是两者都使用还不清楚，但锻铁炉的运转确实依赖水力。在主要的冶铁区萨塞克斯郡的威尔德（Weald），15世纪有水力炼铁厂，该区共有水力锻铁炉和鼓风炉的遗址189座，绝大多数是16世纪投入使用的，16世纪初或更早的不足20座。显然，该地区炼铁的机械化开始于中世纪末期。除了炼铁外，水力机器还用于铁制品的加工过程。伍斯特郡博迪斯利修道院（Bordesley Abbey）出土了许多加工铁制品的机器，最早的可能在

[1] Lucas, A. R., "Industrial Mulling in the Ancient and Medieval Worlds: A Survey of the Evidence for a Industrial Revolution in Medieval Europe", *Technology and Culture*, Vol.46, No.1 (Jan., 2005), pp.7–8.

1200年以前。不过，总的来说，铁制品加工机器并不常见。[1]对欧洲工业磨坊的研究也证明了这一点，在所统计的770—1600年的1092座工业磨坊中，冶铁用的锻铁炉和鼓风炉分别为236座和8座，而加工铁制品用的工具磨尖机只有31座。[2]

水力的应用不仅节省了劳动力，而且还极大地提高了劳动生产率。1408年达拉姆主教在韦尔戴尔的贝德伯恩（Bedburn）除了木料外花费10英镑建造了一座水力磨坊和锻铁炉，但每年产量相当于不依赖水力的普通锻铁炉的7—8倍。[3]15世纪中期法国东部或德国西部的莱茵兰地区还出现了鼓风炉，增大了传统熔铁炉的尺寸，通过使用更强大的水力气流提高温度，让金属熔化得更加彻底。鼓风炉可以生产生铁，用模具铸造大炮。1500年该项技术传到英国和德意志的其他地区。16世纪初西阿尔卑斯山地区开始使用鼓风炉，后来又传到东阿尔卑斯山和东欧。鼓风炉的产量比熔铁炉高上百倍。14世纪英国一座熔铁炉每年产量不足3吨，15世纪也增加不多，而最早的鼓风炉每天产量就达1吨以上。[4]

水力还更多地用于漂洗，在英国尤其如此。990—1040年期间，法国东南部城市格勒诺布尔（Grenoble）和勒兰（Lérin）最早出现了漂洗机。11世纪这项新技术传到诺曼底，不久后又传到欧洲其他地区。1161年瑞典的斯科纳（Skǒna），1185年的英格兰，1223年、1246年德意志的施皮尔（Spier）和特里尔（Trier）都使用水车漂洗

[1] Holt, R., *The Mills of Medieval England*, pp.150–152.

[2] Lucas, A. R., "Industrial Mulling in the Ancient and Medieval Worlds: A Survey of the Evidence for a Industrial Revolution in Medieval Europe", *Technology and Culture*, Vol.46, No.1 (Jan., 2005), p.16.

[3] Hilton, R. H., *The English Peasantry in the Later Middle Ages*, p.208.

[4] Pounds, N. J. G., *An Economic History of Medieval Europe*, pp.323–325.

呢绒。[1]漂洗是纺织过程中的一道重要工序，新织出来的呢布需要在水中捶打达到冲洗、清洁和缩紧的目的。[2]起初这项工作由在水槽中踩布的男子进行。使用漂洗机后，“人的双脚被两个锤子代替。在倾斜的落锤系统中，通过转动连接水轮的纺锤盘，锤子交替地上升与下降，击打在布上。因此通过简单的设计，水力代替了人力，并且运转一系列的锤子，只需要一个人站在上面照看布，并保证它在槽中正确地运动就可以了”[3]。1327年前英格兰的漂洗机有124座，漂洗工序在中世纪实现了机械化，卡勒斯-威尔逊评论道：“显然，12世纪末到14世纪初期间，水车已经广泛用于整个英格兰和威尔士的边界地区。水车注定要几乎全部取代原始的脚踏漂洗，尽管它的最后胜利还无法确定，然而在纺织业的主要生产工序中一场名副其实的革命正在进行。”[4]“这是纺织业中第一次使用机械代替人力”，因而“和18世纪织布的机械化一样是决定性的革命”[5]。不过，漂洗机多数情况下不是新建的，而是在以前水力磨坊的基础上增加了新功能，教会地产尤其如此。[6]1300—1310年漂洗机在所有磨坊中的比例仅占5.2%，此后不断

[1] Cipolla, C. M., *Before the Industrial Revolution: European Society and Economy, 1000–1700*, p.171. 伦纳德认为，林肯郡贝恩河畔的柯克比（Kirkby-on-Bain）和威尔特郡的海克罗夫特（Heycroft）分别在1154年和1174年提到漂洗机（Lennard, R.V.,“Early English Fulling Mills : Additional Examples”, *The Economic History Review*, New Series, 3[3] [1951], pp.142–143），因而英格兰可能在12世纪80年代以前的几十年已建造了漂洗机。

[2] Gimpel, J., *The Medieval Machine: The Industrial Revolution of the Middle Ages*, p.15.

[3] 卡勒斯-威尔逊：《第九章 毛纺业》，见［英］M. M. 波斯坦、爱德华·米勒主编：《剑桥欧洲经济史·第二卷·中世纪的贸易和工业》，第560页。

[4] Carus-Wilson, E. M., “An Industrial Revolution of the Thirteenth Century”, *The Economic History Review*, Vol.11, No.1 (1941), pp.49, 50.

[5] 卡勒斯-威尔逊：《第九章 毛纺业》，见［英］M. M. 波斯坦、爱德华·米勒主编：《剑桥欧洲经济史·第二卷·中世纪的贸易和工业》，第559页。

[6] Langdon, J., “Water-Mills and Windmills in West Midlands, 1086–1500”, *The Economic History Review*, 2nd ser., 44 (1991), p.441.

上升，1320—1330年占6.1%，1390—1400年增加到11%，1530—1540年达到18.8%。[1]

从工业磨坊的应用范围和普及程度看，中世纪英格兰工业机械化存在显而易见的局限。首先，风力机器除了磨面外没有见到有其他应用，这意味着主要使用风车的地区只有谷物磨坊，工业磨坊极度缺乏。其次，工业磨坊较少，直到中世纪晚期，约4/5的水力磨坊为谷物磨坊，工业磨坊仅占约1/5。再次，工业磨坊主要集中在几个行业，1300年英格兰的漂洗机在所有磨坊中占5.2%，其他工业磨坊仅占0.8%。1530—1540年，漂洗机占到18.8%，其他工业磨坊才占4.5%。[2]整个欧洲也是如此，在所统计的770—1600年欧洲1092座工业磨坊中，漂洗机和锻造机大约占80%，制革机、切割机和锐磨机仅占12%，而麦芽机、大麻机（hemp mill）、榨油机（oil mill）、鼓风炉、矿石压碎机（ore-crushing mill）、水力风箱（bellow using waterwheel）等只有67座，再加上19座非水力（人力和马力）的大麻机，仅占8%。[3]换言之，工业磨坊的推广极不平衡，绝大多数工业部门很少使用水力机器。

三、水力磨坊和风力磨坊的经营方式

作为中世纪英格兰工业机械化载体的水力磨坊和风力磨坊大都是由领主建造的，如布洛克所说："所有我们或多或少可以追溯它们历

[1] Langdon, J., *Mills in Medieval Economy: England 1300–1540*, p.35, Table2.2.

[2] Langdon, J., *Mills in Medieval Economy: England 1300–1540*, p.35, Table2.2.

[3] Lucas, A. R., "Industrial Mulling in the Ancient and Medieval Worlds: A Survey of the Evidence for a Industrial Revolution in Medieval Europe", *Technology and Culture*, Vol.46, No.1 (Jan., 2005), pp.15–16, 18.

史的磨坊的起源事实上都是领主的（seigniorial）。”[1] 水力磨坊最早是为了满足领主家庭需要而建设的，例如萨塞克斯郡的卡特斯菲尔德（Catsfield）庄园的磨坊服务于庄园府邸，但1086年领主从某些磨坊获得的税收表明，许多磨坊是领主垄断的，佃户有义务使用磨坊，并为此缴纳费用。[2] 11世纪末领主控制着自营地的磨坊。1086年，格拉斯顿伯里修道院的磨坊有的出租，有的由庄仆甚或奴隶经营。[3] 12世纪粮价低迷，集中经营自营地无利可图。随着自营地被出租给佃户，自营地磨坊也大多脱离领主控制，成为“独立磨坊”（independent mill）或“承租人磨坊”（tenant mill）。1189年，格拉斯顿伯里修道院一项对35个庄园的调查表明，20个庄园拥有31座磨坊，仅1座磨坊属于自营地，其他30座磨坊没有标明以何种条件租给佃户。相反，这些磨坊或以惯例租佃条件，或以自由租佃条件（5座磨坊）与持有地一起世袭持有，除了农民佃户提供的租金和劳役外，修道院院长从这些磨坊中没有获得任何收入。[4]

12世纪末粮价上升，随着自营地再次被集中经营，领主重新收回惯例和自由佃户世袭持有的自营地磨坊。1189年以后格拉斯顿伯里修道院庄园的非领主磨坊显著减少。在1189年记录的28座磨坊中，1260年时20座磨坊以惯例或自由租佃条件持有，在经历了13世纪最

[1] Holt, R., *The Mills of Medieval England*, p.36.

[2] Miller, E. and Hatcher, J., *Medieval England: Towns, Commerce and Crafts*, p.7.

[3] Holt, R., “Whose were the Profits of Corn Milling? An Aspect of the Changing Relationship between the Abbots of Glastonbury and Their Tenants 1086–1350”, *Past & Present*, No.116 (Aug., 1987), p.12.

[4] Holt, R., “Whose were the Profits of Corn Milling? An Aspect of the Changing Relationship between the Abbots of Glastonbury and Their Tenants 1086–1350”, *Past & Present*, No.116 (Aug., 1987), pp.6–7.

后几十年的大幅下降后，1300年后只有9座独立磨坊留存下来。[1]另据1279年沃里克郡的百户区案卷，斯通利（Stoneleigh）和基雷顿（Kireton）百户区的70座磨坊中有48座位于自营地内，另外12座也是自营地磨坊，只有3座磨坊由佃户以世袭保有权持有，还有7座情况不明。1299年伍斯特主教地产也是如此，40座磨坊中只有7座由自由或惯例保有权持有。[2]

13世纪至黑死病爆发前，领主自营地磨坊进入黄金时代，常常交替或同时使用雇工和出租两种方式经营。例如伊利主教在13世纪初雇用磨坊主经营自营地磨坊，但1222年只有3座磨坊获得预期收入，领主迅速调整了磨坊的经营方式。1251年49座磨坊中12座用来出租，1298年53座自营地磨坊除了3座外全部出租以收取货币租金。[3]1290年伍斯特主教地产上的32座磨坊中一半直接经营，另一半出租。[4]无论采用哪种经营方式，磨坊的收入都要依赖收取加工费。一般来说，市场需求决定磨坊收入。但除此之外，中世纪的磨坊服务又带有强制性，磨坊义务（suit of mill，即法律要求佃户只能用自己领主的磨坊）对于获得较多的磨坊捐（顾客用来支付磨面加工费的谷物）十分重要，尽管精确地估计其影响或税率是困难的。[5]贝内特认为，按照13世纪《磨坊规章》来估计，磨坊捐一般"为谷物的二十分之一或

---

[1] Holt, R., "Whose were the Profits of Corn Milling? An Aspect of the Changing Relationship between the Abbots of Glastonbury and Their Tenants 1086–1350", *Past & Present*, No.116 (Aug., 1987), pp.8,13.

[2] Langdon, J., "Water-Mills and Windmills in West Midlands, 1086–1500", *The Economic History Review*, 2nd ser., 44 (1991), pp.437–438.

[3] Holt, R., *The Mills of Medieval England*, p.71.

[4] Langdon, J., "Water-Mills and Windmills in West Midlands, 1086–1500", *The Economic History Review*, 2nd ser., 44 (1991), p.438.

[5] Langdon, J., "Water-Mills and Windmills in West Midlands, 1086–1500", *The Economic History Review*, 2nd ser., 44 (1991), p.439.

二十四分之一，但是根据庄园账簿和其他文献的详细记载，平均起来更有可能为十六分之一”[1]。自由人和农奴缴纳的磨坊捐的数量也不一样。在达勒姆各庄园，自由人只缴纳谷物的二十四分之一，而农奴却要缴纳谷物的十三分之一。[2]

自营地磨坊直接经营时领主要雇用磨坊主，磨坊主作为自营地的雇工出现在庄园账簿中，其工资收入也被记录在案。13世纪80年代在温切斯特主教庄园，磨坊主平均每年获得不超过6先令的现金，还有约5夸脱的谷物津贴。1275年，格拉斯顿伯里修道院的米德尔佐（Middle Zoy）庄园的磨坊主的工资为6先令现金和4夸脱1蒲式耳谷物津贴。磨坊主的收入与庄园仆人例如犁把式和车把式常常没有区别。1307年，剑桥郡的伯韦尔（Burwell）庄园两个磨坊的两位磨坊主每年各收到4先令6便士和4夸脱谷物，磨坊主与犁把式的收入几乎相同，但后者5先令的现金收入稍高一些。磨坊主一般有一两个男孩作为自己的助手，1351年克兰菲尔德（Cranfield）的一个男孩每隔24周收到1夸脱谷物作为工资。1211年温切斯特主教的萨瑟克磨坊付给两个仆人更高的报酬，每人4先令，而磨坊主6先令。[3]雇工直接经营的方式特别适合较大的城市磨坊，1300年布里斯托尔的4个王室磨坊收到70夸脱或更多的小麦和黑麦作为磨坊捐，由此国王可以收入10—15英镑。农村小磨坊的利润更难确定，它们大多数既可以磨面也可以碾碎麦芽和燕麦，通常将作为磨坊捐收来的麦芽和小麦出售，但大多数谷物作为实物津贴分配给庄园仆人。[4]

---

[1] [英]亨利·斯坦利·贝内特:《英国庄园生活：1150—1400年农民生活状况》，第110页。
[2] [英]亨利·斯坦利·贝内特:《英国庄园生活：1150—1400年农民生活状况》，第111页。
[3] Holt, R., *The Mills of Medieval England*, pp.93–95.
[4] Langdon, J., “Water-Mills and Windmills in West Midlands, 1086-1500”, *The Economic History Review*, 2nd ser., 44 (1991), p.438.

领主将磨坊出租时，磨坊承租人向领主缴纳固定租金。1250年，承租人勒瑞克在斯特敏斯特（Sturminster）庄园以惯例租佃条件持有一座磨坊，租金为16先令和提供若干条鳗鱼。像其他维兰一样，他拥有各种特权，如在圣诞节砍柴，参加领主的宴会时，他和妻子以及他雇用的磨坊主均可出席。他持有一座磨坊和半维尔格特土地，雇用一个全职的磨坊主。像其他自营地雇工一样，13世纪末格拉斯顿伯里修道院的磨坊主每12周收到1夸脱混合谷物的津贴，每年为4夸脱2蒲式耳，以及每年6先令现金。在承租的八年间，勒瑞克获得的磨坊捐超过45夸脱，绝大多数用于出售，得款6英镑12先令8便士。[1] 有的小自由持有农也承租磨坊。1279年，在牛津郡的斯佩尔斯伯里（Spelsbury）庄园，科尔特姆德的威廉是一个自由持有农，他持有一座磨坊和6英亩土地，每年缴纳20先令4便士的租金，除了参加一年两天的十户组督察外免除其他劳役。[2] 13世纪末以后，以一定年限甚至终生或几代出租磨坊的做法变得日益普遍。承租人每年支付固定租金，通常是现金，磨坊支出常常由他承担，尽管也有例外，但最常见的情况是领主仅提供维修用的木料。[3]

领主磨坊所获收入的巅峰期在13世纪至黑死病爆发前。与1086年相比，这一时期磨坊租金经历了快速增长。1251年前伊利主教获得的大谢尔福德（Great Shelford）庄园的水磨，1299年以每年5英镑出租，1322—1326年的租金上涨到10英镑，尽管1327年又回落到6英

---

[1] Holt, R., "Whose were the Profits of Corn Milling? Aspect of the Changing Relationship between the Abbots of Glastonbury and Their Tenants 1086–1350", *Past & Present*, No.116 (Aug., 1987), pp.18–19.

[2] Homans, G. C., *English Villagers of the Thirteenth Century*, p.225.

[3] Langdon, J., "Water-Mills and Windmills in West Midlands, 1086–1500", *The Economic History Review*, 2nd ser., 44 (1991), pp.438–439.

镑13先令4便士。即使如此，租金数量仍高于1299年的水平，并且是1086年大、小两个谢尔福德磨坊租金的3倍。[1] 13世纪和14世纪上半叶，尽管磨坊收入在领主的租金或总收入中所占比例差别较大，但一般都达到各自的历史最高水平。北部地区领主磨坊收入一般较高，13世纪下半叶，达勒姆主教地产上的磨坊每年收到554英镑9先令4便士的租金，占其全部租金收入的1/4，或者总收入的10%。而同一时期，伍斯特主教地产磨坊在其全部租金和劳役收入中占6%，诺福克伯爵在诺福克郡、萨福克郡和埃塞克斯郡13个庄园磨坊的收入为58英镑9先令9.25便士，占其全部租金、劳役和相关收入的15%。[2] 在上述利润中，水力磨坊、风力磨坊和漂洗机的贡献各不相同。1299年伍斯特主教地产24座水力磨坊每年平均单座收入40先令9.5便士，2座风力磨坊每年收入各自为14先令2便士，漂洗机每年收入20先令。[3]

黑死病爆发后人口下降，磨坊收入急剧减少。以下降最为严重的风力磨坊为例，1342年格拉斯顿伯里修道院的沃尔顿（Walton）庄园的风力磨坊的建筑支出总计为11英镑12先令11便士，租金每年3英镑。另据庄园账簿记载，该磨坊的维修费较少，1370年以前的5个年度账簿没有提到维修费用，1370年支出2英镑购买木材。1374年以前，这个磨坊的租金始终为每年3英镑，此后降至26先令8便士，这成为磨坊利润下降和磨坊日益被废弃的转折点。1380年，该磨坊再也无法

[1] Miller, E. and Hatcher, J., *Medieval England: Towns, Commerce and Crafts*, p.80.

[2] Holt, R., *The Mills of Medieval England*, p.82.

[3] Langdon, J.,"Water-Mills and Windmills in West Midlands, 1086-1500", *The Economic History Review*, 2nd ser., 44 (1991), p.434.

找到承租人，领主支出了2英镑的维修费，1393年磨坊被弃置。[1] 中世纪末期，领主的磨坊收入进一步减少。15世纪初期伍斯特主教地产上的磨坊税收仅相当于1299年的40%—45%。[2] 在修道院解散前夕，英国60个修道院的收入表明，磨坊税收仅占这些修道院世俗收入的2.25%，或者不足两个世纪前领主磨坊收入的一半。[3]

在此情况下，领主减少了对磨坊的投资。磨坊承租人只得越来越多地承担起投资任务。作为回报，领主给予承租人更长的租期和特权。例如1434年在伍斯特郡阿尔维顿（Alveston）庄园，某佃户将一座磨坊交回领主手中，虽然该磨坊的一部分已卖给另一个佃户，但此佃户仍被免除死手捐，因为该磨坊是他自己建造的。1458年，图克斯伯里的威廉·德赖维以终生租佃的方式在伍斯特郡的奥弗伯里（Overbury）获得一座漂洗机，条件是他自己建造和维修该设备。15世纪下半期磨坊的承租期越来越长，1375—1400年仅为23年，1450—1475年增加到33年，1475—1500年延长至46年，1500—1525年达到67年，这表明领主对磨坊的投资和控制在减少，佃户的投资和特权与日俱增。[4]

中世纪晚期，磨坊承租人也有所变化，庄官、教士等人数量减少，工商业者、乡绅和妇女相应增加。1350—1450年，在223个承租人和经营者中，磨坊主为90人，漂洗工为35人，织工为5人，面包

[1] Holt, R., "Whose were the Profits of Corn Milling? An Aspect of the Changing Relationship between the Abbots of Glastonbury and Their Tenants 1086-1350", *Past & Present*, No.116 (Aug., 1987), p.16.

[2] Langdon, J., "Water-Mills and Windmills in West Midlands, 1086-1500", *The Economic History Review*, 2nd ser., 44 (1991), p.439.

[3] Holt, R., *The Mills of Medieval England*, p.83.

[4] Langdon, J., "Water-Mills and Windmills in West Midlands, 1086-1500", *The Economic History Review*, 2nd ser., 44 (1991), pp.438-439.

师傅为6人，木匠和水车匠为6人，铁匠为10人，庄官为6人，教士为5人，男性乡绅为11人，妇女为8人，制桶工、车把式、渔夫和商人等为41人。而在1450—1550年的127个承租人中，磨坊主为23人，漂洗工为3人，织工为7人，木匠和水车匠为7人，铁匠为7人，教士为1人，男性乡绅为29人，妇女为13人，其他为37人。[1]承租人与磨坊主不必是同一人，例如1360年斯卡尔托克（Scaltok）磨坊的承租人是托马斯·哈珀尔和罗伯特·德·伊利奇哈姆，但负责磨面和维修磨坊的是威廉·米尔纳。承租人和磨坊主也可为同一人，例如1492—1501年约翰·波特持有克洛克磨坊（Clock mill），被描述为承租人和磨坊主。1513年，爱德华·米尔纳承租了达拉姆主教的磨坊，他可能同时是磨坊主和承租人。但1517年绅士约翰·高尔、1500年呢布商威廉·理查德森承租了该磨坊，他们都雇用了一个专职磨坊主来经营。[2]

综上所述，中世纪英格兰的工业机械化与磨坊经营方式发生了翻天覆地的变化。水力和风力磨坊遍布英格兰各地，磨面基本上实现了机械化，漂洗和冶铁等工业部门也广泛使用机械动力。中世纪磨坊的经营方式也在发生着转变，领主对磨坊的投资和控制日益减弱，乡绅、富裕的工商业者和妇女逐渐接替领主投资工业磨坊，并获得长租期和某些特权。同时也应看到，尽管中世纪工业磨坊的数量有所增加，但工业机械化主要局限于磨面、粉碎麦芽、制革、漂洗和冶铁等少数行业，绝大多数工业很少或没有从中受益。领主和承租人投资角色的互换直到15世纪下半期才开始，经营方式的实质性变革尚需时

[1] Langdon, J., *Mills in Medieval Economy: England 1300–1540*, pp.202–223.

[2] Bonney, M., *Lordship and the Urban Community: Durham and Its Overlords, 1250–1540*, Cambridge: Cambridge University Press, 1990, p.57.

日。但无人能否认，“中世纪工业革命”[1]已然启动，机械化乃至工业化在中世纪中晚期已经开始。

[1] 让·金佩尔给她的《中世纪的机器》一书起了个醒目的副标题——中世纪的工业革命，对此她解释道：“中世纪是人类重要的发明创造时期之一，它应被称为欧洲的第一次工业革命。”（Gimpel, J., *The Medieval Machine: The Industrial Revolution of the Middle Ages*, p.viii）。但这种观点也受到质疑，如霍尔特《中世纪英格兰的磨坊》一书第九章标题为《中世纪有工业革命吗？》（Holt, R., *The Mills of Medieval England*, pp.145–158）。卢卡斯则从磨坊在各行业推广应用的不平衡性角度质疑中世纪欧洲经历过工业革命的观点（Lucas, A. R., “Industrial Mulling in the Ancient and Medieval Worlds: A Survey of the Evidence for a Industrial Revolution in Medieval Europe”, *Technology and Culture*, Vol.46, No.1 [Jan., 2005]）。

第十六章
西欧工业化的中世纪起源

谈起西欧工业化，首先会想到其完成阶段的工业革命，后者在一个世纪左右的时间里史无前例地将古老的农业社会转变为现代工业社会，在西欧催生了世界上第一批工业化国家。然而，工业革命只是西欧工业化的完成阶段，它为什么原发于英国并被西欧主要国家纷纷效仿与追随，是一个非常值得思考的问题。[1]英国和西欧其他主要国家在工业革命之前的几个世纪是如何走上工业化道路的，不仅英国或西欧其他主要工业化国家需要思考，那些历史上没有真正走上工业化道路的国家也需要关注和参考。英国工业革命结束后，国外经济史学家便对英国工业化过程各个阶段展开研究，包括中世纪中晚期（11—15世纪）以后英国工业是如何和为何发展的，坎宁安、罗杰斯、厄舍、利普森、格拉斯、萨尔兹曼和卡勒斯–威尔逊等学者都有论著问世。20世纪70年代以来，让·金佩尔、庞兹、博尔顿、兰登、怀特和雷诺兹等经济社会史学家、技术史学家和城市史学家的研究，将西欧工

---

[1] 工业化在很大程度上是一个持续的过程，这里的“完成”只是就西欧工业革命期间发生的机器大工业、工厂制和经济结构等变革而言，并无工业化就此结束之意。

业化起源指向中世纪中晚期。[1]不过，从目前看，早期现代（16—18世纪）是西欧工业化的准备时期已是学术界的共识，但这个准备时期起源于中世纪中晚期却远未获得广泛认可。有鉴于此，本章拟从为什么要研究西欧工业化起源问题入手，探讨中世纪中晚期西欧工业化起源的主要表现，以推动中世纪西欧工业史以及早期工业化史的研究。

一、为什么要研究西欧工业化起源？

西欧工业化是如何发生的，它是突变的还是渐进的，抑或是突变与渐进交替进行的，对此，19世纪下半叶以来经济史学家众说纷纭。较早和较流行的观点是以“工业革命”（Industrial Revolution）为代表的突变论，如英国经济史学家阿诺德·汤因比所说，“中世纪工业生活缓慢解体的架构在蒸汽机和动力织布机的巨大冲击下突然土崩瓦解”[2]。可以肯定，阿诺德·汤因比是突变论的创立者，至少是其主要代表者，而突变论最形象的比喻则来自美国历史学家查尔斯·比尔德。他在1901年出版的《工业革命》一书中这样写道：“突然，就像晴天霹雳一样，英国掀起了一场工业革命的风暴。”[3]在他看来，这场风暴突如其来，致使英国经济发生了革命性变革。“我们认为，‘工业革命’指的是过去一个半世纪发生的那场伟大转变，各种发现和发明根本改变了谋生手段的生产和分配的所有方法，致使社会的全部经济活动发生了革命性变化。”[4]突变论关注这场转变是如何完成的，如机

[1] 上述研究成果详见本章，限于篇幅不另注释。

[2] Toynbee, A., *Lectures on the Industrial Revolution of the 18th Century in England*, London: Rivingtons, 1884, p.226.

[3] Beard, C., *The Industrial Revolution*, London: Swan Sonnenschein, 1901, p.1.

[4] Beard, C., *The Industrial Revolution*, p.23.

器大工业替代手工劳动，工业的产值和劳动力数量均超过农业，工厂取代作坊或手工工场等，却不去或很少过问为什么会发生这种转变。突变论常常将工业革命与之前的历史割裂甚至对立起来，结果只能就事论事，无法解释工业革命为何发生即工业化起源问题。

渐进论几乎是与突变论同时出现的，创立者当属英国经济史学家坎宁安。1882年，他出版的《早期和中世纪英国工商业的成长》这部大部头著作，成为“英国工业史的标准参考书”[1]。阿什利认为：“坎宁安的《早期和中世纪英国工商业的成长》是描绘英国经济发展整个过程的最早尝试。”[2]正如该书书名所示，坎宁安主张英国工商业经历了不断“成长”的过程。由于“这些进步是缓慢但连续发生的”，“因而工业史不是描述一系列从无到有的改变，而是在自己内部发生的缓慢和连续的成长。只有将其作为一个有机体而非机器，我们才能更好地理解我们的工业制度”。[3]有鉴于此，坎宁安在该书的姊妹篇《现代英国工商业的成长》的章节标题中，将1776—1815年英国工业变革称为“工业进步”（Industrial Progress）而不是“工业革命”。[4]1895年，坎宁安又出版了《英国工业史纲要》一书，主张历史不能割裂，因而在该书导言中，他开宗明义地指出，英国的工业史构成这个伟大国家的物质生活史中的一个重大主题。英国的农业在世界上是最富进取心的，英国的工业技术在世界各地声誉卓著，英国的轮船穿越广阔的海

[1] https://en.wikipedia.org wiki William_Cunningham_ (economist).

[2] Ashley, W. J. ,“Cunningham’s Growth of English Industry,” *Political Science Quarterly*, Vol. 6, No.1 (Mar. 1891), p.152.

[3] Cunningham, W., *The Growth of English Industry and Commerce: During the Early and Middle Ages*, p.2.

[4] Cunningham, W., *The Growth of English Industry and Commerce in Modern Times*, Cambridge: Cambridge University Press, 1892, p.447.

洋与许多遥远的国家进行贸易。然而，这些伟大的进步却是从非常不起眼的开端起步的，以至于很难去追溯这些循序渐进的脚步，而原始的农业、工业和贸易正是在此基础上才取得了它们现在的规模。[1]渐进论催生了与工业革命史不同的工业史研究，其中前工业时期尤其是中世纪时期成为后者研究的重要内容。[2]

渐进论将工业化视为从量变到质变的波澜不惊的平缓过程，对此，美国经济史学家格拉斯主张英国工业革命不是突然爆发的，而是长期演进（evolution）中的突破（break）。他在1930年出版的《工业的演进》一书认为，“工业革命”这一术语主要指英国在大约1770—1825年期间出现的急剧的工业变迁。在此阶段，动力机械大规模地应用于制造业，而在过去它的使用是零星的和短暂的，或者非常有限。然而，制造厂（mill，原意为“磨坊”）和工厂（factory）存在着继承关系。制造厂是初期的工厂（incipient factory），如同早期现代的炼铁厂、木材厂和造纸厂。制造厂和工厂的区别主要是程度而非种类。制造厂使用的动力机械较小，劳动分工和纪律较随意，市场较为狭小。换言之，这些早期现代的制造厂应被视为正在形成中的工厂。[3]渐进论关注的是工业化是如何发生的，为什么是英国或西欧其他国家发生了工业革命，它们的前工业时期为此做了哪些必不可少的准备等。要解答上述问题需要工业史学家像经济史学家那样对农业社会进行广泛研究，如坎宁安、罗杰斯和厄舍等学者研究工商业史时所做的那样。[4]应

[1] Cunningham, W. and McArthur, E. A., *Outlines of English Industrial History*, Cambridge: Cambridge University Press, 1928, p.1.

[2] Usher, A. P., *An Introduction to the Industrial History of England*; Salzman, L. F., *English Industries of the Middle Ages*.

[3] Gras, N. S. B., *Industrial Evolution*, pp.74, 90.

[4] Rogers, J. E. T., *The Industrial and Commercial History of England,* Bristol: Thoemmes Press, 2001.

该说，与突变论相比，以成长和演进的眼光对待英国与西欧其他国家的工业化过程，将工业革命视为渐进发展的结果，更有助于揭示西欧工业化的历史真相。

尽管如此，渐进论给人的印象是，工业革命只有一次，因而直到工业革命爆发之前西欧工业发展始终是波澜不惊的。除此之外，西欧工业是否还有暗流涌动？如果有的话，那么前工业时期西欧工业又有哪些飞跃式发展？有鉴于此，与传统单线的突变论和渐变论不同的是，后来的经济史学家和经济社会史学家似乎更趋向于认为西欧工业化是突变和渐进交替进行的，工业革命在西欧不止发生过一次。例如，1932年，内夫在《英国煤炭工业的兴起》一书的第二编第二章《一场早期工业革命》中认为："16世纪晚期和17世纪可以看作以一次工业革命为标志的时代，其重要性仅次于18世纪末开始的工业革命。"[1]此外，内夫还在1940年出版的《法国和英国的工业与政府（1540—1640）》中明确指出："英国工业革命不止一次，而是有两次，第一次发生在1536—1539年修道院解体后的一百年间。"[2]内夫之所以得出上述结论，是因为他已经注意到："在16世纪中期至内战期间，采矿业和制造业在国民经济中重要性的增长似乎并不慢于18世纪中叶至第一次改革法案期间。近来某些研究结果似乎也表明，自伊丽莎白时代以来，工业快速增长、重要性显著增加，家内制工业日益复杂，同时工业技术和企业规模同样发生了巨大的变化。"[3]

[1] Nef, J. U., *The Rise of the British Coal Industry*, Vol. 1, London: Frank Cass & Co. Ltd., 1966, p.165.

[2] Nef, J. U., *Industry and Government in France and England, 1540–1640,* New York: American Philosophical Society, 1940, p.1.

[3] Nef, J. U., "The Progress of Technology and the Growth of Large-Scale Industry in Great Britain, 1540-1640", *The Economic History Review*, Vol.5, No.1, 1934, pp.4–5. 在该文注释4中，内夫还列举了许多早前问世的16—17世纪工业革命论的代表性研究成果。

应该说，内夫等人的研究揭示了工业革命前英国工业化渐进和突变交替进行的过程与特点。在其影响下，中世纪经济史学家也从机械化角度论证了中世纪中期以来工业技术的进步，并分别提出“13世纪工业革命”和“中世纪工业革命”等概念。1941年，英国经济史学家卡勒斯-威尔逊在《13世纪工业革命》一文中认为，在13世纪英国旧城市行会工业衰落的同时，农村工业获得前所未有的扩张，以至于毛纺织业中发生了一场以漂洗机（fulling mill）的普及为标志的“13世纪工业革命”。该项研究表明，纺织业各工序的机械化并非都始于工业革命。漂洗在13世纪已经实现了机械化，纺纱和织布的机械化发生在工业革命期间。[1] 如果说卡勒斯-威尔逊对13世纪工业革命的研究还只涉及英国的话，那么35年后，法国中世纪史学家让·金佩尔的《中世纪的机器——中世纪工业革命》一书则将其推而广之，明确肯定了中世纪欧洲对于技术创新和工业革命的历史作用。金佩尔开宗明义地指出：“我们今天技术创新型社会的基础不在意大利的文艺复兴或英国的工业革命，而在中世纪，这正是我研究的主题。……中世纪是人类重要的发明创造时期之一，它应被称为欧洲的第一次工业革命。”[2]

此外，原工业化理论（proto-industrialization）通过对早期现代西

[1] Carus-Wilson, E. M., “An Industrial Revolution of the Thirteenth Century”, *The Economic History Review*, Vol.11, No.1, 1941, p.40.

[2] Gimpel, J., *The Medieval Machine: The Industrial Revolution of the Middle Ages*, Preface, p.viii. 不过，晚近研究将第一次工业革命又提前了几个世纪。例如霍奇认为，“第一次英国工业革命”出现于诺曼征服之前。米勒和哈彻认为，这种提法几乎肯定是一种夸大，但9世纪以后英国见证了城市和工业扩张，以及农业生产的集约化，从而有条件养活比过去更多的人口。参见Hodges, R., *The Anglo-Saxon Achievement: Archaeology and the Beginning of English Society*, Bristol: Classical Press, 1989, pp.150, 177; Miller, E. and Hatcher, J., *Medieval England: Towns, Commerce and Crafts 1086-1348*, p.2。

欧农村工业的研究认为，在工业革命前的几百年里，那里曾发生早期工业化。美国威斯康星大学历史系博士生弗兰克林·门德尔斯在1969年完成的博士论文《18世纪佛兰德尔的工业化和人口压力》中，将工业化起源指向农村家内制的毛纺织工业，并将后者命名为原工业化。1972年，他又在博士论文基础上发表了《原工业化：工业化进程的第一阶段》，论证了出现于早期现代的原工业化是工业化的第一阶段（由此工业革命成为第二阶段）。[1] 原工业化的另一代表性观点来自马克斯-普朗克研究所的三位马克思主义史学家。1977年，彼得·克里特、汉斯·梅迪克和于尔根·施龙鲍姆出版了《工业化前的工业化》，主张原工业化是工业化以前的工业化，并且认为原工业化是封建主义向资本主义转变进程的"第二个阶段"（13世纪左右的地租折算为第一阶段）。[2]

应该说，晚近以来西欧工业化的突变论解释早已式微，渐进论尤其是交替进行论在西方学术界成为共识。例如《科林斯百科全书》直言不讳地指出，当阿诺德·汤因比的工业革命论表示一种突变时，"实际上，工业革命已经准备了几个世纪"[3]。在谈到工业革命的"历史背景"时该书指出，中世纪的闭关自守经济（closed economy）被1400—1700年间商业革命引起的经济变化所打破，中世纪商业的范围是地方性的、城市间的或区域间的，现在的商业则倾向于成为大陆间或世界范围的。为了满足已经扩大的市场，企业家发明了家内制或外

---

[1] Mendels, F., *Industrialization and Population Pressure in Eighteenth Century Franders*, PhD Dissertation, University of Wisconsin, 1969; F. Mendels, "Proto-Industrialization: the First Phase of the Industrialization Process," *Journal of Economic History*, Vol.32, No.1, 1972, pp.241-261.

[2] Kriedte, P., Medick, H. and Schlumbohm, J., *Industrialization before Industrialization*, translated by Schempp, B., Cambridge: Cambridge University Press, 1981, p.6.

[3] *Collier's Encyclopedia*, Vol. 12, New York: Macmillan Educational Company, 1991, p.758.

放制，它们似乎暂时满足了更大的市场需求。在此制度下，制造业由企业家控制，他们购买原材料，分发给工匠，为制成品寻找市场。在16世纪早期的英国，几个企业家建立了大型工场（workshops），在那里，他们集中了五六十名工匠，严密监视他们的劳动。《美国百科全书》（国际版）也认为，工业革命不是突然爆发的，“工业革命的基础由几个世纪前的农业技术、商业实践、实验室和工场的发展所奠定。所有这些至少延续了几个世纪，这些先前的变化是工业革命发生所不可或缺的。基于这个理由，历史学家现在羞于将工业化称为‘革命’了”[1]。在谈到“工业革命的起源和过程”时，该书认为“工业革命的起源可以容易地追溯到几个世纪以前。一代人的进步可能是由于前面几代人的成就取得的。尤其是，文艺复兴（1300—1500）和以后的科学进步是工业革命中技术发明不可或缺的先决条件”[2]。

由此可见，早期现代是工业化的准备时期已经成为共识，而中世纪中晚期在工业化起源上的地位还没有引起应有的重视，学术界甚至对14—15世纪以前还存在比较严重的误解，这种状况与目前流行的工业化的定义不无关系。《不列颠百科全书》将“工业化”定义为“转变为以工业为主的社会经济体系的过程”[3]。《科林斯经济学词典》中“工业化”的释义是：“以发展制造业为目的，大力发展有组织的经济活动。工业化的特征是，将一个以农业为主的经济体转变为更加专业

[1] *The Encyclopedia Americana*, Vol.15, International Edition, Danbury, Connecticut: Grolier Incorporated, 1997, p.122.

[2] *The Encyclopedia Americana*, Vol.15, pp.122-123.

[3] 美国不列颠百科全书公司编：《不列颠百科全书》，第八卷，《不列颠百科全书》国际中文版编辑部译，中国大百科全书出版社2007年版，第378页。

化和资本密集型的经济体。”[1]不难发现，上述有关工业化的定义虽然提到从农业社会向工业社会的转变，但总体说来仍缺少对转变过程长期性和复杂性的应有认识。

为进一步认识工业化转变的长期性和复杂性，有必要对本文的核心概念即中世纪西欧“工业”和“工业化”进行界定。马克斯·韦伯认为，与生产原材料的农业不同，“所谓工业，就是改变原料，自然物产的生产和矿业并不包括在这个概念以内。但是，在下面我们将把矿业和工业结合在一起而加以讨论，所以‘工业’一词就包括农业、商业或运输业以外的一切经济活动”[2]。除改变原料之外，工业还应该满足专业化和市场化两个条件，即由工匠生产和为市场生产。从这个意义上说，工业是从农民家庭副业发展而来的，后者虽也改变原料，但它们由农民而非工匠为满足家庭消费而生产，因而不属于工业范畴。工业开始于为他人生产，只有“在生产已超出家庭需要的范围时，工业才开始引起我们的兴趣。这种劳动可能是为另一个家庭进行的，尤其是由领主依附者为领主家庭进行的；在这种情况下，一个家庭的需要是由另一个家庭的生产品来满足”[3]。很显然，这种为他人进行的工业生产已经不同于农民家庭副业，但它仍不是严格意义上的为市场生产的工业。因此，工业还存在着另一种形式。韦伯指出：“改变原料的第二种形式，是为销售而生产，即手工业，这是为满足家庭以外的需要。所谓手工业，是指在某种程度上，以专门形式从事的熟练工业劳动，或通过职业分工，或通过技术的专业化，由自由工人或

---

[1] [美]克里斯托夫·帕斯等编著：《科林斯经济学词典》(第3版)，罗汉等译，上海财经大学出版社2008年版，第349页。

[2] [德]马克斯·维贝尔：《世界经济通史》，第73页。

[3] [德]马克斯·维贝尔：《世界经济通史》，第73页。

非自由工人，为领主或为公社，或为他们自己而从事生产活动。”[1]

韦伯所说的工业的第一种形式即为他人生产的工业盛行于中世纪早期，庄园作坊的生产目的主要是满足庄园内部的消费需要，只有剩余产品才拿到市场出售，因而基本上属于非市场的工业。那么，韦伯所说的第二种形式的工业即手工业是从什么时候开始普遍存在的呢？答案当是中世纪中期。可以肯定的是，工业的第二种形式，即由个体工匠从事的为市场而生产的工业在中世纪中期以来的城乡已经普遍化。在此阶段，工匠既是生产者也是商人，可以不经过商人直接将其产品出售给消费者。有鉴于此，格拉斯在考察工业组织的演进时，将工业的第一阶段称为“自给自足手工业”（usufacture），将第二阶段称为“零售手工业”（retail handicraft）。[2]随着市场的扩大，技术与工业组织在几个世纪中呈现出渐进和突变交替演进的特征，这种为出售而生产的第二种形式或第二个阶段的工业最终转变为现代工业。

有鉴于此，笔者认为，中世纪西欧工业是专业化和市场化的加工业和制造业活动，而工业化则是专业化和市场化的中世纪中晚期工业向现代工业，进而传统农业社会向现代工业社会转变的长期而复杂的过程。所谓“长期”，即工业化不是一蹴而就的，经历了从起源、成长到完成等几个世纪的发展；所谓“复杂”，是指工业化不是机械地由量变到质变的单线模式，而是渐进和突变交替进行的波浪式或螺旋式的推进。工业化起源最重要的是走上工业化道路，即工业由为自身消费而生产转变为为市场而生产，以及随之而来的生产的专业化、机械化和规模化。就中世纪而言，这意味着工匠从中世纪早期为领主消

---

[1] [德] 马克斯·维贝尔：《世界经济通史》，第73页。

[2] Gras, N. S. B., *Industrial Evolution*, Chapter1, p.3.

费生产转变为中世纪中期以来为市场生产。为市场而生产的普遍化，不仅推动了中世纪某些工业行业或工序的机械化，还在毛纺织业中催生了资本主义生产关系，为工业革命的大机器生产和工厂制等变革奠定了历史基础。有鉴于此，任何西欧工业和工业化的研究都不应无视中世纪。以下将从三个方面论述中世纪中晚期西欧工业化起源的主要表现。

二、城乡个体工匠生产的普遍化

韦伯和格拉斯所说的为市场而生产的手工业或零售手工业大批和持续地出现于中世纪中期，而它们的集中地非城市莫属。12—13世纪西欧新城市大量涌现，出现所谓“城市革命”。11世纪晚期英格兰约有110个城市，城市居民占总人口的大约10%。截至1300年，城市数量达到500个以上。绝大多数城市的人口在2000人以下，大约50个城市的人口在2000—5000人，可能有20个城市的人口超过5000人，生活在城市的英国人占总人口的比例可能上升到15%—20%。[1] 新城市如雨后春笋般地涌现，为市场化和专业化的工业生产创造了有利的条件。至迟从中世纪中期以来，西欧城市开始从宗教、军事和行政中心转变为工商业中心。例如，庞兹认为，在中世纪中期以来城市和城镇发挥的功能中，最重要的是工业和贸易中心。如果没有工业和贸易，城市便不能存在。在这两者中，贸易在多数情况下历史更悠久，并且成为城市财富的主要贡献者。然而，贸易不能脱离专业化工业生产，因为生产这些物品的人，无论是生产一条面包还是生产一块呢布，都

[1] Swanson, H., *Medieval British Towns*, pp.14–15.

要先出售自己的产品，以便购买自己的工业原料和生活必需品。[1]

中世纪中期的工匠跻身于商品生产者的行列，他们生产的目的不是自己消费，而是出售，从而与农民的生活方式具有本质区别。希尔顿认为，尽管许多城市工匠事实上在城内外拥有小块土地和果园，但城市工匠不再像农民那样生产自己的生活资料。当然，大多数城市工匠还只是小商品生产者。像农民的持有地一样，工匠的作坊是一个以家庭劳动力为基础的企业，同时再从外面雇两三个人，包括一个学徒、一两个帮工，如同许多农民家庭雇有一两个仆人一样。[2]中世纪中期大多数城市工业生产组织规模较小的原因当然与行会限制有关，但更主要的原因在于，城市工匠主要为本城市的居民和周围农村生产工业品，只有剩余产品才被商人运往外地市集销售，市场狭小限制了作坊的规模。这种从事小商品生产的作坊是中世纪城市工业基本的生产组织，其成员构成中世纪中期以来城市居民的主体。伯尔曼认为，11—15世纪，欧洲诞生了大约5000个新兴的城市和城镇，生产者而非商人占了那个时代大部分城镇居民的大约4/5，这些生产者主要是工匠和手艺人，大多来自11世纪农业生产力迅速增长所造成的过剩农业人口。[3]由于为本地市场服务，工匠独立生产和销售产品，整个过程不依赖商人作为中介。

在此基础上，中世纪中期以来伴随着工业化的发展，不同规模的城市形成相应数量的工业职业，即城市规模与工业分工的繁复程度成正比。克拉克认为，在许多小市镇只有十几种职业，通常是非专业化的，直到早期现代都是如此。更多典型的中等城市有几十种

[1] Pounds, N., *The Medieval City*, pp.119–120.
[2] Hilton, R. H., *English and French Towns in Feudal Society: A Comparative Study*, p.17.
[3] ［美］哈罗德·J.伯尔曼：《法律与革命——西方法律传统的形成》，第436、438页。

职业，在中世纪的奥斯陆和乌普萨拉，普通的工匠包括面包师傅、腰带匠（belt-makers）、制弓匠（crossbow-makers）、裁缝、细木匠（joiners）、金匠、石匠、鞋匠、铁匠等。1200年以后，较大的城市经常因城市繁荣和远距离贸易的扩大而催生出更多的职业。西班牙城市如科尔多瓦发现了更复杂的职业，而中世纪中期的伦敦至少存在175种职业。[1]斯旺森女士考察了中世纪中期以来英国不同规模城市的工业职业，值得注意的是，那里小城市的工业达几十种之多！她认为，黑尔斯欧文是一个典型的小城市，13世纪后期存在35种不同的非农业职业，其中大约一半属于食品加工业或食物零售，另一半属于制造业。作为郡府所在地的较大城市则存在更多的非农业职业，例如，诺威奇在1300年已经出现近70种不同职业。当然，非农业职业最多的城市当属首都伦敦。中世纪晚期，那里的工业职业已经接近200种。[2]城市居民主要以多样化的非农业职业为生，即使小城市也不例外。比如莱茵费尔登（Rheinfelden）是一个拥有围墙的小城市，位于巴塞尔以北15公里的莱茵河畔。它是在林根公爵城堡的保护下成长起来的，并从后者那里得到特许状。城墙建于13世纪，城市面积大约只有10公顷。14世纪，该城市有220户人家，人口在1000人左右，大约有10位金属匠、二三十位制革匠和皮匠、二三十位织工，以及数量不详的建筑工人、木匠和其他工匠，也许一半到2/3的户主是工匠。当然，工匠大多数也将农业生产作为副业，种植葡萄、饲养牲畜和耕种小块土地，但工业无疑是他们的主业和绝大部分收入的来源。[3]有鉴于此，中世纪中期以来城市工业化彻底改变了人们对中世纪城市的看法。近

[1] Clark, P., *European Cities and Towns, 400–2000*, p.49.

[2] Swanson, H., *Medieval British Towns*, p.24.

[3] Pounds, N. J. G., *An Economic History of Medieval Europe*, p.262.

几十年来，经济社会史学家修改了宪政史学家和经济史学家对城市的定义，不再将法律特权和人口门槛作为区别城市和村庄的主要依据。绝大多数学者采用经济标准，从非农业职业的多样性和功能的复杂性的角度定义中世纪城市。霍尔特和罗瑟主张，一个地方被授予城市特权与否不是取得城市地位所必需的。相反，社会的和经济的特征尤其是非农业职业的多样性成为城市的最重要标志。[1]戴尔认为，城市指居民从事多种非农业职业的地方，包括那些只有几百个居民的小市镇。该定义不考虑制度的特点，只关注经济与功能的差异，从而使我们能够更确切地明了城市和村庄的界限。[2]

在此基础上，学者们主要从工商业活动的角度定义中世纪城市。雷诺兹主张，城市是一个永久性的人类聚落，具有两个主要特征。一是大量人口（但不必是大多数）依赖贸易、工业、管理和其他非农业职业为生。为了有别于修道院、兵营和采矿型村庄，城市居民还要依靠多种职业为生。即使是一个拥有单一工业的城市，也要有零售商和其他服务贸易。基于以上职业，城市有可能成为附近地区的营销中心和行政中心。二是城市在人口和职业上或多或少形成与周围农村不一样的社会单位。[3]希尔顿指出，永久性市场和职业多样性构成中世纪城市的主要特征，后者比前者更加重要。首先，城市无论大小都必须是永久性的市场活动的地点，而不仅是拥有一个每周开放一次的特许市场，因为13世纪许多村庄领主也拥有这种市场。其次并且最重要的是，与村庄相反，尽管城市居民拥有小块菜地、葡萄园或草地，但他

[1] Holt, R. and Rosser, G., eds., *The Medieval Town:A Reader in England Urban History, 1200–1540*, pp.3–4.

[2] Dyer, C., *An Age of Transition? Economy and Society in England in the Later Middle Ages*, p.24.

[3] Reynolds, S., *An Introduction to the History of English Medieval Towns*, Preface, p.ix.

们并不主要生产自己的生活资料，而是主要从事制造业和商业，并从中获得绝大部分收入。无论大小，城市在经济上的基本特征是职业多样化，生产、购买或出售商品。[1] 戴尔也使用非农业职业的多样性定义城市：它的人口应该长期集中居住，至少大约几百人依赖多种非农业职业生活。他们可以包括官员和教士，但对大多数人口而言，他们为了获得工作，必须要从事工商业。一个城市拥有各种机构，具有复杂的社会结构，并与一个农业腹地在经济和文化生活上密不可分，但是职业的多样性是其最本质的属性。[2]

需要指出的是，城市工业化不是封闭进行的，相反，必须以与周围农村的劳动分工为前提。庞兹认为，中世纪城市在人口、职业和功能上不同于村庄，但城市的存在必须以周围或更大范围的农村为依托。城镇或城市是大于村庄的人类聚落，其居民的生活或职业主要不依赖农业。城市功能的多样性确实是其主要特征之一。中世纪城市的另一特征是存在市民耕种的田地，但这些田地不能生产足够的食物，其他的食物必须依靠城市以外的地区提供。为此，市民必须生产商品或提供服务。每个城市不仅与周围地区，而且与遥远的地区建立复杂的关系，这些地方为城市提供食品和工业原料，这就是城市腹地。[3] 城乡分工通过市场实现劳动的交换，根据戴尔的研究，从大城市市场到村庄市场的各级市场分别吸引着不同社会等级的消费者和销售者。[4]

尽管城市是当时工业化最显著的地方，但中世纪中期以来城市没

---

［1］ Hilton, R. H., *English and French Towns in Feudal Society: A Comparative Study*, p.6.

［2］ Dyer, C., *Making a Living in the Middle Ages: The People of Britain, 850–1520*, p.58.

［3］ Pounds, N. J. G., *The Medieval City*, p.1.

［4］ Dyer, C., “The Consumer and the Market in the later Middle Ages”, *The Economic History Review*, 2nd Ser., XLⅡ, 3 (1989), pp.305–327.

有垄断全部工业活动，在庄园作坊解体后，村庄又兴起各种独立的工匠作坊，以就近满足领主和农民对工业品和工业劳务的需要。麦克法兰认为，13—15世纪的英格兰已非典型的农民社会，特征之一是，“即使在村庄一级也（存在）相当明显的分工和职业专门化”[1]。村庄存在多种工业毋庸置疑，诚如波斯坦所言：“在普通的农村村庄，也能看到拥有很少地产的小商人和工匠聚居区，到处都有铁匠、木匠、砖瓦匠、磨坊帮工和小商小贩；大多数村庄还有纺纱工人或纺织女工，另一些村庄有漂洗工和编织工。此外，小农户还可以作为公社的雇员，即村庄的牧羊人、养牛者或牧猪人。一些家族通过妇女酿造淡啤酒来弥补收入的不足。通过对违反淡啤酒法令的罚金支付来看，酿酒女工的人数是很多的。”[2]研究表明，工匠在村庄农民中占有一定比例。12世纪左右，几乎每个村庄都有自己的工匠。福西耶认为，铁匠、屠夫、水泥匠和屋顶匠等都是村里的一流人才，他们的数量不是太多，“占村里人口总数的10%—15%”[3]。在对1379年和1381年的《人头税报告》中的工业姓氏进行研究后，贝利证实，萨福克郡的布雷克兰（Breckland）村庄不仅存在多种工业，而且从事非农业职业的人口将近1/4，有些地方这一比例甚至高达30%—45%。[4]当然，这种情况仅限于少数地方，平均而言英国整体的比例则要小很多。中世纪晚期，村庄工匠的职业数量和占人口的比例变化不大，但少数村庄工业的种类已经超出平均值，与小城市相差无几。据埃塞克斯郡的哈维灵庄园的统计，1450年前每半个世纪大约出现30种非农业职业，每十年大约

---

[1] [英]艾伦·麦克法兰：《英国个人主义的起源：家庭、财产权和社会转型》，第214页。

[2] [英]M. M. 波斯坦、H. J. 哈巴库克主编：《剑桥欧洲经济史·第一卷·中世纪的农业生活》，第532—533页。

[3] [法]罗贝尔·福西耶：《中世纪劳动史》，第55—56页。

[4] Bailey, M., *A Marginal Economy? East Anglian Breckland in the Later Middle Ages*, pp.190–191.

出现18种，这个庄园类似于中世纪晚期的小城市。1522年，萨福克郡巴伯（Barber）百户区对所属村庄和市镇的职业调查显示，27个村庄存在2—14种非农业职业，而小城市有18—27种，其中最重要的市镇萨德伯里（Sadbury）有49种非农业职业。[1]据庞兹估计，中世纪晚期，农村采矿业和其他工业雇用的人数极有可能与城市工匠人数相差无几。这表明，在从西班牙北部到德意志中部、从意大利中部到波罗的海等的欧洲发达地区，5%—10%的农村人口从事采矿业、金属业和其他工业。[2]尽管生活在村庄，但农村工匠已经不完全是传统意义上的农民。首先，他们的称谓往往不同于农民，被称为铁匠、面包师傅、磨坊主、裁缝等；其次，他们在收入上不再主要依赖农业，尽管他们一般属于小持有者，但主要收入来自工业。

专业化的乡村工业的存在表明，中世纪中期以来英国农户出现了农业和家庭副业的分离。以往认为，农业和手工业的分离主要发生在城乡之间，由此，中世纪城市成长为工商业中心，城乡经济呈现工商业与农业的二元结构。实际上，中世纪的农业与手工业的分离不独发生在城乡之间。在中世纪广大的乡村社会，农业和工业经历了两次分离。农村工匠首先从农民中分离出来，成为兼职工匠。在购买农村工匠的产品和劳务的过程中，农民家庭中曾经紧密结合在一起的农业和家庭副业又日益分离。如哈纳沃特所说，中世纪农村妇女没有将大部分时间用于生产家庭的全部生活必需品，相反，大部分家庭在纺织、制衣甚至酿酒和烤面包上依靠工匠。[3]由此，农民将主要精力集中于农业生产，并用出售剩余农产品的收入向面包师傅、酿酒者、屠夫、

[1] Wrightson, K., *Earthly Necessities: Economic Lives in Early Modern Britain*, p.94.

[2] Pounds, N. J. G., *An Economic History of Medieval Europe*, p.338.

[3] Hanawalt, B. A., *The Ties that Bound: Peasant Families in Medieval England*, p.146.

裁缝、磨坊主、铁匠和木匠等购买商品或服务，由此进一步促进了中世纪晚期农村工业和农业生产的专业化和规模化的趋势。

三、机械化与“中世纪工业革命”

美国著名技术史学家林恩·怀特的研究表明，中世纪经历过一场动力革命，如他所言，从12世纪甚至11世纪起，在需要大量动力以及人的劳动可以被替代的地方，畜力、水力和风力等非人类动力迅速取代了人力。[1] 法国历史学家让·金佩尔在《中世纪的机器：中世纪工业革命》一书中也开门见山地指出：“中世纪以任何文明前所未有的规模将机器引进欧洲，这是导致西方统治世界其余地区的主要因素之一。古典世界对机器已经耳熟能详，但他们使用机器却十分有限……然而，在中世纪社会，机器被制造出来，以代替以前被人力承担的劳动，且经常是艰苦的劳动。”[2] 由于中世纪存在机器生产，并不全部是手工劳动，因而国外学者经常使用“中世纪工业”（medieval industry）的概念，避免因笼统使用手工业（crafts）而导致以偏概全。

机器对中世纪人而言并不陌生和遥远，最普通的机器就是磨坊，它们将水力或风力转化为动力，用来碾磨谷物、压榨橄榄、漂洗呢布、鞣制皮革和造纸等。它们就是中世纪的工厂。[3] 从现有研究来看，与国计民生关系最为密切的磨面、呢布漂洗和冶铁等在中世纪基本实现了机械化。磨面的机械化始于中世纪早期，“尽管古代已发明水力

---

[1] White, L. Jr., “Technology and Invention in the Middle Ages”, *Speculum*, Vol.15, No. 2 (Apr. 1940), p.156.

[2] Gimpel, J., *The Medieval Machine: The Industrial Revolution of the Middle Ages*, p.1.

[3] Gimpel, J., *The Medieval Machine: The Industrial Revolution of the Middle Ages*, pp.1–2.

磨坊，但它的真正推广使用直到中世纪才开始”[1]。研究表明，罗马帝国后期已经家喻户晓的水力碾磨技术在中世纪早期得到传播。墨洛温王朝时期存在修道院和富商建造水力磨坊的记载。[2]加洛林王朝时期修道院是磨坊建设的主要发起者和建设者，8—9世纪不少修道院拥有十几座甚至几十座水力磨坊。[3]不过，加洛林王朝时期水力磨坊为数尚少，杜哈德反对过高估计当时水力磨坊的传播情况，因为直到10世纪初圣伯林修道院所属的圣奥默地产的修道士看见水力磨坊时仍感到惊奇，10世纪时德意志的谷物尚由手工碾磨。[4]此外，圣西奎耶（St. Riquier）修道院获赠的30余个村庄中，只有12个拥有水力磨坊。[5]盎格鲁-撒克逊人的入侵导致水力磨坊在不列颠一度消失，直到8世纪中叶史料中才开始出现水力磨坊的记载。[6]盎格鲁-撒克逊后期，水力磨坊的发展突飞猛进。克拉潘认为，水力磨坊的推广可以说是1086年以前四个世纪英格兰“最辉煌的经济成就之一”，“但是它完全没有被记载下来”。[7]

经过中世纪早期最后几个世纪的努力，至少到11世纪后期，西欧已经拥有更多的水力磨坊。《末日审判书》中估计当时存在6000余座磨坊，因而到1086年，英格兰平均每46户农民家庭使用一座水力磨坊。9世纪中期到1080年，法国北部的皮卡第建造了40座新磨坊，

[1] Bloch, M., “The Advent and Triumph in the Watermill”, in M. Bloch, *Land and Work in Mediaeval Europe: Selected Papers*, p.143.
[2] Doehaerd, R., *The Early Middle Ages in the West: Economy and Society*, p.21.
[3] Verhulst, A., *The Carolingian Economy*, p.72.
[4] Doehaerd, R., *The Early Middle Ages in the West: Economy and Society*, p.21.
[5] Duby, G., *The Early Growth of the European Economy: Warriors and Peasants from the Seventh to the Twelfth Century*, p.187.
[6] Finberg, H. P. R., ed., *The Agrarian History of England and Wales*, Vol.Ⅰ, A. D. 43–1042, pp.498, 499.
[7] ［英］约翰·克拉潘：《简明不列颠经济史：从最早时期到1750年》，第97页。

1080—1125年又兴建了40座新磨坊。此后，该地区的新磨坊数量增长更快，50年内达到245座。[1] 中世纪中期以来磨坊建设仍然方兴未艾。让·金佩尔认为，11—14世纪初水力磨坊出现惊人增长，令古代社会望尘莫及。例如在罗贝克河两岸，10世纪只有2座磨坊，11世纪有4座，13世纪有10座，14世纪初达到12座。法国的奥布省在11世纪时有14座水力磨坊，12世纪有60座，13世纪达到200余座。[2]

而在那些自然条件不适宜建造水力磨坊的地方，12世纪时又发明了风力磨坊。与水力磨坊不同，风力磨坊可以在寒冷的冬季照常工作，因而在北欧平原建造极广。13世纪佛兰德尔西部城市伊普尔有120座风力磨坊。[3] 南欧的河流夏季水量较小，风力磨坊也较为流行。[4]1300年，英格兰已建成4000座风力磨坊。风力磨坊在英格兰东部十分流行，当地适宜为水力磨坊提供动力的河流较为匮乏。相反，在水利资源十分丰富的北部和西部则较少建设风力磨坊。[5] 风力磨坊的发明推动了新一轮的磨坊建设热潮。1300年，英格兰的水力磨坊和风力磨坊总数大概超过10000座，增加的部分中既有水力磨坊，也有12世纪后期引进的风力磨坊和漂洗机。[6] 由此，12世纪末到13世纪，磨坊基本得到普及，诚如贝内特所说："我们有把握认为，当时每个村庄（以及几乎每个庄园）都有一个或多个碾磨各种谷物的磨坊，除非是领主为了私利，否则都要求将谷物集中在一个磨坊里碾磨，以

[1] Duby, G., *The Early Growth of the European Economy: Warriors and Peasants from the Seventh to the Twelfth Century*, p.187.

[2] Gimpel, J., *The Medieval Machine:The Industrial Revolution of the Middle Ages*, p.10.

[3] Gimpel, J., *The Medieval Machine:The Industrial Revolution of the Middle Ages*, pp.24, 25.

[4] Pounds, N. J. G., *An Economic History of Medieval Europe*, p.187.

[5] Langdon, J. and Watts, M., "Tower Windmills in Medieval England: A Case of Arrested Development?", *Technology and Culture*, Vol. 46, No. 4, 2005, pp.697, 698.

[6] Dyer, C., *Making a Living in the Middle Ages: The People of Britain, 850–1520*, p.131.

此来减少成本。”[1] 怀特也证实：“在整个中世纪里水车比教堂更加普遍。”[2] 1300年，英格兰仅有20%的谷物继续依赖手推磨和马拉磨碾磨，而水力磨坊和风力磨坊则完成80%的碾磨任务。[3] 换言之，13世纪时机器磨面已经取得压倒性优势，4/5的谷物由机器碾磨。

水力、风力磨坊在磨面的效率上相比手推磨具有明显优势，可以极大地节省劳动力。水力磨坊一天（按24小时计算）碾磨量的记录存在较大差异。1342—1343年德文郡卢芬科特（Luffincott）庄园法庭审理了一件破坏水力磨坊的诉讼，原告声称该磨坊“经常一昼夜碾磨各类谷物8夸脱（以每夸脱8蒲式耳计算为64蒲式耳）”。1449年该郡泰维斯托克（Tavistock）的水力磨坊据说也可以在24小时内碾磨8夸脱谷物。另据军队伙食账簿记载，1296—1346年11处水力磨坊和风力磨坊一天的碾磨量从1.33夸脱到13夸脱不等，平均而论，4—6夸脱可能是一个磨坊一天的合理碾磨量。[4] 如果按5夸脱计算，一个磨坊每天大致可以碾磨谷物40蒲式耳，大约为小麦1088.64千克（按每蒲式耳等于27.216千克小麦计算），大麦907.2千克（按每蒲式耳等于22.68千克大麦计算）。中世纪没有手推磨一天碾磨量的记录，如果以古罗马2个奴隶1小时碾磨7千克谷物计算，那么每人1小时碾磨3.5千克，24小时大约为84千克，不足磨坊碾磨量的1/10。[5]

除此之外，水力还可以用于其他工业生产，漂洗无疑是应用水力最广的工业之一。990—1040年，在法国东南部城市格勒诺布尔（Grenoble）和勒兰（Lérin）最早出现了漂洗机。11世纪这项新技术

---

[1]［英］亨利·斯坦利·贝内特：《英国庄园生活：1150—1400年农民生活状况》，第106页。
[2]［意］卡洛·M. 奇波拉主编：《欧洲经济史·第一卷·中世纪时期》，第120页。
[3] Langdon, J., *Mills in the Medieval Economy: England 1300–1540*, pp.19, 24–25.
[4] Langdon, J., *Mills in the Medieval Economy: England 1300–1540*, pp.136–138.
[5] Gimpel, J., *The Medieval Machine: The Industrial Revolution of the Middle Ages*, pp.7–9.

传播到诺曼底，不久后又传播到欧洲其他地区。1161年瑞典的斯科纳，1223年、1246年德意志的斯比尔（Spier）和特里尔（Trier），都使用了漂洗机。[1] 漂洗是呢布生产的一道重要工序，当离开织布机后，呢布需要在水中捶打，达到冲洗、清洁和缩紧的目的。[2] 起初这项工作由在水槽中踩布的男子进行，漂洗机的作用在于“人的双脚由两个锤子代替。在倾斜的落锤系统中，通过转动连接水轮的纺锤盘，锤子交替地上升与下降，击打在布上。因此，通过简单的设计，水力代替了人力，并且运转一系列的锤子，只需要一个人站在上面照看布，并保证它在槽中正确地运动就可以了”[3]。英格兰至少在1185年也开始使用漂洗机。13世纪前后，漂洗机在英格兰农村最为普遍，引起那里的纺织业爆发了一场“工业革命”，正如卡勒斯-威尔逊所言：“显然，12世纪末至14世纪初，漂洗机已经广泛应用于整个英格兰和威尔士的边界地区。漂洗机注定要几乎全部取代原始的脚踏漂洗，尽管它的最后胜利还无法确定，然而在纺织业的主要生产工序中一场名副其实的革命正在进行。”[4]

另一个比较广泛使用水车的行业是冶铁。冶铁需要捣碎矿石和高温，水车不仅可以代替矿工抡锤碎石，还可以拉动风箱提高炉温。“1028年在德意志南部一个名叫施米德米伦的地方出现的情况表明，那里的铁匠已用水轮来带动熔铁炉的铁锤和风箱。”[5] 1135年奥地利

[1] Cipolla, C. M., *Before the Industrial Revolution: European Society and Economy, 1000–1700*, p.171.

[2] Gimpel, J., *The Medieval Machine: The Industrial Revolution of the Middle Ages*, p.15.

[3] [英] M. M. 波斯坦、爱德华·米勒主编：《剑桥欧洲经济史·第二卷·中世纪的贸易和工业》，第560页。

[4] Carus-Wilson, E. M., “An Industrial Revolution of the Thirteenth Century”, *The Economic History Review*, Vol.11, No.1, 1941, p.50.

[5] [意] 卡洛·M. 奇波拉主编：《欧洲经济史·第一卷·中世纪时期》，第121页。

东南部的施第里尔（Styria）、1204年的诺曼底、1224年的瑞典南部等地，也记载了用于冶铁的水车。[1]这种改进增加了熔铁炉的产量和矿石的出铁量，导致约克郡某些熔铁炉租金上涨。13世纪布鲁伯豪斯（Blubberhouses）的一个熔铁炉一年的租金为25英镑，亨克斯坦克（Henkstank）的熔铁炉一年中部分时间的租金为10 英镑和17 英镑18先令。14世纪，在韦克菲尔德（Wakefield）地区，鼓风风箱肯定已经使用，熔铁炉每周租金为14先令和15先令，索沃比森林（Sowerby Forest）的一个熔铁炉一年租金为9英镑12先令。[2]15世纪中期法国东部或德国西部的莱茵兰地区还出现了鼓风炉（blast-furnace），增大了传统熔铁炉的尺寸，通过使用更强大的水力气流提高温度，让金属熔化得更加彻底。鼓风炉可以生产生铁，用模具铸造大炮。1500年该项技术传播到英国及德意志的其他地区。16世纪初西阿尔卑斯山地区开始使用鼓风炉，后来又传播到东阿尔卑斯山和东欧。鼓风炉的产量比熔铁炉提高许多倍。14世纪英国一个熔铁炉每年产量不足3吨，15世纪也增加不多，而最早的鼓风炉每天产量就达1吨以上。[3]

四、家内制农村毛纺织业异军突起

中世纪中期兴起的城乡工业生产通常服务于本地消费者，因而工匠是生产者兼商人，在经济上是高度独立的。随着纺织品等市场的扩大，纺织业出现了生产关系的重要变化，即商人控制毛纺织业生产，以前产销合一的独立师傅处于依附地位。商人控制毛纺织业生产在西

[1] Cipolla, C. M., *Before the Industrial Revolution: European Society and Economy, 1000–1700*, p.172.
[2] Langdon, J., *Mills in Medieval Economy: England, 1300–1540*, p.69.
[3] Pounds, N. J. G., *An Economic History of Medieval Europe*, pp.323–325.

欧通常表现为家内制（domestic system）。阿什利认为，家内制与随后的工厂制（factory system）不同，“其制造过程在工匠自己家里进行，无论我们如何称呼，很显然它们应被视为拥有独立手工业师傅的行会与工人聚集在一起的工厂之间的中间或过渡形态。商人以前在贸易中积累的资本现在又返回工业领域，开始控制制造业”[1]。实际上，家内制与工厂制也并非完全不同，如利普森所言，家内制肯定是不同于作为工业组织第三种形式的工厂制的，因为工厂工人既不像在行会制下拥有原材料，也不像在家内制下拥有生产工具。工厂工人集中在一个雇主的屋顶下，遵守工厂纪律，只为一个主人劳动。然而，家内制在一个关键方面类似于工厂制，即工业管理掌握在雇主手里，雇主（除了约克郡外）不属于工匠阶层。而在行会制度下，工业管理掌握在工匠手里，他们借助于行东大会、市议会和自己选举的官员行使管理权。[2] 中世纪西欧家内制主要存在于毛纺织业之中。博尔顿认为，1150—1500年的大规模工业包括毛纺织业、石头建筑业、金属与非金属矿石的开采及金属加工业、制盐业和海洋渔业，其中最高度组织化并可以称为资本主义性质的是织布业、建筑业和部分采矿业。[3] 就后三者而言，毛纺织业最适合在商人控制下由工匠在家里生产，形成家内制。

毛纺织业较早出现家内制，主要是因为为非本地市场生产的工匠经常需要商人将自己与远方顾客联系起来，并通过获取资本来度过生产和销售之间相当漫长的间隔期。不仅如此，织布业还涉及一系列工

[1] Ashley, W. J., *The Economic Organisation of England: An Outline History*, pp.93–94. 需要指出，行会制不是中世纪工业组织，只是城市相同工业行业或工序的行东的自治组织，而相应时期的工业组织当属城市个体工匠作坊。

[2] Lipson, E., *A Short History of Wool and Its Manufacture (Mainly in England)*, pp.68–69.

[3] Bolton, J. L., *The Medieval English Economy, 1150–1500*, p.153.

序，以便将未加工的羊毛加工成成品布。尽管工匠个人在家庭成员的帮助下可以完成所有环节，但几乎无法避免的是，每个工序都成为一个专门的工业生产领域，当市场扩大，劳动生产率亟待提高的时候更是如此。在此形势下，组织和整合生产各个阶段的企业家成为不可或缺的人物，该角色经常由联系毛纺织业和市场的商人来承担。[1] 中世纪欧洲商人控制毛纺织业生产是从城市开始的，这些人主要来自毛纺织业的工匠。本来，织工、漂洗工、染工和整理工等各自负责自己产品的产销，但由于需要商人提供市场和资金支持，因而呢布生产和进入市场便由一个商业团体来控制，生产工艺归他们管理。这种管理团体包括某些染工，他们经常负责最后的生产环节，并在出售成品布上占据有利位置。莱斯特的亨利·科斯泰恩因为进口靛蓝而跻身于商人行会的领导层。除染工外，这个正在成长的企业家阶层的成员还包括织工和漂洗工。温切斯特和马尔堡富有的织工和漂洗工放弃他们的手工业，开始从事呢布贸易。其他呢布商（dealers in cloth）都是什么赚钱就做什么生意的人，例如来自林肯的科尔切斯特的罗伯特·考斯和拉尔夫就是如此。拉尔夫在12世纪70年代是林肯的法庭事务官，他和考斯都是那些欠著名且富裕的林肯犹太人亚伦债务的人的担保人，他俩在12世纪80年代有能力完成来自国王的呢布订单。可以设想，为了满足上述需求，他们需要把工作外放（putout）给织工和漂洗工，然后以计件工资的形式购买这些独立工匠生产的呢布。[2] 由此，尽管商人垄断了销售，但工匠生产仍独立进行，格拉斯将其称为独立阶段的批发手工业。[3]

---

[1] Miller, E. and Hatcher, J., *Medieval England: Towns, Commerce and Crafts, 1086–1348*, p.93.

[2] Miller, E. and Hatcher, J., *Medieval England: Towns, Commerce and Crafts, 1086–1348*, pp.105–106.

[3] Gras, N. S. B., *Industrial Evolution*, p.25.

如果说12世纪的布商还是若隐若现的话，那么13世纪他们的活动则变得明朗起来。13世纪中叶，莱斯特的企业家亨利·霍希尔和理查德·希尔顿控制了织布过程。他们购买羊毛，进行洗涤和染色，将原料分配给梳毛工和纺线工；在全城雇用织工和漂洗工，监督生产并支付计件工资；最后这些企业家负责在东英格兰的大市集销售成品，整个过程事实上已经建立在外放制基础上。伦敦的企业家则被称为现货分销商，他们督促市政府责成有关部门修订手工业行会章程，规定当织工与呢绒商发生纠纷时不能停工，取消织40码长的呢绒至少需要4天的规定，将圣诞节假日的结束时间从2月2日提前到1月6日，将工匠的经济依附硬性化为强制性的规章制度。[1] 不过，这一时期布商还处于形成阶段，数量有限。阿什利认为，尽管孤立的布商（指生产和销售呢布的任何人）出现在13世纪，但没有确凿的证据表明该世纪存在大量布商，即使在伦敦也是如此，直到1364年第一份特许状授予布商公司（Drapers' company）为止。[2]

在此基础上，商人通常被称为布商（cloth merchants、mercers、dealers、drapers）和商人企业家（merchant entrepreneurs）等，工匠与其顾客不再通过市场发生联系，商人在中间切断了这些关系。商人拥有较多的生产资本，用于垫付羊毛、纱线、半成品布的开支，垄断了主要产品的贸易权，资本优势和贸易垄断使13世纪的商人首先控制了城市毛纺织业。从13世纪起，佛兰德尔的毛纺织业也是如此。在圣奥默，织工、漂洗工、剪毛工和染工几乎完全处于布商的控制下，布商

---

[1] Miller, E. and Hatcher, J., *Medieval England: Towns, Commerce and Crafts, 1086–1348*, pp.112–113.

[2] Ashley, W. J., *An Introduction to English Economic History and Theory*, Part Ⅱ, *The End of the Middle Ages*, p.212.

向被雇佣者发放计件工资。1300年佛罗伦萨的染工、剪毛工和整理工失去了经济独立地位以及与消费者的直接联系。杜埃是佛兰德尔著名的毛纺织业城市，格拉斯以该域的吉安・博伊纳布鲁克为例，说明了商人对纺织工人的控制。此人主要活跃于1270—1300年，是杜埃的富裕贵族和有影响的地方官，尽管也涉足借款业务并在城市和农村拥有大量不动产，但其主要业务是生产和销售呢布。他从国内和海外购买原材料，羊毛主要来自英格兰的林肯郡、坎伯兰郡和威斯特摩兰郡，靛蓝和明矾主要依靠进口。吉安的毛纺织生产主要通过分散的手工工场（即家内制）进行，他的工场主要作为办公室和原材料及成品布的仓库，而不是实际的生产车间。毛纺织业的各个生产环节由那些将自己的住宅作为作坊的小师傅逐一完成，至少涉及9种不同的工序，在他晚年时大约有40个师傅为他工作。通过提供厂房和贷款等途径，吉安使这些师傅失去了经济独立。杜埃是资本主义工业的沃土，那里没有小师傅组成的行会以及帮工组织等阻碍分散的手工工场这一新的工业生产组织发展的桎梏。[1]

14世纪，意大利城市毛纺织业进入鼎盛时期，佛罗伦萨、伦巴第城市和部分威尼西亚（Venetia）城市生产高档呢布，商人逐步控制了毛纺织业的生产。这里的呢布生产大约需要15道工序，每道工序都交付给一群特定的工匠负责。除了纺纱工外，他们不能出售自己的产品，只能将其交给负责下一道工序的工匠。这种安排使企业家应运而生，他们购买原材料，为各阶段的产品支付报酬。不过，某些生产过程需要复杂的组织和大量的预付资本，例如成品布的整理就是如此，包括清洁、漂洗、拉幅、起绒、剪毛、修整和染色等诸多环节。

[1] Gras, N. S. B., *Industrial Evolution*, pp.39–41.

在主要生产出口布的大城市，从购买原材料到完成制成品的生产过程需要很长时间，因而生产过程不可避免地依附于资本主义性质的企业家——这些人预付所有或大部分开支，负责出售布匹。尽管这些人可以是织工或染工等工匠，但大部分是商人，即所谓布商或毛纺织品制造商，他们除了出售布匹外也从事出口贸易。[1] 由此，工匠不仅产销分离，而且在经济上也完全失去独立性，格拉斯将这种形态的生产称为依附阶段的批发手工业。[2]

尽管城市毛纺织业拥有技术和市场等优势，但由于税收负担沉重等原因，13世纪后期至14世纪早期城市毛纺织业由盛转衰。例如在约翰王时期（1199—1216），牛津织工超过60人，1275年降为15人，1290年只有7人，1323年牛津织工全部消失，且无人填补空缺。约克的织工也处于类似困境。在爱德华一世时期（1272—1307）和爱德华二世时期（1307—1327），只有13个有市民权的人从事呢布生产，他们因此不能支付原来更多织工必须要缴纳的10英镑承包金。林肯的织工在1348年宣称，亨利二世时期（1154—1189），他们的数量超过200人，是一个每年缴纳6英镑承包金的富裕和强大的团体。1321年，他们不再支付承包金，因为现在无论城市还是郊区都不见织工的身影。亨利三世时期（1216—1272），诺桑普顿据说有300名织工，他们为每匹布缴纳的税收成为城市承包金的一部分。而1334年该城市不能缴纳承包金了，据说织工、染工和布商为了逃避负担全部逃离了城市。1321年，甚至伦敦织布机的数量也从380台减少到80台。[3] 有理由相

[1] Luzzatto, G., *An Economic History of Italy: From the Fall of the Roman Empire to the Beginning of the Sixteenth Century*, pp.106–107.

[2] Gras, N. S. B., *Industrial Evolution*, p.37.

[3] Lipson, E., *The Economic History of England*, Vol.1, pp.449–450.

信，离开城市的毛纺织业工匠大量迁徙到了农村，因为在城市毛纺织业衰落的同时，越来越多的证据表明农村毛纺织业正日益壮大。王室开始从克里克雷（Cricklade）、海威科姆（High Wycombe）、托特尼斯（Totnes）等较小的中心购买呢布。与此同时，约克毛纺织业衰落，呢布全部在其周围许多村庄生产。在14世纪结束前，肯特郡、牛津郡、东盎格利亚、格洛斯特郡和兰开夏郡都可见到农村布的生产，农村似乎正在以牺牲城市为代价走向繁荣。[1]

随着城市毛纺织业向农村转移，统领呢布生产和销售的布商转变为呢布制造商（clothiers，简称呢布商或呢绒商），后者与兼顾生产和销售的布商分道扬镳，成为在农村专事毛纺织业生产的企业家。正如博尔顿所说："一般认为，毛纺织业向农村转移意味着转向由富裕呢布商统治的外放制或家内制。这种人将精力集中在许多羊毛剪理捆装场（woolsheds）和漂洗机周围，它们代表了他的固定资本投资。他从地方农场主或中间人那里购买羊毛，分发给纺纱工和织工在家里纺织成呢布，然后在他自己的工场（mill）或一个专业厂商（specialist firm）那里漂洗、整理后出售给布商。诚然，这种企业家在原材料库存、织布、等待销售和使用家内制方面投入了大量运营资本，他们存在于15世纪的农村。"[2]应该说，呢绒商既不是工匠也不是商人，而是构成劳资关系另一极的资本家（capitalists）。阿什利认为，呢绒商肯定占有与工匠相对的资本家的位置，他们大量雇用工匠，给他们工作机会。[3]利普森也将呢绒商视为资本家。他认为，资

[1] Bolton, J. L., *The Medieval English Economy, 1150–1500*, p.157.
[2] Bolton, J. L., *The Medieval English Economy, 1150–1500*, p.270.
[3] Ashley, W. J., *An Introduction to English Economic History and Theory*, partⅡ, *The End of the Middle Ages*, pp.228–229.

本家的兴起是一个重要问题，他们在14世纪已经存在，在中世纪结束时变得日益突出。[1]

如果说中世纪西欧布商经历了大致相似的发展过程，那么呢绒商则只普遍出现在英国。卡勒斯-威尔逊甚至认为，呢绒商是英国所独有的。“尽管在英格兰，无论是资本主义还是分包制度都不是什么新现象，但是，15世纪的‘呢绒商’（就像英国的造布商现在被称作的一样）与他的前辈——佛兰德（尔）的布业加工者（drapier），英格兰的布商（draper）和意大利的羊毛商（Lanaiuolo）——还是有着根本的不同。这并不仅仅体现在名字上，他们完全是一个新的并且是英格兰特有的产物。与过去英格兰严格控制和当时仍在其他地区通行的严格控制相比，对这里的经营条件最恰当的称谓就是自由企业式的。”[2]与城市相比，农村没有行会的各种苛刻限制。作为村庄唯一管理机构的庄园法庭尽管审理呢布商之间的债务和违约诉讼，但从不涉及有关违反呢布生产管理条例的案件，因为那里不存在这样的条例。呢绒商可以按他们喜欢的那样工作，甚至可以引进起绒机（gig mill）等新设备，通过使用由水力驱动的固定在滚轴上的起绒草自动拉起细毛。[3]

农村宽松的环境是英国毛纺织业后来居上的主要原因。相比佛兰德尔和意大利城市，英国专业化的毛纺织业同样起步于城市，但发展水平更低。值得注意的是，“此后，英格兰的毛纺业超过了它的对手，在欧洲市集取得了举足轻重的地位，它不像佛兰德和意大利在它们

[1] Lipson, E., *The Economic History of England*, Vol.1, p.468.

[2] [英] M. M. 波斯坦、爱德华·米勒主编：《剑桥欧洲经济史·第二卷·中世纪的贸易和工业》，第570页。

[3] Bolton, J. L., *The Medieval English Economy, 1150–1500*, p.269.

的黄金时代那样高度集中于城市”[1]。可以说，呢绒商与布商的最大区别在于前者将大部分生产过程转移到农村进行。中世纪晚期，英国“进步的制造商经常——尽管并不总是——远离城市，在农村无限制地发展他们的产业，同时将总部设在一些小市场城镇或村庄。那些地方随着工业的发展而发展，经常是以一种偶然的形式，不受约束地在庄园领主而不是自治市的庇护下发展”[2]。换言之，农村成为中世纪晚期英国家内制毛纺织业自由成长的温床。

即使如此，也并非所有农村都适合毛纺织业的成长。尽管农村毛纺织业的区位优势包括容易获得原材料和交通便捷，尤其是接近港口等因素，但最重要的还是丰富的劳动力资源，而畜牧区、农牧混合区和林区则有较多的剩余劳动力可以利用。呢布生产过程需要充足的劳动力供应，因为生产一匹布本身就需要大量的男劳动力。除了引进起绒机外，中世纪晚期呢布生产技术没有出现根本性变化。16世纪宽幅布生产账簿表明，制造一匹12码长的呢布，即只是标准长度一半的呢布，需要15个人工作一星期才能完成，其中需要3人挑选、洗涤和给羊毛染色，7—8人梳毛和纺线，2名织工，1名修剪工，其余劳动力负责将羊毛送给纺纱工，以及将呢布送去漂洗。[3]毛纺织业的劳动密集化和非农业地区的剩余劳动力相结合，借助于呢布商提供的生产和营销支持，极大地促进了英国家内制农村毛纺织业的发展。

由于农村工业的扩张，一些毛纺织业和其他工业村庄（industrial village）变成城市，这与早期现代的煤铁工业村庄变成工业城市非常

[1] [英]M. M. 波斯坦、爱德华·米勒主编:《剑桥欧洲经济史·第二卷·中世纪的贸易和工业》，第570页。

[2] [英]M. M. 波斯坦、爱德华·米勒主编:《剑桥欧洲经济史·第二卷·中世纪的贸易和工业》，第571页。

[3] Bolton, J. L., *The Medieval English Economy, 1150–1500*, p.270.

相似。希尔顿认为中世纪村庄变成小城市有两种道路，一种是拥有几十种工业的村庄发展为小城市，另一种就是只有一种主要工业的工业村庄升格为小城市。在中世纪末的原工业化背景下，正在工业化的村庄与农业共同体分道扬镳，由此出现某种工业一枝独秀的市镇。导致村庄工业化的原因很多，如市场机遇的出现、农村工业的发展、经济萧条时期城市工匠迁徙到农村等。在东盎格利亚、米德兰和其他地区，工业村庄如雨后春笋般地迅速发展起来。刺激这些工业村庄发展的行业通常是毛纺织业，但金属工业尤其是金属制品的生产与销售在有的地方具有决定意义。农村工业生产者大量集中存在，势必吸引当地农民广泛从事各种服务业，特别是食品加工和服装生产。由于工业和服务业在村庄的发展，这种工业村庄只剩下很少的传统意义上的农民，从经济和社会标准看，它们事实上已经成为城市。这些早期工业城市离开了控制严密的城市中心，代表了制造业从中世纪作坊制向工厂制的工业资本主义的转变。[1]

有鉴于此，农村工业的扩张推动了中世纪晚期英国以小城市为主的二次城市化。博尔顿也认为，在英国西南部、东盎格利亚和东北部，毛纺织业的扩展使部分村庄发展成为没有特许状的城市。位于萨福克的拉文哈姆在13世纪还仅仅是一个小村庄。15世纪早期，它一跃进入英国13个最富裕城市的行列，纳税180英镑，超过莱斯特、诺桑普顿、诺丁汉、牛津、索桑普顿、温切斯特和伍斯特等城市。从经济上讲，这些织布村庄比林肯和莱斯特等部分自治城市更有资格成为城

[1] Hilton, R. H., “The Small Town as Part of Peasant Society”, in Hilton, R. H., *The English Peasantry in the Later Middle Ages*, pp.85–87; Hilton, R. H., “Towns in English Feudal Society”, in Hilton, R. H., *Class Conflict and the Crisis of Feudalism: Essays in Medieval Social History*, pp.175–176.

市。[1] 中世纪晚期的城市兴起在一定程度上弥补了部分城市衰落带来的损失，保证了城市总数、城市化水平和人均工业品消费没有下降。戴尔对14世纪晚期和15世纪早期18个郡的127个小城市人口的抽样调查表明，这一阶段不同城市的人口有升有降，也有的保持不变，其中人口下降的城市在全部抽样中仅占1/3强，而保持不变和出现上升的城市却将近2/3。[2]

综上所述，工业化是指从为市场而生产的专业化和市场化的中世纪工业向现代工业，进而从传统农业社会向现代工业社会转变的长期而复杂的过程，其间经历了起源、成长和完成等一系列历程，也经历了多次渐进与突变的波浪式或螺旋式交替，研究这种长期性和复杂性无疑有助于深化对西欧工业化转变特征与发展规律的认识。具体研究表明，西欧工业化起源于中世纪中期以来城乡工匠为市场而进行的生产，市场不仅促进了专业化，还加速了技术和生产组织的变革。至少从中世纪中期以来，服务于本地市场的个体工匠劳动在西欧城乡获得前所未有的发展，磨面、漂洗和冶铁工业或工序的机械化逐渐普及，以家内制毛纺织业为主的农村工业异军突起。市场、技术和生产组织的创新催生了西欧工业化的萌芽，并使西欧由此走上了工业化之路。在此阶段，英国从中世纪中期西欧的二流工业国跃升为工业强国，在毛纺织业上更是后来居上，超过低地国家和意大利等传统的毛纺织业中心，为早期现代原工业化和工业革命创造了条件。由此可见，西欧工业化不是突然发生的，而是经历了中世纪中晚期的起源、早期现代的成长和工业革命期间的完成的大致过程，其

[1] Bolton, J. L., *The Medieval English Economy, 1150–1500*, pp.251–255; Dyer, A., *Decline and Growth in England Towns, 1400–1640*, p.29.

[2] Palliser, D. M., ed., *The Cambridge Urban History of Britain*, Vol. I, 600–1540, p.536.

中，中世纪中晚期为早期现代工业化的成长和工业革命期间工业化的完成奠定了必不可少的历史基础。只有认识到这一点，才能避免对西欧工业化进程的简单化理解，以及对西欧工业化转变特征与发展规律的片面认识。

参考文献

一、中文

［英］佩里·安德森:《从古代到封建主义的过渡》，郭方、刘健译，上海人民出版社，2001年。

［英］亨利·斯坦利·贝内特:《英国庄园生活：1150—1400年农民生活状况》，龙秀清、孙立田、赵文君译，侯建新校，上海人民出版社，2005年。

北京大学历史学系世界古代史教研室编:《多元视角下的封建主义》，社会科学文献出版社，2013年。

北京师范大学历史系世界古代史教研室编:《世界古代及中古史资料选集》，北京师范大学出版社，1991年。

［英］比德:《英吉利教会史》，陈维振、周清民译，商务印书馆，1997年。

［英］阿萨·勃里格斯:《英国社会史》，陈叔平、刘城等译，陈叔平校，中国人民大学出版社，1991年。

［英］M. M. 波斯坦、H. J. 哈巴库克主编:《剑桥欧洲经济史·第

一卷·中世纪的农业生活》，郎立华、黄云涛、常茂华等译，郎立华校订，经济科学出版社，2002年。

［英］M. M. 波斯坦、爱德华·米勒主编：《剑桥欧洲经济史·第二卷·中世纪的贸易和工业》，钟和等译，王春法、赵海波校订，经济科学出版社，2004年。

［英］M. M. 波斯坦、爱德华·米勒、E. E. 里奇主编：《剑桥欧洲经济史·第三卷·经济组织和经济政策》，周荣国、张金秀译，杨伟国校订，经济科学出版社，2002年。

［苏］波梁斯基：《外国经济史（封建主义时代）》，北京大学经济史经济学说史教研室译，生活·读书·新知三联书店，1958年。

［美］哈罗德·J. 伯尔曼：《法律与革命——西方法律传统的形成》，贺卫方等译，中国大百科全书出版社，1993年。

［美］哈罗德·J. 伯尔曼：《法律与革命（第一卷）：西方法律传统的形成》，贺卫方等译，法律出版社，2008年。

［法］马克·布洛赫：《法国农村史》，余中先、张朋浩、车耳译，商务印书馆，1991年。

［法］马克·布洛赫：《封建社会》，上卷，张绪山译，郭守田、徐家玲校，商务印书馆，2004年。

［法］费尔南·布罗代尔：《15—18世纪的物质文明、经济和资本主义（第一卷）：日常生活的结构：可能和不可能》，顾良、施康强译，生活·读书·新知三联书店，1992年。

［法］费尔南·布罗代尔：《法兰西的特性：人与物（下）》，顾良、张泽乾译，商务印书馆，1997年。

［法］P. 布瓦松纳：《中世纪欧洲生活和劳动（五至十五世纪）》，潘源来译，商务印书馆，1985年。

［法］马克·布洛克等主编：《枫丹娜现代思潮辞典》，李瑞华、肖俊明译，社会科学文献出版社，1988年。

美国不列颠百科全书公司编：《不列颠百科全书》，第八卷，《不列颠百科全书》国际中文版编辑部译，中国大百科全书出版社，2007年。

［罗马］查士丁尼：《法学总论：法学阶梯》，张企泰译，商务印书馆，1995年。

［英］克里斯托弗·戴尔：《转型的时代：中世纪晚期英国的经济与社会》，莫玉梅译，徐浩审校，社科文献出版社，2010年。

［奥］阿方斯·多普施：《欧洲文明的经济与社会基础》，肖超译，大象出版社，2014年。

［法］罗贝尔·福西耶：《中世纪劳动史》，陈青瑶译，上海人民出版社，2007年。

［法］格雷戈里：《法兰克人史》，寿纪瑜、戚国淦译，商务印书馆，1983年。

［英］拉努尔夫·德·格兰维尔：《论英格兰王国的法律和习惯》，吴训祥译，苗文龙校，中国政法大学出版社，2015年。

耿淡如、黄瑞章译注：《世界中世纪史原始资料选辑》，天津人民出版社，1958年。

［英］约翰·哈德森：《英国普通法的形成——从诺曼征服到大宪章时期英格兰的法律与社会》，刘四新译，商务印书馆，2006年。

［英］马修·黑尔：《英格兰普通法史》，史大晓译，北京大学出版社，2016年。

［英］J. C. 霍尔特：《大宪章》，毕竞悦、李红海、苗文龙译，北京大学出版社，2010年。

［美］悉尼·霍默、理查德·西勒：《利率史》，肖新明、曹建海

译，中信出版社，2010年。

［法］基佐:《法国文明史——自罗马帝国败落起》，第三卷，沅芷、伊信译，商务印书馆，1997年。

［英］彼得·克拉克、保罗·斯莱克:《过渡期的英国城市：1500—1700年》，薛国中译，刘景华校，武汉大学出版社，1992年。

［英］约翰·克拉潘:《简明不列颠经济史：从最早时期到1750年》，范定九、王祖廉译，上海译文出版社，1980年。

［美］克里斯托夫·帕斯等编著:《科林斯经济学词典》（第3版），罗汉等译，上海财经大学出版社，2008年。

［英］伊·拉蒙德、W. 坎宁安编:《亨莱的田庄管理》，高小斯译，王翼龙校，商务印书馆，1995年。

刘兰兮:《门德尔斯原始工业化理论简述》，《中国经济史研究》，1988年第3期。

刘启戈、李雅书选译:《中世纪中期的西欧》，商务印书馆，1962年。

［英］艾伦·麦克法兰:《英国个人主义的起源：家庭、财产权和社会转型》，管可秾译，商务印书馆，2008年。

［英］F. W. 梅特兰:《英格兰宪政史》，李红海译，中国政法大学出版社，2010年。

［英］S. F. C. 密尔松:《普通法的历史基础》，李显冬等译，中国大百科全书出版社，1999年。

［意］卡洛·M. 奇波拉主编:《欧洲经济史·第一卷·中世纪时期》，徐璇译，吴良健校，商务印书馆，1988年。

［英］约翰·F. 乔恩:《货币史：从公元800年起》，李广乾译，商务印书馆，2002年。

［英］诺尔曼·庞兹:《中世纪城市》，刘景华、孙继静译，商务

印书馆，2015年。

［比利时］亨利·皮雷纳：《中世纪的城市》，陈国樑译，商务印书馆，1985年。

［比利时］亨利·皮朗：《中世纪欧洲经济社会史》，乐文译，上海人民出版社，1987年。

［比利时］亨利·皮朗：《穆罕默德和查理曼》，王晋新译，上海三联书店，2011年。

［以色列］苏拉密斯·萨哈：《第四等级：中世纪西欧妇女史》，林英译，广东人民出版社，2003年。

［德］维尔纳·桑巴特：《奢侈与资本主义》，王燕平、侯小河译，刘北成校，上海人民出版社，2000年。

［英］亚当·斯密：《国民财富的性质和原因的研究》，郭大力、王亚南译，上、下卷，商务印书馆，1997年。

［古罗马］塔西佗：《日耳曼尼亚志》，马雍、傅正元译，商务印书馆，1985年。

［美］泰格、利维：《法律与资本主义的兴起》，纪琨译，刘锋校，学林出版社，1996年。

［美］J. W. 汤普森：《历史著作史·上卷·第二分册》，谢德风译，商务印书馆，1996年。

［美］汤普逊：《中世纪经济社会史》，耿淡如译，上、下册，商务印书馆，1984年。

［德］马克斯·维贝尔：《世界经济通史》，姚曾广译，上海译文出版社，1981年。

［德］马克斯·韦伯：《韦伯作品集Ⅵ：非正当性的支配——城市的类型学》，康乐、简惠美译，广西师范大学出版社，2005年。

[德]马克斯·韦伯:《经济通史》,姚曾廙译,韦森校订,上海三联书店,2006年。

[英]保罗·维诺格拉多夫:《中世纪欧洲的罗马法》,钟云龙译,中国政法大学出版社,2010年。

巫宝三主编:《欧洲中世纪经济思想资料选辑》,傅举晋、吴奎罡等译,商务印书馆,1998年。

《盎格鲁-撒克逊编年史》,寿纪瑜译,商务印书馆,2004年。

[英]约翰·希克斯:《经济史理论》,厉以平译,商务印书馆,1999年。

徐浩:《农民经济的历史变迁——中英乡村社会区域发展比较》,社会科学文献出版社,2002年。

徐浩:《前工业社会中的城市市场结构和市场导向的商业化》,《史学月刊》,2005年第2期。

徐浩:《浅析西欧中世纪工业组织的变化》,《世界历史》,2005年第4期。

薛波主编:《元照英美法词典》,北京大学出版社,2014年。

张云鹤:《英国1290年买地法令的某些问题》,《历史研究》,1985年第3期。

张光博主编:《社会学词典》,人民出版社,1989年。

赵冈:《中国城市发展史论集》,联经出版事业公司,1995年。

中国大百科全书总编辑委员会:《中国大百科全书·社会学卷》,中国大百科全书出版社,1999年。

二、英文

1．已刊史料

Bland, A. E., Brown, P. A. and Tawney, R. H., eds., *English Economic History Select Documents*, London: G. Bell and Sons, Ltd., 1914.

Bracton, H. D., *Bracton on the Laws and Customs of England*, translated, with Revisions and Notes, by Thorne, S. E., Volume Two, New York: William S. Hein & Co., Inc., 1997.

Cave, R. C., and Coulson, H. H., eds., *A Source Book for Medieval Economic History*, New York: Biblo and Tannen, 1965.

Davies, R. T., ed., *Documents Illustrating the History of Civilization in Medieval England (1066–1500)*, London: Methuen & Co. Ltd., 1926.

Gross, C., ed., *Select Cases Concerning the Law Merchant, A. D. 1270–1638*, Vol.I, *Local Courts*, London: Bernard Quaritch, 1908.

Maitland, F.W., ed., *Select Pleas in Manorial and other Seignorial Courts*, *Selden Society*, 2, London: Bernard Quaritch, 1889.

Whitelock, D., ed., *English Historical Documents*, Vol.I, c.500–1042, Second Edition, London: Eyre Methuen, 1979.

Rothwell, H., ed., *English Historical Documents*, Vol.Ⅲ, c.1189–1327, London: Eyre & Spottiswoode, 1975.

Myers, A. R., ed., *English Historical Documents*, Vol.Ⅳ, c.1327–1485, London: Eyre & Spottiswoode, 1969.

Stanton, F. M., ed., *Documents Illustrative of the Social and Economic History of the Danelaw*, *Records of the Social and Economic History of England and Wales*, 1st Series, 5, London: Published for the British

Academy by H. Milford, Oxford University Press, 1920.

Thorne, S. E., Translated, with revisions and noted, *Bracton on the Laws and Customs of England*, Volume Three, Cambridge, Massachusetts and London, England: The Belknap Press of Harvard University Press, 1977.

2. 专著

Adelson, H. L., *Medieval Commerce*, Princeton: D. Van Nostrand Company, 1962.

Andson, B. L. and Latham, A. J. H., eds., *The Market in History*, Sydney: Croom Helm, 1986.

Ashley, W. J., *An Introduction to English Economic History and Theory*, part I, *The Middle Ages*, London: Longmans, Green and Co., 1909.

Ashley, W. J., *An Introduction to English Economic History and Theory*, part II, *The End of the Middle Ages*, Fourth Edition, London: Longmans, Green and Co., 1906.

Ashley, W. J., *The Economic Organisation of England: An Outline History*, London: Longmans, Green and Co., 1919.

Astill, G. and Grant, A., eds., *The Countryside of Medieval England*, Oxford: Basil Blackwell, 1988.

Aston, T. H., Coss, P. R., Dyer, C. and Thirsk, J., eds., *Social Relations and Ideas: Essays in Honour of R. H. Hilton*, Cambridge: Cambridge University Press, 1983.

Bailey, M., *A Marginal Economy? East Anglian Breckland in the Later Middle Ages*, Cambridge: Cambridge University Press, 1989.

Bairoch, P., Batou, J. and Chever, P., *The Population of European Cities from 800 to 1850*, Geneva: Droz, 1988.

Bardsley, S., *Women's Roles in the Middle Ages*, Westport, CT and London: Greenwood Press, 2007.

Beard, C., *The Industrial Revolution*, London: Swan Sonnenschein, 1901.

Beattie, C., *Medieval Single Women: The Politics of Social Classification in Late Medieval England*, Oxford: Oxford University Press, 2007.

Bennett, J. M., *Ale, Beer, and Brewsters in England: Women's Work in a Changing World 1300–1600*, New York and Oxford: Oxford University Press, 1996.

Beresford, M., *New Towns of the Middle Ages: Town Plantation in England, Wales and Grascony*, New York and Washington: Praeger, 1967.

Beresford, M. W. and Finberg, H. P. R., *English Medieval Boroughs: A Handlist*, Newton Abbot: David and Charles, 1973.

Bloch, M., *Land and Work in Mediaeval Europe: Selected Papers*, translated from the French by J. E. Anderson, London: Routledge & K. Paul, 1967.

Bolton, J. L., *The Medieval English Economy 1150–1500*, London: JM Dent & Sons Ltd., 1980.

Bonney, M., *Lordship and the Urban Community: Durham and Its Overlords, 1250–1540*, Cambridge: Cambridge University Press, 1990.

Bridbury, A. R., *Economic Growth: England in the Later Middle Ages*,

Brighton: The Harvester Press, 1975.

Bridbury, A. R., *The English Economy from Bede to the Reformation*, Woodbridge: The Boydell Press, 1992.

Briggs, C., *Credit and Village Society in Fourteenth-Century*, Oxford University Press, 2009.

Britnell, R. H., *Growth and Decline in Colchester, 1300–1525*, Cambridge: Cambridge University Press, 1986.

Britnell, R. H., *The Commercialisation of English Society 1000–1500*, Cambridge: Cambridge University Press, 1993.

Britnell, R. and Hatcher, J., eds., *Progress and Problems in Medieval England: Essays in Honour of Edward Miller*, Cambridge: Cambridge University Press, 1996.

Britnell, R., *Britain and Ireland 1050–1530: Economy and Society*, Oxford: Oxford University Press, 2004.

Britnell, R. H. and Campbell, B. M. S., eds., *Commercialising Economy: England 1086 to c. 1300*, Manchester and New York: Manchester University Press, 1995.

Brooke, C. N. L. and Postan, M. M., eds., *Carte Nativorum: A Peterborough Abbey Cartulary of the Fourteenth Century*, Oxford: Oxford University Press, 1960.

Cave, R. C. and Coulson, H. H., eds., *A Source Book for Medieval Economic History*, New York: Biblo and Tannen, 1965.

Cipolla, C. M., *Before the Industrial Revolution: European Society and Economy, 1000–1700*, Second Edition, London: Methuen, 1980.

Cipolla, C. M., *Money, Prices, and Civilization in the Mediterranean*

World: Fifth to Seventeenth Century, Princeton: Princeton University Press, 1956.

Clapham, J. H., and Power, E., eds., *The Cambridge Economic History of Europe*, 1st ed., 7 Vols., Cambridge: Cambridge University Press, 1941.

Clark, P. and Slack, P., eds., *Crisis and Order in English Towns, 1500–1700: Essays in Urban History*, London: Routledge and Kegan Paul, 1972.

Clark, P. and Slack, P., *English Towns in Transition 1500–1700*, London: Oxford University Press, 1976.

Clark, P., *European Cities and Towns 400–2000*, Oxford: Oxford University Press, 2009.

Clark, P., general ed., *The Cambridge Urban History of Britain*, Vol. I 600–1540, Cambridge: Cambridge University Press, 2000.

Cosman, M. P., *Women at Work in Medieval Europe*, New York: Facts On File, Inc., 2000.

Cunningham, W., *Christian Opinion on Usury: With Special References to England*, Edinburgh: Edinburgh University Press, 1884.

Cunningham, W., *The Growth of English Industry and Commerce in Modern Times*, Cambridge: Cambridge University Press, 1892.

Cunningham, W., *The Growth of English Industry and Commerce: During the Early and Middle Ages*, Third Edition, Cambridge: Cambridge University Press, 1896.

Cunningham, W., and McArthur, E. A., *Outlines of English Industrial History*, Cambridge: Cambridge University Press, 1928.

Darby, H. C., *Domesday England*, Cambridge: Cambridge University Press, 1977.

Darby, H. C., ed., *A New Historical Geography of England before 1600*, Cambridge: Cambridge University Press, 1973.

Day, J., *The Medieval Market Economy*, Oxford: Basil Blackwell Ltd., 1987.

Dobb, M., *Studies in the Development of Capitalism*, London: Routledge & Kegan Paul Ltd., 1946.

Doehaerd, R., *The Early Middle Ages in the West: Economy and Society*, translated by Deakin, W. G., Amsterdam, New York, Oxford: North–Holland Publishing Company, 1978.

Dopsch, A., *The Economic and Social Foundations of European Civilization*, translated by Beard, M. G. and Marshall, N., London: Routledge & Kegan Paul, 1937.

Douglas, D. C., *Social Structure of Medieval East Anglia*, Oxford: Clarendon Press, 1927.

Duby, G., *Rural Economy and Country Life in the Medieval West*, translated by Postan, C., London: Arnold, 1968.

Duby, G., *The Early Growth of the European Economy: Warriors and Peasants from the Seventh to the Twelfth Century*, translated by Clarke, H. B., Ithaca, New York: Cornell University Press, 1974.

Duvosquel, R. M. and Thoen, E., eds., *Peasants and Townsmen in Medieval Europe*, Bent, 1995.

Dyer, A., *Decline and Growth in England Towns, 1400–1640*, Basingstoke: Macmillan Education, 1991.

Dyer, C., *An Age of Transition? Economy and Society in England in the Later Middle Ages*, Oxford: Clarendon Press, 2005.

Dyer, C., *Everyday Life in Medieval England*, London: Hambledon and London, 2000.

Dyer, C., *Lords and Peasants in a Changing Society: The Estates of the Bishopric of Worcester, 680–1540*, Cambridge: Cambridge University Press, 1980.

Dyer, C., *Making a Living in the Middle Ages: The People of Britain 850–1520*, New Haven: Yale University Press, 2002.

Epstein, S. A., *Wage Labor & Guilds in Medieval Europe*, Chapel Hill and London: The University of North Carolina Press, 1991.

Epstein, S. R., *Freedom and Growth: The Rise of States and Markets in Europe, 1300–1750*, London: Routledge, 2000.

Finberg, H. P. R., ed., *The Agrarian History of England and Wales*, Volume Ⅰ, A. D. 43–1042, London: Cambridge University Press, 1972.

Gras, N. S. B., *Industrial Evolution*, London: Oxford University Press, 1930.

Gilchrist, J. T., *The Church and Economic Activity in the Middle Ages*, London: Macmillan, 1969.

Gimpel, J., *The Medieval Machine: The Industrial Revolution of the Middle Ages*, London: Gollancz, 1977.

Goldberg, P. J. P., *Women, Work, and Life Cycle in a Medieval Economy: Women in York and Yorkshire c.1300–1520*, Oxford: Clarendon Press, 1992.

Gras, N. S. B., *Economic and Social History of an English Village: Carwley, Hampshire A. D. 909–1928*, Cambridge, Mass: Harvard University Press, 1930.

Gras, N. S. B., *Industrial Evolution*, London: Oxford University Press, 1930.

Green, A. S., *Town Life in the Fifteenth Century*, 2 Vols., London: Macmillan, 1894.

Hallam, H. E., ed., *The Agrarian History of England and Wales*, Ⅱ, 1042–1350, Cambridge: Cambridge University Press, 1988.

Hanawalt, B. A., ed., *Women and Work in Preindustrial Europe*, Bloomington: Indiana University Press, 1986.

Hanawalt, B. A., *Growing up in Medieval London: The Experience of Childhood in History*, New York and Oxford: Oxford University Press, 1993.

Hanawalt, B. A., *The Ties that Bound: Peasant Families in Medieval England*, Oxford: Oxford University Press, 1986.

Harvey, B., *Westminster Abbey and Its Estates in the Middle Ages*, Oxford: Clarendon Press, 1977.

Harvey, J., *Medieval Craftsmen*, London & Sydney: B. T. Batsford, 1975.

Harvey, P. D. A., *A Medieval Oxfordshire Village Cuxham 1240 to 1400*, London: Oxford University Press, 1965.

Harvey, P. D. A., ed., *The Peasant Land Market in Medieval England*, Oxford: Clarendon Press, 1984.

Hatcher, J. and Bailey, M., *Modelling the Middle Ages: The History &*

Theory of England's Economic Development, Oxford: Oxford University Press, 2001.

Hatcher, J., *Plague, Population,and the English Economy, 1348–1530*, London: Macmillan, 1977.

Heaton, H., *Economic History of Europe*, New York and London: Harper & Brother, Publishers, 1936.

Herlihy, D., *Opera Muliebria: Women and Work in Medieval Europe*, New York and London: McGraw–Hill, 1990.

Hilton, R. H., *A Medieval Society: The West Midlands at the End of the Thirteenth Century*, Cambridge: Cambridge University Press, 1983.

Hilton, R. H., *Bond Men Made Free Medieval Peasant Movements and the English Rising of 1381*, London: Temple Smith, 1973.

Hilton, R. H., *Class Conflict and the Crisis of Feudalism: Essays in Medieval Social History*, London: Hambledon Press, 1985.

Hilton, R. H., *English and French Towns in Feudal Society: A Comparative Study*, Cambridge: Cambridge University Press, 1992.

Hilton, R. H., *The Economic Development of Some Leicestershire Estates in the 14th and 15th Centuries*, London: Oxford University Press, 1947.

Hilton, R. H., *The English Peasantry in the Later Middle Ages*, Oxford: Clarendon Press, 1975.

Hodges, R. and Hobley, B., eds., *The Rebirth of Towns in the West, A. D. 700–1050*, Oxford: Alden Press Ltd., 1988.

Hodges, R., *The Anglo–Saxon Achievement: Archaeology and the Beginning of English Society*, Bristol: Classical Press, 1989.

Hohenberg, P. M. and Lees, L. H., *The Making of Europe 1000–1950*, Cambridge, Massachusetts, and London, England: Harvard University Press, 1985.

Holdsworth, W. S., *A History of English Law*, Vol.1, Third Edition, Rewritten, Boston: Little, Brown, Company, 1922.

Holt, R. & Rosser, G., eds., *The Medieval Town: A Reader in England Urban History 1200–1540*, London and New York: Longman, 1990.

Holt, R., *The Mills of Medieval England*, Oxford: Basil Blackwell, 1988.

Homans, G. C., *English Villagers of the Thirteenth Century*, London: Harvard University Press, 1941.

Hoskins, W. G., *The Age of Plunder: England of Henry Ⅷ, 1500–1547*, London: Longman, 1976.

Hoskins, W. G., *The Midland Peasant: The Economic and Social History of a Leicester Village*, New York: St. Martin's Press, 1957.

Hoyt, R. S., ed., *Life and Thought in the Early Middle Ages*, Minneapolis: University of Minnesota Press, 1967.

Hunt, E. S. and Murray, J. M., *A History of Business in Medieval Europe, 1200–1550*, Cambridge: Cambridge University Press, 1999.

Hyams, P. R., *King, Lords, and Peasants in Medieval England: The Common Law of Villeinage in the Twelfth and Thirteenth Centuries*, Oxford: Clarendon Press, 1980.

Johnson, J., *An Archaeology of Capitalism*, Oxford, 1996.

King, E., *Peterborough Abbey 1086–1310: A Study in the Land Market*, Cambridge: Cambridge University Press, 1973.

Kosminsky, E. A., *Studies in the Agrarian History of England in the Thirteenth Century*, edited by Hilton, R. H., translated from the Russian by Ruth Kisch, New York: Kelley & Millman, Inc., 1956.

Kowaleski, M., *Local Markets and Regional Trade in Medieval Exeter*, Cambridge: Cambridge University Press, 1995.

Kriedte, P., Medick, H. and Schlumbohm, J., *Industrialization before Industrialization*, translated by Schempp, B., Cambridge: Cambridge University Press, 1981.

Langdon, J., *Mills in Medieval Economy: England 1300–1540*, Oxford: Oxford University Press, 2004.

Latouche, R., *The Birth of Western Economy: Economic Aspects of the Dark Ages*, translated by Wilkinson, E. M., London: Methuen & Co. Ltd., 1961.

Lennard, R., *Rural England 1086–1135—A Study of Social and Agrarian Conditions*, Oxford: The Clarendon Press, 1959.

Lilley, K. D., *Urban Life in the Middle Ages 1000–1450*, Basingstoke: Palgrave, 2002.

Lipson, E., *The Economic History of England*, Ninth Edition, Vol.1, London: Adam and Charles Black, 1947.

Lipson, E., *A Short History of Wool and Its Manufacture (Mainly in England)*, London: William Heinemann, 1953.

Lopez, R. S., *The Commercial Revolution of the Middle Ages 950–1350*, Cambridge: Cambridge University Press, 1971.

Loyn, H. R., *Anglo-Saxon England and the Norman Conquest*, Second Edition, Harlow: Longman, 1991.

Luzzatto, G., *An Economic History of Italy: From the Fall of the Roman Empire to the Beginning of the Sixteenth Century*, Translated from the Italian by Jones, London: Routledge & Kegan Paul, 1961.

Lyon, B., *A Constitutional and Legal History of Medieval England*, Second Edition, Toronto: W. W. Norton & Company, 1980.

Maitland, F. W., *Domesday Book and Beyond*, Cambridge: Cambridge University Press, 1987.

Masschaele, J., *Peasants, Merchants, and Markets: Inland Trade in the Medieval England, 1150–1350*, New York: St. Martin's Press, 1997.

Mate, M. E., *Daughters, Wives, and Widows after the Black Death: Women in Sussex, 1350–1535*, Woodbridge, Suffolk, UK; Rochester, New York: Boydell Press, 1998.

Mate, M. E., *Women in Medieval English Society*, Cambridge: Cambridge University Press, 1999.

McIntosh, M. K., *Autonomy and Community: The Royal Manor of Havering, 1200–1500*, Cambridge: Cambridge University Press, 1986.

F. Mendels, *Industrialization and Population Pressure in Eighteenth Century Franders*, PhD Dissertation, University of Wisconsin, 1969.

Mendels, F., *Industrialization and Population Pressure in Eighteenth Century Franders*, New York: Arno Press, 1981.

Miller, E., *The Abbey & Bishopric of Ely: The Social History of an Ecclesiastical Estate from the Tenth Century to the Early Fourteenth Century*, Cambridge: Cambridge University Press, 1951.

Miller, E. and Hatcher, J., *Medieval England—Rural Society and*

Economic Change 1086–1348, London: Longman, 1978.

Miller, E., ed., *The Agrarian History of England and Wales,* Volume Ⅲ, 1348–1500, Cambridge: Cambridge University Press, 1991.

Miller, E. and Hatcher, J., *Medieval England: Towns, Commerce and Crafts, 1086–1348*, London: Longman, 1995.

Miskimin, H. A., *The Economy of Early Renaissance Europe 1300–1460*, Cambridge: Cambridge University Press, 1975.

Mullan, J., and Britnell, R., *Land and Family: Trends and Local Variations in the Peasant Land Market on the Winchester Bishop Estates, 1263–1415*, Hatfield: University of Hertfordshire Press, 2010.

Nef, J. U., *Industry and Government in France and England, 1540–1640*, New York: American Philosophical Society, 1940.

Nef, J. U., *The Rise of the British Coal Industry*, Vol.1, London: Frank Cass & Co. Ltd., 1966.

Nicholas, D., *The Growth of the Medieval City: From Late Antiquity to the Early Fourteenth Century*, London and New York: Routledge, 1997.

Noonan, J. T., *The Scholastic Analysis of Usury*, Cambridge, Massachusetts: Harvard University Press, 1957.

Page, F. M., *The Estates of Crowland Abbey: A Study in Manarial Organization*, Cambridge: Cambridge University Press, 1934.

Palliser, D.M., ed., *The Cambridge Urban History of Britain*, Vol. Ⅰ, 600–1540, Cambridge: Cambridge University Press, 2000.

Philiphs, K. M., *Medieval Maidens Young Women and Gender in England, 1270–1540*, Manchester: Manchester University Press, 2003.

Platt, C., *The English Medieval Town*, London: Granada Publishing Limited, 1979.

Plucknett, T. F. T., *A Concise History of the Common Law*, Third Edition, Revised and Enlarged, London: Butterworth & Co. (Publishers) Ltd., 1940.

Plucknett, T. F. T., *Legislation of Edward I*, Oxford: Clarendon Press, 1949.

Pollock, S. F., and Maitland, F. W., *The History of English Law: Before the Time of Edward*, Second Edition, Vol.I, Cambridge: Cambridge University Press, 1899.

Pollock, S. F., and Maitland, F. W., *The History of English Law: Before the Time of Edward,* Second Edition, Vol.Ⅱ, Cambridge: Cambridge University Press, 1898.

Poole, A. L., *From Domesday Book to Magna Carta, 1087–1216*, Second Edition, Oxford: Clarendon Press, 1955.

Poos, A. L., *A Rural Society after the Black Death: Essex 1350–1525*, Cambridge: Cambridge University Press, 1991.

Porteous, J., *Coins in History: A Survey of Coinage from the Reform of Diocletian to the Latin Monetary Union*, London: Weidenfeld & Nicolson, 1969.

Postan, M. M., ed., *The Cambridge Economic History of Europe*, 2nd ed., Cambridge: Cambridge University Press, 1966.

Postan, M. M., *The Medieval Economy and Society: An Economic History of Britain in the Middle Ages*, London: Weidenfeld and Nicolson, 1972.

Postan, M. M., *Essays on Medieval Agriculture and General*

Problems of the Medieval Economy, Cambridge: Cambridge University Press, 1973.

Pounds, N. J. G., *An Historical Geography of Europe, 450 B. C.–A. D. 1330*, London: Cambridge University Press, 1973.

Pounds, N. J. G., *An Economic History of Medieval Europe,* Second Edition, London: Longman, 1994.

Pounds, N. J. G., *The Medieval City*, Westport, CT: Greenwood Press, 2005.

Power, E., "The Position of Women", *The Legacy of the Middle Ages*, eds. by Crump, C. G., & Jacob, E. F., Oxford: Clarendon Press, 1926.

Power, E., *Medieval Women*, ed., By Postan, M. M., Cambridge: Cambridge University Press, 1975.

Raftis, J. A., ed., *Pathways to Medieval Peasants*, Toronto: Pontifical Institute of Medieval Studies, 1981.

Razi, Z., *Life, Marriage and Death in a Medieval Parish: Economy, Society and Demography in Halesowen 1270–1400*, Cambridge: Cambridge University Press, 1980.

Razi, Z. and Smith, R., eds., *Medieval Society and the Manor Court*, Oxford: Clarendon Press, 1996.

Reynolds, S., *An Introduction to the History of English Medieval Towns*, Oxford: Clarendon Press, 1977.

Rigby, S. H., *English Society in the Later Middle Ages: Class, Status and Gender*, New York: St. Martin's Press, 1995.

Rogers, J. E. T., *A History of Agriculture and Prices in England: From the Year after the Oxford Parliament (1259) to the Commencement of the Continental War(1793)*, Vol.I., 1259–1400, Oxford: Clarendon Press, 1866.

Rogers, J. E. T., *Six Centuries of Work and Wage: The History of English Labor*, London: T. Fisher Unwin, 1884.

Rogers, J. E. T., *The Industrial and Commercial History of England*, Bristol: Thoemmes Press, 2001.

Russell, J. C., *British Medieval Population*, Albuquerque: University of New Mexico Press, 1948.

Russo, D. G., *Town Origins and Development in Early England, c.400–950 A. D.*, London: Greenwood Press, 1998.

Salzman, L. F., *English Industries of the Middle Ages*, New Edition, Enlarged and Illustrated, Oxford: Clarendon Press, 1923.

Salzman, L. F., *English Trade in the Middle Ages*, Oxford: Clarendon Press, 1931.

Schmal, H., ed., *Patterns of European Urbanisation Since 1500*, London: Routledge and Kegan Paul, 1981.

Schofield, P. R. and Mayhew, N. J., eds., *Credit and Debt in Medieval England, c.1180–1350*, Oxford: Oxbow Books, 2002.

Schofield, P. R., *Peasant and Community in Medieval England, 1200–1500*, New York: Palgrave Macmillan, 2003.

Sheehan, M. M., *The Will in Medieval England: From the Conversion of the Anglo-Saxons to the End of the Thirteenth Century*, Toronto: Pontifical Institute of Medieval Studies, 1963.

Smith, R. M., ed., *Land, Kinship and Life-Cycle*, Cambridge: Cambridge University Press, 1984.

Spufford, P., *Money and Its Use in Medieval Europe*, Cambridge: Cambridge University Press, 1988.

Spufford, P., *Power and Profit: The Merchant in Medieval Europe*, London: Thames & Hudson Ltd., 2002.

Stefenson, C., *Borough and Town: A Study of Urban Origins in England*, Cambridge, Mass.,: Medieval Academy of America, 1933.

Stenton, F. M., *Anglo-Saxon England*, Third Edition, Oxford and New York: Oxford University Press, 1989.

Stubbs, W., *Constitutional History of England, in Its Origin and Development*, Vol.1, Sixth Edition, Oxford: Clarendon Press, 1897.

Swanson, H., *Medieval Artisans: An Urban Class in Late Medieval England*, Oxford: Basil Blackwell, 1989.

Swanson, H., *Medieval British Towns*, London: Macmillan Press Ltd., 1999.

Tait, J., *The Medieval English Borough: Studies on Its Origins and Constitutional History*, Manchester: Manchester University Press, 1936.

Thirsk, J., ed., *The Agrarian History of England and Wales,* Volume Ⅳ, 1500–1640, Cambridge: Cambridge University Press, 1967.

Thomson, J., ed., *Towns and Townspeople in the Fifteenth Century*, Gloucester: Alan Sutton, 1988.

Thrupp, S. L., ed., *Change in Medieval Society: Europe North of the Apls, 1050–1500*, New York: Appleton–Century–Crofts, 1964.

Thrupp, S. L., ed., *Early Medieval Society*, New York: Appleton–Centum, 1967.

Tiller, K., *English Local History: An Introduction*, Stroud: Alan

Sutton, 1992.

Titow, J. Z., *English Rural Society 1200–1350*, London: George Allen and Unwin Ltd., 1969.

Toynbee, A., *Lectures on the Industrial Revolution of the 18th Century in England*, London: Rivingtons, 1884.

Unger, R., *Beer in the Middle Ages and the Renaissance*, Philadelphia: University of Pennsylvania Press, 2004.

Usher, A. P., *An Introduction to the Industrial History of England*, Boston: Houghton Mifflin Company, 1920.

Unwin, G., *Industrial Organization in the Sixteenth and Seventeenth Centuries*, Oxford: Clarendon Press, 1904.

Verhulst, A., *The Carolingian Economy*, Cambridge: Cambridge University Press, 2002.

Vinogradoff, S. P., *The Growth of the Manor*, New York: Augustus M. Kelley Publishers, 1968.

Vries, J. D., *European Urbanization 1500–1800*, Cambridge MA: Harvard University Press, 1984.

Ward, J., *Women in England in the Middle Ages*, London: Hambledon Continuum, 2006.

Wood, D., *Medieval Economic Thought*, Cambridge and New York: Cambridge University Press, 2002.

Wood, D., ed., *Medieval Money Matters*, Oxford: Oxbow Books, 2004.

Wrightson, K., *Earthly Necessities: Economic lives in Early Modern Britain,* New Haven and London: Yale University Press, 2000.

Zell, M., *Industry in the Countryside: Wealden Society in the Sixteenth Century*, Cambridge: Cambridge University Press, 1994.

3. 论文

Ashley, W. J., "Cunningham's Growth of English Industry", *Political Science Quarterly*, Vol.6, No.1 (Mar., 1891).

Ault, W. O., "Open–Field Husbandry and the Village Community", *Transactions of American Philosophical Society*, N. S., 55, part 7 (1965).

Beveridge, W., "Wages in Winchester Manors", *The Economic History Review*, Vol.7, No.1 (Now., 1936).

Biddick, K., "Medieval English Peasants and Market Involvement", *The Journal of Economic History*, Vol.45, No.4 (Dec., 1985).

Britnell, R. H., "The Proliferation of Markets in England, 1200–1349", *The Economic History Review*, New Series, Vol.34, No.2 (May, 1981).

Britnell, R. H., "English Markets and Royal Administration before 1200", *The Economic History Review*, New Series, Vol.31, No.2 (May, 1987).

Britnell, R. H., "The Towns of England and Northern Italy in the Fourteenth Century", *The Economic History Review*, XLIV, 1 (1991) 2.

Britnell, R. H., "Specialization of Work in England, 1100–1300", *The Economic History Review*, Vol.54, Issue 1 (2001).

Brown, E. H. P. and Hopkins, S. V., "Seven Centuries of Building Wages", *Economica*, New Series, Vol.22, No.87 (Aug., 1955).

Burdick, F. M., "What is the Law Merchant?" *Columbia Law Review*,

Vol. 2, No.7 (Nov., 1902).

Carus-Wilson, E. M., "An Industrial Revolution of the Thirteenth Century", *The Economic History Review*, Vol.11, No.1 (1941).

Dyer, C., "The Consumer and the Market in the Later Middle Ages", *Economic Historical Review*, 2nd ser., XLII, 3 (1989).

Faith, R. J., "Peasant Families and Inheritance Customs in Medieval England", *The Agricultural History Review*, Vol.14, No.2 (1966).

Gross, C., "The Court of Piepowder", *The Quarterly Journal of Economics*, Vol. 20, No. 2 (Feb., 1906).

Hodgen, M. T., "Domesday Water Mills", *Antiquity*, XIII (1939).

Holt, R., "Whose were the Profits of Corn Milling? An Aspect of the Changing Relationship between the Abbots of Glastonbury and Their Tenants 1086-1350", *Past & Present*, No.116(Aug., 1987).

Hyams, P. R., "The Origins of a Peasant Land Market in England", *The Economic History Review*, Vol. 23, No.1 (Apr., 1970).

Jones, A.C., "The Customary Land Market in Bedfordshire in the Fifteenth Century", PhD Dissertation, 1975, The University of Southamton.

Kitsikopoulos, H., "Standards of Living and Capital Formation in Pre-plague England: A Peasant Budget Model", *The Economic History Review*, 2nd ser. 53 (2000).

Langdon, J., "Water-Mills and Windmills in West Midlands, 1086-1500", *The Economic History Review*, 2nd ser. 44 (1991).

Langdon, J., "Lordship and Peasant Consumerism in the Milling Industry of Early Fourteenth-Century England", *Past and Present*, No.145 (Nov., 1994).

Langdon, J. and Watts, M., "Tower Windmills in Medieval England: A Case of Arrested Development?", *Technology and Culture*, 2005, Vol.46 (4).

Lennard, R. V. "Early English Fulling Mills: Additional Examples", *The Economic History Review*, New Series, 3 (3) (1951).

Lucas, A. R., "Industrial Mulling in the Ancient and Medieval Worlds: A Survey of the Evidence for a Industrial Revolution in Medieval Europe", *Technology and Culture*, Vol.46, No.1 (Jan., 2005).

Maloney, R. L., "The Teaching of the Fathers on Usury: An Historical Study on the Development of Christian Thinking", *Vigiliae Christianae*, Vol.27, No.4 (Dec., 1973).

Mendels, F., "Proto–Industrialization: The First Phase of the Industrialization Process", *Journal of Economic History*, 32 (1972).

Nef, J. U., "The Progress of Technology and the Growth of Large–Scale Industry in Great Britain, 1540–1640", *The Economic History Review*, Vol.5 (1934).

Penn, S. A. C., "Female Wage–Earners in Late Fourteenth–Century England", *Agricultural History Review*, Vol.35, No.1 (1987).

Penn, S. A. C. and Dyer, C., "Wages and Earnings in the Late Medieval England: Evidence from the Enforcement of the Labor Laws", *The Economic History Review*, New Series, Vol.43, No.3 (Aug., 1990).

Postan, M. M., "The Famulus: The Estate Labourer in the XII and XIII Centuries", *The Economic History Review*, Supplement 2, Cambridge, 1954.

Razi, Z., "Family, Land and the Village Community in Later Medieval England", *Past & Present*, No.93 (Nov., 1981).

Reynolds, S., "Decline in Late Medieval Towns: A Look at Some of Concepts and Arguments", *Urban History Yearbook* (The University of Leicester), 7 (1980).

Reynolds, S., "The Writing of Medieval Urban History in England", in *Theoretische Geschiedenis*, 19 (1992).

Ross, A. S. C., "The Assize of Bread", *The Economic History Review*, New Series, Vol.9, No.2 (1956).

Salzman, L. F., "The Legal Status of Markets", *The Cambridge Historical Journal*, Vol.Ⅱ, 1928, No.3.

Slota, L. A., "The Village Land Market on the St. Albans of Manors of Park and Codicote: 1237–1399", PhD Dissertation, 1984, The University of Michigan.

Taeusch, C. F., "The Concept of 'Usury': The History of an Idea", *Journal of the History of Idea*, Vol.3 (Jun., 1942).

Thrupp, S., "Economy and Society in Medieval England", *Journal of British Studies*, Vol.2, No.1 (Nov., 1962).

Unger, R., "Technical Change in the Brewing Industry in Germany, The Low Countries and England in the Late Middle Ages", *Journal of European Economic History*, Vol.21 (1992).

White, L., "Technology and Invention in the Middle Ages", *Speculum*, Vol.15, No.2 (Apr.,1940).

Whittle, J., "Individualism and the Family-Land Bond: A Reassessment of Land Transfer Patters among the English Peasantry c.1270–1580", *Past & Present*, No.160 (Aug., 1998).

4．工具书

Collier's Encyclopedia, Vol.12, New York: Macmillan Educational Company, 1991.

The Encyclopedia Americana, Vol. 15, International Edition, Danbury, Connecticut: Grolier.